5 Luftbild des Luitpoldhains von Süden im Jahr 1927, unten die Luitpoldhalle, zentral im Park die große Fontäne, oben am Bildrand der damalige Wodanplatz (heutiger Platz der Opfer des Faschismus), oben rechts ein Straßenbahndepot. Der Park wurde ab 1933 beim Bau der Luitpoldarena komplett zerstört.

Titelfoto: Besucher und Teilnehmer beim Reichsparteitag auf dem Zeppelinfeld, Fotografie von Lala Aufsberg 1937.

SANDBERG VERLAG

Wiesentalstraße 32
90419 Nürnberg

www.geschichte-fuer-alle.de
info@geschichte-fuer-alle.de
Telefon 0911-3073610
Fax 0911-3073616

5., vollständig überarbeitete Auflage, Nürnberg 2017
Gestaltung: Norbert Kühlthau, Nürnberg
Druck: Frischmann Druck & Medien, Amberg

ISBN 978-3-930699-91-9

Alexander Schmidt

Das Reichsparteitagsgelände in Nürnberg

mit Beiträgen von
Thomas Heyden, Clemens Wachter und Bernd Windsheimer

Geschichte Für Alle e.V.–
Institut für Regionalgeschichte

Inhalt

3 »Die größte Baustelle der Welt«
Architektur und Stadtplanung am Dutzendteich

4 Unendliche Geschichte?
Das ehemalige Reichsparteitagsgelände seit 1945

Anhang

Blick von der Museumsbrücke zur Fleischbrücke während eines Reichsparteitags, um 1935. Nürnberg war von Besuchern und Teilnehmern der Reichsparteitage überflutet. Uniformen prägten das Stadtbild. Während der Reichsparteitagswoche im September wurde Nürnberg zur Millionenstadt.

Postkarte mit Dutzendteich und Zeppelintribüne, 1937.

Postkarte der 1950er Jahre mit Ansichten der Kongresshalle und des Zeppelinfeldes.

Editorial

Nürnberg, die ehemalige »Stadt der Reichsparteitage«, wird zu Recht mehr als andere deutsche Städte mit dem Nationalsozialismus in Verbindung gebracht: Hier fanden mit den Reichsparteitagen nicht nur die wichtigsten Propagandaveranstaltungen des »Dritten Reiches« statt, hier wurden 1935 auch die »Nürnberger Gesetze« verkündet und hier erschien ab 1923 Julius Streichers Hetzblatt »Der Stürmer«, das zum Inbegriff eines ekelhaften und rassistischen Antisemitismus wurde. Auch die Nürnberger Prozesse von 1945 bis 1949 wurden zunächst als belastender Teil der Stadtgeschichte gesehen. Unübersehbar ist das bauliche Erbe dieser Zeit: Das ehemalige Reichsparteitagsgelände zählt heute zu den größten baulichen Relikten des Nationalsozialismus in Deutschland.

Das 1994 unter dem Titel »Geländebegehung« erstmals erschienene Buch erreicht nun 2017 in vollständig überarbeiteter und aktualisierter Form unter dem neuen Titel »Das Reichsparteitagsgelände in Nürnberg« die fünfte Auflage – ein vielgelesenes Standardwerk seit mehr als zwanzig Jahren. Es bietet nicht nur einen ausführlichen Rundgang über das Gelände, sondern auch eine Darstellung des Geschehens der Reichsparteitage, eine Baugeschichte des Geländes und eine kritische Würdigung des Umgangs mit diesem baulichen Erbe seit 1945. Es beruht auf der langjährigen Erfahrung von Geschichte Für Alle e.V., aber auch auf Forschungen in Archiven und Bibliotheken sowie der Arbeit im und mit dem Dokumentationszentrum Reichsparteitagsgelände. Neue Quellen sind eingearbeitet, zahlreiche neue Abbildungen recherchiert worden.

Acht Jahrzehnte nach den letzten Massenaufmärschen der Nationalsozialisten hat sich auf dem Gelände, aber auch in der Stadt selbst viel verändert. Die Geschichte Nürnbergs ist inzwischen selbstverständlicher Teil der historischen Bildungsarbeit und des Nürnberg-Tourismus geworden. Mit dem Internationalen Nürnberger Menschenrechtspreis hat sich Nürnberg als »Stadt der Menschenrechte« profiliert.

Nürnberg steht im Umgang mit dem ehemaligen Reichsparteitagsgelände vor neuen Herausforderungen, nicht nur was den Erhalt von Bauarealen wie dem Zeppelinfeld in der Zukunft betrifft. Das Gelände wird teilweise als reine Eventlocation, als Tourismusattraktion oder als willkommene Parkfläche bei Großveranstaltungen gesehen. Es ist jedoch vor allem ein wichtiger historischer Ort, an dem man etwas über den Nationalsozialismus lernen kann. In all dem Trubel, der auf Nürnbergs wichtigstem Freizeitareal am Dutzendteich wieder herrscht, auch dem Erinnern und Lernen ausreichend Raum zu geben, wird zukünftig eine entscheidende Aufgabe sein.

Nürnberg, November 2017
Alexander Schmidt

Zeppelintribüne nach der Sprengung einer Hälfte der Pfeilergalerie, 9. Juni 1967.

Propaganda und Realität der Reichsparteitage

Eine Einführung

Vorbeimarsch am Hauptmarkt, Gemälde von Franz Schmidt, 1936.

»Der Jubel in Nürnberg ist unbeschreiblich. Man wird fast davon erdrückt.«[1] Die Tagebuchnotiz des Propagandaministers Joseph Goebbels hebt das hervor, was Reichsparteitage vor allem ausmachte: Begeisterung und Menschenmassen. Selbst kritische Beobachter kamen zu dem Schluss, »dass die Nürnberger Bevölkerung nicht mehr aus dem Nazi-Rummel erwachen könne. Wer sich davon retten wolle, müsse daheim bleiben als hätte er Stubenarrest.«[2] Trotzdem scheint die Realität die NS-Propaganda der Reichsparteitage im Laufe der Jahre wieder eingeholt zu haben, wie ein heimlich aus Deutschland an die Exil-SPD nach Prag geschmuggelter Bericht andeutet: »Der Nürnberger Parteitag begegnete in diesem Jahr einer allgemeinen Gleichgültigkeit. Höchstens fragte man nach den Kosten.«[3]

Selbst wenn hier etwas Wunschdenken der alten Genossen mitschwingt, welche die Reichsparteitage ertragen mussten – es gab durchaus Pannen und Abnutzungserscheinungen bei der glänzenden Fassade der Reichsparteitage. Beispielsweise traten die Nationalsozialisten aus dem Nürnberger Stadtteil Gostenhof beim Reichsparteitag 1935 morgens um 8.30 Uhr auf dem zentralen Sammelplatz für die Mittelfranken an, marschierten »in der größten Mittagshitze« von Fürth über Leyh bis zur Zeppelinwiese, nur um dort festzustellen, dass es »wegen Überfüllung der ganzen Zeppelinwiese nicht mehr möglich [war], an der Kundgebung selbst teilzunehmen.«[4]

links: Marschkolonnen zum Hauptmarkt beim Reichsparteitag 1934.

Derartige Pannen drangen bei den Reichsparteitagen selbst nur ausnahmsweise an die Öffentlichkeit, denn sie widersprachen der wichtigsten Funktion der größten Propagandaveranstaltung im Nationalsozialismus: »Nürnberg« – das war die massenhafte und von oben organisierte Darstellung nationalsozialistischer »Volksgemeinschaft«. Widersprüche sollten überdeckt und die Partei sowie das deutsche Volk einheitlich ausgerichtet werden. Im Mittelpunkt stand »der Führer« Adolf Hitler: Auf ihn waren die Architektur der Aufmarschgelände und die angetretenen Massen beim Appell ausgerichtet, er nahm die Paraden ab, ihn zu sehen und ihm zuzujubeln, war das wichtigste Nürnberg-Erlebnis.

Veranstaltungen nur für Mitglieder der Partei waren die Reichsparteitage der NSDAP spätestens ab 1933 nicht mehr, aber auch schon bei den Reichsparteitagen vor 1933 wurde nicht diskutiert oder abgestimmt. Zwar bezeichnete Adolf Hitler 1936 den Reichsparteitag als einen »Tag der Rechtfertigung unseres Kämpfens und

Blick von den Zuschauerwällen zur Rednerkanzel Hitlers auf der Zeppelintribüne, 1938.

Ringens«[5], aber diese Propagandafloskel schloss Kritik nicht ein, denn Hitler hatte schon 1926 erklärt: »[Der Parteitag soll] einmal im Jahr die gesamte Bewegung einigen (...). Er ist (...) nicht der Platz, an dem unausgegorene und unsichere Ideen etwa einer Klärung zugeführt werden können.«[6] Dies führte zu einer unbeschreiblich simplen Botschaft, die Rudolf Heß beim zehnten und letzten Reichsparteitag 1938 so zusammenfasste: »Das deutsche Volk weiß, dass alles, was der Führer tut, recht getan ist. Das deutsche Volk weiß, dass alles, was der Führer tut, notwendig ist für das Volk und für Deutschland.«[7]

Um diese in ständiger Wiederholung eher eintönige Botschaft eindrucksvoll dem wichtigsten Adressaten, dem deutschen Volk, nahezubringen, scheuten die Organisatoren der Reichsparteitage keinen Aufwand: Durchschnittlich eine halbe Million Menschen kamen als Teilnehmer und als Zuschauer der Reichsparteitage nach Nürnberg. Das Reichsparteitagsgelände sollte auf einer Fläche von elf Quadratkilometern als gigantische Kulisse für die einzelnen Aufmärsche, Appelle und Paraden dienen. Neben altbewährten Mitteln bei Massenveranstaltungen sollten auch neue Effekte in den Baukulissen das erzeugen helfen, was später der »schöne Schein des Dritten Reiches«[8] genannt wurde. Die Stadt wurde in ein Fahnenmeer verwandelt, Fackelzüge und stundenlange Paraden uniformierter Marschblöcke wurden durch neue Inszenierungen wie dem »Lichtdom« aus Flakscheinwerfern um das Zeppelinfeld herum ergänzt. Mit Kinofilmen und über den Rundfunk verbreitete man das Nürnberg-Erlebnis in ganz Deutschland und experimentierte bereits mit dem neuen Medium Fernsehen. Letztlich wurde Nürnberg damit insgesamt zu einer Kulisse für die Reichsparteitage degradiert.

Der steigende Aufwand für die Reichsparteitage führte zu einer Verlängerung von vier Tagen im Jahr 1933 auf acht Tage im Jahr 1938. Für jeden, der in irgendeiner Unterorganisation des NS-Staates eingebunden war, sei es in der Hitlerjugend oder der SA, dem Reichsarbeitsdienst oder der NS-Frauenschaft, war eine bestimmte Veranstaltung vorgesehen, in der er auf den NS-Staat und den »Führer« verpflichtet werden sollte.

Ein »Beiprogramm«, das unter anderem aus einem Volksfest in der »Kraft-durch-Freude-Stadt« und verschiedenen Ausstellungen bestand, sollte den Teilnehmern die nötige Zerstreuung bieten. Jedoch stellte sich im Laufe der Zeit heraus, dass gerade diese Veranstaltungen in der Besuchergunst den langatmigen und ermüdenden politischen Massenversammlungen eindeutig den Rang abliefen.

Der 14-jährige Emil Kramer, der seinen Eltern in einer Gastwirtschaft in der Nürnberger Südstadt helfen musste, beschreibt in einem Tagebuch den Rummel des Parteitags: »Schub auf Schub musste wieder gehen, weil sie keinen Platz (es war in fast allen Wirtschaften so) mehr fanden. Obwohl wir eine schwere Sau schon im Voraus geschlachtet haben, langten uns die Hausmacherwürste nicht mehr aus. Vater und Mutter waren so vom Geschäft in Anspruch genommen, dass sie, trotzdem Hitler öfters in unserer oder in der benachbarten Straße vorbei fuhr, ihn nicht gesehen haben. (…) Im Gedränge wurde auch viel gemogelt, Hauptsache am Montag, da war das Hauptgeschäft. Da kamen alle SA vom Langwasserlager in die Stadt; auch die Nürnberger SA hatte Urlaub. Da tranken sie halt alle eins über den Durst (…)«[9]

Trotzdem war ›Nürnberg‹ in den Jahren von 1933 bis 1938 in der Reichsparteitagswoche ein Ort des Jubels und zumindest auf den ersten Blick eine eindrucksvolle Demonstration der angeblichen Erfolge des nationalsozialistischen Regimes. Der Druck von oben, die rigide Organisation der Feiern, die brutale Gewalt gegen alles, was sich nicht in den nationalsozialistischen Staat integrieren lassen wollte, wurde vom Jubel tatsächlich erdrückt. Der Kulissenzauber, zu dem die Bauten des Reichsparteitagsgeländes, der Fahnenschmuck in der ganzen Stadt, Filme und Zeitungsberichte, aber auch die leeren Worthülsen der Hauptdarsteller gehörten, verfehlte seine Wirkung nicht. Dennoch bleibt es unheimlich, dass sich so viele mitreißen ließen, dass erwachsene Menschen vor dem Hotel Deutscher Hof begeistert »Lieber Führer sei so nett, komm doch mal ans Fensterbrett!« riefen und die Augen vor dem offensichtlichen Terror in Deutschland und dem beispiellosen Rassenhass des vergötterten Idols verschlossen.

Titelblatt der Zeitschrift »Die Neue Linie«, September 1938.

Der Frage »Warum haben so viele dem Nationalsozialismus zugejubelt?« kann man durch eine Beschäftigung mit den Reichsparteitagen näher kommen. Nürnberg bietet noch heute die Überreste der Reichsparteitagsbauten als Besichtigungsobjekt. Zwar wurde die Kongresshalle nie vollendet, Teile der Zeppelintribüne wurden zerstört, teilweise wächst Gras über die Tribünen. Trotzdem kann man heute noch Hitlers »Worte aus Stein« zum Sprechen bringen, ihre Funktion erkennen und sich vorstellen, was faszinierend am Nationalsozialismus gewesen sein mag. Heute noch erkennbar, stehen die Bauten aber auch für die Brutalität des nationalsozialistischen Staates. Eine Geländebegehung bringt uns einer Architektur des Jubels und der Topographie des Terrors näher. Dieses Buch liefert die Hintergrundinformationen dazu.

Besucher des Reichsparteitagsgeländes
vor dem hölzernen1:1-Modell der
Kongresshallenfassade, um 1938.

1 Das ehemalige Reichsparteitagsgelände

Eine Geländebegehung in 14 Stationen

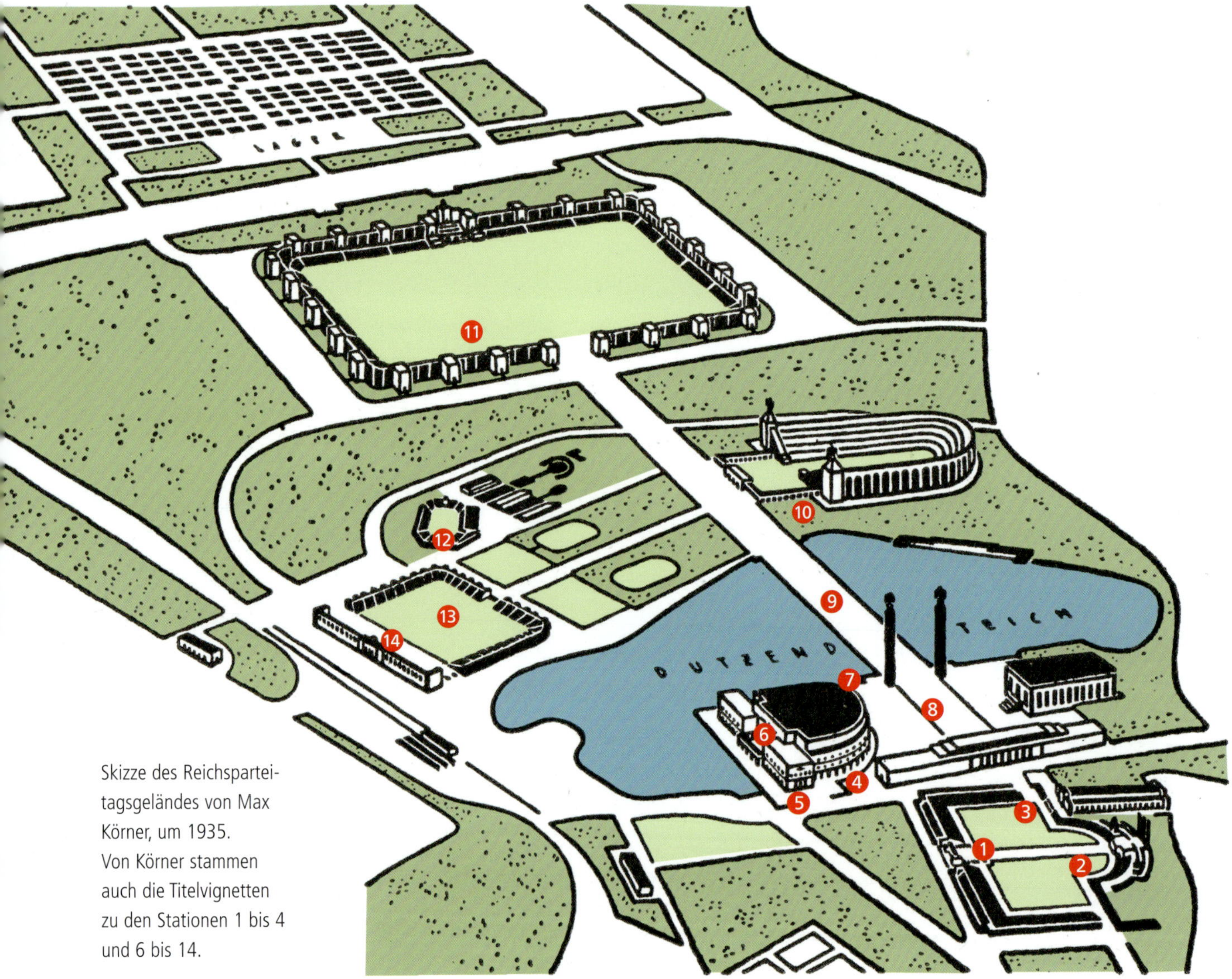

Skizze des Reichsparteitagsgeländes von Max Körner, um 1935. Von Körner stammen auch die Titelvignetten zu den Stationen 1 bis 4 und 6 bis 14.

1

2

3

4

5

6

7

Das Gelände im Überblick

Eine Erkundungstour

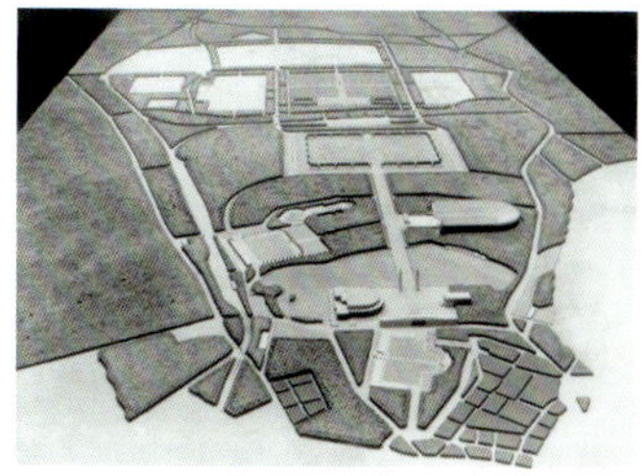

Das Bauprojekt Reichsparteitagsgelände, ab 1933 auf einem elf Quadratkilometer großen Areal im Südosten Nürnbergs errichtet, ist eine der größten baulichen Hinterlassenschaften des Nationalsozialismus in Deutschland. Stadtstruktur und noch vorhandene Gebäude zeugen von den gigantischen Planungen der Nationalsozialisten auf der – so die damalige Propaganda – »größten Baustelle der Welt«.

Mit dem Bau des Dokumentationszentrums Reichsparteitagsgelände wurde 2001 auf dem Areal eine dem Thema angemessene Ausstellung verwirklicht. Ergänzend zu der anspruchsvollen und insgesamt gelungenen Präsentation ist ein Rundgang über das ehemalige Reichsparteitagsgelände spannend und hat seine eigene Qualität: Das Areal rund um den Dutzendteich ermöglicht noch heute einen guten Eindruck von den damaligen Planungen und zeigt dabei auch das Scheitern der Nationalsozialisten, die nur einen Teil des Reichsparteitagsgeländes fertig bauen konnten. Deutlich wird dabei auch der Umgang mit den Reichsparteitagsbauten nach 1945 als Beleg für den Umgang der Nürnberger (und der Deutschen) mit der nationalsozialistischen Vergangenheit insgesamt. Fast 80 Jahre nach Ende des Bauprojekts 1939 stellt sich nicht nur die Frage, ob und wie die noch vorhandenen Bauten erhalten und genutzt werden können, sondern auch, wie mit dem Gelände insgesamt im Spannungsfeld von Freizeitnutzungen, Interessen der Anwohner, wachsendem Verkehr und steigendem Besucheraufkommen umgegangen werden soll.

Der Rundgang in 14 Stationen in Teil 1 dieses Buches beruht auf den jahrzehntelangen Erfahrungen von Geschichte Für Alle e.V. – Institut für Regionalgeschichte bei Führungen mit Gruppen und Einzelpersonen. In weitgehend chronologischer Reihenfolge kommt man dabei zu den Standorten der wesentlichen Bauten des Reichsparteitagsgeländes, ausgehend von der Luitpoldarena mit dem **1–Gefallenendenkmal** für die Toten des Ersten Weltkriegs, der **2–Tribünenanlage** und der **3–Luitpoldhalle**. Die Kongresshalle wird mit ihrer **4–Fassade**, dem **5–Dokumentationszentrum Reichsparteitagsgelände**, dem **6–Innenhof** und dem **7–Arkadengang** vorgestellt. Der **8–Platz vor der Kongresshalle** bildet den Übergang zur **9–Großen Straße**. Westlich davon hätte mit dem **10–Deutschen Stadion** das größte Bauprojekt des Reichsparteitagsgeländes entstehen sollen, am Ende der Großen Straße im Süden war das **11–Märzfeld** geplant. Auch das 1928 errichtete **12–Städtische Stadion** war als Stadion der Hitler-Jugend Teil des Reichsparteitagsgeländes. Das **13–Zeppelinfeld** ist die einzige noch halbwegs vollständig erhaltene Anlage des Reichsparteitagsgeländes. Die **14–Zeppelintribüne** mit der Rednerkanzel Hitlers, eines der bekanntesten Touristenziele auf dem Reichsparteitagsgelände, bildet den Abschluss des Rundgangs.

8

9

10

11

12

13

14

Das Ehrenmal wurde von den Nationalsozialisten aus seiner geschützten Lage im Luitpoldhain herausgelöst und in das Totengedenken in der Luitpoldarena einbezogen (1933).

Das Ehrenmal nach seiner Einweihung, 1930.

Postkarte des Ehrenmals, um 1930.

Kriegergedenken und Totenkult

Das Gefallenendenkmal im Luitpoldhain

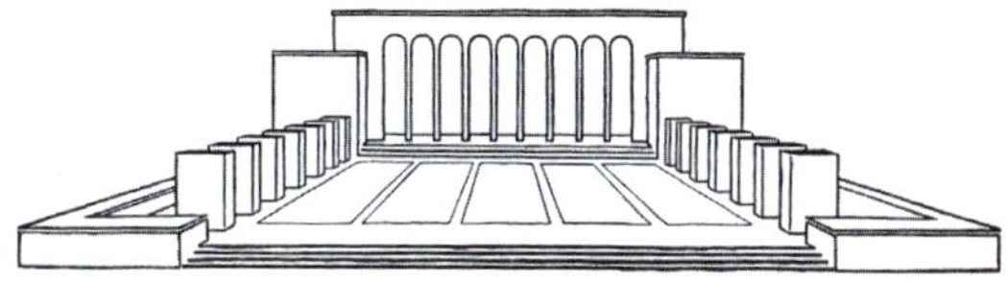

Der Luitpoldhain gibt sich heute nicht mehr auf den ersten Blick als ein Teil des ehemaligen Reichsparteitagsgeländes zu erkennen. Dennoch war nach Zerstörung des Parks die »Luitpoldarena« ab 1933 eine der wichtigsten Aufmarschflächen für die Nationalsozialisten. Nur das Ehrenmal für die Toten des Ersten Weltkriegs ist noch erhalten. Es stammt aber nicht aus der Zeit des Nationalsozialismus, sondern wurde nach Plänen des Nürnberger Architekten Fritz Mayer bereits 1929 fertiggestellt und am 20. Juli 1930 eingeweiht. Ab 1933 wurde das Gefallendenkmal in die neuerbaute Luitpoldarena einbezogen. Über einen rechteckigen Vorhof, der auf beiden Seiten von je sieben Pylonen mit flachen Flammenschalen flankiert wird, gelangt man zu einer Arkadenhalle mit zwei Seitenflügeln. Die Anlage aus der Weimarer Republik ist (mit veränderter Inschrift) unbeschädigt erhalten. Seit 1958 befindet sich dort ein Denkmal für die im Ersten Weltkrieg getöteten deutschen Piloten des Bildhauers Walter Franke, das erstmals 1924 an der Dutzendteichstraße aufgestellt und 1933 an den Flughafen versetzt worden war. Alle Bauten der Luitpoldarena mit Ausnahme des Gefallenendenkmals aus der Weimarer Republik wurden nach 1945 abgetragen.

Das Gefallenendenkmal im Jahr 2014.

SA, SS und andere Verbände traten hier bei den Reichsparteitagen zu einem Totengedenken vor Adolf Hitler an. Weder die Rednertribüne genau gegenüber der Ehrenhalle noch die Zuschauertribünen oder der mit Granitplatten belegte Verbindungsweg zwischen Rednertribüne und Ehrenhalle sind erhalten geblieben. Von der Ehrenhalle aus gesehen, beginnt gleich hinter dem gepflasterten Vorhof heute wieder eine idyllische Parklandschaft.

Kriegergedenken vor 1933

Vor 1933 stand die Ehrenhalle umgeben von Bäumen in der Parkanlage Luitpoldhain und diente dem Gedenken an die Opfer des Ersten Weltkriegs. Der zur Ehrenhalle gehörende Vorhof öffnete sich zum Luitpoldhain, einem Park, der vor 1933 mit Springbrunnen und Blumenbeeten im Stil der Jahrhundertwende gestaltet war. Hermann Luppe, der liberale Nürnberger Oberbürgermeister in der Weimarer Republik, zählte die Ehrenhalle »ohne Zweifel zu den schönsten Deutschlands.«[10] In den beiden heute nicht zugänglichen Seitenräumen lagen Totenbücher aus, welche die Namen der 10 000 Gefallenen des Ersten Weltkriegs aus Nürnberg mit einigen persönlichen Angaben und eine Geschichte der Reichswehreinheiten enthielten, in denen sie gedient hatten. An den Wänden der Innenräume konnte man die Namen der Nürnberger Regimenter und Orte lesen, an denen Nürnberger Soldaten gestorben waren. Steinreliefs zu den Themen Abschied und Ausmarsch, Kampf, Tod und Kameradentum

Reichsbund jüdischer Frontsoldaten
Ortsgruppe Nürnberg.

Am 20. Juli 1930 vorm. 1/211 Uhr findet die Einweihung des Kriegerdenkmals der Stadt Nürnberg am Luitpoldhain statt. Der Bund wird sich an dieser Einweihung ebenso wie die übrigen Kriegsteilnehmer-Organisationen beteiligen. **Nähere Anweisungen werden noch folgen.** Schon heute werden die Kameraden **dringendst aufgefordert, den 20. Juli für die Teilnahme an der Denkmals-Einweihung freizuhalten.**
Es ist **unbedingte Ehrenpflicht** jedes jüdischen Frontsoldaten zu erscheinen.

Mit kameradschaftlichem Gruß
Die Vorstandschaft.

Der Reichsbund jüdischer Frontsoldaten nahm an der Einweihung des Ehrenmals 1930 neben anderen Verbänden teil.

Totengedenken der Nationalsozialisten, um 1934.

schmückten die Wände. Hermann Luppe wollte mit der Anlage solcher Gedenkräume die Anonymität einer endlosen Aufzählung von Namen Gefallener vermeiden und den Angehörigen einen geschützten Raum für ihr persönliches Gedenken geben. Das Feuer, das in den heute ebenfalls erhaltenen flachen Feuerschalen auf den Pylonen im Vorhof brannte, verglich Luppe mit den »Seelen der Gefallenen, die zum Ehrenmal wallen«.[11] Auch die Weimarer Demokratie kam nicht ohne eine kriegerische Traditionspflege aus und selbst der Sozialdemokrat und Nürnberger Arbeiterdichter Karl Bröger schrieb als ehemaliger Weltkriegsteilnehmer verherrlichende Texte über das sinnlose Sterben des Ersten Weltkriegs.

Diese Tradition konnte von den Nationalsozialisten nahezu bruchlos, in Nürnberg einschließlich des Gefallenenehrenmals, für ihre Zwecke benutzt werden. Nicht in das nationalsozialistische Geschichtsbild passte jedoch die Tatsache, dass zahlreiche deutsche Juden, die im Ersten Weltkrieg gekämpft hatten, sich auch als Deutsche fühlten und ebenso wie die sogenannten nationalen Verbände an der Einweihung des Gefallenendenkmals teilgenommen hatten. Von den Nationalsozialisten wurde das Denkmal trotzdem schon in der Weimarer Republik für ihre Propaganda benutzt. Ein Festredner der Nationalsozialisten behauptete beim Reichsparteitag der NSDAP 1929 in Nürnberg vor dem noch nicht eingeweihten Denkmal, man sei »fest entschlossen, genau wie die Gefallenen, sich dem Willen der Feinde nicht zu fügen und sich dem Verknechtungswillen entgegenzusetzen.«[12]

Trotz seiner scheinbar bruchlosen Weiterführung im Nationalsozialismus unterschied sich das Totengedenken der Weimarer Republik in einigen wichtigen Punkten vom Totenkult ab 1933: Das Gefallenendenkmal der Weimarer Republik ließ Raum für individuelle Trauer und trennte davon den Bereich des öffentlichen, staatlichen Gedenkens, für das der Platz vor dem Ehrenmal gedacht war. Das Totengedenken der Weimarer Republik war darüber hinaus nicht in gleicher Weise militaristisch und suchte demokratische Traditionen, aber auch die Würde anderer Nationen zu achten und sich nicht darüber zu erheben. Die in zehnjähriger Diskussion entwickelte Gestaltung des Ehrenmals im Luitpoldhain zeugt von der intensiven Auseinandersetzung auch in Nürnberg um die richtige Form des Totengedenkens in Deutschlands erster Demokratie. Das heute wiederhergestellte Umfeld des Ehrenmals, umrahmt von einer kleinen Anlage mit Bäumen, soll dem Gedenken einen würdigen, konzentrierten Rahmen geben. Die Nationalsozialisten beseitigten auch diesen gartengestalterischen Rahmen, um das Totengedenken zu einem öffentlichen Spektakel beim Reichsparteitag machen zu können.

Luitpoldarena und Baustelle Kongresshalle (oben), um 1937.

Blick von der Ehrentribüne der Luitpoldarena zum Ehrenmal, Postkarte um 1936.

Nationalsozialistisches Totengedenken in der Luitpoldarena, 1934: Hitler (Mitte), Himmler (links) und der Chef der SA, Lutze (rechts), stehen auf dem Hof des Gefallenendenkmals vor einem Gedenkkranz und der »Blutfahne«.

Nationalsozialistischer Totenkult in der Luitpoldarena

Ab 1933 wurde in der Luitpoldarena vorrangig nicht der Toten des Ersten Weltkriegs, sondern vor allem der sechzehn Toten des kläglich gescheiterten Hitlerputschversuches von 1923 (sogenannter »Marsch auf die Feldherrenhalle«) in München gedacht. Auch das Denkmal selbst rückte baulich in einen anderen Zusammenhang: Bei der Umgestaltung zur »Luitpoldarena« ab 1933 wurden die Parkanlagen zerstört und durch eine öde Aufmarschfläche ersetzt. Vom Gefallenendenkmal aus gesehen verband ein Weg aus Granitplatten die bestehende Gedenkstätte mit einer ab 1933 neu errichteten Rednertribüne, die durch drei große Hakenkreuzfahnen betont wurde. Zuschauertribünen rahmten die völlig neu gestaltete und 84.000 Quadratmeter große Aufmarscharena ein. An der Rückseite des Gefallenendenkmals war eine Brunnenanlage mit drei Figuren von Josef Thorak geplant. Die mittlere, sieben Meter hohe Frauenfigur sollte den Sieg der Arbeit, die Figuren rechts und links die geistige und die körperliche Arbeit darstellen. Nur die Ehrenhalle selbst und der Platz davor blieben nach 1933 unverändert, da dieser Ort für die NSDAP durch den Reichsparteitag 1929 wenigstens einen bescheidenen historischen Anknüpfungspunkt bot und im Rahmen des »Appells der braunen Armee« eine ideale Kulisse für das Totengedenken bildete. Das Gefallenendenkmal wurde so zu einer Seite der zweipoligen Anlage der Luitpoldarena.

Weihe neuer Standarten mit der »Blutfahne« 1934: Die SS füllte ab 1934 im Anschluss an das Totengedenken den Weg (im nationalsozialistschen Wortgebrauch »Straße des Führers«) zwischen den angetretenen Formationen der SA.

Das hier stattfindende Totengedenken war der erste Teil eines festen Rituals bei den Reichsparteitagen ab 1933: Zwischen 100.000 und 150.000 SA und SS Männer sowie kleinere Abordnungen des Nationalsozialistischen Kraftfahrkorps (NSKK) und des Nationalsozialistischen Fliegerkorps (NSFK) marschierten in der Luitpoldarena auf und ließen den mit Granitplatten belegten Weg als Gasse frei. Zu beiden Seiten des Gefallenendenkmals gruppierten sich die Fahnenträger. Nach der Begrüßung durch Hitler von der gegenüberliegenden Tribüne aus schritt dieser, begleitet von den »Chefs« der SA und SS, durch eine Gasse in der Mitte der Marschkolonnen zum Gefallenendenkmal und verharrte still vor einem großen Trauerkranz für die Toten – eine theatralische Inszenierung Adolf Hitlers als einsamer, charismatischer Führer mit der ganzen Verantwortung für die Toten und die (noch) Lebenden der nationalsozialistischen Bewegung. Der »Reichsblutfahnenträger Pg. Grimminger« erwartete Hitler mit der sogenannten »Blutfahne«, die bereits beim Hitlerputsch 1923 in München mitgeführt worden war, am Gefallenendenkmal und folgte ihm auf seinem Weg zurück zur Rednertribune auf der anderen Seite. Die Inszenierung des Totenkultes gelang den Nationalsozialisten nicht nur in Nürnberg besonders eindrucksvoll und verpflichtete durch das vorgeführte Ideal des Märtyrertums für die nationalsozialistische Bewegung die angetretenen Teilnehmer und Zuschauer auf weitere Opfer für »den Führer« und blinden Gehorsam bis in den Tod.

1937 wurde ein Brunnen mit Figuren von Josef Thorak hinter dem Ehrenmal geplant, aber nicht realisiert.

Neben der offiziellen, weihevollen Propaganda hatte das Totengedenken eine politische Funktion bei der Machtsicherung Hitlers. Da die SA unter Ernst Röhm zu mächtig zu werden drohte und eine von Hitler wahrscheinlich nie ernsthaft ins Auge gefasste »soziale Revolution« als Folge der »nationalen Erhebung« forderte, ließ Hitler Röhm und andere politische Widersacher im Juli 1934 ermorden (»Röhm-Putsch«). 1933 war im Luitpoldhain die SA noch als die einzige tragende Stütze der Bewegung (neben der Partei selbst) vorgestellt worden. Nur Ernst Röhm hatte 1933 Hitler auf seinem Weg zum Gefallenendenkmal begleitet. Nach dem »Röhm-Putsch« wurden die SA-Männer beim Reichsparteitag 1934 durch das Totengedenken nicht nur auf ihren neuen SA-Chef Victor Lutze eingeschworen, sondern ihnen wurde auch die neue waffentragende Elite der SS, die später zum Inbegriff der Brutalität des NS-Regimes wurde, symbolisch vor Augen geführt. Neben Lutze wurde Hitler nun vom Chef der SS Heinrich Himmler begleitet. Die Gasse zwischen den SA-Kolonnen füllte nach dem Ende des Totengedenkens die SS aus.

Gedenken an Opfer und Täter nach 1945

Ab 1945 wurde das Gefallenendenkmal unter veränderten Vorzeichen zum Totengedenken weiter genutzt. Heute befindet sich dahinter ein Denkmal für die gefallenen Flieger beider Weltkriege, das in seiner Form an ein kopfstehendes Flugzeug erinnert. Es war das erste nach dem Zweiten Weltkrieg in der Bundesrepublik wiederaufgestellte Fliegerdenkmal und verweist auf die nicht unproblematische Weiterverwendung dieses Gedenkortes. Durch den Abriss aller Tribünen und der Rednerkanzel ab 1959 versuchte man dem Zustand vor 1933 zumindest nahe zu kommen, gleichzeitig aber auch, die Verwendung des Ortes im Nationalsozialismus vergessen zu machen.

Jedes Jahr findet am Volkstrauertag am Ehrenmal die offizielle Gedenkveranstaltung der Stadt Nürnberg für die Opfer der beiden Weltkriege und »der Gewaltherrschaft« (so die neue Inschrift) statt.

Noch Anfang der 1980er Jahre erinnerte die Form dieser Veranstaltungen am Volkstrauertag in fataler Weise an Teile des Totenkultes im »Dritten Reich« mit Ehrenwachen, militärischem Gepränge, entzündeten Flammenschalen und Trauermusik. Erstmals 1982 kam es dabei zu Störungen der offiziellen Feierlichkeiten. Seit Ende der 1980er Jahre fanden die Feiern in veränderter Form statt: Man verzichtete auf Feuer in den Flammenschalen und eine »Ehrenwache«, was jedoch ebenfalls Proteste hervorrief.

Das »richtige« Gedenken an getötete Soldaten und die Opfer des Krieges war immer umstritten und wird in einem demokratischen Staatswesen umstritten bleiben: So spielte bei den Gedenkfeierlichkeiten die pauschale Verurteilung von Soldaten als Mörder 1995 ebenso eine Rolle wie im Jahr 2000 die Frage der

Bis heute Gedenkort: Volkstrauertag am Ehrenmal.

Beim Klassik-Open-Air im Luitpoldhain – hier 2014 – verdeckt die Bühne das Gefallenendenkmal vollständig.

Erwähnung von Kriegsdienstverweigerern. Auch die Rolle von Soldatenverbänden wie dem Luftwaffenring e.V., der bei Gedenkfeiern am Fliegerdenkmal beteiligt war, sorgte wiederholt für Kritik.

Das Totengedenken im Luitpoldhain am Volkstrauertag ist jedoch nur eine, in der Öffentlichkeit inzwischen kaum mehr wahrgenommene Funktion des Luitpoldhains. In erster Linie dient er heute als Park für Erholungssuchende. Mit dem Bau der Meistersingerhalle samt Parkplatz 1963 und dem danebenliegenden Atrium-Hotel verlor der Luitpoldhain etwas von seiner ursprünglichen Ausdehnung. Im Jahr 2015 begannen Planungen für eine zusätzliche neue Konzerthalle an der Münchener Straße neben der Meistersingerhalle. Der Bau der Kongresshalle ab 1935 und der Ausbau der Bayernstraße in der Nachkriegszeit nahmen dem Luitpoldhain außerdem den direkten Bezug zum Naherholungsgebiet rund um den Dutzendteich.

Dennoch ist der Luitpoldhain immer noch ein wichtiger Park Nürnbergs und bildet seit 2000 für das Klassik-Open-Air im Sommer ein stimmungsvolles Ambiente. Zehntausende Besucher bieten, gemütlich am Boden lagernd, auf Camping-Stühlen sitzend und mitgebrachte Speisen und Getränke verzehrend, ein überzeugendes Kontrastprogramm zu den stramm angetretenen, uniformierten Massen in den Jahren nach 1933.

2007 dirigierte Alexander Joel, Sohn eines jüdischen Nürnbergers, der in die Emigration getrieben wurde, das Nürnberger Symphonieorchester beim jährlich stattfindenden Klassik-Open-Air im Luitpoldhain.

Tribünenanlage mit aufmarschierenden SA-Einheiten beim Reichsparteitag 1934.

Provisorische Rednertribüne beim Reichsparteitag 1933.

Angetretene SS beim Reichsparteitag 1936.

Ein Altar für die »Blutfahne«

Die Tribünenanlage im Luitpoldhain

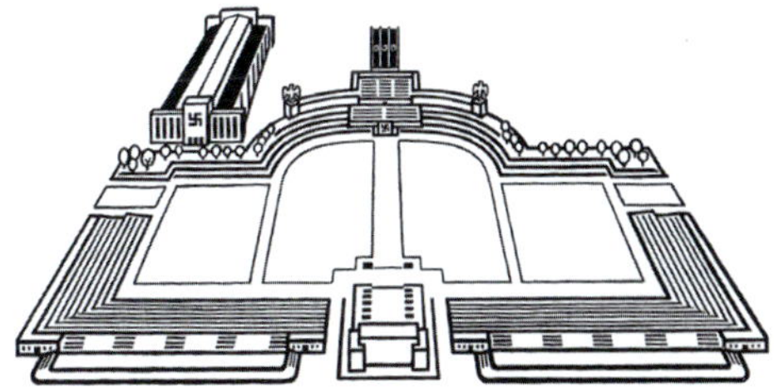

Die entscheidende Veränderung des Luitpoldhains und seine Zerstörung als Parkanlage erfolgte durch die Anlage einer Rednertribüne für Hitler gegenüber dem Ehrenmal und die Planierung des dazwischen liegenden Geländes als Aufmarschfläche. Nach einer Besprechung am 21. Juli 1933 mit Hitler in Bayreuth begann die Nürnberger Stadtverwaltung mit der Schleifung des über hundert Jahre alten Parks: Stadtgartendirektor Alfred Hensel ließ etwa 500 Bäume fällen und tausende Rosen, Sträucher und Hecken beseitigen. Man sprengte einen Wasserturm samt Pumpenanlage aus dem Jahr 1906 und baute eine bunt beleuchtbare Springbrunnenanlage in der Mitte des Parks ab.

Konsequenterweise wurde die nach Anweisungen und Skizzen Adolf Hitlers errichtete Anlage nun nicht mehr Luitpoldhain, sondern »Luitpoldarena« genannt. Nach provisorischen Holzbauten für den Reichsparteitag 1933 konnte die Anlage unter der Leitung des Nürnberger Baureferenten Walter Brugmann nach Entwürfen von Baurat Julius Schulte-Frohlinde schon 1934 in Grundzügen aufgebaut werden. Neben einer Rednerkanzel Hitlers befanden sich auf beiden Seiten halbrunde Terrassen für die Träger von Fahnen und Standarten der NSDAP und anderer Teile der nationalsozialistischen »Bewegung«. Die Tribüne für Ehrengäste hinter der Rednerkanzel wurde von zwei großen, etwas über sechs Meter hohen Adlern aus Bronze des Münchener Bildhauers Kurt Schmid-Ehmen abgeschlossen.

Drei 24 Meter hohe und sechs Meter breite Hakenkreuzfahnen an fest installierten Stahlmasten betonten die Hauptachse der Luitpoldarena. Die rechteckige Aufmarschfläche bot bis zu 150.000 Teilnehmern Platz, die umgebenden Zuschauertribünen waren für 50.000 Menschen ausgelegt. Ein mit Granitplatten belegter Weg (240 Meter lang und 18 Meter breit) verband die Tribünenanlage mit dem Gefallenendenkmal. Alle Hochbauten der Luitpoldarena, die 1937 endgültig fertiggestellt war, wurden mit Muschelkalkstein verkleidet.

Luitpoldhain im Jahr 2014: Anstelle der Rednertribüne befindet sich heute ein mit Rasen bewachsener Hang.

Führerkult und Blutfahnenweihe

Da die Luitpoldarena Anfang der 1960er Jahre wieder in eine Parkanlage zurückverwandelt worden ist und dabei alle Bauten aus der NS-Zeit abgerissen wurden, fällt es schwer, sich hier die Zuschauer- und Teilnehmermassen beim »Appell der braunen Armee« vorzustellen. Nur das bereits 1930 eingeweihte Gefallenendenkmal blieb stehen. Gegenüber, auf der anderen Seite einer weitläufigen Rasenfläche, ist im Gelände noch das Halbrund der Terrassen für die Fahnenträger hinter der Rednertribüne Hitlers erkennbar. Heute wird der mit Rasen bewachsene Hang im Winter von Kin-

Hitler bei der Fahnenweihe 1929, im Hintergrund die die Nationalsozialisten störenden Bäume und Hecken des alten Parks.

»Blutfahnenweihe« in der Luitpoldarena, zwischen den Fahnen der Kameraaufzug Leni Riefenstahls, 1934.

dern zum Schlittenfahren benutzt. Dort befindet sich heute eine der 21 Stationen des Geländeinformationssystems, das mit Mitteln der FIFA zur Fußball-WM 2006 von der Stadt Nürnberg errichtet wurde.

An diesem heute scheinbar unverdächtigen Hang fand während der Reichsparteitage die Weihe der Standarten der NS-Bewegung durch Hitler statt. Die Botschaft des Horst-Wessel-Liedes – »Kam'raden, die Rotfront und Reaktion erschossen, marschier'n im Geist in unser'n Reihen mit« – wurde hier als Ritual umgesetzt. Zunächst hielt Hitler eine kurze Ansprache von der Rednerkanzel aus, die ihn architektonisch ins Zentrum der Anlage setzte und so auch visuell zum Orientierungspunkt für Teilnehmer und Zuschauer des Reichsparteitags machte. »Das ist das Wunder unserer Zeit, dass ihr mich gefunden habt, einen unter so vielen Millionen! Und dass ich euch gefunden habe, das ist Deutschlands Glück!«[13] Mit diesen bekannten Sätzen, die er beim Reichsparteitag 1936 von der Rednertribüne der Luitpoldarena aus von sich gab, stilisierte sich Hitler zum Messias und gaukelte den Teilnehmern und Zuschauern des Reichsparteitags eine Volksgemeinschaft vor, die so nie bestand. Wer hier mitjubelte – und es waren nicht wenige, die dies taten –, nahm die Ausgrenzung der damals als »gemeinschaftsfremd« bezeichneten Andersgläubigen und Andersdenkenden billigend in Kauf.

Nach der Ansprache »weihte« Adolf Hitler die Standarten der NS-Bewegung durch Berührung mit der quasi als Heiligtum verehrten »Blutfahne« des Hitlerputsches von 1923: »Von Standarte zu Standarte, von Fahne zu Fahne schreitet der Führer, nimmt die Meldung ihres Trägers entgegen, erhält ihr Gelöbnis und berührt die neuen Feldzeichen mit dem Tuch der Blut-

Hitler auf der Rednerkanzel der Luitpoldarena, 1934.

fahne.«[14] Hitler spielte hier die Rolle des Zeremonienmeisters in einer Art nationalsozialistischem Gottesdienst und übertrug die Aura der Blutfahne. Führer und Fahne wurden so als übermenschliche Orientierungspunkte gefeiert, angesichts dessen die eigene Existenz als bedeutungslos abgewertet wurde. Dementsprechend endete das Lied der Hitlerjugend mit der Verszeile: »Ja die Fahne ist mehr als der Tod.«

Dem »Feldgottesdienst«[15] der Reichsparteitage folgte konsequenterweise der Ernstfall. Viele der in der Luitpoldarena angetretenen SA- und SS-Männer starben im Zweiten Weltkrieg den sogenannten Heldentod und wurden selbst Opfer der von ihnen losgetretenen und bereitwillig unterstützten, zumindest aber nicht bekämpften Gewaltpolitik der NSDAP. Modernste Medien verbreiteten die Botschaft der Reichsparteitage. In der Luitpoldarena selbst wurde nicht nur eine aufwendige Lautsprecheranlage installiert, sondern auch alle technischen Vorkehrungen für Rundfunkübertragungen und Filmaufnahmen getroffen – samt eigener Regiezentrale in der Haupttribüne. Besonders bekannt wurde die Luitpoldarena durch die filmische Inszenierung des Führerkults beim Reichsparteitag 1934 in dem Kinofilm »Triumph des Willens« von Leni Riefenstahl. Die Luitpoldarena bot für den Film eine ideale Kulisse, die filmtechnisch unter anderem durch einen Kameraaufzug an einem der Fahnenmasten hinter der Rednerkanzel erschlossen wurde.

Das Totenritual in der Luitpoldarena war ein Höhepunkt jedes Reichsparteitags und wurde (so die Behauptung Albert Speers) von Adolf Hitler selbst als unabänderliches, feststehendes Ritual auch für Reichsparteitage nach seinem Tod gesehen.[16] An das Totengedenken schloß sich ein Marsch durch die ganze Stadt an. Adolf Hitler nahm diesen am Nürnberger Hauptmarkt in seinem Mercedes stehend ab.

Weniger heroisch als die offiziellen Reden und Inszenierungen und weniger diszipliniert als erwünscht gestaltete sich der alltägliche Ablauf der Massenveranstaltung Reichsparteitag vor und nach dem »Appell der braunen Armee« in der Luitpoldarena: »In der Luitpoldfesthalle sowohl wie in den Aborten der Luitpoldarena wurden die sämtlichen Waschgelegenheiten verunreinigt, dadurch dass SA- und SS-Männer Stiefel säuberten (...) Die Außenwände der Hausmeisterwohnung wurden durch Urinieren nach dem Appell verunreinigt.«[17]

Während des Krieges blieb die Luitpoldarena als unbenutztes Relikt der Reichsparteitage stehen. Der Schriftsteller Claude Ollier, der während des Zweiten Weltkriegs Zwangsarbeit in der Nürnberger Rüstungsindustrie leisten musste, beschreibt in seinem 1988 erschienenen Roman »Bildstörung« einen Besuch der Luitpoldarena: »Während Martin auf den unebenen, schmutzigen Stufen der Luitpoldarena sitzt und den trübseligen, verlassenen Ort betrachtet, gelingt es ihm nicht, sich die damaligen Kundgebungen vorzustellen. Dabei hat er die Bilder in Erinnerung, Photos und Wochenschauen, so lang sind sie nicht her, diese Inszenierungen, dieses heidnische Zeremoniell der Parteitage (...)«.[18]

Nach Kriegsende wurde die fast unzerstörte Luitpoldarena zunächst als Parkplatz für amerikanische Militärfahrzeuge genutzt und wieder als Luitpoldhain bezeichnet. Filmaufnahmen der Nachkriegszeit zeigen amerikanische Soldaten, die zu Jazz-Musik auf der Rednertribüne Hitlers tanzen. Nachdem die US-Army die Arena nicht mehr benötigte, wurde sie Ende der 1950er Jahre als Teil des Volksparks Dutzendteich wie vor 1933 zu einem Park umgestaltet. Die Tribünenanla-

Die Luitpoldarena in der Nachkriegszeit.

Luitpoldarena und Kongresshalle, 1941.

Geländeinformationssystem im Luitpoldhain, 2014.

gen sprengte man 1959/60, um die Meistersingerhalle ohne unschöne Nachbarschaft aus der NS-Zeit errichten zu können.

Propaganda und Gegenpropaganda – ein alliiertes Flugblatt zur Luitpoldarena

Die Luitpoldarena zählte zu den bekanntesten Veranstaltungsorten der Reichsparteitage, spielte in der nationalsozialistischen Propaganda eine besondere Rolle und wurde später auch von den Kriegsgegnern des nationalsozialistischen Deutschland aufgegriffen. 1933 hatte die NSDAP als Selbstdarstellung ihres angeblich heroischen Kampfes um die Macht ein aufwendig illustriertes Sammelalbum für Zigarettenbilder mit dem Titel »Deutschland erwacht – Werden, Kampf und Sieg der NSDAP« drucken lassen. Zur Buchausstattung gehörte auch ein ausklappbares Panoramabild, das den Aufmarsch von SA-Männern im Luitpoldhain bei der Standartenweihe zeigte. Die Botschaft des Bildes am Schluss des Bandes war eindeutig. Im Buch stand dazu zu lesen: »Hunderttausend Mann sind angetreten im Luitpoldhain, wie ein ungeheures blühendes Beet leuchten die farbigen Mützenbezüge in der Sonne. Leise wogt das Farbenspiel hin und her auf

Alliiertes Flugblatt (Vorderseite), 1942.

dem braunen Untergrunde der Uniformen, bis ein einziges Kommando die Hunderttausend erstarren lässt zu regungsloser Einheit. Der Führer kommt.«[19] Die NS-Bewegung und ihr Kern, SA und SS, wurden als machtvoller, festgefügter Block präsentiert – ein Menschenmeer, einig hinter dem »Führer«. 1942, neun Jahre später, griff ein englisches Flugblatt auf das von den Nationalsozialisten veröffentlichte Panoramabild zurück. Mit dem zusätzlich eingefügten Titel »Wie viele sind hier aufmarschiert?« setzte es die Zahl der angetretenen SA-Männer mit den damals in der deutschen Öffentlichkeit verschwiegenen Kriegsopfern in Beziehung. Die alliierte Propaganda überschätzte die Zahl der im Luitpoldhain angetretenen Männer gewaltig, denn es waren nur etwa 100.000 bis 150.000 und nicht 330.000 SA- und SS-Männer, die 1933 in der Luitpoldarena vor Hitler strammstanden. Das über Deutschland abgeworfene Flugblatt versuchte mit dem von den Nationalsozialisten übernommenen Panoramabild die ungeheure Zahl toter deutscher Soldaten der Zivilbevölkerung vor Augen zu führen – mit dem deutlichen Appell, endlich Schluss mit dem Krieg zu machen: »Wie viele werden noch in den Tod marschieren? Die Antwort liegt bei Euch.«[20]

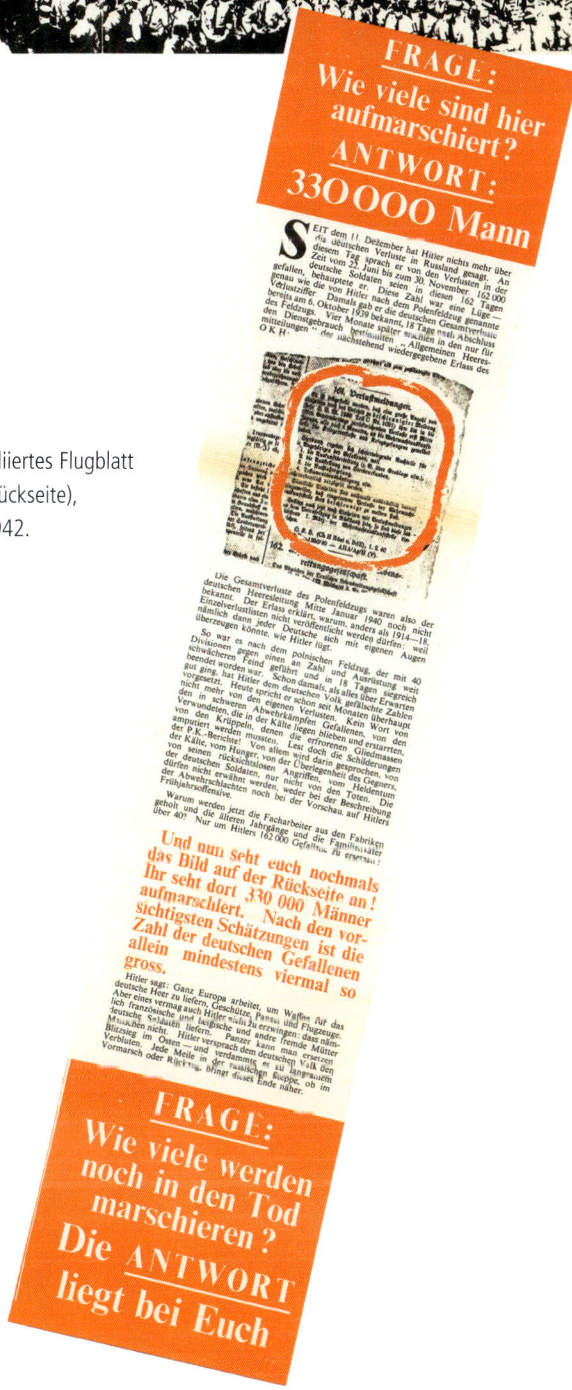

Alliiertes Flugblatt (Rückseite), 1942.

Luitpoldhalle und Rednertribüne der Luitpoldarena in voller Dekoration (nach 1935).

Postkarte der Luitpoldhalle anläßlich der Landesausstellung 1906.

Luitpoldhalle ohne Fahnenschmuck, 1930er Jahre.

Kein Ort für Diskussionen

Die Parteikongresse in der Luitpoldhalle

Eine übermäßig breite Treppe am südlichen Rand des Luitpoldhains führt heute von einer Wiese des Parks zu einem großen Parkplatz. Ursprünglich stand dort die Luitpoldhalle, eine für die Jubiläumsausstellung 1906 nach Plänen des Architekten Härter errichtete Ausstellungshalle. Sie blieb nach dem Ende der Ausstellung als städtische Festhalle stehen, in der verschiedene Veranstaltungen, Tagungen und Ausstellungen stattfanden. Nach 1933 wurde die Luitpoldhalle in die Planungen für die Luitpoldarena einbezogen und diente fortan der NSDAP für den Parteikongress im Rahmen der Reichsparteitage. Auch verschiedene Sondertagungen fanden hier statt. Die Halle war 18 Meter hoch, 180 Meter lang und 50 Meter breit; sie bot im Inneren Sitzplätze für 16.000 Personen.

Kongress der Phrasen und des gleichgeschalteten Jubels

Der Parteikongress der NSDAP hatte mit einem Kongress demokratischer Parteien nicht viel zu tun. In der ehemaligen städtischen Festhalle wurde bei den Reichsparteitagen nicht diskutiert, sondern gejubelt. Die Parteioberen gaben bekannt und die Zuhörer hatten die Beschlüsse von oben begeistert hinzunehmen. Dennoch war der Parteitag der NSDAP innerhalb der Dramaturgie eines Reichsparteitages nach 1934 noch am ehesten ein Ort, wo Politik relativ konkret behandelt wurde. Auch Straßenbau, Wohlfahrtspolitik und anderes wurden hier zwar nicht diskutiert, aber doch von den Verantwortlichen dargestellt, wenn auch propagandistisch verzerrt. Bereits beim Reichsparteitag 1927 sah Adolf Hitler den Zweck des Parteikongresses nicht in der Führung einer »mehr oder minder ›geistreichen‹ Diskussion«, sondern der Parteikongress sollte »Ausdruck jugendlicher vorwärtsstürmender Kraft«[21] sein. Dies wurde nicht überall in der Bevölkerung so gesehen. 1936 vermerkten Berichte an die Exil-SPD in Prag: »Vom Nürnberger Parteitag redet man überhaupt nicht mehr. Es war zu arg, was dort an Übertreibung und Geschimpfe geleistet wurde, um bei ernsten Menschen eine Wirkung auslösen zu können.«[22] Wie zahlreich solche ernsten Menschen damals waren, ist heute allerdings schwer zu beurteilen. In den überlieferten Filmen, Bildern und Texten der gleichgeschalteten nationalsozialistischen Medien war für sie kein Raum. Die Berichterstattung rückte auch weniger die konkreten politischen Fragen des Parteikongresses, sondern die Inszenierung von politischer Macht in den Vordergrund.

Erhaltene Stufen zur Luitpoldhalle, 2014.

Kulisse für das Schauspiel Reichsparteitag

Die baulichen Veränderungen der Halle im Nationalsozialismus zeigen deutlich, dass es den Nationalsozialisten weniger auf politische Inhalte, sondern auf den äußeren Effekt ankam. Der Fassade wurde nach

Blick in die Luitpoldhalle beim Parteikongress der NSDAP 1936.

einem Entwurf von Albert Speer 1937 eine Werksteinfront vorgeblendet, die beim Reichsparteitag durch Fahnen, Licht und in der Mitte durch ein viereckiges Fahnentuch, die »Standarte« Adolf Hitlers, geschmückt war. Die Luitpoldhalle war damit ein besonders typisches Beispiel für die nationalsozialistische Kulissenarchitektur mit der entsprechenden Inszenierung für das Schauspiel Reichsparteitag. Dies galt auch für das Innere: Stoffbahnen verdeckten die tragende Eisenkonstruktion, Wände und Hallendecke vollständig.

Mit beträchtlichem Aufwand baute man eine riesige Orgel mit über 16.000 Pfeifen in die Halle ein. »Die Urgewalt des Orgelklangs« – so hieß es in einer zeitgenössischen Broschüre – »wird so gestaltet, dass sie nicht durch künstliche Finessen einzelne Zuhörer interessiert, sondern dem Sinn des Reichsparteitages entsprechend aktive Mithelferin wird bei der mächtigsten aller Jahreskundgebungen des Dritten Reiches.«[23] Auch beim Parteikongress ersetzte so der optische und akustische Effekt das politische Programm. Der geschaffene kultische Raum wurde auch außerhalb des Reichsparteitagsgeschehens für Orgelkonzerte an Sonntagvormittagen genutzt. Allerdings hatte der absolute Vorrang der Inszenierung im Inneren der Halle den Nachteil, dass die Zuschauer 1933 und 1934 unter großer Hitze und Sauerstoffmangel litten, da die Stoffbahnen eine Belüftung verhinderten und die zahlreichen Scheinwerfer den Innenraum zusätzlich aufheizten. Erst mit dem aufwendigen Einbau einer neuen Klimaanlage und anderer Beleuchtungskörper 1935 wurde dieses Problem gelöst. Planungs- und Bauphase liefen bei der Luitpoldhalle wie beim Bau des Reichsparteitagsgeländes insgesamt parallel, die »genialen« Ideen Hitlers und seiner Architekten mußten oft technisch nachgebessert oder mit erheblichem Aufwand nachträglich in die vorhandenen Bauten eingefügt werden. Kosten spielten bei alledem keine Rolle. 1938 wurde schließlich der »Reichsbühnenbildner« Benno von Arent mit einer Neugestaltung der Luitpoldhalle beauftragt, der schließlich 1940/41, als die Nationalsozialisten angesichts des Sieges über Frankreich wieder an die Durchführung von Reichsparteitagen dachten, einen vollständigen Neubau der Luitpoldhalle vorschlug. Mehr als ein Architekturmodell in Gips entstand davon allerdings nicht.

Blick auf die Rednertribüne der Luitpoldhalle beim Reichsparteitag, kolorierte Aufnahme 1933.

Sprache der Unmenschlichkeit

Unter dem Jubel von tausenden Zuschauern wurden in der Luitpoldhalle bei den Parteikongressen fatale Sätze ausgesprochen. Rudolf Heß, der traditionsgemäß Adolf Hitler im Namen der NSDAP beim Parteikongress begrüßte, äußerte etwa beim Reichsparteitag 1938: »Das deutsche Volks weiß, dass alles, was der Führer tut, recht getan ist.«[24] »Die andere Parteienwelt zerbrechen und ausrotten«, »Deutschland säubern« von als »Parasiten« bezeichneten Menschen, den »Kampf beginnen« gegen den angeblichen »internationalen jüdischen Weltfeind« – dies wurde 1938 beim Parteikongress offen als Leistung der NSDAP und Aufgabe für die Zukunft ausgesprochen.[25] Zu diesem Zeitpunkt wurde das Konzentrationslager Dachau erweitert, das KZ Flossenbürg war wenige Monate zuvor neu errichtet worden, und zwei Monate nach dem Parteikongress von 1938 brannten in Deutschland die Synagogen während der »Reichskristallnacht.«

Die unmenschliche »Rassenpolitik« des Nationalsozialismus war bei den Parteikongressen und Sondertagungen ein zentrales Thema. »Ich glaube, die von uns geübte Ausmerze lebensunwerten Lebens können wir guten Gewissens verantworten (...)«, sagte zum Beispiel Reichsärzteführer Dr. Gerhard Wagner in seinem Referat über »Rasse und Bevölkerungspolitik« beim Parteikongress 1936.[26] Diese beliebig vermehrbaren Zitate zeigen, dass es für den kritischen Zuhörer keinen Zweifel über den Charakter des nationalsozialistischen Regimes geben konnte.

Die »alte Kongresshalle« genügte schon bald den Ansprüchen der nationalsozialistischen Machthaber nicht mehr. Am Dutzendteich wurde ab 1935 an der (neuen) Kongresshalle gebaut. Die Luitpoldhalle wurde als einer von ganz wenigen Teilen des Reichsparteitagsgeländes 1945 durch einen Bombentreffer zerstört. Ihre Ruine beseitigte man 1950. Das Fundament der Halle wird seitdem als Parkplatz genutzt und beispielsweise für das Zelt einer Erlebnisgastronomie vermietet. Heute erinnern noch die Treppenanlagen, die zur Halle führten, an den Ort des nationalsozialistischen Parteikongresses.

Das Baumodell der Kongresshalle macht die Absicht der Inszenierung des Baues deutlich: Die klassizistische Fassade und ihre Spiegelung im Dutzendteich sollten der Kongresshalle eine besondere Aura verleihen, Postkarte 1935.

Postkarte mit dem »Kongressbau Nürnberg«, verschickt 1935.

Der »erste Riese unter den Bauten des Dritten Reiches«

Die Kongresshalle und ihre Fassade

Der größte erhaltene Baukörper des Reichsparteitagsgeländes ist die Kongresshalle, deren Torso sich zwischen dem Dutzendteich und dem Volksfestplatz erhebt. Mit seiner halbrunden Fassade aus Granit demonstriert der »erste Riese unter den Bauten des Dritten Reiches«[27] eindrucksvoll, in welch gigantischen Dimensionen das fertiggestellte Reichsparteitagsgelände gedacht war. Bezeichnend ist aber auch, dass die Kongresshalle wie so vieles auf dem Reichsparteitagsgelände nicht vollendet wurde.

Mit der Errichtung der Kongresshalle nach den Plänen des Nürnberger Architekten Ludwig Ruff und seines Sohnes Franz wurde 1935 begonnen. Auf einem hufeisenförmigen Grundriss von 275 Meter Länge und 265 Meter Tiefe waren eine Halle für 50.000 Menschen sowie zwei Vorhallen (24 Meter breit und 57 Meter lang) an den Enden des Hufeisens geplant. Der fertiggestellte und heute sichtbare Teil der Fassade ist circa 40 Meter hoch. Viele, meist nie realisierte Nutzungspläne ab 1945 bezogen sich auf dieses größte architektonische Relikt der NS-Zeit. Der Bau war bis 2006 größtenteils als Lager an die Firma Quelle vermietet und steht derzeit leer, einer der Kopfbauten beherbergt das Dokumentationszentrum Reichsparteitagsgelände. Der »Kongressbau« (so die vom Architekten Franz Ruff gewünschte Bezeichnung im »Dritten Reich«), das »Kolosseum« (umgangssprachlich), der »Ausstellungsrundbau« (verschämt in den fünfziger Jahren), die »Kongresshalle« (historisch informierte Mitbürgerin) oder schlicht das Gebäude Bayernstraße Nr. 100 (aktueller Falk-Stadtplan Nürnberg) ist das größte erhaltene Relikt nationalsozialistischer Propaganda-Architektur in der Bundesrepublik Deutschland. Selbst von der Nürnberger Burg aus ist die Kongresshalle als überdimensionaler, flacher Baukörper im Südosten zu erkennen. Nirgends sonst kann man so deutlich sehen, was die monumentalen Bauplanungen im Nationalsozialismus auch für viele andere Städte bedeutet hätten. Heute ist die Kongresshalle teilweise von Bäumen verdeckt, die umlaufenden Treppenstufen am Sockel und der

Grundsteinlegung für die Kongresshalle am 11. September 1935.

Hitler besichtigt die Baustelle der Kongresshalle, um 1938.

Bautorso des Kolosseums in Rom, 2014.

Fassade der Kongresshalle, 2014.

zurückgesetzte Aufbau bis zum geplanten Dach fehlen ebenso wie der gesamte Eingangsbereich an der geraden Seite der Halle entlang des Dutzendteichs. Trotzdem hat die Kongresshalle, etwa vom heutigen Volksfestplatz aus gesehen, eine der eindrucksvollsten Schaufassaden des »Dritten Reiches«. In der Repräsentation angeblicher Größe des »Dritten Reiches« lag von Anfang an eine wichtige Funktion des Baues. Bei der Grundsteinlegung während des Reichsparteitags 1935 wurde dies von Hitler deutlich ausgesprochen: »Wenn aber die Bewegung jemals schweigen sollte, dann wird noch nach Jahrtausenden dieser Zeuge hier reden. Inmitten eines heiligen Haines uralter Eichen werden dann die Menschen diesen ersten Riesen unter den Bauten des Dritten Reiches in ehrfürchtigem Staunen bewundern.«[28]

Architektur des Größenwahns

Um dieses ehrfürchtige Staunen zu erzeugen und damit gleichzeitig »den kleinen Nörgler zum Schweigen zu bringen«,[29] suchten die Nationalsozialisten mit ihren Bauprojekten alle Bauten der Vergangenheit und Gegenwart zu übertreffen – zumindest in der Größe. So verglich die NS-Propaganda den Kongressbau in seinen Ausmaßen mit der Cheopspyramide. Als antikes Vorbild wurde bereits in der nationalsozialistischen Propaganda das Kolosseum in Rom genannt. Dies ist allerdings höchstens für die Außenfassade einsichtig, da die Kongresshalle in ihrem Grundriss nicht dem ovalen Amphitheater Kolosseum, sondern einem antiken Theater ähnelt. Der Vergleich mit dem antiken Vorbild zeigt aber nochmals die Intention dieser Architektur: Das nationalsozialistische Deutschland wollte sich als Weltreich präsentieren, das in der Lage war, alle anderen historischen Reiche zu übertreffen. Vergleicht man die Fassaden von Kongresshalle und Kolosseum, so fällt neben der schlichten Tatsache, dass der Kongressbau höher (1,7 mal) und länger (1,3 mal) ist, vor allem der Schematismus immergleicher Fassadeneinheiten bei der Kongresshalle auf. Diese brutale Monumentalität wurde durch die Wahl von Granit als Material für die Fassade noch unterstützt. Der extrem harte und dauerhafte Granit sollte den Ewigkeitsanspruch des Baus unterstreichen, stand aber auch für handwerkliche Tradition und Bodenständigkeit. Entsprechend wurde in der Propaganda herausgehoben, dass noch niemals »ein solcher Reichtum an edlen Natursteinen aus deutschem Boden herausgeholt«[30] worden sei. Den durch die vielen Großprojekte hervorgerufenen Bedarf an Granit suchte Albert Speer von 1938 an dadurch zu decken, dass er mit Hilfe der Deutschen Erd- und Steinwerke (DESt), einem Betrieb der SS, mit KZ-Häftlingen Steinbrüche erschloss. In Flossenbürg, Mauthausen, Groß-Rosen und Natzweiler wurden deshalb Konzentrationslager in der Nähe von Steinbrüchen errichtet, in denen tausende Häftlinge an den unmenschlichen Verhältnissen beim Granitabbau zu Grunde gingen. Mit dem Bau der Kongresshalle zwischen 1935 und 1939 hat dies noch nichts zu tun. Kein Stein der Kongresshalle (und auch keine Platte der Großen Straße) wurde von KZ-Häftlingen hergestellt. Aber die zukünftigen Großprojekte, wie auf dem Reichspartei-

Versetzen von Granitblöcken beim Bau des Arkadengangs der Kongresshalle, März 1938.

tagsgelände das Deutsche Stadion (Station 10), hatten direkt mit dem System der Konzentrationslager zu tun. Entgegen seiner Selbstdarstellung ab 1945 war Albert Speer ein Hauptakteur des Terrorsystems des Nationalsozialismus, einschließlich der Konzentrationslager.

Die Schaufassade nach 1945

Im Wissen um die Planungen der Nationalsozialisten für die Granitproduktion ab 1938 mag die Kongresshallenfassade als wenig idyllischer Hintergrund für Volksfestvergnügen und Tretboottahrten auf dem Dutzendteich erscheinen, auch wenn hier noch kein Granit aus Konzentrationslagern verbaut wurde. Umso verwunderlicher ist es, dass sich nahezu kein Vorschlag zur Nutzung der Bauruine Kongresshalle nach 1945 auf ihre Fassade bezog. Immerhin platzierten Gewerkschafter in den 1960er Jahren bei einem Treffen in Nürnberg ein Transparent mit dem Text »Ihre Bauten sind tot. Überwindet ihren Geist!« an der Fassade – ein allerdings etwas klein geratener Versuch, der Wucht einer der größten Granitfassaden des Nationalsozialismus in Deutschland etwas entgegenzusetzen. Inzwischen steht die Kongresshalle samt Fassade wie alle Parteitagsbauten unter Denkmalschutz, war und ist als Postkartenmotiv erhältlich und schmückte die Konzertankündigungen des »Serenadenhofs«, der sich heute im südlichen Kopfbau der Kongresshalle befindet. Erst in den 1990er Jahren wurde von verschiedener Seite eine Brechung oder Veränderung der Fassade überhaupt vorgeschlagen und mit dem architektonischen Konzept des Dokumentationszentrums Reichsparteitagsgelände auch verwirklicht.

Pfingstlager von Gewerkschaftern 1962 mit dem Transparent »Ihre Bauten sind tot – überwindet ihren Geist!«

Die Kongresshalle dominierte in der Nachkriegszeit das Areal am Dutzendteich, Postkarte um 1950.

Touristische Gruppe vor der Kongresshalle in den 1960er Jahren.

Werbung des Serenadenhofs, 1993.

Plakat zur Ausstellung »Das Gelände« über das Reichsparteitagsgelände nach 1945, 2016. Der Tretbootschwan steht für die wichtige Freizeitnutzung des Dutzendteichareals.

Gesamtansicht der Kongresshalle, rechts ragt das Studienforum des Dokumentationszentrums über den historischen Bautorso, 2013.

Studienforum auf dem Dach des Dokumentationszentrums, 2001.

oben rechts: Baumodell des Dokumentationszentrums von Günter Domenig, 1998.

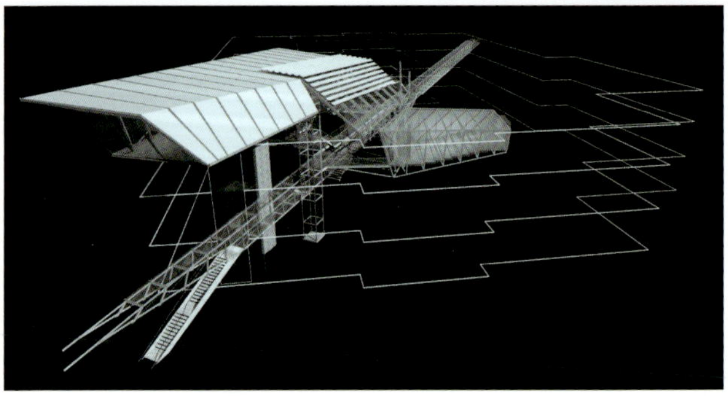

Computersimulation der Einbauten Günter Domenigs für das Dokumentationszentrum, 1998.

Moderne Gegenarchitektur
Das Dokumentationszentrum Reichsparteitagsgelände

Im nördlichen Kopfbau der Kongresshalle wurde am 4. November 2001 das Dokumentationszentrum Reichsparteitagsgelände eröffnet. Es beherbergt eine von den Museen der Stadt Nürnberg konzipierte Ausstellung, in deren Mittelpunkt das Reichsparteitagsgelände und die Reichsparteitage stehen, eingebettet in eine chronologische Darstellung der Geschichte des »Dritten Reiches« vom Ende der Weimarer Republik bis zu den Nürnberger Prozessen. Die Verwirklichung des über zehn Millionen Euro teuren Ausstellungsprojekts wurde nicht nur durch Zuschüsse von Bund, Land, Bezirk Mittelfranken und der Stadt Nürnberg ermöglicht, sondern auch durch die Kulturstiftungen der IHK Nürnberg und Mittelfranken sowie der Sparkasse Nürnberg. Eine Anschubfinanzierung zu Beginn des Projekts kam von dem Nürnberger Verleger Bruno Schnell und seinen Zeitungen Nürnberger Nachrichten und Nürnberger Zeitung. Getragen wurde der Plan eines Dokumentationszentrums von einem breiten Konsens in der Bevölkerung und bei den politischen Parteien. Nach jahrelangem Bemühen verschiedener Initiativen und Einzelpersonen um ein Dokumentationszentrum war die Zeit offensichtlich reif für ein derartiges Projekt.

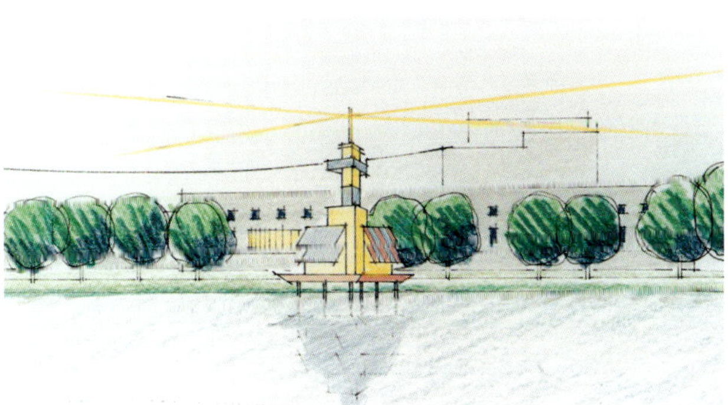

Ideenskizze eines Eingangspavillions für das Dokumentationszentrum in Form eines Leuchtturms, 1996.

Moderne gegen NS-Architektur – das Konzept Günter Domenigs

Auf den ersten Blick fällt die Architektur des Dokumentationszentrums auf: Die Granitfassade ist von oben bis unten aufgeschnitten, eine schräg zur Fassade verlaufende Treppe bildet den Zugang zum Dokumentationszentrum. Der Schnitt durch die Fassade setzt sich im Inneren des Kopfbaues konsequent fort, so dass der ganze Baukörper von einer Art Pfahl aus Glas, Stahl und Beton von etwa 130 Meter Länge durchschnitten wird. Aus größerer Entfernung wird der Eindruck von einem asymmetrischen Baukörper auf dem Dach dominiert, der die zwei Seminarräume des Studienforums enthält. Dort werden pädagogische Programme für Schulklassen, Jugendgruppen und Erwachsene angeboten – unter anderem von Geschichte Für Alle e.V. und dem Kunst- und Kulturpädagogischen Zentrum (KPZ) der Stadt Nürnberg.

Mit dem Dokumentationszentrum Reichsparteitagsgelände wurde die Auseinandersetzung mit NS-Architektur auf eine neue Ebene gehoben. Nach anfänglichen Ideenskizzen und Konzeptstudien, die eine Art Pavillonbau vorsahen und einen für die Kongresshalle abgerissenen Leuchtturm des Jahres 1906 am Dutzendteich als Zeichen für ein demokratisches Gemeinwesen wiederaufgriffen und drastisch überhöhten, wurden diese Pläne zugunsten einer professionellen Lösung mit Hilfe eines Architektenwettbewerbs aufgegeben. Der Sieger des Wettbewerbs, der Grazer Architekt Günter Domenig, hat bewußter und radikaler als fast alle Vor-

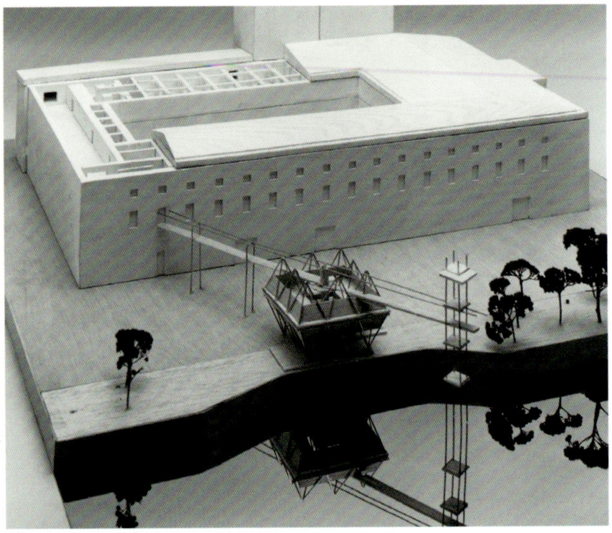

Entwurfsmodell für das Dokumentationszentrum mit Eingangspavillon, Büro Peter Weidenhammer (München), 1998.

Wettbewerbsentwurf von Johannes Hölzinger mit Schnitt durch den ganzen Kongressbau, 1998.

schläge bisher auf die Architektur der Kongresshalle reagiert, die er – als ein Beispiel für nationalsozialistische Staatsarchitektur – von dem konsequent durchgezogenen Element der »Achsialität« geprägt sah. Die Kongresshalle war für Domenig als unvollendeter Baukörper »nur der Beginn einer umfassenden Machtdemonstration eines äußeren Erscheinungsbildes, das gedacht war für Massenauftritte monumentaler, militanter Inszenierungen.« Dies wäre noch heute deutlich spürbar: »Es gibt keinen, wenn auch noch so kleinen Teil in den Räumen, der nicht diese beängstigende Ideologie demonstriert.«[31] Für den Architekten Domenig ergab sich daraus die grundsätzliche Konzeption, die historische Ausstellung, welche die Geschichte der NS-Zeit aufarbeitet, in den historisch möglichst original belassenen Räumen der Kongresshalle zu präsentieren, eine Begegnungs- und Verbindungszone zu schaffen (der den Kopfbau durchschneidende Pfahl sowie das Foyer) und schließlich das Studienforum als bewussten Kontrast zur NS-Architektur auf das Dach des Kopfbaues der Kongresshalle zu setzen. In den Worten Domenigs soll seine »Architektur der neuen Hoffnung« die »historische Axialität zerbrechen«, die »dekonstruktivistischen Winkelbezüge« sind keine Spielerei, sondern sollen »die Monumentalität« der Kongresshalle »entmachten«.[32] Erstmals wurde damit in der Bundesrepublik in dieser Dimension auf Architektur der NS-Zeit mit architektonischen Mitteln und nicht mit den bis dahin gängigen Mitteln Abriss, Verdecken durch Pflanzungen, denkmalschützerisches Bewahren des Ist-Zustandes oder Anbringen von Informations- oder Gedenktafeln reagiert.

Erste Ansätze zu einer solchen architektonisch-künstlerischen Auseinandersetzung gab es schon mehrfach, etwa nicht weit vom Dokumentationszentrum entfernt mit dem Projekt des Künstlers Manuel Franke im Inneren der ehemaligen SS-Kaserne. Auch der Architekt Peter Weidenhammer (München), von dem die ersten Projektskizzen für das Dokumentationszentrum stammen, sah neben dem Pavillon eine »Pfählung« des nördlichen Kopfbaus der Kongresshalle vor. Der Wettbewerbsbeitrag von Johannes Hölzinger (Nürnberg) durchschnitt den Kongressbau komplett. Allerdings ist Domenigs Werk insofern einmalig, als es weit über die Ebene »Kunst am Bau« wie bei Franke hinausreicht und auch realisiert wurde. Domenig ging den Bau direkt an, erlaubte sich massive Eingriffe in die oft zu Unrecht nur als wertvolles Denkmal gesehene NS-Architektur und überließ die Wirkung nach Außen eben nicht der Architektursprache der NS-Zeit, sondern setzte weithin sichtbare, eigene Architektur dagegen. Ob es damit gelingt, die »Monumentalität zu brechen«, muss der Betrachter entscheiden.

Günter Domenig (1934–2012) wurde in Klagenfurt geboren, studierte Architektur in Villach und Graz und gründete in Graz sein erstes Architekturbüro. Seit

»Pfahl« durch den nördlichen Kopfbau der Kongresshalle, 2001.

Anfang der 1980er Jahre lehrte er auch als Professor an der Technischen Universität Graz. Domenig gilt als Protagonist der »Grazer Schule der Architektur«, einer modern und provokativ gestaltenden Architektengruppe, die nach einer Grazer Architekturausstellung des Jahres 1984 benannt ist. Günter Domenig hat unter anderem Verwaltungsgebäude, Kliniken und Wohnbauten entworfen. Zu seinen Werken zählen Versorgungsrestaurants für die Olympiade in München, ein Erweiterungsbau der Uni Graz, eine in der Fachwelt berühmt gewordene Zentral-Sparkassenfiliale in Wien und das als gebaute Biografie gedachte »Steinhaus« in seinem Heimatort Steindorf am Ossiacher See. Domenigs Architektur wird mit Begriffen wie »Expressivität«, »Dekonstruktivismus«, »Skulptur« in Verbindung gebracht, was zumindest andeutet, dass Domenig nicht einer Architektur des rechten Winkels zuzurechnen ist. Vielfältige Winkelbeziehungen, Brechungen und überraschende Bezüge prägen viele seiner vor allem in Stahl, Sichtbeton und Glas ausgeführten Bauten. Das Dokumentationszentrum Reichsparteitagsgelände sah Domenig auch als persönliche Herausforderung an, da er selbst aus einem stark nationalsozialistisch denkenden Elternhaus stammte.

»Faszination und Gewalt« – die Ausstellung des Dokumentationszentrums

Bereits seit 1985 wurde unter dem Titel »Faszination und Gewalt« eine Ausstellung zum ehemaligen Reichsparteitagsgelände gezeigt – damals noch im Saal unter der Haupttribüne des Zeppelinfeldes. Das Dokumentationszentrum Reichsparteitagsgelände übernahm die damalige Grundüberlegung, der architektonischen Schaufassade des »Dritten Reiches« in Nürnberg, die viele Zeitgenossen begeisterte und vielleicht auch heute noch faszinieren kann, die Gewalt der Jahre 1933 bis 1945 hinter und vor den Kulissen gegenüberzustellen. Allerdings geht das Dokumentationszentrum mit Filmeinspielungen, der Präsentation zahlreicher Fotos über interaktive Bildschirme und einer aufwendigen Raumgestaltung nicht nur ausstellungstechnisch weit über seinen Vorgänger in der Zeppelintribüne hinaus. Es versucht auch inhaltlich auf 1.300 Quadratmetern Ausstellungsfläche in 19 Ausstellungsbereichen nicht weniger als eine chronologische Darstellung wesentlicher Grundlinien der Geschichte des Nationalsozialismus mit dem Schwerpunkt Reichsparteitage, Reichsparteitagsgelände und einer Herausstellung der Rolle Nürnbergs.

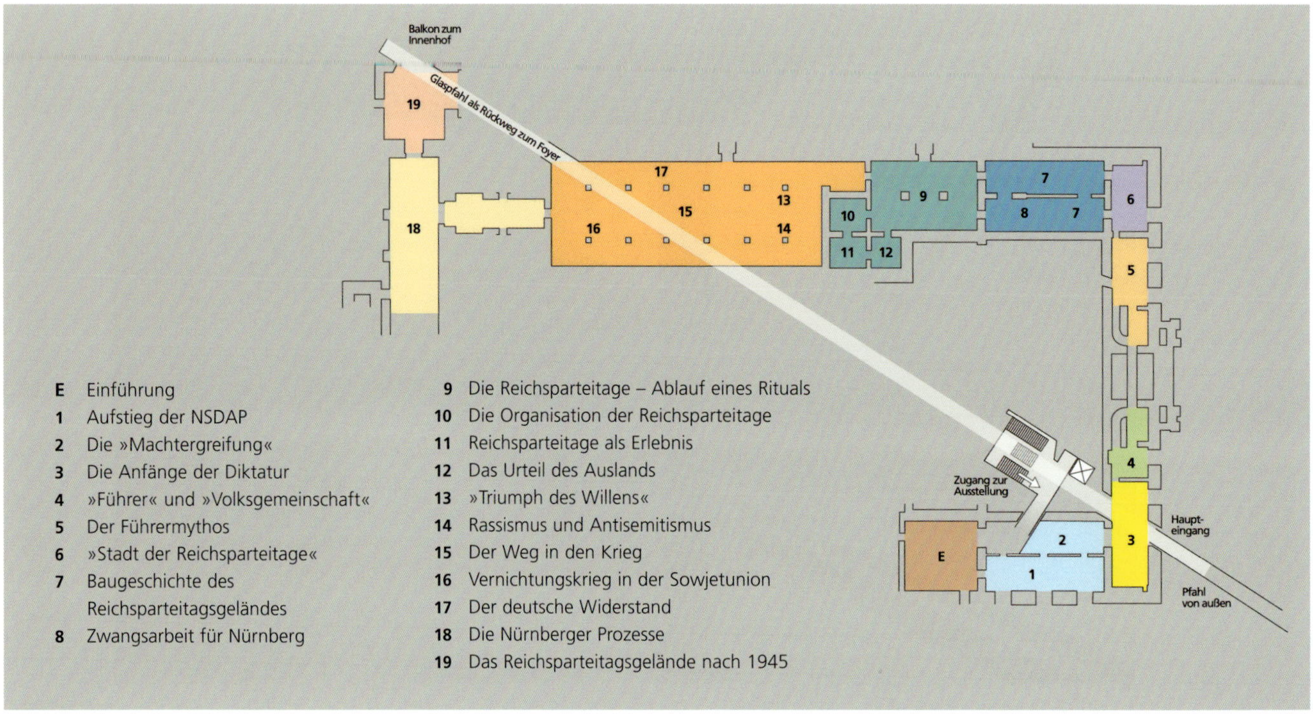

Grundriss der Ausstellung »Faszination und Gewalt« im Dokumentationszentrum Reichsparteitagsgelände, 2001.

Man wird auf die Ausstellung im ersten Stock des Dokumentationszentrums durch einen Film eingestimmt, der zwei jugendliche Skateboarder bei einer Fahrt rund um den Dutzendteich begleitet und historische Bilder von den Reichsparteitagen und dem Reichsparteitagsgelände der aktuellen Situation gegenübergestellt. Bauliche Strukturen aus der Zeit des Nationalsozialismus werden so sichtbar, aber auch die Stimmung, die von einigen der Gebäude heute noch ausgeht, ist visuell eindrucksvoll umgesetzt. Die anschließenden Ausstellungsbereiche schildern den Aufstieg der NSDAP, die Machtübernahme und die Anfänge der Diktatur mit dem »Musterlager« Dachau. Die Themenbereiche »Führer« und »Volksgemeinschaft« sowie »Führermythos« leiten schließlich zum sechsten Ausstellungsbereich über, in dem Nürnberg als »Stadt der Reichsparteitage« dokumentiert wird. Der Kern der Ausstellung widmet sich der Baugeschichte des Reichsparteitagsgeländes und dem Ritual der Reichsparteitage in zwei großen und drei angeschlossenen kleinen Räumen. Dem schließt sich ein flacher, bedrückend wirkender Ausstellungsraum an, in dem – neben der Analyse des Films »Triumph des Willens« von Leni Riefenstahl – die Themenbereiche Rassismus und Antisemitismus, Zweiter Weltkrieg und Vernichtungskrieg in der Sowjetunion, Judendeportation und Holocaust sowie der deutsche Widerstand ab 1933 präsentiert werden. Nach einer abschüssigen Rampe, welche die Epochengrenze 1945 markiert, schließt die Ausstellung mit einer Darstellung der Nürnberger Prozesse und der Geschichte des Reichsparteitagsgeländes nach 1945. Das eindrucksvollste Raumerlebnis hat der Besucher ganz am Ende der Ausstellung: Man tritt auf einen kleinen Balkon hinaus und blickt in den weiten Innenhof der Kongreßhalle, der als Versammlungsraum für die Kongresse der NSDAP gedacht war. Zurück zum Ausstellungsfoyer führt ein schräg nach unten verlaufender, rundum verglaster Gang, der das gigantische, aber unvollendete Raumprogramm der nationalsozialistischen Architektur schräg durchschneidet und sich so ihrer Logik widersetzt. Der Blick auf die Architektur der Kongreßhalle und ihre Brechung durch quer liegende Einbauten erinnert noch einmal daran, worum es im Dokumentationszentrum eigentlich zentral geht: eine Auseinandersetzung mit der baulichen Hinterlassenschaft der Nationalsozialisten in Nürnberg und deren ideologischer Botschaft als »Wort aus Stein«.

Dauerausstellung des Dokumentationszentrums in den unvollendeten Innenräumen der Kongresshalle, 2013.

Dokumentationszentrum, Vergangenheitsbewältigung und Freizeitkultur

Die Errichtung des Dokumentationszentrums ist Teil einer längerfristigen Entwicklung, die seit den 1980er Jahren im Umgang mit dem Gelände zu beobachten ist: Das wachsende Interesse am Thema Reichsparteitagsgelände und höhere Ansprüche an Bildungsangebote führten zu immer professionelleren Präsentationsformen bei Rundgängen und Ausstellungen. Gleichzeitig verschwanden durch die stärkere Freizeitnutzung des Geländes, aber auch durch Neubauten der Messe und im Bereich des Stadions immer mehr historische Baustrukturen rund um den Dutzendteich. Die Zeugnisse nationalsozialistischer Geschichte scheinen sich damit im öffentlichen Bewusstsein aus der Fläche zurückzuziehen und auf das Dokumentationszentrum zu konzentrieren.

Dies ist jedoch nicht unproblematisch, denn so positiv es ist, dass nach über fünfzig Jahren endlich eine angemessene Ausstellung zum Thema Reichsparteitagsgelände existiert, so groß ist auch die Gefahr, dem Dokumentationszentrum alles aufzubürden, was die Geschichte des Nationalsozialismus Nürnberg an Herausforderungen noch immer stellt. Trotz des Dokumentationszentrums ist es aber eine Aufgabe der Stadt Nürnberg und ihrer Bürger insgesamt und nicht Aufgabe des Dokumentationszentrums, Antworten auf die Frage zu finden, welche Konsequenzen aus der Geschichte der Reichsparteitage zu ziehen sind.

Gleichzeitig ist die virtuelle Präsentation des Reichsparteitagsgeländes in der Ausstellung kein Ersatz dafür, das Gelände selbst zu entdecken. Ein Blick aus der Entfernung über den Volksfestplatz auf die Kongresshalle, ein Gang über die Große Straße oder das Erklettern der Zeppelintribüne mit der Rednerkanzel Adolf Hitlers vermitteln eindrucksvoll und direkt die Dimensionen des Bauprojekts Reichsparteitagsgelände am originalen Schauplatz.

Baumodell des Innenraums der Kongresshalle, um 1938. Die Rednerkanzel sollte zentral in der Mitte in Form eines Altars inszeniert werden. Licht von oben sollte die sakrale Wirkung des Raums unterstützen.

Kongresshalle im Bau mit 1:1-Pfeilermodell im Innenraum, 1938.

Innenhof der Kongresshalle als Stellfläche für Autos, 2000.

Eine Halle ohne Dach

Der Innenhof der Kongresshalle

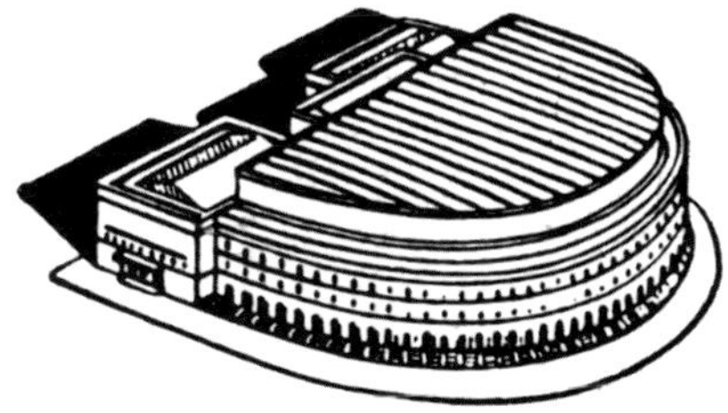

»Eine Halle soll sich erheben, die bestimmt ist, die Auslese des nationalsozialistischen Reiches für Jahrhunderte alljährlich in ihren Mauern zu versammeln«,[33] sagte Hitler bei der Grundsteinlegung zur Kongresshalle 1935. Der damals in der Propaganda als größte Halle der Welt herausgestellte Bau für 50.000 Teilnehmer als »Auslese« der NS-Bewegung blieb der Nachwelt als Bautorso erhalten. Heute versammelt der Innenhof keine »Auslese« des NS-Regimes, sondern präsentiert sich als leere und öde Fläche umgeben von einem wuchtigen, halbrunden Baukörper aus Ziegelsteinen. Besonders der Innenhof der Kongresshalle mit einer Länge von circa 180 und einer Breite von circa 160 Metern zeigt neben der Monumentalität der Bauten auf dem ehemaligen Reichsparteitagsgelände auch die ernüchternde Realität eines Bauprojekts, das alles bisher Dagewesene übertreffen sollte und kaum etwas davon einlöste. Der Innenraum der Kongresshalle sollte in der letzten von vier Planungen 68,5 Meter hoch werden. Die Halle blieb jedoch eine Bauruine, da das zurückgesetzte letzte Stockwerk samt freitragendem Dach nie vollendet wurde.

Wirkung einer Bauruine

Im jetzigen Zustand ist die Kongresshalle etwa 40 Meter hoch. Anstelle des heutigen Zugangs zum Innenhof waren ein repräsentatives Mittelportal und eine Eingangshalle geplant. Die beiden Kopfbauten (im Grundriß die beiden Enden des Hufeisens) waren als Vorhallen geplant. Der südliche Kopfbau beherbergt den »Serenadenhof«, einen Veranstaltungsort für Open-Air-Konzerte sowie einen Konzertsaal der Nürnberger Symphoniker. Im nördlichen Kopfbau ist das Dokumentationszentrum untergebracht. In den Innenhof ragt auf der rechten Seite eine Art Balkon hinein – das Ende des Pfahls, der den nördlichen Kopfbau der Kongresshalle schräg durchschneidet und so das Dokumentationszentrum räumlich erschließt. Besucher der Ausstellung haben von dort einen eindrucksvollen Blick auf den unvollendeten Innenhof der Kongresshalle. Die ganze Wucht des Baues trifft aber vor allem den Besucher, der den Innenhof selbst betritt, und etwa von der heutigen Straßenkreuzung im Hof aus, am Ort der geplanten Rednerkanzel, das Halbrund der Kongresshalle auf sich wirken lässt. In den ersten Eindruck des Riesenhaften, Gigantischen mischt sich das Gefühl großer Leere. Der Innenhof wirkt öde und fast nüchtern, denn die handwerkliche Natursteinfassade außen verkleidet einen im Rohzustand für damalige Verhältnisse durchaus konventionellen Bau. Stahlbeton und vor allem gewöhnliche Ziegelsteine sind das vorherrschende Baumaterial. Rechts der Straße folgend am nördlichen Kopfbau deutet sich mit einigen Probeplatten aus Marmor die geplante Innenraumverkleidung an. Neben den Tafeln des Informationssystems zum Reichsparteitagsgelände liegen im Innenhof am Boden zwei wuchtige Marmorblöcke. Es handelt sich um Segmente von einem der Pfeiler, die im Halbrund das Dach zur Oberkante der Zuschauertribünen abstützen sollten. Eine ganze Reihe dieser bereits produzierten, aber noch nicht gelieferten Steinblöcke, tauchten 2015 in einem hessischen Steinbruch auf. Insgesamt sollte die Halle im Endausbau etwa 60 solcher Pfeiler haben. Insgesamt wären allein dazu weit über 1.000 solcher Marmorblöcke notwendig gewesen.

Schon während der Bauphase diente die Baustelle Reichsparteitagsgelände der nationalsozialistischen Propaganda als Beleg für die angebliche Größe des nationalsozialistischen Bauwillens. Um das Endergeb-

Innenraum der Kongresshalle mit Pfeilermodell im Maßstab 1:1, Zeichnung von Erich Winkler, Februar 1939.

nis den zahlreichen Besuchern besser vorführen zu können, errichtete man Holzmodelle der Kongresshalle im Maßstab 1:1. Eines davon stellte ein Segment des Innenraums dar, bei der eine Pfeilerreihe von 17 Meter Höhe die Oberkante der Zuhörerränge mit einem freitragenden Dach verbunden hätte. Es war so in der noch unfertigen Kongresshalle angebracht, dass man sich die Höhe des fertiggestellten Gebäudes vorstellen konnte. Die Oberkante der Zuhörerränge, hinter der sich das Modell erhoben hatte, ist heute durch eine Reihe von Betonhalterungen an der Wand des Innenhofs der Kongresshalle erkennbar. Das zweite Teilmodell, das einen Teil der Fassaden darstellte, stand am Dutzendteich auf dem Platz vor der Kongresshalle.

Das Dach der Kongresshalle, für das zwischen 1938 und 1940 Konstruktionsvorschläge entwickelt wurden, sollte den Innenraum ohne Stützen überspannen. Durch ein großes, halbrundes Oberlicht aus profiliertem Glas wäre Tageslicht ins Innere der Halle gelangt. Als Halterungen für die vorgesehenen Innenverkleidung aus Marmor sollten unter anderem die rechteckigen Mauervorsprünge im oberen Bereich des heutigen Innenhofs der Kongresshalle dienen.

Einen Gesamteindruck vom Innenraum vermittelte ein Innenraummodell im Maßstab 1:10, das auf dem heutigen Volksfestplatz Mitte des Jahres 1938 aufgestellt wurde. Das elektrisch beleuchtbare Modell zeigte die geplante architektonische Ausrichtung des Parteikongresses auf »den Führer«. Eine altarähnliche Rednerkanzel, Licht von oben und der Einbau einer Orgel, welche die Orgel in der »alten Kongresshalle« nochmals in ihren Dimensionen übertreffen sollte, machen den pseudosakralen Charakter der hier geplanten Veranstaltungen deutlich.

Bauprojekt Kongresshalle

Das Bauprojekt Kongresshalle steht im Zusammenhang mit älteren Plänen für eine Stadthalle Nürnbergs, für die der Architekt Ludwig Ruff bereits 1931 den Standort am Dutzendteich vorgeschlagen hatte. Dieses in der Tagespresse veröffentlichte Projekt stand in krassem Gegensatz zu den Vorstellungen des liberalen Oberbürgermeisters Hermann Luppe vor 1933, mit dem Ruff nicht auskam. Nach 1933 nutzte Ludwig Ruff seine Karrierechance und stellte sich ohne Bedenken den planerischen und stilistischen Wünschen der neu-

Baustelle Kongresshalle mit Fassadengerüst und dem Pfeilermodell von hinten, 23. Januar 1939.

en Machthaber zur Verfügung. Er blähte sein altes Stadthallenprojekt ins Gigantische auf und gab der neuen Kongresshalle eine völlig andere äußere Form. Dieser antikisierende Monumentalstil der Kongresshalle hat wohl vor allem dem Auftraggeber Hitler gefallen. Ein Indiz dafür ist die Rede des Nürnberger Oberbürgermeisters Willy Liebel bei der Grundsteinlegung 1935, in der er seinen eigenen Anteil am Bau heraushob, da er bereits Ende 1933 dem Architekten Ludwig Ruff die Gestaltungsvorgaben Hitlers zum Bau eines »modernen Amphitheaters«[34] übermittelt habe. Bei der Vorlage der Entwurfspläne für die Kongresshalle im Juni 1934 erklärte sich Hitler auch mit erhöhten Baukosten einverstanden, da mit der Kongresshalle etwas »wirklich Großartiges und für alle Zeiten Monumentales«[35] geschaffen werden solle. Nach dem Tod Ludwigs Ruffs im August 1934 führte dessen Sohn Franz das Bauprojekt fort.

Bei den Planungen für die Kongresshalle wuchs der Bau von 40 auf über 60 Meter Gesamthöhe. Treibende Kraft war hier meist Adolf Hitler selbst, der bei Besuchen im Atelier Ruff auch selbst an den Bauplänen herumzeichnete und die Baumodelle kommentierte. Neben dieser sich immer weiter steigernden Gier nach vermeintlicher Größe waren technische Probleme beim Bau der Grund für eine Steigerung der Baukosten von geschätzten 10 bis 20 Millionen (1934) auf über 60 bis 70 Millionen Reichsmark (1935). Tatsächlich sind nach unterschiedlichen Schätzungen weit mehr als 80 Millionen Reichsmark verbaut worden.[36] Insgesamt hat der Zweckverband Reichsparteitagsgelände als Bauträger ab 1935 für das gesamte Reichsparteitagsgelände über 280 Millionen Reichsmark ausgegeben.[37] Die Kongresshalle war dabei zweifellos das größte und kostenträchtigste Bauprojekt, da für das noch größere Deutsche Stadion nur erste Bauvorbereitungen getroffen worden waren.

Nutznießer der sich immer weiter steigernden Baupläne für die Kongresshalle waren auch die beauftragten Baufirmen, die ein stetig anschwellendes Auftragsvolumen verzeichnen konnten. Es wurden Arbeitsgemeinschaften aus mehreren Firmen gebildet, beim Bau der Kongresshalle arbeiteten Hochtief, Philipp Holzmann und Siemens-Bauunion zusammen. Problematisch waren die Fundamentierung und die Dachkonstruktion der Kongresshalle. Auch hier entschied der

Die Deutsche Bauausstellung in Räumen der ehemaligen Kongresshalle präsentierte 1949 unter anderem eine Bilanz der Bauschäden (Tafeln links), eine Inszenierung der Bombennacht vom 2. Januar 1945 am Hauptmarkt (Bühne im Hintergrund) und eine Darstellung der Trümmermenge in Form einer Glaspyramide im Vergleich zur Lorenzkirche (Podest im Vordergrund).

technische Laie Hitler nach Vorlage unterschiedlicher Möglichkeiten selbst: Nachdem der grundwasserdurchströmte Boden am Rande des Dutzendteichs durch Einrammen von Schotterpfählen aus Quarzsand und Granitsplitt verdichtet worden war, wurde eine über drei Meter dicke Betonfundamentplatte angelegt, auf der die Kongresshalle dann errichtet wurde. Wie die Dachkonstruktion letztlich ausgesehen hätte, muss offen bleiben, da die Planungen dafür 1940 abgebrochen wurden. Es ist jedoch kaum vorstellbar, dass die beteiligten Architekten und Ingenieure nicht in der Lage gewesen wären, die Halle in irgendeiner Form auch stabil zu überdachen. Die häufig zu hörende Behauptung, eine Dachkonstruktion von derartigen Ausmaßen sei »unmöglich« gewesen, gehört zu den nicht belegten, eher mystifizierenden Vorstellungen über das Bauprojekt Reichsparteitagsgelände.

Die für die Fundamentierung des Baues ungünstige Lage direkt am Dutzendteich war, wie zeitgenössische Abbildungen des Kongresshallenmodells deutlich machen, vor allem dadurch motiviert, dass der Bau durch die Spiegelung im Wasser imposanter wirken sollte. Kein Aufwand schien zu groß, um das »Wort aus Stein« entsprechend zur Geltung zu bringen. Eine nächtliche Beleuchtung der Kongresshalle sollte die Inszenierung perfekt machen. Für das Innere der Kongresshalle und die Nutzung der einzelnen Räume lagen nur erste Pläne vor. Neben Vorstellungen über den Einbau einer Orgel und der Gestaltung der Sitzreihen gab es auch Überlegungen zur Nutzung der beiden Kopfbauten. Diese sollten »zur Aufstellung der Standarten und der Führerschaft aller Parteigliederungen vor Beginn der Parteikongresse«[38] dienen – so hieß es zunächst in dem offiziellen Führer zum Reichsparteitagsgelände. Nach dem »Anschluss« Österreichs war von Hitler in einem der beiden Kopfbauten die Aufstellung der aus Wien nach Nürnberg transportierten Reichskleinodien vorgesehen. Da der Bau jedoch nie vollendet wurde, kam es nicht dazu. Tatsächlich planerisch festgelegt und teilweise ausgeführt wurde die Ausgestaltung des nördlichen Kopfbaus (rechts des Zugangs zum Innenhof) der Kongresshalle als Foyer für das Führerpersonal. Man kann sich den Raum etwa wie den Saal unter der Zeppelintribüne vorstellen. Zwölf Säulen aus italienischem Marmor tragen die Decke dieses Raums, der heute als Ausstellungsraum des Dokumentationszentrums dient.

Wegen der aufwendigen Fundamentierungsarbeiten stand erst 1938 das Halbrund des Baus im Rohzustand in der heutigen Höhe und war außen teilweise schon

Der Stadtrat debattierte vor Ort 1955 über die weitere Nutzung der Kongresshalle. Das Baumodell zeigt den Einbau eines Fußballstadions in den Innenhof.

mit Granit verkleidet. Mit Kriegsbeginn kamen die Bauarbeiten wegen Arbeitskräfte- und Materialmangels weitgehend zum Stocken, obwohl noch bis 1941 weitergebaut wurde. Zur Behebung leichter Schäden an der Kongresshalle bei Luftangriffen 1942 und 1943 wurden sowjetische Kriegsgefangene eingesetzt. Auch Steinlieferungen kamen bis 1942 in Nürnberg an.

Pläne für einen »sonderbaren Riesenbau« nach 1945

Auch über 80 Jahre nach der Grundsteinlegung ist die Kongresshalle ein in seiner Gesamtheit eher zufällig, (oder wenn man so will) »pragmatisch« genutzter Torso. Der Bau hat sich lange einer endgültigen Nutzung entzogen, obwohl zahlreiche Vorschläge und Projekte sich gerade auf dieses architektonische Relikt der NS-Zeit und seinen unfertigen Innenhof bezogen. Letztlich scheiterte die Nürnberger Stadtverwaltung der Nachkriegszeit an der Verwertung des überdimensionierten, 82 Millionen Reichsmark teuren Bautorsos Kongresshalle und wurde durch die finanziellen Möglichkeiten schnell auf den Boden der Tatsachen zurückgeholt.

Nach 1945 war der fertiggestellte Teil der Kongresshalle einer der größten unzerstörten Baukörper im vom Bombenkrieg schwer getroffenen Nürnberg. Eine Nutzung der circa 35 Meter breiten Innenräume des Halbrunds der Kongresshalle schien dem Stadtrat bereits 1946 notwendig. Wenige Jahre später wurde die Kongresshalle tatsächlich zu Ausstellungszwecken genutzt, ohne jedoch eine Auseinandersetzung mit der nationalsozialistischen Vergangenheit des Baues in irgendeiner Weise anzustreben. Die Wortwahl war bezeichnend:

Noch nie ist der Ruf nach einem Großstadion in Nürnberg lauter erklungen als heute . . .

. . . ABER WER SOLL DAS BEZAHLEN?

Der Ausbau der Kongreßhalle zu einer Fußball-Arena kostet an die 30 Millionen Mark — Die entscheidende Frage bleibt, ob sich die Stadt dieses Projekt leisten kann — Einsichtige Bürger erinnern an die vielen lebenswichtigen Aufgaben — Ein „ausverkauftes Haus" bringt nur etwa 7500 Mark Miete ein

EIN STADION ZUM ZUSCHAUEN: so sieht die Kongreßhalle als Fußballarena aus. Auf den Rängen um das Spielfeld — das Hochbauamt hat sie in dieses Bild maßstabgetreu eingezeichnet — finden 70 000 Menschen Platz. Ob solche Zuschauermassen noch zu den Spielen kommen, wenn das Großstadion einmal fertig ist? Luftbild: Bischof & Broel

1962 wurde zum wiederholten Mal ein Stadion in der Kongresshalle diskutiert.

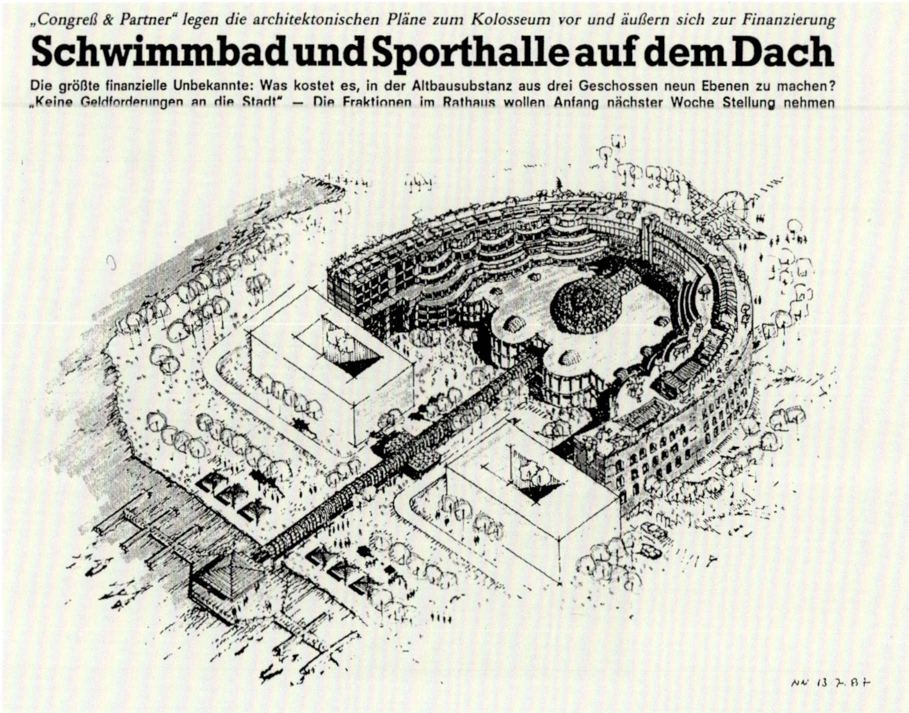
„Congreß & Partner“ legen die architektonischen Pläne zum Kolosseum vor und äußern sich zur Finanzierung

Schwimmbad und Sporthalle auf dem Dach

Die größte finanzielle Unbekannte: Was kostet es, in der Altbausubstanz aus drei Geschossen neun Ebenen zu machen? „Keine Geldforderungen an die Stadt“ – Die Fraktionen im Rathaus wollen Anfang nächster Woche Stellung nehmen

1987 sah ein (gescheiterter) Vorschlag eine vollständige Kommerzialisierung der Kongresshalle für ein luxuriöses Einkaufscenter vor.

»Ausstellungsrundbau« hieß die Kongresshalle erstmals bei der Deutschen Bauausstellung 1949 und ein Jahr später bei der Jubiläumsfeier »900 Jahre Nürnberg«. In Grußworten, Katalogbeiträgen und der Ausstellung selbst wird die Kongresshalle als Relikt der NS-Vergangenheit kaum thematisiert, sondern eher als Kuriosum behandelt. Auf einem Teil des Vordachs im Innenhof der Kongresshalle wurde eine Terrasse für das Ausstellungscafé »Königshof« angelegt, von der aus »man erst einen richtigen Eindruck von diesem sonderbaren Riesenbau«[39] gewinnen könne, wie im Ausstellungskatalog zu lesen war. Die Stadt Nürnberg präsentierte sich auf der Bauausstellung in erster Linie als Opfer des Bombenkriegs und erwähnte ihre Rolle als Kulisse für die nationalsozialistische Propaganda nicht. Trotz des einmalig großen Publikumserfolges der Deutschen Bauausstellung wurde der Plan, hier ein dauerhaftes Ausstellungsgelände aufzubauen, fallengelassen, da auf Dauer die Bevölkerungszahl in Nürnberg als zu gering für derartige Ausstellungen und das Gelände als nicht vollends geeignet erschienen.

Dies schloss jedoch keineswegs ein Nachdenken über andere Nutzungsmöglichkeiten aus. 1955 befasste sich der Stadtrat mit drei ausgearbeiteten Vorschlägen für die Kongresshalle, welche die »Verwendung des Rundbaues für Massenquartiere«,[40] den Ausbau des Innenhofs als Fußballstadion und die Verwendungsmöglichkeiten der Kopfbauten als Konzert- und Tagungsräume vorsahen. Für den Innenhof wurde tatsächlich der Bau eines Fußballstadions für 90.000 Zuschauer beschlossen, jedoch später aus Kostengründen nicht realisiert. Das Stadionprojekt tauchte über ein Jahrzehnt lang immer wieder als Vorschlag auf, scheiterte jedoch regelmäßig an der Finanzierung. Endgültig begraben sind derartige Pläne seit der Rückgabe des Städtischen Stadions durch die US-Army 1962, die danach das Zeppelinfeld als Sportstätte nutzte. Dieses Stadion aus dem Jahr 1928 wird, mehrfach umgebaut und erweitert, bis heute als Fußballstadion genutzt.

Auch die Nürnberger Geschäftswelt blieb nicht untätig. 1987 legte eine Gruppe »Congreß und Partner« Pläne vor, die Kongresshalle insgesamt als Einkaufs- und Erlebniszentrum auszubauen. »Freizeit on the top« mit Joggingbahn, Schwimmbädern, extravaganten Geschäften, Hotels und einem Altersheim (»Motto: Alte Menschen leben in neuer Welt voller Gesundheit, Unterhaltung und Abwechslung«)[41] waren vorgesehen. Diese postmoderne Kommerzialisierung von NS-Architektur scheiterte jedoch erstmals nicht nur an finanziellen Überlegungen, sondern auch an Protesten der Bürgerschaft

Pfahl des Dokumentationszentrums mit Lagerplatz von originalen Platten der Großen Straße, an der Ziegelwand Marmorplatten als Bemusterung für die geplante Innenraumgestaltung, 2014.

und der daraus resultierenden Skepsis der Rathausparteien. Gleiches (»Ökopolis«) für die Bundesgartenschau 1987 zu gestalten, scheiterte jedoch schon im Vorfeld an der Finanzierung der Gartenschau in Nürnberg.

Nicht Ausbau und Weiternutzung, sondern Verfall, architektonische Brechung oder gänzliche Beseitigung sah eine Reihe anderer Projekte für die Kongresshalle vor. Der älteste Vorschlag in dieser Richtung wurde von einer Gruppe des Bundes Deutscher Architekten im Jahr 1963 gemacht. Zu dieser Planung für ein »schöneres Nürnberg« gehörte die nahezu vollständige Beseitigung der Kongresshalle mit der bemerkenswerten Begründung, dass dieses Symbol der nationalsozialistischen Diktatur das Landschafts- und Stadtbild durch seine Maßstabslosigkeit zerschlage und daher in einem demokratischen System beseitigt werden müsse.[42] Der Vorschlag der Denkschrift, die Kongresshalle teilweise zu sprengen und die Reste zuzuschütten, wurde damals jedoch nicht realisiert.

Schonender im Umgang mit dem architektonischen Denkmal Kongresshalle waren Vorschläge von verschiedenen Seiten in den 1980er und 1990er Jahren, den größten NS-Propagandabau in der Bundesrepublik zwar nicht gänzlich zu beseitigen, ihn aber auch nicht unkommentiert und unverändert am Dutzendteich stehen zu lassen. Der Innenhof als musealer Verfallsbereich (Architekt Konrad Biller und eine Gruppe Nürnberger Bürger, 1987), das Reichsparteitagsgelände als teilzertrümmertes, bewohntes Denkmal (Klaus-Jürgen Sembach, 1992), ein »großes, modernes Gebäude« als republikanisch-demokratischer Kontrapunkt[43] zur Kongresshalle (der Direktor des Bildungszentrums Siegfried Kett sowie ähnlich Die Grünen im Stadtrat, 1992) oder eine Schneise durch die Kongresshalle (Diplomarbeit Matthias Hennig, 1994) wurden vorgeschlagen.

Die Kongresshalle wird heute von unterschiedlichsten Institutionen genutzt, ganze Stockwerke stehen jedoch wegen fehlendem Brandschutz leer. Diese »pragmatische Nutzung« der Kongresshalle, die der frühere Kulturreferent Hermann Glaser als angemessenes Mittel der »Entmythologisierung« sah,[44] wurde um das Dokumentationszentrum Reichsparteitagsgelände ergänzt, so dass auch Information vor Ort vorhanden ist. Mit dem Architekturkonzept Günter Domenigs wird nicht nur durch die Nutzung, sondern auch visuell erlebbar mit den Vorstellungen des Nationalsozialismus gebrochen. Dass der Innenhof heute nicht mehr als Lagerfläche dient, sondern sich als leere Fläche präsentiert, ist Teil einer mit dem Dokumentationszentrum verbundenen »Musealisierung« der Kongresshalle.

Der Umgang der Kongresshalle diente der Deutschen Bauausstellung 1949 als Präsentationsfläche für Baustoffe wie Granit und Marmor.

oben: Gang im ersten Stock der Kongresshalle, 1980er Jahre.

unten: Umgang in der Kongresshalle, 2014.

Umgeben von Granit
Der Arkadengang der Kongresshalle

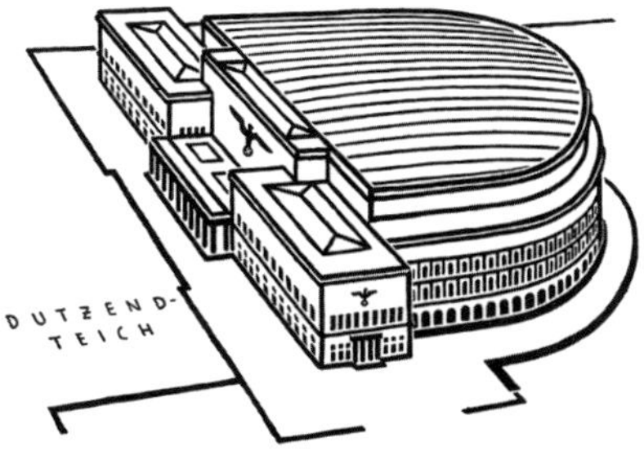

Der 435 Meter lange Arkadengang der Kongresshalle sollte als Eingangsbereich für die Teilnehmer des Parteikongresses dienen. Heute gelangt man über nachträglich angebrachte schmale Treppen in den von massiven Granitbögen abgegrenzten Arkadengang, der im Erdgeschoss das gesamte Halbrund der Kongresshalle erschließt. Ein Teil des Arkadenganges ist über eine geteerte Straße für Lastwagen zugänglich. Durch die heute vermauerten oder mit Stahltüren versehenen Rundbögen wären die 50.000 Parteigenossen in die Gänge und Treppenhäuser des Innenraums gelangt. Der Sockel wurde erst 1961 teilweise aufgeschüttet und begrünt. Eine würdevolle, fast sakrale Wirkung des Arkadengangs versuchte Ludwig Ruff durch ein Kreuzgratgewölbe zu erzielen, das jedoch nicht wie im Kirchenbau eine tragende Funktion hatte, sondern als rein dekoratives Element eingezogen wurde.

Das Problem aller monumentalen Bauten, nicht nur der des Nationalsozialismus, besteht darin, dass ohne das Angebot eines Größenvergleichs die beabsichtigte monumentale Wirkung stark eingeschränkt wird. Dies kann man im Gang der Kongresshalle testen, indem man die Arkadenflucht ohne und mit einem Passanten am anderen Ende betrachtet. Die Dimensionen der Architektur sind mit dem Menschen als Größenmaßstab wesentlich eindrucksvoller. Dementsprechend erscheint der einzelne Mensch, dies ist die Absicht der monumentalen Architektur der Kongresshalle, winzig vor der vermeintlichen Größe des nationalsozialistischen Staates und seiner Bauten.

Der »Granitumgang« nach 1945

Nach 1945 war der Arkadengang der Kongresshalle, als »Granitumgang« bezeichnet, in die Deutsche Bauausstellung von 1949 mit einbezogen. Ausgerechnet an dem Ort, wo die Ewigkeitsphantasien des »Dritten Reiches« eine gigantische Bauruine aus Granit hinterlassen hatten, empfahl ein Aussteller vier Jahre nach dem Ende des Krieges Granit wiederum als »Stein für die Ewigkeit.«[45]

Im Vorschlag zur Nutzung der Kongresshalle als kommerzielles Einkaufs- und Erlebniszentrum von 1987 sollte ein »Rundgang« auf neu angelegten Arkadengängen im Innenhof als eine »Prachtstraße mit eleganten Ausstellungsvitrinen, Straßencafés (...) und exklusiven Geschäften« auf drei Stockwerken angelegt werden. »Hier könnte das Leben 24 Stunden am Tag pulsieren.«[46] Diese »exklusive« Weiternutzung der Arkaden und Kommerzialisierung der Wandelhallen in Hitlers Monumentalbau scheiterte jedoch an finanziellen Bedenken und Protesten aus der Bevölkerung.

Der Arkadengang der Kongresshalle vermittelt eine Ahnung davon, welches Raumgefühl sich die nationalsozialistischen Architekten im Inneren ihrer Bauten vorstellten: Die Natursteinorgie hätte sich auch im Inneren fortgesetzt – teilweise mit edlerem Marmor. Eine einschüchternde, drückende und auch kalte Atmosphäre war das Wesensmerkmal einer Ästhetik, die Menschen als Masse organisierte, in erster Linie beeindrucken wollte und den Einzelnen kleinzumachen versuchte.

Platz vor der Kongresshalle, Ausschnitt aus einer Postkarte, um 1938. Auf der Zeichnung ist die Lage der Luitpoldarena zum Platz geschönt dargestellt: Tatsächlich lag sie stark schräg zum langgestreckten Ausstellungsbau, der den Platz vor der Kongresshalle begrenzen sollte. Auch die Luitpoldhalle neben der Rednertribüne der Luitpoldarena fehlt.

Kettenkarussell auf dem Volksfestplatz, 2012.

Vom Tiergarten zum Volksfest

Der Platz vor der Kongresshalle

Der Platz vor der Kongresshalle ist eine teilweise asphaltierte öde Fläche mit der Fassade des Rundbaus im Hintergrund. Der weitverbreitete Name »Kolosseum« für den NS-Bau ist leicht erklärbar, wenn man den Bau vom heutigen Volksfestplatz aus betrachtet.

Die Mängel des Reichsparteitagsgeländes als Gesamtanlage werden auf diesem Platz deutlich: Die Achse der Großen Straße endete in einer noch ungelösten Platzsituation. Die Kongresshalle hätte mit dem »Bau für die Kulturtagungen« nur ein kümmerlich gestaltetes Gebäude als Gegenüber erhalten. Ein langgestreckter »Ausstellungsbau« sollte die schräg zur Achse liegende Luitpoldarena verdecken. Die drei wichtigen Geländeteile Luitpoldarena, Kongresshalle und Zeppelinfeld stehen letztlich unverbunden zueinander – statt einer in sich architektonisch stimmigen Gesamtanlage bleibt das Reichsparteitagsgelände ein beliebiges Konglomerat von Einzelbauten.

Tatsächlich genutzt wurde der Platz nach 1933 als Baustelle und Lagerplatz für Baumaterial der Kongresshalle.

Nürnbergs erster Tiergarten am Dutzendteich

Eine private Initiative Nürnberger Bürger ermöglichte 1912 die Eröffnung eines Tiergartens am Dutzendteich. Er schloss sich an die Parkanlage Luitpoldhain an und umfasste den heutigen Volksfestplatz sowie die vier Nummernweiher neben dem kleinen Dutzendteich, die Fischen, Seelöwen, Eisbären, Stelz- und Schwimmvögeln als Lebensraum dienten. Vom Haupteingang an der Bayernstraße (in etwa der heutige Zugang zum Volksfestplatz) gelangte man am Affenhaus vorbei, über eine »Papageienallee« zu den Gehegen von Rehen, Hirschen, Antilopen, Straußen und Bisons. Im Hintergrund erhob sich ein künstliches Gebirge, auf dem Steinböcke ihr Zuhause hatten. In dem nach dem Hamburger Vorbild des Tiergartens Hagenbeck errichteten Nürnberger Tiergarten waren auch Braunbären, Antilopen, Emus, Hyänen und viele andere Tiere zu sehen. Diese lockere Nachbarschaft der Tiere konnte nicht im Sinne der Organisatoren des

Eingang des alten Tiergartens, Postkarte um 1913.

Künstliches »Gebirge«, Fotografie um 1912.

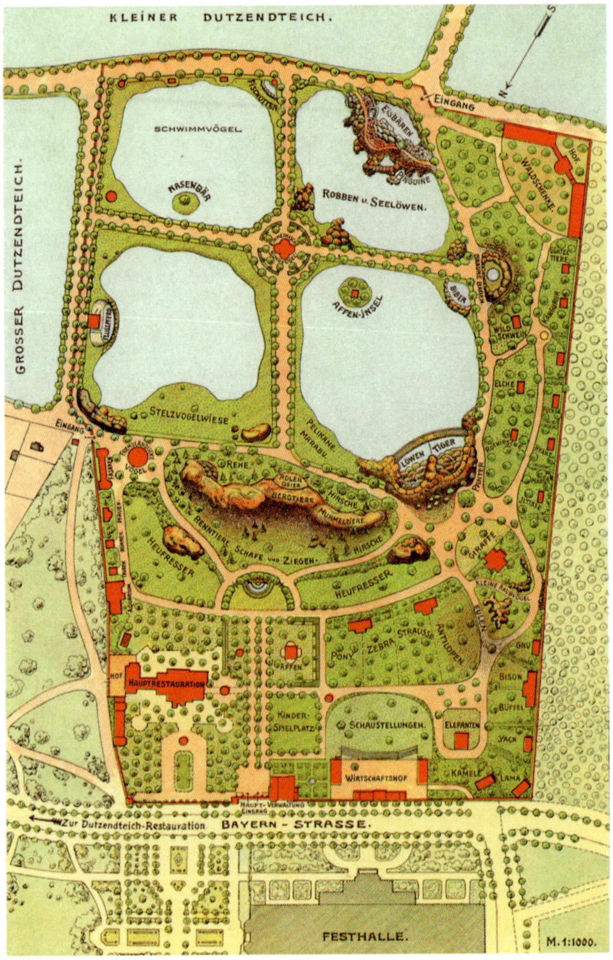

Der erste Nürnberger Tiergarten bot eine dichte Abfolge von Gehegen in einer Parkanlage mit den vier Nummernweihern, in der Bildmitte ein künstliches Gebirge für die Steinböcke. Erster Tiergartenplan von Georg Kuch, 1910.

Für die Grundsteinlegung der Kongresshalle wurde der Wald am späteren Bauplatz im Halbrund abgeholzt. Die Kongresshalle ist wesentlich größer als diese Freifläche und überdeckt auch den Leuchtturm (links unten) und einen Teil der Wasserfläche des Dutzendteichs, Pressefoto 1935.

Reichsparteitags sein und so war die Verlegung des Tiergartens schnell beschlossene Sache. Allerdings konnte dieser nach umfassenden Neubaumaßnahmen im Reichswald erst am 26. Februar 1939 am Schmausenbuck eröffnet werden, so dass die rund 800 Tiere alle Reichsparteitage bis 1938 in ihrem direkten Umfeld ertragen mussten. Nicht nur hunderttausende SA-Männer samt Zuschauern, sondern auch Affen, Papageien und Löwen hörten beispielsweise die Ansprachen Hitlers in der Luitpoldarena.

Heute erinnert auf dem öden Areal des Volksfestplatzes fast nichts mehr an den alten Tiergarten mit seinen Parkanlagen und dem Gebirge für Steinböcke. Zwei der Nummernweiher wurden wegen des Bauprojekts Reichsparteitagsgelände zugeschüttet und die Gebäude des alten Tiergartens nach und nach abgerissen. In einem der Nummernweiher ist noch ein Rest des Seelöwenfelsens erhalten.

Die Schleifung des Tiergartens zugunsten einer leeren Aufmarschfläche ist nur eine erste Maßnahme zur Schaffung einer gleichgeschalteten Landschaft, wie sie den Organisatoren der Reichsparteitage als Endzustand vorschwebte. Dieser Endzustand blieb dem Dutzendteichareal glücklicherweise erspart.

Festakt mit einer Rede Julius Streichers zur Vollendung des Fassadenmodells der Kongresshalle, 1937.

Baustelle als Schaustelle – das 1:1-Modell der Fassade

Bereits das Bauprojekt Reichsparteitagsgelände diente der nationalsozialistischen Propaganda. Um von der geplanten Kongresshalle schnell etwas vorzeigen zu können, errichtete der Zweckverband Reichsparteitag ein 1:1-Modell der Fassade aus Holz, das ab 1937, also zwei Jahre nach der Grundsteinlegung für den Bau, am Rand des heutigen Volksfestplatzes stand. Es handelte sich um ein imposantes, 56 Meter breites und 40 Meter hohes, begehbares Bauwerk, welches nicht nur den Besuchern und Teilnehmern der Reichsparteitage sowie Touristen vorgeführt wurde, sondern auch den Architekten und Politikern als Testobjekt für die architektonische Gestaltung diente. Der beispiellose Aufwand, nicht nur hier, sondern auch im Innenhof der Kongresshalle, am Zeppelinfeld, am Märzfeld und beim Deutschen Stadion, eigens 1:1-Modelle von Teilen der Gebäude zu errichten, ist charakteristisch für die zunehmende Maßlosigkeit bei den Repräsentationsbauten des Nationalsozialismus und die völlige Ignoranz gegenüber den immensen Baukosten.

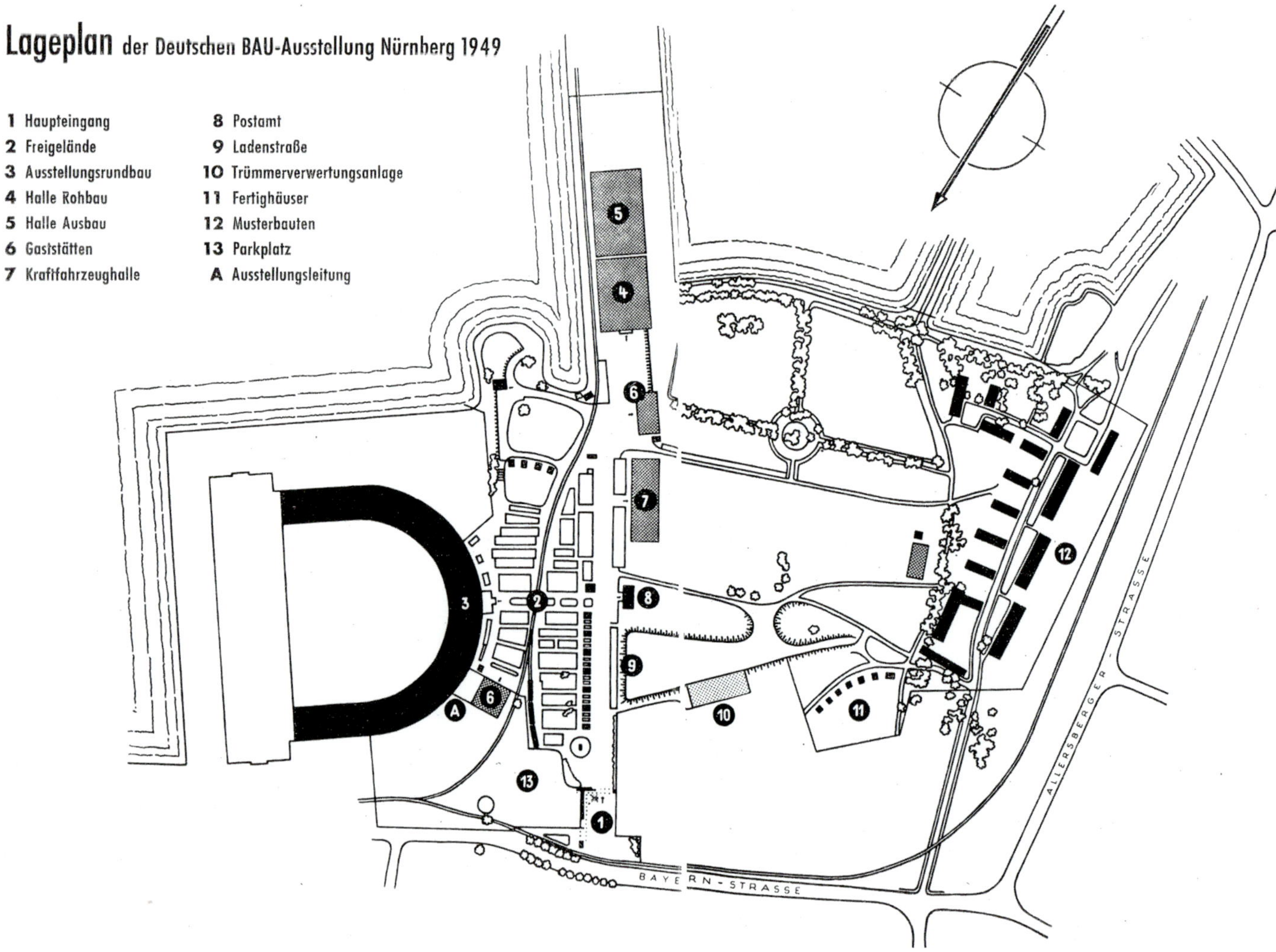

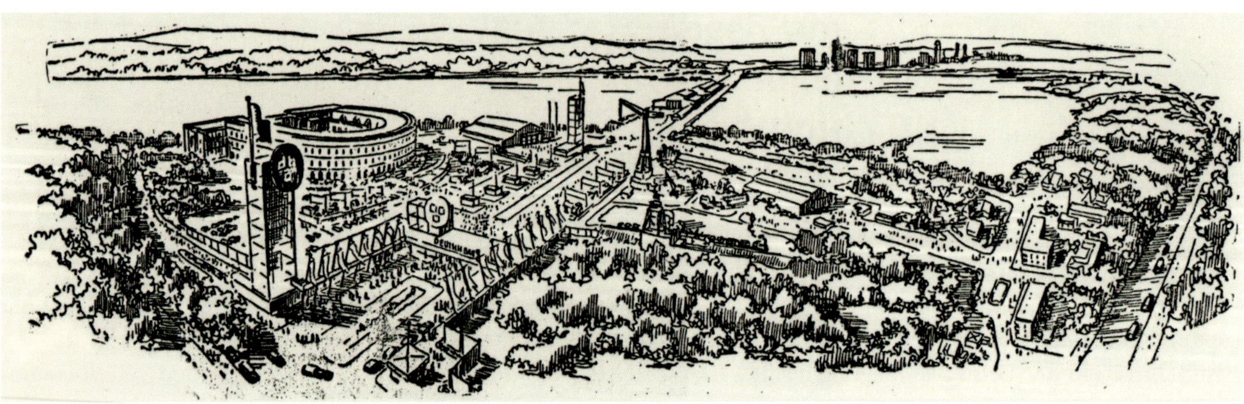

Grafik aus der Ausstellungszeitung zur Deutschen Bauausstellung, Nürnberg 1949. Im Hintergrund ist mit der Hochhaussilhouette die künftige Trabantenstadt Langwasser vorweggenommen.

Die Fassade der Kongresshalle wurde in die Außendarstellung für die Deutsche Bauausstellung einbezogen, Postkarte 1949.

Plakat zum ersten Volksfest am Dutzendteich, Fritz Henry Oerter 1953.

Ausstellungsgelände und Volksfestplatz

Anlässlich der Deutschen Bauausstellung 1949, der Jubiläumsausstellung »900 Jahre Nürnberg« 1950 und der Hotel- und Gaststättenmesse HOGA wurde der Platz als Ausstellungsgelände genutzt. Noch während der Bauausstellung lagen auf der ehemaligen »Baustelle zyklopischen Ausmaßes«[47] große Mengen von unverbauten Granitblöcken herum. Als sichtbares Ergebnis der Bauausstellung steht hinter dem Erdwall am Rand des Volksfestplatzes an der Oskar-von-Miller-Straße eine Anlage von Musterwohnbauten, die guten Wohnbau unter den damaligen schwierigen Bedingungen demonstrieren sollte.

Seit 1953 findet vor der Kongresshalle zwei Mal im Jahr das Nürnberger Volksfest statt. Der Platz wurde dafür neu befestigt, eine Trafostation gebaut und in der Kongresshalle eine Toilettenanlage eingebaut. Die meiste Zeit des Jahres ist der Platz eine öde Fläche, die zu einem geringen Teil von Zirkusbetrieben oder für andere Events genutzt wird. Im Frühjahr und im Herbst herrscht dann buntes Treiben auf dem Volksfestplatz mit zahlreichen Buden und Fahrgeschäften. Teilweise ergeben sich skurrile Bilder, wenn Achterbahnen die Kongresshalle überragen oder vor deren Fassade ein riesiger Gorilla die Augen rollt.

Volksfestplatz an der Kongresshalle, 1985.

Die Große Straße um 1938. Sie war als Hauptachse des Reichsparteitagsgeländes ab 1934 vorgesehen und wurde 1939 fertiggestellt.
Mit quadratischen Granitplatten aus deutschen Steinbrüchen belegt, ist sie heute die wohl eindrucksvollste erhaltene Aufmarschfläche aus der Zeit des Nationalsozialismus – trotz der teilweisen Entfernung von Platten im hinteren Teil der Straße bei Renovierungsarbeiten 1993.

1993 wurden bei einer Renovierung die Platten neu verlegt.

Für den Marschtritt der Kolonnen
Die Große Straße

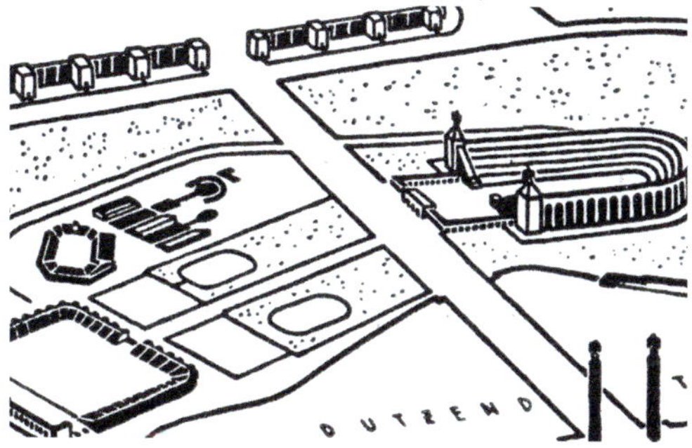

Nationalsozialistische Stadtplanung kommt selten ohne Achse aus. Die Planungen in den verschiedenen »Führerstädten«, für die großangelegte Projekte in Vorbereitung waren, sahen riesige Schneisen im Stadtbild vor, egal ob es sich um Berlin, München, Hamburg oder kleinere Städte wie Linz handelte. Die Große Straße als Achse des Reichsparteitagsgeländes war ab Dezember 1934 in der Gesamtplanung von Albert Speer vorgesehen, wurde aber erst 1939 vollendet. Sie zeigt auf etwa zwei Kilometern Länge und (ohne die seitlichen Tribünen) sechzig Metern Breite die ganze Monotonie einer gepflasterten Fläche, die für »Vorbeimärsche größten Ausmaßes vor dem Führer«[48] gedacht war. Die Große Straße sollte den Platz vor der Kongresshalle mit dem Märzfeld verbinden. Eine Abzweigung (Rasenstraße 1), die heute noch als Schneise im Wald gegenüber den neuen Messe-Parkhäusern zu erkennen ist, führte zum Zeppelinfeld. Seitlich der Großen Straße sollte eine große Treppenanlage für die Ehrengäste die Verbindung zum Vorhof des Deutschen Stadions herstellen. Die Große Straße gehört zu den einschneidendsten Landschaftszerstörungen, die das Reichsparteitagsgelände verursacht hat. Sie zerstückelte das zuvor geschlossene Seengebiet des Großen und Kleinen Dutzendteichs samt der Nummernweiher und war mit etwa 120.000 Quadratmetern Granitplatten die größte befestigte und nicht begrünte Fläche des Geländes.

Große Straße mit Blick Richtung Langwasser, 2014.

Aufmarschstraße und Blickachse

Die Große Straße wäre für Aufmärsche bestens geeignet gewesen. Die quadratischen Granitplatten von 1,20 Meter Kantenlänge wurden für die Stiefel der Wehrmachtssoldaten aufgerauht, um ein peinliches Ausrutschen unter den Augen des »Führers« zu vermeiden und so das betont weihevolle Geschehen nicht der Lächerlichkeit preiszugeben. Anhand der dunklen Granitbänder, welche die Straße in regelmäßige, große Quadrate einteilen, hätte die exakte Ausrichtung der Marschkolonnen überprüft werden können. Die Länge einer Platte sollte in etwa zwei Marschierschritten entsprechen.

Die Ausrichtung der Achse hatte symbolischen Charakter. Man konnte genau in der Mitte mit Blick nach Nordwesten über dem Luitpoldhain die Nürnberger Kaiserburg sehen. Heute ist dies wegen höher gewachsener Bäume nur vom südlichen Ende der Großen Straße aus möglich. Die Burg wurde im Nationalsozialismus als Symbol des mittelalterlichen »ersten« Reiches gesehen und eine geschichtliche Kontinuität von der Stadt der (mittelalterlichen) Reichstage zur »Stadt der Reichsparteitage« behauptet. Eine Ausstellung im Germanischen Nationalmuseum anlässlich des Reichsparteitages 1937 trug den Titel »Nürnberg, die deutsche Stadt – Von der Stadt der Reichstage zur Stadt der

Bis 1968 nutzte die US-Army die Große Straße als Flugplatz, Mitte der 1960er Jahre.

Reichsparteitage«. Da auch die Hohenzollern als Burggrafen einen Teil der Nürnberger Burg besessen hatten und das Geschlecht waren, das die Deutschen Kaiser zwischen 1871 und 1918 stellte, wurde die sogenannte »Zollernburg« auch zum Symbol des »zweiten« deutschen Reiches. Das »Dritte Reich« wurde auf der anderen Seite der Achse durch das Märzfeld als dem Ort für Schaumanöver und Kriegsspiele dargestellt.

Der Weg aus der deutschen Vergangenheit in eine kriegerische Zukunft wurde mit der Großen Straße baulich vorweggenommen. Diese wurde jedoch nie benutzt – auch nicht beim »Reichsparteitag des Friedens« 1939, für den die Plakate schon gedruckt waren. Aus dem bei vorangegangenen Reichsparteitagen praktizierten Training für den Krieg war nun der Ernstfall geworden. Hitler begnügte sich nicht mehr mit »Vorbeimärschen größten Ausmaßes«, sondern ließ die Soldaten im September 1939 in Polen einmarschieren. Der »Reichsparteitag des Friedens« fiel aus – wegen des Krieges.

Von der Landebahn zum Großparkplatz

Bis 1968 benutzte die US-Army die Große Straße als Landebahn für Militärflugzeuge. Heute sind die Große Straße und das angrenzende Ufer des Dutzendteichs im Sommer von Sonnenhungrigen, Sportlern und grillenden Familien aller Nationen bevölkert und bieten eine der schönsten »pragmatischen« Nutzungen des ehemaligen Reichsparteitagsgeländes, die jedoch zunehmend von Autoverkehr belastet wird. Für das Rockfestival »Out in the Green« 1988 mit Jethro Tull wurde die Große Straße erstmals als Festivalgelände genutzt und ist seitdem fester Bestandteil der Veranstaltungsfläche von »Rock im Park«.

Bereits 1971 beim Symposion Urbanum hatte der Künstler Karl Prantl die Große Straße für sich entdeckt und an den Granitplatten gemeißelt. Sein Kunstprojekt, gemeinsam mit anderen Künstlern die Große Straße vor Ort zu verändern, fand damals keine Zustimmung. Prantl gestaltete jedoch Anfang der neunziger Jahre mehrere Platten der Großen Straße, indem er sie abschliff und glättete und sie damit zu einem am besten barfuß sinnlich erfahrbaren Kunstparcours machte. Warum dazu ausgerechnet die Steine einer nationalsozialistischen Aufmarschstraße herhalten mußten, was da abgeschliffen, geglättet und wer mit wem versöhnt werden sollte, blieb manchem rätselhaft. Neben der Lorenzkirche befindet sich als Endergebnis sein »Nürnberger Kreuzweg« von 1991, der vierzehn Platten der Großen Straße mit einer historisch völlig falschen Inschrift präsentiert. Denn dort wird behauptet, dass »Stück für Stück« die Steine für die Große Straße von Konzentrationslagerhäftlingen und Zwangsarbeitern bearbeitet worden seien – was nachweislich falsch ist und die Botschaft des Kunstwerks zumindest in Frage stellt.[49]

Die Große Straße ist genau auf die Nürnberger Kaiserburg ausgerichtet. Sie dient heute vor allem als Parkplatz der Nürnberg-Messe, 2015.

Die Stufen der seitlichen Stehtribünen entlang der Großen Straße wuchsen seit 1945 nach und nach zu. So verschwand ein Teil der Großen Straße von selbst. Ein Übriges tat die Stadtverwaltung Anfang der 1990er Jahre, indem sie zwölf Millionen Mark bei der Sanierung der Großen Straße verbaute und sie damit zum teuersten Parkplatz Nürnbergs machte. Da die Straße nicht für den Autoverkehr ausgelegt war, zerbrachen jedes Jahr Platten, es gab auch keine entsprechende Kanalisation. Nach der vollständigen Sanierung entstand eine »Museumsstrecke« zwischen den beiden Dutzendteichen mit dem neu verlegten Originalplattenbelag, im anschließenden Teil wurden gesprungene Platten durch andere Originalplatten ersetzt. Der Abschnitt beim Messegelände präsentiert sich heute als neuer Betonparkplatz.

Mit einer 2001 neu gebauten, zweispurigen Asphaltstraße als Anschluss an die Bayernstraße bekam die Große Straße eine wichtige Funktion für das neue Verkehrsleitsystem. Dieses setzt in erster Linie auf den Autoverkehr und will die Fahrzeuge möglichst schnell zur Messe und zu anderen Großveranstaltungen führen. Neue Messebauten und entsprechende Parkhäuser wurden bereits an der Großen Straße errichtet. Es hat die Planer dabei nicht gestört, dass ein Abschnitt am Ufer des Dutzendteichs in seiner Freizeitnutzung empfindlich geschmälert, durch den Parkhausneubau ein weiteres Stück Grün zugebaut und ein historisches Relikt des Reichsparteitagsgeländes beseitigt wurde. Mangels eines vernünftigen Gesamtkonzepts für das Areal rund um den Dutzendteich droht die Große Straße eine Verkehrsschneise mit intensivem Verkehr zu werden – mitten in Nürnbergs größtem und traditionsreichstem Naherholungsgebiet.

Für die NürnbergMesse, eines der bedeutendsten Unternehmen Nürnbergs, ist die Große Straße sowohl für Lieferverkehr als auch für mit dem Auto anreisende Messebesucher logistisch wichtig. Nachdem 2014 ein unter Drogen stehender Autofahrer mit stark überhöhter Geschwindigkeit eine junge Frau auf der Großen Straße tödlich verletzte, kam es zur Sperrung des Teils der Großen Straße zwischen den beiden Dutzendteichen. Diese gilt die meiste Zeit des Jahres, außer bei Großereignissen wie der Internationalen Spielwarenmesse.

Es ist für die Entwicklung des gesamten Areals am Dutzendteich sicher eine richtige Entscheidung, auch Zonen der Ruhe zu schaffen und den Verkehr zu begrenzen.

Baumodell des Deutschen Stadions, 1937.

Baumodell der Fassade des Deutschen Stadions, 1937.

Grundstein zum Deutschen Stadion im Gebüsch an der Großen Straße, 1990er Jahre.

Vom »deutschen Olympia« zum »Todesteich«

Deutsches Stadion und Silbersee

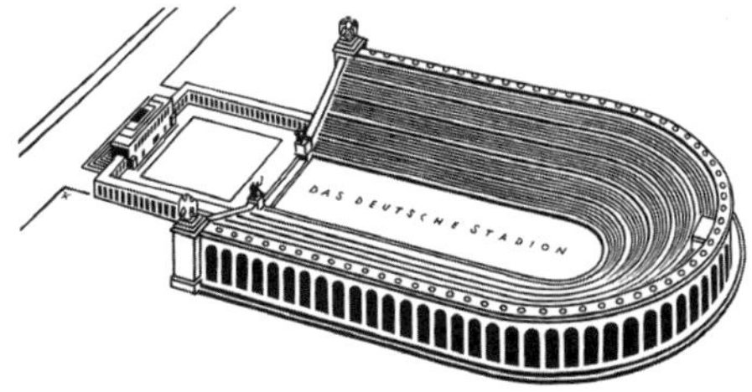

Dort, wo sich heute das Messeparkhaus an der Großen Straße befindet, wurde am 9. September 1937 der Grundstein für das Deutsche Stadion gelegt. Albert Speer wollte hier nicht weniger als das »größte Stadion der Welt« bauen. Mit einer Tribünenhöhe von über 120 Metern hätte das Stadion die Parkhäuser weit überragt und sich von der Großen Straße aus bis zur heutigen Münchener Straße erstreckt. Über 400.000 Zuschauer sollte das Deutsche Stadion fassen – dies entsprach in etwa der damaligen Gesamtbevölkerung Nürnbergs.

Bei der Grundsteinlegung anlässlich des Reichsparteitages 1937 wurde eine Urkunde in den Grundstein eingemauert, die einen »Befehl« des Führers wiedergab: »Im Verfolg meiner Proklamation am Reichsparteitag der Ehre schaffe ich hiermit für alle Reichsparteitage die Nationalsozialistischen Kampfspiele: Zum Träger dieser Kampfspiele bestimme ich die SA. (...) Um diesen Kämpfen eine würdige und weihevolle Stätte zu geben, wurde vom Führer der Bau des Deutschen Stadions angeordnet. Seine Gesamtplanung, Form und Gestalt erhielt es vom Generalbauinspektor Prof. Albert Speer.«[50]

Josef Goebbels kommentierte die Reden zur Grundsteinlegung und zur Siegerehrung der nationalsozialistischen Kampfspiele des SA-Chefs Victor Lutze in seinem Tagebuch und offenbarte das wenig weihevolle Gezerre hinter den Kulissen eines Reichsparteitages: »10. September 1937: Gestern: früh 10 h feierliche Grundsteinlegung zum Deutschen Stadion. Entwurf ein Meisterwerk von Speer. Akt sehr schön. Lutze wollte eine unmögliche Rede halten. Der Führer hat sie ihm mächtig zusammengestrichen. Aber auch so genügte das schon! (...) 12. September 1937: Stadion n.s. Kampfspiele. z.T. sehr interessant und amüsant. Lutze hält eine Rede zur Siegerehrung. Ein furchtbarer Tomatensalat. Wie der Führer mit Recht sagt: auch ein Hindernislauf. Aber was will man machen! Er kann‘s eben nicht besser.«[51]

Die Grundsteinlegung zum Deutschen Stadion fand am 9. September 1937 statt.

Bei der Grundsteinlegung wurde auch das Baumodell des Deutschen Stadions präsentiert.

Architekturvisionen und »nationalsozialistische Kampfspiele«

In der damaligen Propaganda wurde gerade die Größe des geplanten Baus durch plakative Vergleiche herausgestellt. Speers Bauprojekt sei höher als die Lorenzkirche und größer als der Circus Maximus. Die Feuerschalen an der Tribünenkante hätten beispielsweise einen Durchmesser von sechs Metern gehabt. Finanzierungsfragen wurden auch bei diesem Bau einfach beiseite gewischt. Im Tagebuch Josef Goebbels' ist dazu die Bemerkung zu lesen: »Das Modell zum Deutschen Stadion ist wunderbar. Vom Geld will der Führer nicht reden. Bauen, bauen! Es wird schon bezahlt. Friedrich der Große hat auch nicht nach dem Geld gefragt, als er Sanssouci baute.«[52]

Das Deutsche Stadion erreichte jedoch nicht einmal den Zustand einer Bauruine und war als Sportstadion von Anfang an »eine gigantische Fehlkonstruktion«[53], da nicht einmal eine Planung der Sportanlagen für die 380 mal 150 Meter große Innenfläche überliefert ist: »Zur Verwunderung eines damaligen Sportredakteurs« malte beispielsweise der Künstler Hirth in einer Idealdarstellung des Stadions für eine Kunstausstellung 1943 »zwei ineinanderliegende Laufbahnen in rechteckiger Form« im Innenbereich des Stadions.[54] Das Deutsche Stadion wäre für internationale Wettkämpfe nicht geeignet gewesen, was Adolf Hitler (und wohl auch Albert Speer selbst) nicht weiter gestört haben dürfte. Speer erwähnt in seinen Memoiren eine angebliche Äußerung Hitlers über die nicht olympischen Maßen entsprechende Innenfläche des Deutschen Stadions: »Ganz unwichtig. 1940 finden die Olympischen Spiele noch einmal in Tokio statt. Aber danach, da werden sie für alle Zeiten in Deutschland stattfinden, in diesem Stadion. Und wie das Sportfeld zu bemessen ist, das bestimmen dann wir.«[55] Nicht nur die Maße, sondern auch den eigentlichen Sinn sportlicher Betätigung definierten die nationalsozialistischen Machthaber neu: »Eng mit dem Geschehen des Parteitags verknüpft«[56] waren nicht sportliche Wettkämpfe, sondern nationalsozialistische Kampfspiele geplant. Einen Vorgeschmack auf diese Form körperlicher Betätigung boten die Reichsparteitage 1937 und 1938: »Der schwierigste aller wehrsportlichen Wettbewerbe bei den NS-Kampfspielen, der Mannschaftsfünfkampf, wurde am Vormittag in Angriff genommen. Geschwommen wurde im Stadion im Drillichzeug, mit Marschstiefeln, Koppel, Mütze und ›Affen‹ [gemeint sind die Tornister der Soldaten]. Die vier anderen Übungen dieses Wettbewerbs, 250 m Hindernislauf, Handgranatenweitwurf, Kleinkaliberschießen und 20 km Gepäckmarsch sind alle kaum weniger schwierig als das 30 m Schwimmen und stellen an den Führer und seine 11 Mann, von denen jeweils der letzte gewertet wird, ungeheure Anforderungen.«[57]

»Nationalsozialistische Kampfspiele« auf dem unfertigen Märzfeld, 1937.

Grafik aus einer Selbstdarstellung der Nürnberger Stadtverwaltung 1938.

Ein Holzmodell im Maßstab 1:1 mit verschiedenen Neigungswinkeln der Zuschauertribünen im Deutschen Stadion wurde im Hirschbachtal bei Oberklausen ab 1937 errichtet, Fotografien um 1938. Unten wurde der Endzustand mit einem Teil der Außenfassade einretuschiert.

»Nürnberg – das Olympia des neuen Reiches«[58] sollte der sogenannten rassischen Auslese und dem Training für den Krieg dienen. Nicht individuelle Fitness, sondern Schutz des sogenannten Volkstums und Gesundheit des Volkskörpers waren das Ziel des »völkischen Staats«, der »nicht im ehrsamen Spießbürger oder der tugendsamen alten Jungfer sein Menschheitsideal« sah, »sondern in der trotzigen Verkörperung männlicher Kraft und in Weibern, die wieder Männer zur Welt zu bringen vermögen.«[59]

Für das Bauprojekt Deutsches Stadion wurden auf einer riesigen freigeräumten Fläche u.a. umfangreiche Gleisanlagen, Pumpwerke, Lagerschuppen, Gebäude für die Bauleitung, ein Turm für Vermessungsarbeiten und Kantinen für die Beschäftigten der beteiligten Baufirmen wie Philipp Holzmann oder Hochtief errichtet. Rechts ist der Beginn der Aushubarbeiten für die südliche Hälfte des Deutschen Stadions (heute Silberbuck) zu erkennen – im Hintergrund die Siedlung Rangierbahnhof, Foto vom 9. Mai1939.

Das Gelände des Nürnberger »Olympia« blieb zunächst ungeachtet der vollmundigen Ankündigungen eine große Baustelle. Wer einen Eindruck vom Deutschen Stadion gewinnen wollte, konnte nach Oberklausen im Hirschbachtal fahren, einem kleinen Ort in der Hersbrucker Schweiz bei Nürnberg. Dort wurde ein Teilmodell zweier Tribünensegmente aus Holz errichtet, um verschiedene Neigungswinkel, die Sichtverhältnisse, aber auch mögliche Schwindelgefühle der Zuschauer vorab bei diesem 1:1 Modell auszutesten. Bei einem Besuch Hitlers im März 1938 wurden ihm dort gymnastische Übungen vorgeführt. Im Hirschbachtal kam es noch 1945 zu Kämpfen zwischen Ein-

heiten der SS und der anruckenden US-Army, in deren Verlauf das Dorf Achtel zerstört wurde. Das Holz des Teilmodells wurde von den Dorfbewohnern nach 1945 abmontiert, so dass heute nur noch die Betonfundamente zu sehen sind.

In Nürnberg selbst war vom Deutschen Stadion außer einem großen Baustellenbetrieb nicht viel zu sehen. Der 1937 errichtete Grundstein, ein auf einem Ziegelfundament ruhender Granitquader mit großer Aussparung für die Grundlegungsurkunde, stand noch bis 2001 am Originalplatz in einem Wäldchen an der Großen Straße. Er wurde für die Parkhäuser der Messe entfernt und ist heute Teil des Geländeinformationssystems.

Rund um den Grundstein entwickelte sich ab 1937 eine rege Betriebsamkeit: Der Baugrund wurde vorbereitet, Baustraßen und Gleise angelegt, ein Vermessungsturm errichtet und ein Teil der erforderlichen Baugrube bereits ausgehoben. 1.700 Mann Belegschaft arbeiteten 1939 an der Baustelle Deutsches Stadion, die von zwei Arbeitsgemeinschaften (Nord und Süd) betrieben wurde. Beteiligt waren die Firmen Hochtief, Siemens Bauunion, Philipp Holzmann und Deutsche Bauunion (Arge Süd) sowie Heilmann & Littmann, Dykerhoff & Widmann, Grün & Bilfinger, Stöhr und Boswau & Knauer (Arge Nord). Schon die Anzahl der Bauunternehmen deutet auf die Ausmaße des Bauvorhabens hin.

Hitler, Speer und Begleiter bei einer Besichtigung des Sockelmodells des Deutschen Stadions auf dem Reichsparteitagsgelände. Postkarte aus dem Verlag Th. König, Berlin 1939.

1938 errichtete die Bauleitung in Nürnberg zwei Musterpfeiler, um die Dimensionierung und Wirkung des Natursteinmauerwerks aus Granit zu testen, ein Jahr später kam ein naturgroßes Modell des Sockels und der Treppenaufgänge hinzu. Nach einer Besichtigung der Modelle durch Hitler stand fest, dass für die Fassade roter und rötlicher Granit Verwendung finden sollte, für die Zuschauerränge waren weiße Granitsorten vorgesehen.

Granit aus Konzentrationslagern

Die Verwendung von Granit in derartigen Mengen war eine ausgesprochen teuere Art zu bauen – und schien angesichts der weiteren Planungen in Nürnberg für das Deutsche Stadion, für die Reichshauptstadt Berlin und viele andere Städte ein lohnendes Geschäft zu werden. Steinbruchunternehmer schlossen sich zu größeren Arbeitsgemeinschaften zusammen, um die großen Aufträge überhaupt abwickeln zu können. Für die Zukunft wollte sich dieses Geschäft aber die SS sichern und gründete ein eigenes Unternehmen, die DEST (Deutsche Erd- und Steinwerke GmbH). An Steinbrüchen wurden von der SS Konzentrationslager errichtet, unter anderem 1938 das KZ Flossenbürg in der Oberpfalz. Dort wurden die Häftlinge unter unmenschlichen Arbeitsbedingungen in den Steinbruch getrieben, nennenswerte Kosten für die Arbeitskraft der Häftlinge entstanden der SS nicht. Die amerikanischen Ankläger legten im Nürnberger Prozess ein Dokument vor, das die Verhältnisse im Konzentrationslager Flossenbürg beschreibt: »Die Häftlinge mußten bei 25 Grad Kälte ohne Strümpfe und Handschuhe im Freien arbeiten. Die Folge waren erfrorene Finger, Hände und Füße. Der Lager-Kommandant ließ Gefangene, die sich

Häftlinge im Steinbruch des KZ Flossenbürg, um 1942.

krank meldeten, mit 25 Peitschenhieben durchprügeln und kommandierte sie trotz Erfrierungsschäden zur Arbeit.«[61] So standen die großangelegten Baupläne der Nationalsozialisten mit dem Terror der Konzentrationslager in einem direkten Zusammenhang. Auch nach Nürnberg wurde Granit aus Konzentrationslagern geliefert, jedoch nicht mehr verbaut. Gedacht war dieser Granit für das Deutsche Stadion. Nachweislich wurde kein Stein der Kongresshalle und kein Stein der Großen Straße von KZ-Häftlingen gebrochen. Das KZ Natzweiler in den Vogesen wurde 1941 speziell errichtet, um den benötigten rötlichen Granit für die Außenfassade des Deutschen Stadions zu liefern. Heller Granit für den Innenbereich kam unter anderem aus dem KZ Flossenbürg. Auch Lieferungen aus den Konzentrationslagern Mauthausen und Groß-Rosen nach Nürnberg sind belegt.

Zwar versuchte man auch während des Zweiten Weltkrieges die Bauarbeiten am Deutschen Stadion weiterzuführen und setzte dazu zeitweise bis zu tausend Kriegsgefangene auf der Baustelle ein.[62] Ein wirklicher Baufortschritt war angesichts des Krieges jedoch unmöglich. Im Wesentlichen beschäftigte man sich zwischen 1940 und 1942 mit einer nochmaligen Verlängerung des Deutschen Stadions und einer entsprechenden Baustelleneinrichtung.

Trotz aller Bemühungen scheiterte auch das Bauprojekt Deutsches Stadion kläglich. Die bereits ausgehobene Baugrube lief voll Wasser. Vom »größten Stadion der Welt« blieb außer dem Grundstein ein Haufen unverbauter Granit und eine Baugrube, die der Stadt Nürnberg noch erhebliche Probleme bereiten sollte.

Luftbild des Reichsparteitagsgeländes mit der Baugrube Deutsches Stadion (Bildmitte), 1953.

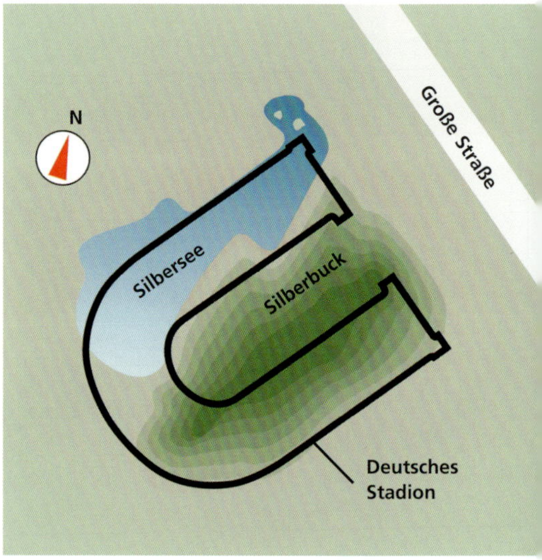

Die vollgelaufene Baugrube des Deutschen Stadions bildet heute den Silbersee, Skizze 2017.

Kein Schatz im Silbersee – der »Todesteich«

Die letzte Spur des Deutschen Stadions ist, nach Beseitigung des Grundsteins wegen des Baues des Messeparkhauses, der bis zu circa zehn Meter tiefe Silbersee. Es handelt sich dabei um die mit Wasser vollgelaufene Baugrube der nördlichen Hälfte des Deutschen Stadions. Etwa an der Stelle, wo sich heute ein blaues Warnschild »Baden verboten!« befindet, sollte sich der über 100 Meter hohe rechte Eckpfeiler des Deutschen Stadions erheben.

Das relativ stadtnah gelegene Gelände diente im Bereich des Bauplatzes für das Deutsche Stadion als

Schuttdeponie Bauernfeindstraße, um 1950.

Bepflanzung des Silberbucks am »Tag des Baumes«, 1955.

Blick vom Silberbuck, 2015.

Abladeplatz für die Trümmermassen der im Zweiten Weltkrieg stark zerstörten Stadt. Neben dem Silbersee entstand ein Schuttberg, der als Deponie Bauernfeindstraße betrieben wurde. Zum Schutt des Zweiten Weltkrieges kamen hochgiftige Abfälle aus der Industrieproduktion der Nachkriegszeit. Bis zu 400 Lastwagen täglich luden unsortierten Abfall jeglicher Art hier ab. 1955 wurde ein Teil der Deponie unter Mithilfe von Schulklassen als Aussichtsberg begrünt.

Der Silbersee blieb als Gewässer zurück, dessen Gefährlichkeit man zunächst nicht erkannte. Der Plan für »die provisorische Einrichtung eines Freibades«[63] wurde 1951 weiterverfolgt, jedoch schließlich aufgegeben, da sich Todesfälle beim Baden häuften. Der Grund für die Gefährlichkeit des Silbersees liegt neben kalten Strömungen in der Schwefelwasserstoffhaltigkeit des Wassers. Der in tieferen Wasserschichten vorhandene Schwefelwasserstoff (H_2S) wirkt auf den Menschen als Nerven- und Atmungsgift, das auch über die Haut aufgenommen werden kann. So ist auch der eigenartige Tatbestand zu erklären, dass noch Anfang der 1980er Jahre Nürnberger in der Lokalpresse zitiert wurden, die schon seit über zwanzig Jahren im Silbersee gebadet hatten, obwohl gleichzeitig zahlreiche Badeunfälle mit tödlichem Ausgang registriert wurden. Dies hing auch mit einem inzwischen weggesprengten Felsen zusammen, von dem aus man in die tiefer gelegenen, vergifteten Gewässerschichten springen konnte. Wer gerade dann badete, wenn sich der Schwefelwasserstoff in relativ tiefen Wasserschichten befand, und nicht zu tief

Ufer des Silbersees mit Warntafel, 2014.

tauchte, kam mit dem Gift nicht in Berührung. Da sich die Verhältnisse im See aber ständig ändern, war und ist dies ein sehr leichtsinniges und gefährliches Badevergnügen. Seit Jahren versucht man den See zu sanieren und hat zu diesem Zweck eine Umwälzpumpe installiert, welche die Blasenbildung an einer Stelle der Wasseroberfläche verursacht. Noch immer kann man an manchen Tagen einen seltsamen chemischen Geruch am Ufer des Sees wahrnehmen. Die Verbotstafeln am See sind also durchaus ernst zu nehmen: Der »Todesteich« als »Rest vom 3. Reich«[64] – so die Illustrierte Quick in den 1950er Jahren – ist definitiv kein Badesee.

Das Märzfeld im Süden des Reichsparteitagsgeländes war als größte Arena für Manöver der Wehrmacht vorgesehen, Modellaufsicht 1937.

Die Große Straße war auf die Haupttribüne des Märzfeldes ausgerichtet, Modellfoto nach 1938.

Vom Manövergelände zum Wohnquartier
Das Märzfeld

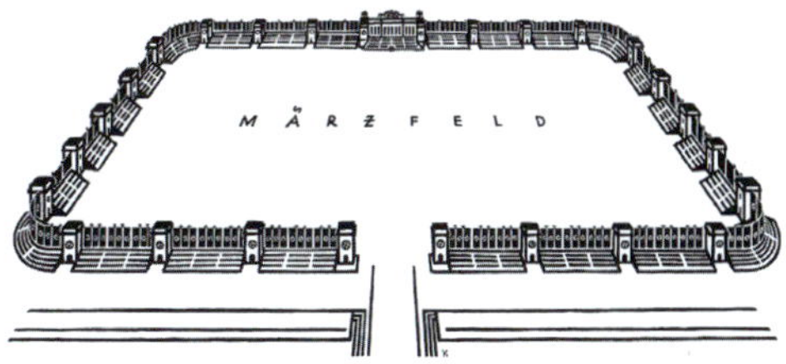

Das Märzfeld wurde für den »Tag der Wehrmacht« errichtet, mit dem am achten und letzten Tag die Reichsparteitage ihren Höhepunkt erreichten. Es erhielt seinen Namen in Anspielung auf den römischen Kriegsgott Mars und zur Erinnerung an die Wiedereinführung der allgemeinen Wehrpflicht im März 1935, im nationalsozialistischen Sprachgebrauch als »Wiedererlangung der Wehrhoheit« gefeiert. Das nahezu 600.000 Quadratmeter große Gelände für Kriegsspiele und Manöver war im Grundsatz bereits im Speer'schen Gesamtplan des Reichsparteitagsgeländes von 1934 enthalten, mit Planierungsarbeiten und der Gründung der Hochbauten begann man jedoch erst nach dem Reichsparteitag 1936. Bis Kriegsbeginn im September 1939, als die Baumaßnahmen weitgehend eingestellt wurden, konnte nur ein Teil der riesigen Arena errichtet werden. Die Manöver fanden daher auf den Reichsparteitagen 1934 bis 1938 in viel kleinerem Rahmen auf dem Zeppelinfeld statt.

Die als Achse in Nord-Süd-Richtung quer durch das Gelände gelegte Große Straße – die Aufmarschstraße der Wehrmacht – führte in Richtung Süden direkt auf das Märzfeld. Das rechteckige Tribünenfeld von 955 Metern Breite und 610 Metern Länge sollte den Eindruck einer monumentalen Festungsarchitektur erwecken. Es wurde umschlossen von einer riesigen Tribünenanlage für mindestens 150.000 Zuschauer, die durch Hunderte von Hakenkreuzfahnen geschmückt werden sollte, sowie 24 (Wehr-)Türmen.

Thoraks Skulpturen für das Märzfeld

Gegenüber der Einmündung der Großen Straße, in der Mitte der südlichen Tribüne, war eine herausgehobene Führertribüne vorgesehen. Die ersten Entwürfe Speers sahen als Bekrönung eine riesige Adlerstatue vor. In späteren Plänen wurde diese durch eine bronzene Kolossalfigurengruppe ersetzt, für die der Bildhauer Josef Thorak 1937 den Auftrag erhielt. Die noch im

Insgesamt 11 von 24 geplanten Türmen blieben als Relikte des Märzfeldes bis in die 1960er Jahre stehen, um 1946.

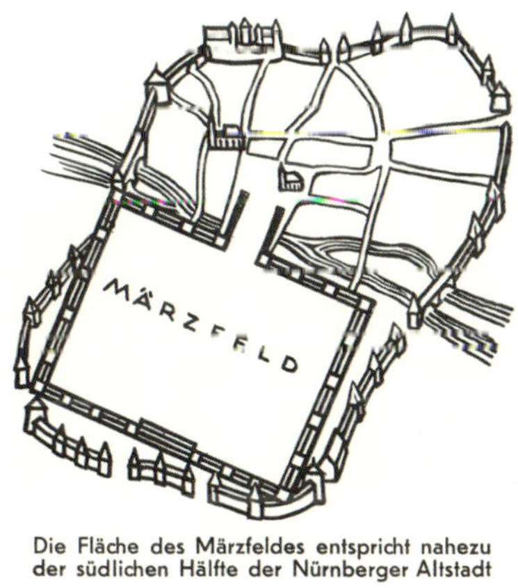

Grafik der nationalsozialistischen Stadtverwaltung, 1938.

Symbolbeladener Schmuck für die Haupttribüne des Märzfeldes: Josef Thoraks übermenschliche Heroen, Modellfoto 1938.

gleichen Jahr von Thorak gelieferten Entwürfe in verschiedenen Größen wurden von Hitler »besichtigt, korrigiert und genehmigt«.[65] Eine endgültige Skizze im Maßstab 1:10 hatte Thorak bis April 1938 fertiggestellt. Die von ihm konzipierte Figurengruppe bestand aus einer zentralen, zwölf Meter hohen weiblichen Aktskulptur mit Siegeskranz, flankiert von heroisch blickenden männlichen Aktfiguren. Die leicht erhöht stehende Allegorie des Sieges scheint in einer hingebungsvollen Bewegung den (Sieges)-Kranz zu reichen, der jedoch ebensogut ein Totenkranz sein könnte. Damit wurden Opfer und Tod zur Voraussetzung des Sieges erklärt. Ihr zur Seite standen rechts ein Schwertträger, links ein Schildträger sowie je ein Pferdelenker als Symbole für Wehrhaftigkeit und Staatsführung. Körper und Kopf der Figuren waren über die Tribünenstufen in Richtung des Standplatzes Hitlers geneigt.

Die in der Mitte stehende Siegesgöttin wurde auf Wunsch als Modell in einem Drittel der geplanten Größe in der »Großen Deutschen Kunstausstellung« 1938 im Haus der Deutschen Kunst in München präsentiert. In Thoraks riesigem Atelier entstanden derweil bereits einige Modelle der Figuren in Originalgröße.

Für den Eingang des Märzfeldes, dem Endpunkt der Großen Straße, hatte Albert Speer ohne Rücksprache mit dem Zweckverband Thorak beauftragt, zwei Reiterfiguren – einen Fahnen- und einen Lanzenträger – zu schaffen. Um die Arbeit an den Märzfeldplastiken zu beschleunigen und den vorgesehenen Fertigstellungstermin zum Reichsparteitag 1940 einzuhalten, war Thorak gezwungen, seit Mitte 1938 alle anderen Arbeiten auf dem Reichsparteitagsgelände zurückzustellen.

Thoraks Fahnen- und Lanzenträger im Modell. Sie sollten vor den Eingangstürmen des Märzfeldes (unten) aufgestellt werden.

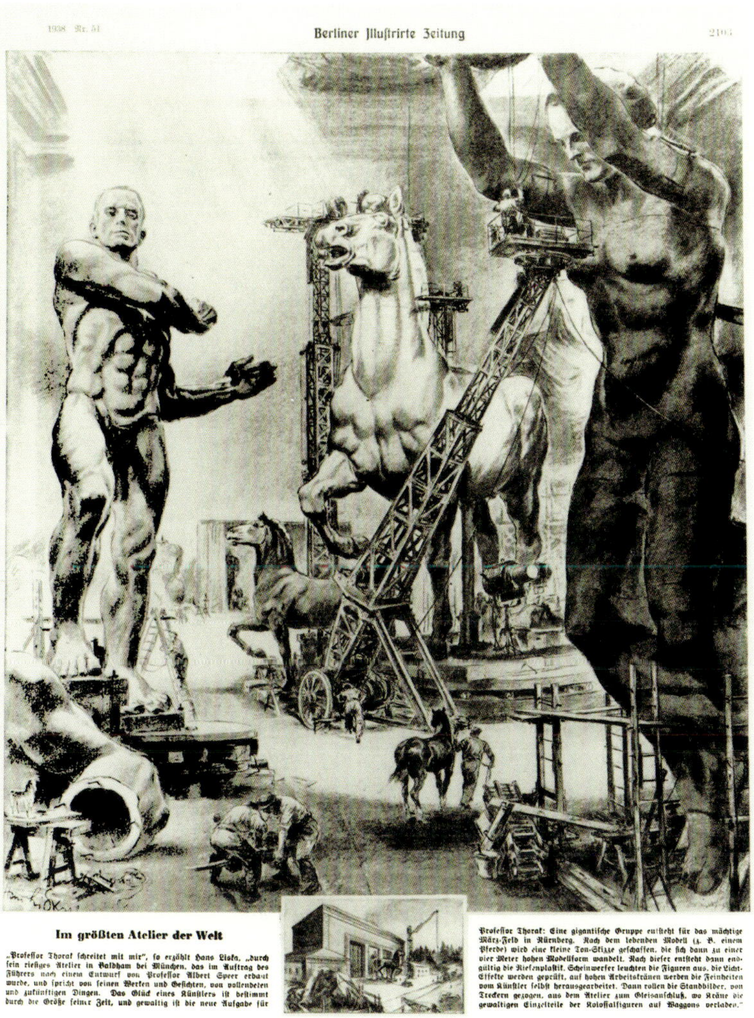

1938 Nr. 51 Berliner Illustrirte Zeitung

Im größten Atelier der Welt

„Professor Thorak schreitet mit mir", so erzählt Hans Liska, „durch sein riesiges Atelier in Baldham bei München, das im Auftrag des Führers nach einem Entwurf von Professor Albert Speer erbaut wurde, und spricht von seinen Werken und Gesichten, von vollendeten und zukünftigen Dingen. Das Glück eines Künstlers ist bestimmt durch die Größe seiner Zeit, und gewaltig ist die neue Aufgabe für Professor Thorak: Eine gigantische Gruppe entsteht für das mächtige März-Feld in Nürnberg. Nach dem lebenden Modell (z. B. einem Pferde) wird eine kleine Ton-Skizze geschaffen, die sich dann zu einer vier Meter hohen Modellform wandelt. Nach dieser entsteht dann endgültig die Riesenplastik. Scheinwerfer leuchten die Figuren aus, die Licht-Effekte werden geprüft, auf hohen Arbeitskränen werden die Feinheiten vom Künstler selbst herausgearbeitet. Dann rollen die Standbilder, von Treckern gezogen, aus dem Atelier zum Gleisanschluß, wo Kräne die gewaltigen Einzelteile der Kolossalfiguren auf Waggons verladen."

oben: Fotografie der Figuren für das Märzfeld in Thoraks Atelier.

links: Übertreibende Illustration eines Zeitschriftenberichts über Thoraks Atelier mit Modellen für das Märzfeld.

Thoraks Atelier in Baldham bei München, 1935.

Josef Thorak und Arno Breker, die beiden prominentesten NS-Bildhauer, kreierten mit ihren monumentalen Aktskulpturen eine Art nationalsozialistischen »Reichsstil«. Seit 1937 wurden sie als »Genies« der Gegenwart anerkannt und erhielten die Aufträge für die nationalsozialistischen Symbolbauten. Ihre »jugendlichen Gottmenschen« waren nach ideologischen Vorgaben geformt: In ihnen »fand das vorrangige Ziel rassistischer Körperideologie, die Entindividualisierung des Menschen ihren geradezu vorbildlichen Ausdruck.«[66] Alles Schwache war an diesen Figuren weggehämmert. Vereinfacht ausgedrückt signalisierten Männerskulpturen Kampfbereitschaft,Wehrhaftigkeit und Willenskraft, Frauen fungierten als entrückte Sexualobjekte und Siegesgöttinnen.

Unvollendete Baustelle

Die Fläche für die geplanten Manöver im Inneren der Anlage sollte »als natürliche Heidelandschaft« gestaltet werden. »Der spielerische Charakter der Kriegs-Inszenierungen sollte die Wahrnehmungsfähigkeit für reales Kriegselend vorbeugend schwächen«[67]: Die beteiligten Truppen erschienen deshalb nach den wirklichkeitsnahen Gefechtsinszenierungen, die einstweilen auf dem Zeppelinfeld stattfanden, wieder vollständig zu einer Parade. Die dahinterstehende Absicht war, eine mögliche Kriegsführung ohne größere eigene Verluste zu suggerieren.

Bis Kriegsbeginn im September 1939 waren Teile der 14 Meter hohen Tribünenanlage im Rohbau fertiggestellt.

Titelseite der Nürnberger Schau, einer Selbstdarstellungsbroschüre der Nürnberger Stadtverwaltung. Heft 8, August 1938.

Von den geplanten 24 Türmen mit einer Grundfläche von 13,5 mal 16 Metern und einer Höhe von 38 Metern waren elf Türme auf der westlichen Hälfte fertiggestellt und mit Travertinstein verkleidet. Für die Türme und die Tribünen waren massive, bis in sechs Meter Tiefe reichende unterirdische Fundamente erstellt worden. Auf den Tribünen sahen die Planungen insgesamt 576 je 18 Meter hohe Masten vor, zwischen denen Hakenkreuzfahnen gespannt werden sollten. In einem unterirdischen Betontunnel rund um das Gelände, der zum Teil fertiggestellt worden war, hätte einmal eine Bahn den Transport der Turmfahnen und -fahnenmasten übernommen. Allein auf der Baustelle Märzfeld waren 4.000 Arbeiter beschäftigt, kurzfristig sogar doppelt so viele. Mit Kriegsbeginn wurde die Baustelle stillgelegt und nur 1940 in der Euphorie nach dem siegreichen Frankreichfeldzug noch einmal kurzfristig weitergebaut.

»Moderne Wohnungen löschen NS-Vergangenheit« – das Märzfeldareal nach 1945

Nach 1945 blieb das Märzfeldgelände vorerst ungenutzt. Erst im Juni 1948 erfolgte in der Nordwestecke die Grundsteinlegung für eine »Friedensdorf« genannte Siedlung heimat- und elternloser Jugendlicher. Sie sollten hier eine neue Heimat finden und eine Handwerker- und Facharbeiterschulung erhalten. Die Jugendlichen waren zunächst in den ausgebauten Baracken der ehemaligen Reichsparteitagsgelände-Bauleitung untergebracht. Neubaupläne des Architekten Sep Ruf wurden aus Geldmangel nicht ausgeführt. Bis Ende der 1950er Jahre waren im »Friedensdorf« jeweils mehr als 100 Lehrlinge untergebracht.

Obwohl die US-Streitkräfte das restliche Gelände 1946 beschlagnahmt hatten, errichteten sie bis 1951 keine größeren baulichen Anlagen, sondern legten nur provisorische Munitionsdepots und ein Benzinlager für ihren Militärflugplatz auf der Großen Straße an. In den folgenden Jahren bauten sie jedoch feste Gebäude für ihre Depots und nutzten das Gelände als Truppenübungsplatz.

In dem 1956 vorliegenden Gesamtplan für die Trabantenstadt Langwasser war das gesamte Märzfeldgelände miteinbezogen und für Wohnbebauung vorgesehen. Dies führte ab 1957 zu langwierigen Verhandlungen mit den US-Streitkräften, die das Gelände bis Mitte der 1960er Jahre jedoch nur Stück für Stück freigaben. Sämtliche amerikanischen Militäreinrichtungen wurden in dieser Zeit auf das zwischen Moorenbrunn und Feucht liegende sogenannte Muna-Gelände – 1938 war dort von den Nationalsozialisten eine der größten bayerischen Munitionsfabriken errichtet worden – verlegt, wo ein neuer Militärflughafen als Ersatz für die Große Straße entstand. Noch 1975 führten die US-Streitkräfte jedoch kleinere Manöver auf dem Märzfeldgelände durch, was zu heftigen Protesten der Nürnberger führte.

Bei der Vorstellung eines aktualisierten Bebauungskonzeptes für das Märzfeld durch die Wohnungsbaugesellschaft der Stadt Nürnberg (wbg) 1964 titelte die Fränkische Tagespost: »Moderne Wohnungen löschen NS-Vergangenheit«.[68] Auf dem Märzfeld sollte laut den damaligen Planungen – der ursprüngliche Bebauungsplan war stark verdichtet worden – Langwasser-Nordost mit 7.300 Wohnungen für 24.000 Menschen entstehen. Noch standen jedoch vor allem die baulichen Überreste des Märzfeldes einer Bebauung im Wege. Für

Das ehemalige Märzfeldgelände diente der US-Armee lange als Manövergelände, 1960er Jahre.

Blick von einem der Türme auf den Flugzeughangar der US-Armee, 1960er Jahre.

den Umgang mit den Türmen hatte die wbg als Planungsträger verschiedene Vorschläge eingeholt. Sie reichten von einer teilweisen Erhaltung als Mahnmal für die NS-Diktatur bis zu einer Weiternutzung als Vorrats- und Lagerhäuser oder Luftschutzbunker. Auf Initiative des Bischöflichen Ordinariats Eichstätt sollte sogar einer der Märzfeldtürme zum Kirchturm umgebaut werden, nach dem Motto: Der »Sieg des Kreuzes über das Hakenkreuz«.[69] Dies ging jedoch an den historischen Fakten vorbei, da die Kirche als Institution keinen Widerstand gegen den Nationalsozialismus geleistet hatte. Gegen ein Stehenlassen der Türme wurde angeführt, dass der Unterhalt sehr viel Geld kosten würde und ihr Anblick die neuen Bewohner in ihren »schmucken« Wohnungen stören würde. Eine Beseitigung der Türme war deshalb bald Konsens unter den Verantwortlichen. Der ursprüngliche Vorschlag, die Türme abzureißen und zu Fertigbauteilen für 700 Wohnungen zu verarbeiten, konnte jedoch nicht verwirklicht werden, da sich das Travertingestein der Türme als zu hart erwies.

Die Türme sollten daher gesprengt werden und die circa 130.000 Kubikmeter Bauschutt zu einem 14 Meter hohen Lärmschutzwall entlang der heutigen Otto-Bärnreuther-Straße aufgeschüttet werden. Die Sprengung der ersten fünf Türme im April 1966 durch Pioniere der Bundeswehr fand bei den Medien weltweites Interesse. Nur ein Turm stürzte jedoch bei der von vielen Fernsehteams gefilmten Sprengung planmäßig seitlich zusammen, bei den anderen mußte die Sprengung wiederholt werden. Direktor Haas von der wbg merkte dazu an: »Es ist doch nicht so leicht, die Vergangenheit zu bewältigen.«[70] Die restlichen Türme konnten erst 1967 gesprengt werden, als die US-Streitkräfte ihre dort befindlichen Depots geräumt hatten.

1966/67 wurden die Märzfeldtürme, die dem Aufbau Langwassers im Wege standen, beseitigt. Im Hintergrund (Bild links oben) sind bereits die neu errichteten Wohnhochhäuser von Neuselsbrunn zu erkennen. Die von Pionieren der Bundeswehr durchgeführte Sprengung stieß auch wegen ihres Symbolcharakters auf großes Medieninteresse.

Mit der heute nahezu abgeschlossenen Bebauung des Märzfeldgeländes begann die wbg 1972. In den nächsten Jahren werden nach zahlreichen Umplanungen auf den verbliebenen Freiflächen im Nordosten Ein- und Mehrfamilienhäuser errichtet werden. Als städtisches Großprojekt wird zudem die erst 1977 als Gesamtschule Nürnberg-Langwasser fertiggestellte Bertolt-Brecht-Schule abgerissen und neu errichtet werden.

Mit der Begrünung der Lärmschutzwälle war buchstäblich Gras über die Überreste der NS-Vergangenheit des Geländes gewachsen. Dennoch wird man bis heute mit den Relikten der NS-Vergangenheit konfrontiert. So stießen Bauarbeiter Ende der 1980er und Anfang der 1990er Jahre bei Erschließungsarbeiten für Wohnbebauung auf dem Gelände noch immer auf Betonfundamente der unterirdischen Transportbahn, von denen manche gar nicht in den Plänen Albert Speers verzeichnet waren, da es sich um Probebauten handelte.

Darüber hinaus mussten großflächig unterirdische Fundamente abgetragen und an Ort und Stelle zerkleinert werden. Der so gewonnene Kies fand als Untergrund für künftige Wege und Straßen Verwendung. Dennoch blieb aus Kostengründen eine Vielzahl der Fundamente erhalten, nur für Kanäle und Querstraßen mussten die Gesteinsmauern weichen. Die Erschließungsstraße des neuen »Baugebiets S« des Stadtteils Langwasser verläuft deshalb weitgehend auf den ehemaligen Fundamenten der Märzfeldtribüne.

Heute erinnert nur noch wenig an das ehemalige Märzfeldgelände: Eine vor einigen Jahren vom Stadtrat beschlossene symbolische Verlängerung der Großen Straße in das ehemalige Märzfeldareal, die nach einem Architektenwettbewerb als »Friedensallee« einen aktuellen Bezug zur militaristischen NS-Vergangenheit herstellen sollte, wurde nicht weiter verfolgt.

Im Rahmen der Renaturierung des Langwasserbaches, der zwischen Langwassersee und Karl-Schönleben-Straße ein natürliches Bachbett erhielt, war man wiederum auf massive Fundamente der Tribünenanlage des Märzfeldes gestoßen. Die wbg beschloss, diese Relikte nicht zu beseitigen, sondern zu belassen und mit Hilfe von Informationstafeln am Hermann-Thiele-Weg auf die Geschichte des Geländes hinzuweisen. Im Jahr 2006 wurden die heutigen Tafeln des Geländeinformationssystems aufgestellt.

Bernd Windsheimer

Der Nordostteil Langwassers entstand auf dem ehemaligen Märzfeldgelände. Die letzten Freiflächen werden derzeit bebaut. An der Einmündung der Großen Straße (Mitte links) wird die Bertolt-Brecht-Schule neu errichtet werden, April 2017.

Freigelegte Fundamentreste erinnern am Hermann-Thiele-Weg an das gigantische Bauprojekt Märzfeld, Fotografien 2014.

»Der Führer schreitet die Front der Jugend ab«, so die originale Bildunterschrift zu diesem Foto vom »Tag der Hitler-Jugend« beim Reichsparteitag 1936 im Städtischen Stadion. Die Erziehung der Hitler-Jugend zu militärischem Drill drückte sich nicht nur in den Reden Hitlers aus, der sich Jungen »flink wie Windhunde, zäh wie Leder und hart wie Krupp-Stahl« wünschte, sondern auch in der Veranstaltung selbst: Sie unterschied sich für die HJ in nichts von einem soldatischen Fahnenappell, die Mädchen des BdM standen dabei am Rand.

Offizielle Festpostkarte zum Reichsparteitag, 1937.

»Er hat auf dem Reichsparteitag 1934 vor dem Führer gestanden« – Titelseite der Schülerzeitung »Hilf mit!«, 1935.

Missbrauchte Moderne
Das Städtische Stadion und die Hitler-Jugend

Zur Eröffnung des Frankenstadions 1991 gab die Stadt Nürnberg eine Broschüre mit einer »Chronik«[71] des Bauwerkes heraus, die 1928 mit der Verleihung der Goldenen Medaille für die Anlage bei einem Architekturwettbewerb abbricht und erst 1945 wieder beginnt. Die Nutzung des Stadions ab 1933 als »Stadion der Hitler-Jugend« wurde in dieser Chronik nicht erwähnt, obwohl die als »altes Stadion« (im Gegensatz zum nie gebauten »Deutschen Stadion«) bezeichnete Arena zu den wichtigen Veranstaltungsorten bei den Reichsparteitagen gehörte. Bauen mussten die nationalsozialistischen Architekten hier nicht viel – nur zu Dekorationszwecken wurden in dem ansonsten nicht veränderten Stadion an der Gegengerade zwei hölzerne Türme errichtet.

Das Stadion selbst, zwischen 1926 und 1928 nach Plänen von Otto Ernst Schweizer errichtet, gehörte zu den besten modernen Bauten der Weimarer Republik in Nürnberg und war einer der großen kommunalpolitischen Erfolge des liberalen Oberbürgermeisters Hermann Luppe. Das gesamte Areal, geplant von Stadtgartendirektor Alfred Hensel, atmete einen modernen Geist: Flachdachbauten wie ein Sonnenbadcafé und eine alkoholfreie Gaststätte ließen wie das Stadion selbst keinen Zweifel daran, dass sie nicht eine besonders deutsche Baugesinnung vertraten, sondern sich am internationalen Stil der 1920er Jahre orientierten.

Choreografie der Nürnberger Ultras zu Ehren des Club-Trainers Jenö Konrad, der als Jude wegen einer antisemitischen Hetzkampagne in Streichers Zeitung »Der Stürmer« 1932 Nürnberg verließ, 2013.

So bot die Hitler-Rede im alten Stadion 1936 einen ungewöhnlichen Kontrast: Adolf Hitler stand unter dem klingenartig vorspringenden Tribünendach Otto Ernst Schweizers aus Sichtbeton, die trotz einer an der Dachkonstruktion einsam herumhängenden Girlande nicht so recht als Kulisse passen wollte. Die Moderne ließ sich hier nicht wirklich harmonisch in das Parteitagsgeschehen einfügen.

»Flink wie Windhunde...« – der Tag der Hitler-Jugend

Der »Tag der Hitler-Jugend« war ein fester und wichtiger Programmpunkt der Reichsparteitage, bei dem die besondere Verbundenheit der deutschen Jugend mit Adolf Hitler und ihre Begeisterung für den neuen Staat demonstriert werden sollten. Die Einbeziehung der Kinder und Jugendlichen in die braune Bewegung und ihre möglichst frühzeitige Beeinflussung waren ein wichtiger Punkt in der nationalsozialistischen Ideologie. Im Zentrum stand dabei der deutsche Junge, der – gesund, gehorsam und hart – auf seine Zukunft als Kämpfer und Soldat für Deutschland vorbereitet werden sollte. Der Nationalsozialismus verschaffte vielen Jugendlichen neue Erfahrungen und kam durchaus an: Zeltlager, Sport und die ersten Reisen ohne die Eltern waren Erlebnisse, die man mit den nationalsozialistischen Jugendorganisationen haben

»Tag der Jugend« im Städtischen Stadion, 1938. Links sind die wenigen BdM-Abteilungen an den weißen Blusen zu erkennen.

konnte. Durch das Verbot von Jugendverbänden der Arbeiterbewegung, der Kirchen, der Pfadfinder und aller anderen Gruppierungen 1933 hatten Hitler-Jugend und Bund deutscher Mädel ein Monopol auf diesem Gebiet. Die NS-Ideologie wurde geschickt mit Freizeitgestaltung verbunden.

Ein zentrales Ereignis war auch für die Hitlerjugend jedes Jahr der Reichsparteitag. Der »Adolf-Hitler-Marsch« der HJ, die mit ihren Fahnen aus allen Teilen Deutschlands nach Nürnberg wanderte, endete mit einem Vorbeimarsch an Adolf Hitler, der den Zug gemeinsam mit dem »Reichsjugendführer« Baldur von Schirach vom Balkon des Hotels Deutscher Hof abnahm, und führte danach weiter bis nach Landsberg am Lech, wo Hitler nach seinem Putschversuch 1923 eine Haftstrafe verbüßt und sein Buch »Mein Kampf« verfasst hatte. Höhepunkt des Reichsparteitags für die Kinder und Jugendlichen war der Appell der Hitler-Jugend im »alten Stadion«. Vor der Haupttribüne für die Ehrengäste wurde eine Tribüne für die Reden Hitlers und Schirachs aufgebaut, die Gegengerade wurde mit Holzbauten und zwei Türmen für die Trommler,

Hitler beim »Tag der Jugend« des Reichsparteitags 1935.

Fanfarenbläser und Chöre hergerichtet. Angeblich herrschten im Stadion »auf den Wällen und im weiten Raum jugendfrisches Leben, freudige Bewegung und eine ungeheuere Begeisterung.«[72] Auf dem Feld traten Hitlerjungen an, auf den Rängen zusätzlich zu den Jungen eine vergleichsweise geringe Zahl Mädchen: 5.000 Angehörigen des BdM standen circa 50.000 Hitlerjungen gegenüber.

In den Ansprachen war von Gehorsam, Härte, Disziplin und Kampf bis zum letzten die Rede. »Ihr müßt lernen, hart zu sein, Entbehrungen auf euch zu nehmen, ohne jemals zusammenzubrechen«[73], forderte Adolf Hitler in seiner Rede 1934. Und auch die berühmt-berüchtigte Forderung Hitlers an den deutschen Jungen wurde von ihm im Nürnberger Stadion herausgeschrien: »In unseren Augen da muß der deutsche Junge der Zukunft schlank und rank sein, flink wie Windhunde, zäh wie Leder und hart wie Kruppstahl.«[74] Einen Vorgeschmack davon bekamen die Hitlerjungen schon bei den Veranstaltungen des Reichsparteitags selbst: »Achtet beim Marschieren in Nürnberg besonders auf die Richtung und haltet im Glied den Mund!«, hieß es in der Dienstordnung für den Reichsparteitag 1938. Wer bei der Kundgebung im Stadion »versagt«, so die Dienstordnung, »ist nicht würdig, auch noch länger in der HJ zu verbleiben.«[75]

Nach der Ansprache schritt Hitler die Reihen »seiner Jungen« auf dem Sportfeld ab, drehte in seinem Mercedes stehend eine Runde auf der Wettkampfbahn und grüßte die Kinder und Jugendlichen auf den Rängen. Schließlich wurde das HJ-Lied gesungen.

Die Schlusszeile des HJ-Liedes lautet: »Ja, die Fahne ist mehr als der Tod!«[76] Beim Tag der Hitler-Jugend 1935 sagten die angetretenen Hitlerjungen im Massenchor: »Muß einst für dich gestorben sein (...) wir Jungen gehn voran.«[77] Für die jubelnde Jugend wurde daraus im Zweiten Weltkrieg blutiger Ernst.

Private Knipserbilder eines Hitlerjungen vom Reichsparteitag, 1938.

Frankenstadion und Arena

Das städtische Stadion überstand den Zweiten Weltkrieg unversehrt und wurde bis 1961 von der US-Army als Sportstadion genutzt. Auch deshalb war die Frage eines neuen Stadions für die Stadt Nürnberg, eventuell in der Kongresshalle, in den 1950er und 1960er Jahren immer wieder aktuell. Das Stadion der 1920er Jahre wurde nach der Rückgabe durch die Amerikaner von 1963 bis 1965 erweitert und die Gegengerade sowie Nord- und Südkurve aufgestockt. Zwischen 1987 und 1991 baute man das Stadion schließlich zum »Frankenstadion« aus. Eigentlich sollte dabei zumindest die unter Denkmalschutz stehende Haupttribüne Otto Ernst Schweizers erhalten bleiben. Sie stürzte jedoch während der Baumaßnahmen (wie zufällig) ein, so dass heute von einem der wichtigsten modernen Bauten der zwanziger Jahre in Nürnberg außer der für die Zuschauer nicht sichtbaren Rückseite fast nichts mehr erhalten

Das Städtische Stadion wurde zuletzt 2003 modernisiert und heißt seit 2017 »Max-Morlock-Stadion«, Luftbild 2011.

Stadionareal mit Zeppelinfeld, Postkarte 1937.

geblieben ist. Für die Fußball-Weltmeisterschaft 2006 in Deutschland wurde das Stadion noch einmal umgebaut und erweitert. Das geplante Pressezentrum und das 1999/2000 in ausgesprochen anspruchsloser Architektur errichtete Eissportstadion, das als »Arena« für Veranstaltungen aller Art genutzt wird, sollen sich so zu einem neuen Sport- und Medienzentrum verbinden.

Das Städtische Stadion ist eines der wenigen Stadien in Deutschland, das mit seiner Laufbahn auch für große Leichtathletikveranstaltungen geeignet ist. Forderungen aus Kreisen des 1. FCN, das Stadion um 90 Grad gedreht als reines Fußballstadion neu zu bauen, sind (glücklicherweise) wohl nicht zu finanzieren.

Wer heute nach Spuren des hochgelobten Sport- und Freizeitareals der 1920er Jahre sucht, wird weitgehend enttäuscht: Keines der wichtigeren Gebäude Otto Ernst Schweizers steht noch, nur in einigen Ecken des Stadionbads kann man noch erahnen, was damals unter gesundem Leben in Licht, Luft und Sonne verstanden wurde. Der »Jedermann-Sportplatz« ist durch den Bau der Arena als Sportfläche weggefallen, entstanden sind asphaltierte Straßen und zahlreiche Parkplätze mit steigender Lärmbelästigung. Noch immer trotzen einem veränderten Freizeitverhalten allerdings zahlreiche Kleingärtner, die zwischen Zeppelinfeld und Stadion seit den 1920er Jahren ein beachtliches Areal besetzen.

»Tag des Reichsarbeitsdienstes«, 1938. Das Foto aus Perspektive der Zuschauerreihen zeigt, wie weit entfernt die Rednerkanzel Hitlers aus Sicht der Zuschauer war. Das eigentlich begeisternde Ereignis war dementsprechend vor allem die Inszenierung einer gehorchenden uniformierten Masse von Menschen.

Privates Knipserfoto eines Reichsarbeitsdienstmanns beim »Tag des Reichsarbeitsdienstes« auf dem Zeppelinfeld, 1938.

Den Führer spüren?
Das Zeppelinfeld

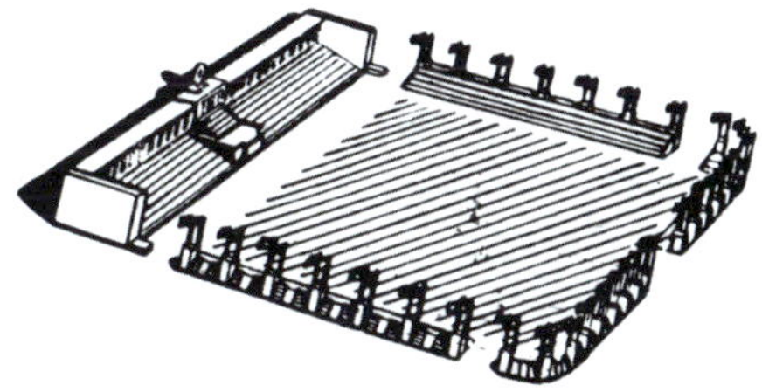

Seitdem 1909 ein Luftschiff südöstlich des Dutzendteichs gelandet war, hieß der Landeplatz Zeppelinwiese. Bereits in den 1920er Jahren wurde die Wiese für Veranstaltungen genutzt. Wer heute das Zeppelinfeld vom Dutzendteich her betritt, ist jedoch nicht mehr mit einer einfachen Wiese konfrontiert, die für Veranstaltungen genutzt wird, sondern mit dem einzigen noch weitgehend erhaltenen Aufmarschgelände des Reichsparteitagsgeländes. Zäune, Leitplanken und Bewuchs erschweren einen Überblick, der erst beim Besteigen der Haupttribüne von einem erhöhten Punkt möglich wird. In einer Bauzeitschrift wird das zwischen 1935 und 1938 errichtete Zeppelinfeld als vorbildliche und »klarste Lösung« für einen »Massenaufmarsch vor dem Führer« gepriesen und festgestellt:

»Ohne die Vergegenwärtigung dieser vom Nationalsozialismus geschaffenen Form des Aufmarsches als politisches Mittel kann diese Architektur nicht verstanden werden.«[78] Die Gestaltung des (einschließlich der Tribünen) 362 mal 378 Meter großen Zeppelinfeldes folgte tatsächlich konsequent ihrer Funktion als Aufmarscharena. Daher kann man die baulichen Überreste des Zeppelinfeldes, das angeblich bis zu 250.000 Teilnehmer und auf den Rängen 70.000 Zuschauer aufnehmen sollte, als Ausdruck der nationalsozialistischen Ideologie lesen – auch wenn heute Teile der Haupttribüne fehlen, die für den Gesamteindruck wichtig waren. Die Haupttribüne war ursprünglich durch aufgesetzte Pfeilerhallen und zwei abschließende Flügelbauten auf ihrer ganzen Länge zwanzig Meter hoch und damit genauso hoch aufragend wie der heute noch erhaltene Mittelteil. Plastischer Schmuck und zwei große Feuerschalen an beiden Seiten hoben sie gegenüber den davor liegenden, einfacheren Zuschauerwällen um das Zeppelinfeld hervor.

Die Haupttribüne überragte das ganze Feld und war von den einfachen Teilnehmern auf dem Feld oder den Eintritt zahlenden Zuschauern durch die fünfzig Meter breite Paradestraße abgesetzt. In der Mitte der Haupttribüne befand sich noch einmal erhöht der Tribünen-

»Kampfwagenbataillon« beim »Tag der Wehrmacht«, 1935.

Blick von der Rednerkanzel Hitlers auf das Zeppelinfeld, 2017.

Fahnentürme am Zeppelinfeld, 1938.

Farbfoto der Fahnen am Zeppelinfeld, 1938.

Tribünenwälle des Zeppelinfeldes, 1938.

teil für die Ehrengäste. Im Zentrum der Anlage steht die Rednerkanzel Adolf Hitlers in der Mitte der Haupttribüne, die von einem großen vergoldeten Hakenkreuz überragt wurde. Das sogenannte »Führerprinzip« nimmt beim Zeppelinfeld eine konkrete architektonische Form an, so dass die hierarchische Gliederung des nationalsozialistischen Staates deutlich zum Ausdruck kommt: Adolf Hitler, der »Führer«, steht in der Mitte, oben, vorne. Er wird aus einer erhöhten Position mit den verschiedenen angetretenen Formationen konfrontiert. Man hatte zu ihm aufzusehen. Dies war bewusstes Programm der nationalsozialistischen Architektur: »Die Führung ist allgegenwärtig, denn in jedem Versammlungsraum und an jedem Aufmarschplatz ist die Stelle, an der der Führer steht, architektonisch besonders hervorgehoben und festgelegt.«[79] Wer – aus immerhin bis zu dreihundert Metern Entfernung – Adolf Hitler selbst nicht sehen konnte, der sollte ihn durch entsprechende Inszenierung zumindest spüren können. »Nicht jeder von euch sieht mich und nicht jeden von euch sehe ich. Aber ich fühle euch und ihr fühlt mich«,[80] sagte Hitler beim Reichsparteitag 1936.

Volksgemeinschaft und »Lichtdom«

Neben der Konfrontation »Führer« – Volk war es das wichtigste Anliegen der Reichsparteitagsarchitektur, eine sogenannte »Volksgemeinschaft« zu inszenieren. Auch dies kann man am Zeppelinfeld selbst sehen. Die etwa sieben Meter hohen Zuschauertribünen und vor allem die 34 Türmchen schlossen das Feld nach außen hin ab. Der Eindruck von außen erinnert an eine Wehranlage und eine Art »Burg der Volksgemeinschaft«. Tatsächlich beherbergten die wehrhaften Türmchen aber die Toiletten für die Massen der Zuschauer. Vom Inneren des Zeppelinfeldes waren die Türme kaum zu sehen und traten nur als Träger für je sechs Hakenkreuzfahnen in Erscheinung. Die Teilnehmer auf dem Feld und die Zuschauer sollten durch solche architektonischen Mittel »zu einer großen Gemeinschaft zusammengeschlossen«[81] werden.

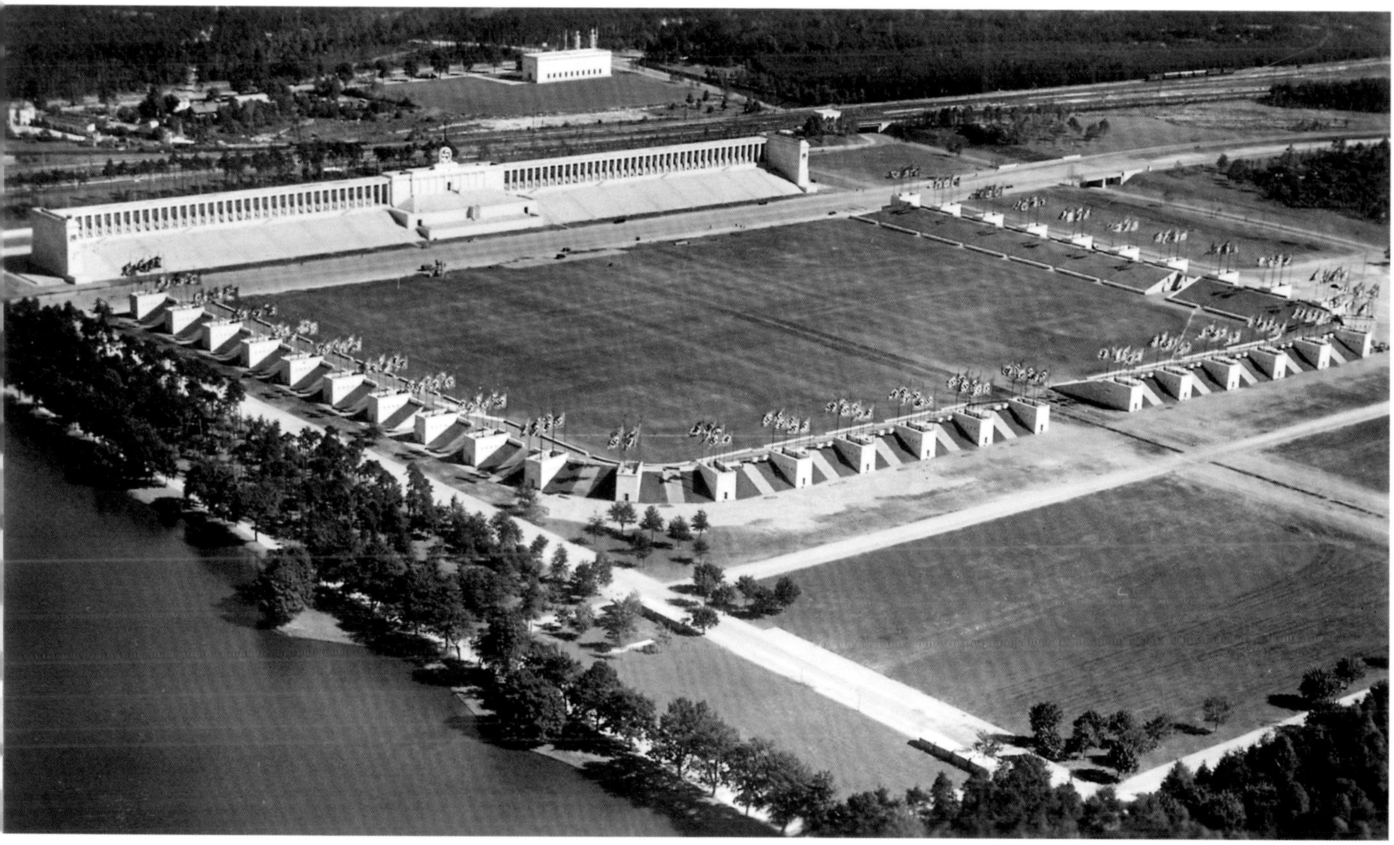

Zeppelinfeld mit Haupttribüne und Zuschauerwällen, Postkarte 1938.

Vorführung des Prototyps eines Hubschraubers von Focke-Achgelis beim »Tag der Wehrmacht«, 1938.

Dies war auch die Funktion der bekanntesten Lichtinszenierung bei den Reichsparteitagen, dem »Lichtdom« um das Zeppelinfeld. Die 130 Flakscheinwerfer, die um das Feld aufgestellt waren und beim Eintreffen Adolf Hitlers in die Höhe strahlten, fassten die Versammlung für alle sichtbar in einem imaginären Lichtraum zusammen. »Wir saßen dadurch plötzlich wie in einem Riesendom gefangen«[82] – so wird dies in einem zeitgenössischen, propagandistisch gefärbten Text beschrieben.

Die Architektur des Zeppelinfeldes braucht, um die von den Nationalsozialisten gewünschte Wirkung zu erzielen, die Inszenierung durch Feuer, Fahnen und Licht. Bereits 1934 hatte Albert Speer darauf gedrängt, eine aufwendige Beleuchtungsanlage am Zeppelinfeld zu installieren. Erst dieser Vorläufer des späteren Lichtdoms schuf in Leni Riefenstahls Film »Triumph des Willens« eine eindrucksvolle Atmosphäre beim Appell der politischen Leiter. Ohne die angetretenen und ausgerichteten Formationen, ohne Lichteffekte und das »Ornament der Masse«[83] wirkt diese Architektur nackt und öde.

»Tag der Gemeinschaft« beim Reichsparteitag 1938.

»Tag der Wehrmacht« beim Reichsparteitag 1936.

Ein privates Fotoalbum zur Erinnerung an den »Reichsarbeitsdienst Abt. 5/183 Gifhorn« zeigt als Höhepunkt der Dienstzeit die Teilnahme der Abteilung am Reichsparteitag 1938. Die Fotos dokumentieren eine alltäglichere Wahrnehmung des Reichsparteitags ohne Nahsicht auf Hitler. Prägend sind Menschenmassen, »Kameradschaft« und das Aufgehen in einer angetretenen Masse uniformierter Männer.

»Lichtdom« beim Reichsparteitag, Postkarte 1938.

Das Zeppelinfeld war eine der wichtigsten Aufmarschflächen bei den Reichsparteitagen. Hier fand nicht nur der Appell des Reichsarbeitsdienstes und der Politischen Leiter, sondern auch die Parade der Wehrmacht statt, da das dafür eigentlich vorgesehene Märzfeld noch nicht fertiggestellt war. 1938 war das Zeppelinfeld zudem Schauplatz für einen sogenannten »Tag der Gemeinschaft« mit gymnastischen Übungen junger Männer und Frauen.

Die Veranstaltungen auf dem Zeppelinfeld umfassten die gesamte Bandbreite des NS-Feier-Kults von Gelöbnissen, Aufmärschen und sportlichen Darbietungen, gingen jedoch über bisherige Formen politischer Festkultur hinaus. So waren Paraden und Vorführungen der Armee ein klassisches Mittel politischer Selbstdarstellung. Die Nationalsozialisten gaben sich jedoch nicht mit einer konventionellen Parade zufrieden, sondern bauten sie zu einem aufwendigen Kriegsschauspiel auf dem Zeppelinfeld aus. Ein »Zieldorf für die Bomber« wurde errichtet und erobert, die Reichswehr führte traditionelle Formationen und moderne Militärtechnik von der Kavallarieeinheit bis zum Prototyp eines Hubschraubers vor. Panzer, Zeppeline, Kettenfahrzeuge, Motorradeinheiten und Flakgeschütze waren zu sehen. Der Tag der Wehrmacht scheint bei den Zuschauern relativ beliebt gewesen zu sein. Dies spiegelte sich auch in den Eintrittspreisen wider: Zehn Reichsmark kostete ein Tribünensitzplatz, ein einfacher Stehplatz immerhin noch zwei Reichsmark. Eine Karte für den Appell des Reichsarbeitsdienstes war dagegen schon für drei (bzw. eine) Reichsmark zu haben. Selbst die Stehplatzkarte für den Lichtdom kam mit einer Reichsmark etwas billiger als die Wehrmachtsparade.

Der Appell des Reichsarbeitsdienstes auf dem Zeppelinfeld war im Gegensatz zur Militärparade eine speziell nationalsozialistische Form der politischen Feier. Nach einem eineinhalbstündigen Vorbeimarsch an Hitler, den dieser in seinem Mercedes stehend vor der Haupttribüne abnahm, marschierten die Formationen von dem Zugang gegenüber der Haupttribüne auf das Feld und traten vor Hitler an. »45.000 Männer waren es, aber man sah nicht die Männer, man sah eine graue Masse (...)«[84] – so beschreibt dies der offizielle Bericht über den Reichsparteitag 1936. Ein Wechselgesang zwischen Einzelsprechern, die unterhalb der Rednerkanzel an der Haupttribüne postiert waren, und einem Massenchor leitete die Veranstaltung ein. In der nationalsozialistischen Propaganda erschien dies als »tieffeierlicher Gottesdienst der Arbeit«, bei dem »kein Ton falsch oder übertrieben« gestaltet sei.[85] Dennoch wirkt heute

Beleuchtete Zeppelintribüne beim Reichsparteitag 1938, Fotografie von Lala Aufsberg.

das »evangelienhafte Bekenntnis vom deutschen Werk und der deutschen Arbeit«[86] mit Liedeinlagen und Musik beim Nachlesen der vorgetragenen Texte eher bemüht bis lächerlich: Da gurgelt Wasser durch die Moore, doch der Arbeitsmann macht daraus Ackerboden. Die Nordseebrandung raubt Küstenboden, doch der Arbeitsmann kämpft um jedes Stück deutsche Erde: »Alles für Hitler und Deutschland.«[87] Arbeit wurde zum überhöhten, mythischen Ideal. Die »Arbeitssoldaten« bekannten laut NS-Propaganda: »Jeder Spatenstich, den wir vollbringen, soll ein Gebet für Deutschland sein.«[88] Nach der obligatorischen »Führerrede« wurde wieder marschiert. Diesmal vom Zeppelinfeld bis in die Innenstadt, wo Hitler die Parade seiner Arbeitssoldaten noch einmal auf dem Hauptmarkt abnahm.

Die ständige Wiederholung von Vorbeimarsch, Appell, Rede, Vorbeimarsch erscheint in der Rückschau als wenig attraktiv. Um eine Abnutzung des Nürnberg-Erlebnisses möglichst zu verhindern, wurden deshalb neue Veranstaltungsformen und Effekte sowie immer größere und aufwendigere Baukulissen geboten.

Eine Frucht solcher Überlegungen war der »Tag der Gemeinschaft« auf dem Zeppelinfeld. Die Dominanz und Ausschließlichkeit von männlichem Körperkult und Heldenverehrung erschien wohl selbst den Reichsparteitagschoreographen als mangelhaft. So brachte erstmals 1938 der »Tag der Gemeinschaft« als Ergänzung auch gymnastische Vorführungen von Frauen. Nachdem Männer sich zuvor mit Baumstammübungen präsentiert hatten, tanzten junge Frauen in angeblich anmutiger Schönheit über das Feld. Dieses »Ringelreihen vor dem Führer« war jedoch nur eine oberflächliche Kaschierung der Tatsache, dass Frauen im öffentlichen und politischen Leben kein Mitspracherecht zugestanden wurde und auch die Reichsparteitage selbst reine Männerveranstaltungen waren.

Die bekannteste Veranstaltung auf dem Zeppelinfeld war zweifellos der Appell der »Politischen Leiter« mit dem »Lichtdom«. Geboten wurde dafür eine ausgefeilte Lichtinszenierung, die der ansonsten nicht gerade einfallsreichen Veranstaltung zumindest ein imposantes Äußeres gab. Die Beleuchtung der Haupttribüne, der Fahnentürmchen und des Einzugs der Fahnen samt anschließendem »Lichtdom« konnten jedoch die Reichsparteitagsorganisatoren nicht wirklich zufriedenstellen, da die Disziplin der angetretenen »Politischen Leiter« sehr zu wünschen übrig ließ. In einem internen Bericht zum Appell der »Politischen Leiter« werden die Mängel des Jahres 1938 aufgelistet: »Beim Politischen Leiter-Appell ist es in jedem Jahr das Gleiche, und zwar marschieren einige Gaue entweder zu spät oder zu zeitig ab. Dadurch entsteht ein heilloses Durcheinander. In diesem Jahr war der Aufmarsch fast eine volle Stunde später beendet als vorgesehen. (...) Die Ausgestaltung des Appells der ›Politischen Leiter‹ war bei allem guten Willen, der anerkannt werden soll, noch sehr dünn. Es wird daher begrüßt, (...) dass für die Zukunft dem ›Lichtdom‹ ein entsprechender Inhalt gegeben werden soll.«[89]

Dazu kam es nicht mehr. Der zehnte Reichsparteitag 1938 war auch der letzte, der Lichtdom blieb ohne den angestrebten Inhalt. Für den geplanten und wegen des Überfalls auf Polen ausgefallenen »Reichsparteitag des Friedens« wurde das Zeppelinfeld 1939 zwar noch einmal hergerichtet, aber nicht mehr benutzt.

US-amerikanische Baseballmannschaft, um 1947.

Die Zeppelinwiese nach 1945

Die nächste große Veranstaltung auf dem Feld war die Siegesparade der US-Army am 24. April 1945. Am Ende der Siegesparade wurde das große Hakenkreuz über der Haupttribüne gesprengt. Das von den Amerikanern als »Soldiers-Field« für Paraden und Sport genutzte Gelände diente nach 1945 als »Zeppelinwiese« auch verschiedensten Organisationen für ihre Veranstaltungen. Die vom Deutschen Gewerkschaftsbund veranstalteten Feiern des 1. Mai (1946 und 1947), die Heimattreffen der Sudetendeutschen Landsmannschaften (1953 und 1955), Gottesdienste wie der Weltkongress der Zeugen Jehovas (1969) oder das ›Christival‹ (1988) und große Rockkonzerte von Bob Dylan (1978), Tina Turner (1990), Metallica (1993) und den Rolling Stones (1998) fanden auf diesem Gelände statt.

Seit 1997 findet im Sommer das Musikfestival »Rock im Park« statt, zu dem über 80.000 Menschen für mehrere Tage an den Dutzendteich kommen. Das Zeppelinfeld hat sich seit 2007 zum wichtigsten Spielort für die großen Bands entwickelt.

Die älteste (und wohl lauteste) der Veranstaltungen am Zeppelinfeld ist das »Norisringrennen«, das auf Motorradrennen zurückgeht, die schon ab 1938 auf dem noch im Bau befindlichen Reichsparteitagsgelände im Bereich der Teilnehmerlager stattfanden.

Teilweise konnte man dabei bei Veranstaltungen auf dem Zeppelinfeld eine unbewusste Anpassung an die nationalsozialistische Architektur beobachten: Der Weltkongress der Zeugen Jehovas gruppierte seine Besucher in strengen Sitzblöcken mit Ausrichtung auf

Kind auf den Zuschauertribünen des zum »Soldiers-Field« umfunktionierten Zeppelinfeldes, um 1960.

die Haupttribüne und die Ziellinie des Norisringrennens trifft genau auf die ehemalige Rednerkanzel Adolf Hitlers.

Seit der Rückgabe des städtischen Stadions an die Stadt Nürnberg im Jahr 1961 nutzte die US-Army die Zeppelinwiese vorwiegend als Sportplatz. Mit dem Abzug der amerikanischen Soldaten im Zuge der Wiedervereinigung fiel die Wiese an die Stadt Nürnberg zurück, blieb jedoch ein umzäuntes Sport- und Veranstaltungsgelände. Dominiert wird der zugängliche Teil des Zeppelinfeldes, die Straße vor der Haupttribüne, durch eine im Sommer manchmal etwas lautstarke Freizeitnutzung, auf die ein für Nürnberg einzigartiges Verkehrsschild hinweist: »Vorsicht Inliner!« Menschen auf Rollen aller Art fahren durch die Gegend, nutzen die Kanten und Stufen der Zeppelintribüne für ihre Kunststücke und lassen aus den Anlagen ihrer Autos laute Musik dröhnen. Weihevolle Stimmung kann hier jedenfalls nicht mehr aufkommen. Kein kruder »deutscher« Körperkult im Stile des Reichsarbeitsdienstes, sondern ein anderer, westlich-internationaler Körperkult sonnenbebrillter Jugendlicher prägt die Szenerie.

Bei der geplanten Instandsetzung der stark von Verfall bedrohten Bauten des Zeppelinfeldes soll auch die Zeppelinwiese zu einem Teil für die Öffentlichkeit zugänglich werden. Nach wie vor sollen verschiedene Sportvereine hier Fußball und American Football spielen. Die Zeppelinwiese soll so wieder Teil des öffentlichen Naherholungsraums am Dutzendteich werden. Die Zuschauerwälle, die derzeit vollständig überwachsen sind, sollen vom Bewuchs befreit und neu mit Magerrasen begrünt werden. Dann sind sie auch wieder für Besucher begehbar.

Die vollendete Zeppelintribüne mit Fahnenschmuck, 1938.

Der Pergamonaltar soll Speer als Vorbild für die Zeppelintribüne gedient haben.

Provisorische Rednertribüne mit Holzadler, 1933.

Die Perspektive der Macht
Zeppelinhaupttribüne

Die 1938 fertiggestellte Zeppelintribüne und vor allem die Rednerkanzel in der Mitte, von der aus Adolf Hitler sprach, ist ein beliebtes Touristenziel. »An der Tribüne steigt ein amerikanischer Sergant mit Frau und Tochter aus seinem Wagen und klettert die Stufen hinauf (...): Oben angekommen nimmt er Pose an, und die Frauen müssen ihn fotografieren; nachher wird getauscht, denn die Frau will auch dort gesehen werden. ›This is where Hitler used to stand‹.«[90]

Zahllose Besucher haben sich so oder ähnlich an diesem historischen Ort in den letzten siebzig Jahren fotografieren lassen. Ein Blick von der »Führerkanzel« auf das Zeppelinfeld bietet aber mehr als einen beliebigen Schnappschuss. Hier wird die räumliche Dimension der Anlage klar und es lässt sich aus der Perspektive der Macht die Ausrichtung von Menschenmassen und Zuschauern auf diesen Punkt erahnen. Hitlers Rednerkanzel und die dahinter liegende Ehrentribüne erhoben sich über den Rest des gesamten Feldes. Zuschauer und Teilnehmer hatten zur Machtelite aufzusehen. Die 360 Meter lange und etwa 20 Meter hohe Zeppelinhaupttribüne mit dem Zeppelinfeld ist das einzige vollendete Bauensemble Albert Speers auf dem Reichsparteitagsgelände und einer der wenigen Bauten, die überhaupt noch von Hitlers Lieblingsarchitekt erhalten sind. Genau gegenüber der Rednerkanzel befand sich der Zugang für die einmarschierenden Formationen. Eine Schneise im Wald, damals die »Rasenstraße 1«, markiert die Verbindung zur Großen Straße. Schon von weitem war zum Beispiel für die Einheiten des Reichsarbeitsdienstes dieser Punkt zu erkennen. Sie marschierten direkt auf ›ihn‹ zu, »ihre Augen und Sinne sind von allen Plätzen aus auf den Mittelpunkt der Veranstaltung ausgerichtet, auf die Stelle, von der aus der Führer spricht.«[91]

Ehrengäste auf der Haupttribüne, 1938.

Zeppelintribüne mit Touristen und Freizeitsportlern, 2014.

»Tag des Reichsarbeitsdienstes«, 1936.

Ein Altar für Befehl und Gehorsam

Auf dem Zeppelinfeld selbst wurde das Funktionieren von Befehl und Gehorsam für die Zuschauer zu einem eindrucksvollen Schauspiel, wenn die Marschblöcke des Reichsarbeitsdienstes alle gleichzeitig nach rechts und links abschwenkten oder den Spaten von der Schulter nahmen und ihn vor sich auf den Boden stellten.

Für die Veranstaltungen auf dem Zeppelinfeld hatte die Haupttribüne insgesamt eine altarähnliche Funktion. Die Inszenierung mit Flammenschalen, Fahnen, dem großen Hakenkreuz in der Mitte sowie eine aufwendige Beleuchtung unterstrichen dies genauso wie das vom Architekten Albert Speer – allerdings erst 1969 in seinen Erinnerungen – angegebene antike Vor-

Auch der Zeppelin »Hindenburg« war bei der Truppenparade der Wehrmacht 1936 am Zeppelinfeld zu sehen.

Linke Seite der Zeppelintribüne mit Fahnenschmuck und Flammenschale mit Feuer, 1938.

Rückfront der Zeppelintribüne, 1938.

Gruppe des Festzugs mit dem Baumodell der Zeppelintribüne beim »Tag der Deutschen Kunst« in München, 1938.

bild, der Pergamonaltar. Bei den ersten Reichsparteitagen bot die Tribüne ein weniger eindrucksvolles Bild: Die behelfsmäßigen Zuschauerränge bekrönte ein großer Holzadler, der wie aus Zaunlatten zusammengesetzt wirkte. Als 1936 der erste Bauabschnitt der Zeppelintribüne, noch ohne das große Hakenkreuz in der Mitte, beim »Reichsparteitag der Ehre« benutzt werden konnte, wurde der neue Eindruck entsprechend hervorgehoben: »Wenn man einen Eindruck von dem Ausmaß und der Schönheit dieses Aufmarschfeldes wiedergeben soll, so ist es – Erschütterung, Erschütterung über die wuchtige Größe dessen, was hier ein geniales Gehirn erdachte und schuf. (...) Jeder, der von einer der Tribünen herunterschaut auf das Grün der Wiese, welches vom Weiß der edel geführten Bauten begrenzt wird, hat Andacht im Herzen.«[92] Der Anblick des schönen grünen Rasens, der weißen Bauten und des umgebenden Waldes wird in diesem Zusammenhang als »urdeutsch« bezeichnet.

Die Tribüne selbst wurde künstlerisch aufwendig gestaltet. Zwei langgestreckte Pfeilerhallen verbanden den heute noch erhaltenen Mittelaufbau der Tribüne mit den abschließenden Baukörpern zu beiden Seiten. Diese trugen zwei große Flammenschalen und als plastischen Schmuck zwei Hakenkreuzreliefs. Die Tribüne wurde in der Mitte von einem großen, vergoldeten Hakenkreuz überragt, das zum Reichsparteitag 1938 fertiggestellt war. Die Decke der Pfeilerhallen war mit Mosaiken von Hermann Kaspar geschmückt. Auch zwei Plastiken von Arno Breker sollten in den Pfeiler-

Soldat der US-Army vor der Zeppelintribüne, 1945.

hallen aufgestellt werden. Zu den Reichsparteitagen kamen als Schmuck noch rote Hakenkreuzfahnen hinzu, die zwischen den 144 Pfeilern einen eindrucksvollen Abschluss der Zuschauerreihen auf der Zeppelintribüne bildeten. Für den abendlichen Appell der politischen Leiter mit dem Lichtdom wurde die Tribüne von Scheinwerfern in gleißend helles Licht getaucht. Damit bot Albert Speer bei der Zeppelintribüne all das auf, was er als Architekt, Kulissenschieber und Dekorateur der Reichsparteitage zu bieten hatte. Entsprechend wurde der Bau auch in der nationalsozialistischen Presse herausgestellt, oft abgebildet und sein Baumodell beim Festzug zum »Tag der Deutschen Kunst« 1938 durch München geschoben – begleitet von einer Art germanischer Priesterinnen in weißen Gewändern. Der Eindruck der »edel geführten« Bauten war sehr schnell vergänglich. Die Zeppelintribüne ist ein Ziegelbau, der mit Jurakalk-Werkstein aus 34 verschiedenen Steinbrüchen verkleidet wurde. Da die Bauarbeiten in hektischer Eile vorsichgingen, wurden die Steine nicht ausreichend abgelagert, um frostunbeständige Platten aussortieren zu können. Daher bekamen viele der verbauten Platten Risse, so dass die Tribüne auffällig schnell verfiel und bis heute, trotz einiger Sanierungsmaßnahmen seit den 1980er Jahren, akut vom Verfall bedroht ist. Schon 1941 fielen diese Bauschäden bei Führungen auf und es wurden darüber negative Bemerkungen gemacht.

Eine »fragwürdige Attraktion«?
Die Zeppelintribüne nach 1945

Die Tribüne war 1945 – abgesehen von ersten Bauschäden – unversehrt erhalten. Bei verschiedenen Veranstaltungen, von der Siegesparade der US-Army über den Feiern des Ersten Mai bis zu Gottesdiensten und Rockkonzerten, hat sie als Zuschauertribüne gedient. Bemerkenswert ist dabei die Umkehrung der Blickrichtung – etwa bei Rockkonzerten. Nicht die Rednerkanzel Adolf Hitlers, sondern eine Bühne auf der Wiese ist der Mittelpunkt des Geschehens. Man sieht nicht zum Geschehen auf und man ist auch nicht gezwungen, in Reih und Glied zu stehen. Gespenstisch wirken dagegen Veranstaltungen, die sich der primitiven Achsenlogik und der hierarchischen Struktur des Baus auch nach 1945 noch angepasst haben. Beim Sudetendeutschen Tag 1955 standen die Redner an der Stelle, wo auch Hitler gesprochen hatte. Fahnendekorationen und Wappenschilder ergaben ein Bild, das dem Eindruck bei Reichsparteitagen glich, ohne dass dies als störend bemerkt worden wäre.

BU

Sprengung der Hakenkreuzskulptur auf der Zeppelintribüne am Ende einer Siegesparade der US Army, 22. April 1945

Nicht eine derartige bedenken- und geschmacklose Weiternutzung, sondern der schlechte bauliche Zustand war die Begründung für die Sprengung der Pfeilerhallen 1967, der eine zum Teil heftige Diskussion in der Öffentlichkeit vorausging. Der damalige Baureferent Heinz Schmeißner, der auch schon der nationalsozialistischen Stadtverwaltung als Hochbaureferent gedient hatte, verteidigte den Beschluss des Bauausschusses: »Es handelt sich um ein Bauwerk, das nur den Wert eines Kuriosums besitzt. (...) Der Wert der Zeppelintribüne als Attraktion für den Fremdenverkehr ist mehr als fragwürdig.«[93] Den Nürnberger Nachrichten schien die Aktion jedoch auch andere Hintergründe zu haben: »Risse in den Decken der Säulengalerie auf der großen Steintribüne am Zeppelinfeld bieten eine gute Gelegenheit, wieder ein Stück des Erbes nationalsozialistischer Vergangenheit niederreißen zu lassen.«[94]

Ein Grund für die Sprengung waren die immer noch sichtbaren Mosaiken des nationalsozialistischen Künstlers Hermann Kaspar an der Decke der Pfeilerhallen: Deutlich war in den Mosaiken das Hakenkreuz zu erkennen, ein klassisches Mäandermuster, welches in diesem Kontext zunehmend als störend empfunden wurde. Mehrere hundert Zuschauer fanden sich ein, als im Juni 1967 schließlich die Pfeilerreihen gesprengt wurden. In Leserbriefen waren in dieser Zeit auch rechtsradikale Auslassungen zu finden, die den Bau als Dokument einer angeblich großen Zeit sahen.

Die beiden seitlichen Abschlüsse der Zeppelintribüne, die noch immer je eine große gußeiserne Flammenschale trugen, wurden 1976 ebenfalls wegen Baufälligkeit abgetragen. Eine der Flammenschalen steht heute im Saal unter der Zeppelintribüne und war bis 2001 Teil der dortigen Ausstellung »Faszination und Gewalt – Nürnberg und der Nationalsozialismus«, die andere war als Planschbecken und dann als Zierbecken im Nürnberger Stadionbad aufgestellt. Die zweckentfremdete Flammenschale hat heute ausgedient und steht hinter der Zeppelintribüne. Vom Teilabriss über die Verwendung als Zuschauertribüne für unterschiedlichste Veranstaltungen bis zur historischen Ausstellung in ihrem Inneren hat die Zeppelintribune seit 1945 viel erlebt und dabei erheblich gelitten. Angesichts bröckelnder Steine und zahlreicher Risse ist der Sanierungsbedarf unübersehbar. Leitlinie der städtischen Politik ist es – nach einem Beschluss des Stadtrates 2004 – die Gebäude des Reichsparteitagsgeländes begehbar zu erhalten und der nächsten Generation so zu übergeben, wie sie jetzt sind. Bei Zeppelinfeld und –

Zeppelintribüne, um 1960.

Sprengung der Pfeilerhallen, 1967.

Ende der 1960er Jahre, noch mit den 1976 abgetragenen Seitenbauten.

tribüne bestand daher Handlungsbedarf, um den immer sichtbarer werdenden Verfall zu stoppen. Nach einer Testphase standen im Oktober 2016 die Planungen fest. Mit Zuschüssen von Bund und Land soll ab 2018 die Instandsetzung der Bauten beginnen – ein Projekt, das einige Jahre in Anspruch nehmen wird.

Das Vorhaben ist nicht unumstritten. Angesichts erheblicher Kosten – im Raum steht ein Betrag von 73 Millionen Euro – plädieren manche (unter ihnen der

Hakenkreuzmosaiken an der Decke der Pfeilerhalle auf der Zeppelintribüne in den 1960er Jahren.

Historiker Norbert Frey) dafür, die Gebäude »kontrolliert verfallen« zu lassen. Die Folge wäre in nicht allzu ferner Zukunft eine abgezäunte Zeppelintribüne, die sich langsam zu einer überwachsenen Ruine wandelt – Betreten verboten! Dies ist die wenig überzeugende Alternative zum Erhalt der Tribüne als Lernort und zur Freizeitnutzung.

Der »Goldene Saal«

Der sogenannte »Goldene Saal« unter dem Mittelteil der Zeppelintribüne, zeitgenössisch als »Ehrenhalle« bezeichnet, ist einer der wenigen erhaltenen monumentalen Innenräume aus der Zeit des Nationalsozialismus. Wohl als Foyer für die Ehrengäste gedacht, war der Saal auch beim letzten Parteitag 1938 noch nicht fertiggestellt und wurde deshalb nie benutzt. Bis in die 1980er Jahre diente er als Lagerraum des Motorsportclubs Nürnberg.

Die 1984 eingerichtete »Tonbildschau« zur Geschichte des Nationalsozialismus und des Reichsparteitagsgeländes wurde (komplett überarbeitet und stetig erweitert) von 1985 an als Ausstellung »Faszination und Gewalt« betrieben – ein Meilenstein im Umgang mit dem Reichsparteitagsgelände. Nach Eröffnung des Dokumentationszentrums 2001 war der Saal nur noch im Rahmen von Führungen zugänglich. Zukünftig soll der Saal nach Instandsetzung des Zeppelinfeldes auch wieder Einzelbesuchern offen stehen, was eine kluge Bespielung als Kommentar zur nationalsozialistischen Ästhetik im Inneren erfordert.

Von der US-Army übermaltes Hakenkreuz, 2015.

Der Saal in der Zeppelintribüne als Lager des Motorsportclubs, Anfang der 1980er Jahre.

Die durch Beleuchtung inszenierten Deckenmosaiken im »Goldenen Saal« erinnern an Hakenkreuze. Im Hintergrund eine der Flammenschalen der Zeppelintribüne, ein Teil der ehemaligen Ausstellung »Faszination und Gewalt«, 2015.

Zuschauer vor der Zeppelintribüne erwarten beim Reichsparteitag die Vorführungen des Reichsarbeitsdienstes. Uniformen und Trachten zeigen, dass die Besucher die Reichsparteitage als eine Art festtägliche Veranstaltung sahen, Fotografie der in Nürnberg ansässigen Fotografin Lala Aufsberg 1937.

2 Die Reichsparteitage
Analyse eines Rituals

Appell der »Amtswalter« auf der Zeppelinwiese, 1933. Die provisorische Tribüne stand gegenüber der heutigen Zeppelinhaupttribüne entlang der Jedermannsportplätze.

rechts: Blick von der Gegentribüne auf das Zeppelinfeld beim Reichsparteitag 1933. Die ersten Aufmärsche waren noch nicht perfekt organisiert und wirkten etwas chaotisch.

Die Reichsparteitage der NSDAP
Eine Chronologie

Der Ursprung der Reichsparteitage lag in den Generalmitgliederversammlungen des »Nationalsozialistischen Deutschen Arbeitervereins e.V.« (NSDAV). Dieser war aus den Reihen der 1919 als »Deutsche Arbeiterpartei« (DAP) gegründeten und 1920 in »Nationalsozialistische Deutsche Arbeiterpartei« (NSDAP) umbenannten Partei initiiert worden, um eine Basis der Rechtsfähigkeit zu schaffen, wohl in Verbindung mit der Übernahme der Zeitung »Völkischer Beobachter«.

In Anlehnung an die »Deutschen Tage«, die der »Deutschvölkische Schutz- und Trutzbund« ab 1920 veranstaltete, veränderte Hitler den Charakter dieser Generalmitgliederversammlungen zu großen öffentlichen Massenversammlungen. Unmittelbares Vorbild für den ersten Parteitag war der »Deutsche Tag« in Coburg am 14. und 15. Oktober 1922, der bereits Elemente der späteren Parteitage aufwies – mit symbolischen Bezugnahmen auf den Veranstaltungsort und massivem uniformierten Aufmarsch. Im Unterschied zu Mitgliederversammlungen waren die Parteitage damit kein Ort von Aussprache und Meinungsbildung, wie eine Äußerung Joseph Goebbels' verdeutlicht: »Der Parteitag bietet keine Gelegenheit zu unfruchtbarer Diskussion. Er soll im Gegenteil der Öffentlichkeit ein Bild geben von der Einigkeit, Geschlossenheit und ungebrochenen Kampfkraft der Partei im Ganzen und die innere Verbundenheit zwischen Führung und Gefolgschaft sichtbar vor Augen führen.«[95]

oben rechts: Postkarte der Versammlung auf der Deutschherrenwiese beim Deutschen Tag in Nürnberg, 1923.

1923
Reichsparteitag 1923 (München, 27. – 29. Januar)

Den ersten Parteitag kennzeichneten zwei für die Folgezeit wesentliche Rahmenbedingungen: Zum einen konnte sich Hitler der Unterstützung des weitgehend anti-republikanisch gesinnten Militärs sicher sein; dies wurde offenkundig, als der Parteitag zunächst von der Landesregierung verboten worden war, jedoch nach massiver Unterstützung der NSDAP durch führende Repräsentanten der Reichswehr abgehalten werden konnte. Zum anderen wurde das mangelnde Entgegentreten der damaligen Staatsbehörden deutlich, was die Nationalsozialisten als persönlichen Triumph interpretieren konnten: Obwohl die Auflage, sich auf Veranstaltungen in geschlossenen Räumen zu beschränken, von Hitler ignoriert wurde, blieb dies ohne Konsequenzen seitens der bayerischen Regierung. Die »Weihe« der ersten vier Standarten der SA durch Hitler bei diesem Parteitag entwickelte sich bei den nachfolgenden zu einem wichtigen symbolischen Akt im Programm.

Einen weiteren Propagandaerfolg konnten die Nationalsozialisten bei dem am 1. und 2. September 1923 in Nürnberg abgehaltenen »Deutschen Tag« verbuchen, einer als Erinnerungskundgebung an die Schlachten von Sedan und Tannenberg initiierten und zur Großkundgebung völkischer und vaterländischer Verbände angewachsenen Veranstaltung. Die rechtsradikalen Republikgegner »Bund Oberland«, »Reichsflagge« und »SA« schlossen sich hierbei zum »Deutschen Kampfbund« zusammen. Den Höhepunkt dieses »Deutschen Tages« stellte eine Parade am Hauptmarkt dar, die unter anderem von den später am Münchner Putschversuch maßgeblich Beteiligten – Adolf Hitler,

Menschenansammlung auf der Deutschherrenwiese beim Deutschen Tag 1923 (Postkarte).

Hitler und andere Vertreter sogenannter »nationaler Verbände« beim Deutschen Tag 1923 am Hauptmarkt.

Julius Streicher und Erich Ludendorff – abgenommen wurde.

Nach dem missglückten Umsturzversuch 1923, dem »Marsch auf die Feldherrenhalle«, wurde Hitler 1924 zu fünf Jahren Festungshaft verurteilt. Damit war die Entwicklung der NSDAP zunächst lahmgelegt; nach der vorzeitigen Entlassung Hitlers erfolgten aber 1925 die Wiedergründung und der Neuaufbau der Partei.

Julius Streicher (ganz rechts) bei einer Rede vor dem Rathaus in Weimar beim Reichsparteitag 1926.

1926
Reichsparteitag 1926 (Weimar, 3. – 4. Juli)

Da 1925 gegen Hitler unter anderem in Bayern ein Redeverbot verhängt worden war, wichen die Nationalsozialisten für den nächsten Parteitag, in dessen Verlauf auch die Hitler-Jugend gegründet wurde, nach Weimar aus. Hier spielte bei der Fahnenweihe erstmals die sogenannte »Blutfahne« eine Rolle. Diese war beim misslungenen Putschversuch 1923 mitgeführt worden, der Überlieferung nach mit dem Blut dabei Getöteter in Berührung gekommen und somit eine Art Reliquie für die nationalsozialistische »Bewegung« – durch Berührung mit dieser »Blutfahne« sollte deren Aura auf die anderen, neu zu weihenden Fahnen übergehen. Wenn auch die Wahl des Veranstaltungsortes für diesen Parteitag in Weimar rein pragmatischer Natur war, nützten die Nationalsozialisten die Gelegenheit, im dortigen Nationaltheater gegen die hier 1919 einberufene Nationalversammlung und damit gegen die Weimarer Republik zu agitieren und sich selbst als »Erlöser« Deutschlands darzustellen, wie der »Völkische Beobachter« in einem Bericht verbreitete: »Das Deutschlandlied durchbraust den 1919 entdeutschten Riesensaal und gibt ihm wieder die Reinheit durch Beseitigung des Makels der ›National‹versammlung der Judengenossen.«[96]

Hitler nimmt beim Reichsparteitag 1927 den Vorbeimarsch am Hauptmarkt ab.

Horst Wessel und Berliner SA-Männer beim Reichsparteitag 1929 in Nürnberg vor dem Prinzregentendenkmal am Hauptbahnhof.

1927
Reichsparteitag 1927 (Nürnberg, 19. – 21. August)

Nicht nur die beim »Deutschen Tag« in Nürnberg 1923 gewonnenen Erfahrungen bewogen die Nationalsozialisten, in dieser Stadt ihren dritten Parteitag abzuhalten. Nürnberg bot mit der äußerst günstigen geographischen Lage, dem Luitpoldhain als praktikablem Versammlungsort und der in Franken unter Gauleiter Julius Streicher gut strukturierten Partei auch große Vorteile für die Organisation des Parteitages. Entscheidend war jedoch das Wohlwollen der Nürnberger Polizei, die, seit 1923 verstaatlicht, einen rechtsgerichteten Kurs gegenüber der sozialdemokratisch-liberalen Kommunalpolitik einschlug. Die später vielzitierte ideologische Anknüpfung an die Tradition als Stadt der mittelalterlichen Reichstage war bei diesem Parteitag 1927 noch pragmatischen Überlegungen untergeordnet. Auch wenn die Teilnehmerzahl gegenüber der Weimarer Vorjahresveranstaltung gesteigert werden konnte, erfüllte der Parteitag 1927 die hochgesteckten Erwartungen der Nationalsozialisten nicht, da sich das öffentliche Interesse in Grenzen hielt.

Im folgenden Jahr, in dem auch Reichstagswahlen stattfanden, konnte die NSDAP aus finanziellen Gründen keinen Parteitag veranstalten, und man beschränkte sich auf die Abhaltung einer »Führertagung« in München.

1929
Reichsparteitag 1929 (Nürnberg, 1. – 4. August)

Die finanzielle Lage der Partei besserte sich 1929 zunehmend, als sie sich im Zuge der Kampagne gegen den »Young-Plan«, einer Neuregelung der Reparationsforderungen, an die finanzkräftige Deutschnationale Volkspartei (DNVP) Alfred Hugenbergs anhängen konnte. Durch die gemeinsame Front mit der DNVP zog die NSDAP für den geplanten Parteitag immensen Nutzen: Die groß angelegte Kampagne emotionalisierte die öffentliche politische Meinung, die vielen Presseerzeugnisse des Hugenberg-Konzerns brachten der NSDAP kostenlose Propaganda, und für die Organisation des Parteitages konnte man sich schließlich auf beträchtliche Finanzmittel stützen. Dieser Parteitag von 1929 fand auch Resonanz weit über die Grenzen Bayerns hinaus, allerdings in erster Linie wegen den schweren und blutigen Auseinandersetzungen zwischen den Nationalsozialisten und den Kommunisten und Sozialdemokraten, die das offizielle Programm begleiteten. Dennoch unterstützten auch gerade diese negativen Schlagzeilen den Aufstieg der NSDAP zur Massenpartei.

Wegen der Ausschreitungen beim Parteitag von 1929, durch die nach Ansicht der sozialdemokratischen Stadtratsfraktion »der gute Ruf der Stadt auf das schwerste geschädigt« worden sei,[97] stellte sich der Nürnberger Stadtrat gegen den Antrag der NS-Partei auf Abhaltung eines Parteitages 1930, wenn auch verschiedene wirtschaftliche Verbände sich aus ökonomischen Gründen für die Veranstaltung stark machten.

Vorbeimarsch nationalsozialistischer Verbände beim Reichsparteitag 1933 auf dem Hauptmarkt. Gut ist der die Veranstaltung störende Neptunbrunnen vor den Zuschauertribünen zu erkennen, der 1934 entfernt wurde.

Nachdem auch im Folgejahr die Veranstaltung eines Parteitages abgelehnt worden war (die von der Stadt als Kompromiss angebotene bloße Überlassung der Festhalle im Luitpoldhain genügte den Nationalsozialisten nicht), wurden 1932 seitens der Nationalsozialisten keine Bestrebungen gemacht, einen Parteitag auszurichten: die Partei befand sich in einer schlechten finanziellen Situation, und das Jahr 1932 bot aufgrund der vielen Wahlen ohnehin genügend Möglichkeiten zur politischen Agitation.

Gegen den anfänglichen Widerstand der Stadt, welche hohe Kosten für den ihr zufallenden Unterhalt der bautechnischen Einrichtungen fürchtete, bestimmte Hitler nach der »Machtergreifung« 1933 Nürnberg als Veranstaltungsort für alle folgenden Reichsparteitage; 1936 erhielt die Stadt schließlich auch den formellen Beititel »Stadt der Reichsparteitage«.

1933
»Reichsparteitag des Sieges« (Nürnberg, 30. August – 3. September)

Ausgehend von der Bezeichnung des Parteikongresses bei seiner Eröffnung durch Rudolf Heß als »Kongreß des Sieges«[98] wurde forthin auch der Reichsparteitag mit dem Attribut »des Sieges« belegt. Dies bezog sich auf die erfolgte Beseitigung der Weimarer Demokratie und die nun erreichte Herrschaft der Nationalsozialisten. Leni Riefenstahl produzierte in diesem Jahr ihren ersten Reichsparteitagsfilm »Sieg des Glaubens«. Die Teilnehmer des Reichsparteitages mussten noch mit hölzernen Tribünen vorliebnehmen; mit der Ausarbeitung eines Gesamtkonzeptes für das Reichsparteitagsgelände wurde erst 1934 Albert Speer beauftragt.

1934
Reichsparteitag 1934 (Nürnberg, 5. – 10. September)

Nach der Ermordung zahlreicher SA-Führer im Zuge des sogenannten »Röhm-Putsches« sollte beim Appell der SA und SS des Reichsparteitages 1934 das angeschlagene Vertrauensverhältnis zwischen der SA und Hitler neu gefestigt und die Geschlossenheit von SA, SS und NS-Staat demonstriert werden. Erstmals agierte bei diesem Appell neben Hitler nicht nur der neue »Stabschef der SA«, Viktor Lutze, sondern auch der »Reichsführer-SS«, Heinrich Himmler; an einem eigenen Tag präsentierte sich nun auch die Reichswehr (Wehrmacht).

Während der Reichsparteitag im Vorjahr mit einer Dauer von Mittwoch bis Sonntag noch zwei Tage kürzer gewesen war, blieb der nun 1934 initiierte, von Dienstag bis Montag dauernde siebentägige Ablauf auch für die beiden folgenden Jahre die Regel; namensgebend für die einzelnen Tage waren nun: Begrüßung, Kongresseröffnung, Reichsarbeitsdienst, Politische Organisation (Politische Leiter), Hitlerjugend, SA/SS(/NSKK, Sturmabteilungen) und Reichswehr (Wehrmacht).

Besonders propagiert wurden auf diesem Reichsparteitag die Einheit von Partei und Staat und die gefestigte Übernahme der Macht. Im Nachhinein wurde dieser Reichsparteitag stellenweise als »Reichsparteitag der Macht« bezeichnet und durch den Erfolg von Leni Riefenstahls Reichsparteitagsfilm insbesondere mit dem Konnex »Triumph des Willens« belegt. Die Authentizität der weiteren nachträglichen Namenszuschreibung »der Einheit und Stärke« ist fraglich. Erstmals stand bei diesem Reichsparteitag statt der provisorischen Holzbauten des Vorjahres mit der Luitpoldarena ein Teil des nun nach und nach entstehenden Reichsparteitagsgeländes zur Verfügung.

1935
»Reichsparteitag der Freiheit«
(Nürnberg, 10. – 16. September)

Von diesem Jahr an trugen die Reichsparteitage bereits ab Planung programmatische Titel. Die – unter Missachtung des Völkerrechts – im März 1935 wieder eingeführte allgemeine Wehrpflicht und die damit propagierte »Befreiung« von den Bestimmungen des Versailler Vertrages lieferte den Hintergrund für das Thema »der Freiheit«. Gleichwohl beinhaltete dieser Titel eine zynische Konnotation: Während des Reichsparteitages wurden am 15. September vom im Nürnberger Kulturverein zusammengerufenen Reichstag die sogenannten »Nürnberger Gesetze« (eine umgangssprachliche Sammelbezeichnung für das »Reichsflaggengesetz«, das »Reichsbürgergesetz« und das »Gesetz zum Schutze des deutschen Blutes und der deutschen Ehre«) beschlossen. Diese stellten – etwa mit dem Verbot der Eheschließung zwischen »Juden« und »Staatsangehörigen deutschen oder artverwandten Blutes« – die juristische Grundlage für die Ausgrenzung und Verfolgung der jüdischen Deutschen dar. In seiner Ansprache bei der Verkündung propagierte Hitler öffentlichkeitswirksam, man sei »dabei beherrscht von dem Gedanken, durch eine einmalige säkulare Lösung vielleicht doch eine Ebene schaffen zu können, auf der es dem Deutschen Volke möglich [werde], ein erträgliches Verhältnis zum jüdischen Volke finden zu können.«[99] Dass freilich weitere Terrormaßnahmen bereits geplant waren und die augenscheinlich versöhnliche Verkündung auf dem Reichsparteitag eine Propagandaaktion war, erklärte Joseph Goebbels am Tag darauf unumwunden (mit wörtlicher Bezugnahme auf jene Rede Hitlers) anlässlich einer Sondertagung unter zustimmender Heiterkeit der Anwesenden: »Wenn man (…) gleich (…) gesagt hätte: So, das sind die heutigen Judengesetze; Ihr sollt nun nicht glauben, dass das alles ist, im nächsten Monat (…) kommen die nächsten, (…) dann dürfen Sie sich nicht wundern, wenn die Juden die ganze Welt gegen uns mobilmachen. Wenn Sie ihnen aber eine Chance geben, eine geringe Lebensmöglichkeit, dann sagen sich die Juden: Ha, wenn die jetzt im Ausland wieder anfangen zu hetzen, dann

rechts: Postkarten zum Fußmarsch der Politischen Leiter aus Sachsen nach Nürnberg, 1935.

Wartende Zuschauer am Hauptmarkt beim Reichsparteitag 1938.

wird's noch schlimmer; also Kinder, seid doch mal still, vielleicht geht's doch!«[100]

Mit der Grundsteinlegung für die Kongresshalle wurde bei diesem Reichsparteitag das erste Großbauprojekt in Angriff genommen: das Gelände rund um den Dutzendteich wurde eine riesige Baustelle.

1936
»Reichsparteitag der Ehre« 1936
(Nürnberg, 8. – 14. September)

Nachdem bereits der Titel des Reichsparteitages 1935 einen militaristischen Hintergrund hatte, war auch der 1936 inszenierte »Reichsparteitag der Ehre« mit einem aggressiven außenpolitischen Thema belegt, demzufolge Deutschland durch den – widerrechtlichen – Einmarsch in die entmilitarisierte Zone des Rheinlandes seine »Ehre« zurück erlangt habe. Ferner stand in diesem Jahr im Fokus der Propaganda, als Vorreiter in Europa gegen einen von Moskau ausgehenden Bolschewismus wirken zu müssen. Bei diesem Reichsparteitag wurde im Rahmen der »Verlesung der Proklamation des Führers« der sogenannte »Vierjahresplan« (unter Verschleierung der tatsächlichen Kriegsabsichten) verkündet, dem zufolge Deutschland binnen vier Jahren wirtschaftlich vom Ausland unabhängig sein müsse.

Mit dem »Lichtdom« um das Zeppelinfeld beim »Appell der Politischen Leiter« erlebte dieser Reichsparteitag einen propagandistischen Höhepunkt, der zum

REICHSPARTEITAG
19 38
Donnerstag
8. Sept., 15 Uhr
Zeppelin-
wiese
„Tag der Gemeinschaft"
Vorführung von Massenfreiübungen
Zugang über Allersberger Straße, Anlagenwege längs der Zeppelinstraße; Straßenbahnen 18 und 38 mit Haltestelle Stadion. — Die Plätze müssen bis 14.30 Uhr eingenommen sein. — Karten werden bei verspätetem Eintreffen nicht zurückgenommen.
Block
1
B
RM 1.–
214 *
Stehplatz

Eintrittskarte zum »Tag der Gemeinschaft« 1938.

festen Bestandteil der beiden noch folgenden Reichsparteitage wurde. Die Lichtinszenierung aus Flakscheinwerfern präsentierte 1936 mit der Zeppelintribüne den einzigen Bau von Albert Speer auf dem Reichsparteitagsgelände in fast fertigem Zustand. 1938 war die Tribüne – bis auf Räume in ihrem Inneren – fertiggestellt.

1937
»Reichsparteitag der Arbeit«
(Nürnberg, 6. – 13. September)

Beim Motto des »Reichsparteitages der Arbeit« 1937 bezogen sich die Nationalsozialisten auf die in den ersten vier Jahren seit der Machtübernahme geleistete und weiterhin zu leistende Arbeit am weiteren Aufbau des nationalsozialistischen Staates. Auch den fortgeschrittenen Stand der Bauarbeiten auf dem Reichsparteitagsgelände interpretierte man als Symbol der »Arbeit«: »Auf dem Parteitagsgelände selbst dokumentierte sich dieser Wille zu neuem gewaltigen Schaffen in der Grundsteinlegung zu dem größten Stadion der Welt«,[101] verlautbarte Reichsminister Hanns Kerrl in einem zeitgenössischen Berichtband. Außerdem wurde mit Beendigung der Fundamentierungsarbeiten die Hochbautätigkeit an der Kongresshalle begonnen und die fast fertiggestellte Zeppelintribüne in die Veranstaltungen des Reichsparteitages eingebunden. Ein geplanter Brunnen mit dem Thema »Sieg der Arbeit« hinter dem Ehrenmal in der Luitpoldarena blieb unverwirklicht.

Der Reichsparteitag begann ab diesem Jahr einen Tag früher, am Montag, da (vor dem »Tag der Politischen Leiter«) ein zusätzlicher Tag für die »Eröffnung der NS-Kampfspiele« eingeschoben wurde, welcher im Folgejahr die Bezeichnung »Tag der Gemeinschaft« erhielt.

Appell von SA und SS in der Luitpoldarena, 1938.

Plakat zum Reichsparteitag 1939.

Im Rahmen der »Kulturtagung« wurde erstmals ein »Nationalpreis für Kunst und Wissenschaft« verliehen und die Annahme des Nobelpreises durch einen Deutschen von der NS-Regierung verboten. Durch die Vergabe während des Reichsparteitages besonders öffentlichkeitswirksam platziert, sollte der Nationalpreis ein angeblich um die breite Förderung der Künste und Wissenschaften bemühtes Deutschland demonstrieren. Anlässlich der Verleihung unter anderem an den Partei-Ideologen Alfred Rosenberg, den Arzt Ferdinand Sauerbruch und den Forschungsreisenden Wilhelm Filchner ließ Joseph Goebbels in seinem Tagebuch die tatsächliche Wertschätzung dieses Propaganda-Preises erkennen: »Eine ganz ulkige Zusammenstellung. Ein scharfer Parteimann und ein Mann der freien Medizin. Dazu noch ein berühmter Forscher. Das macht einen guten Eindruck.«[102]

1938
»Reichsparteitag Großdeutschland«
(Nürnberg, 5. – 12. September)

In Anlehnung an den sogenannten Anschluss Österreichs fand 1938 der »Reichsparteitag Großdeutschland« statt. In dessen Verlauf wurde die Überführung der Reichskleinodien gefeiert, deren Kopien man bereits beim Reichsparteitag 1934 ausgestellt hatte. Diese Herrschaftssymbole des ehemaligen Heiligen Römischen Reiches Deutscher Nation waren seit 1424 in Nürnberg aufbewahrt, 1796 jedoch vor den anrückenden Franzosen nach Wien in Sicherheit gebracht worden. Mit der Rückführung interpretierten die Nationalsozialisten sie als Symbole ihres »Dritten Reiches« und die Einverleibung Österreichs als Wiederherstellung des einstigen Reiches, wie Arthur Seyß-Inquart, der »Reichsstatthalter der deutschen Ostmark«, in seiner Rede bei der Übergabe ausführte: »[Die] Ostmark ist heimgekehrt, das Reich wieder erstanden. In diesen feierlichen Stunden übernahm der Führer als Einiger des Reichs in der Burg zu Wien Krone und Kronschatz des Heiligen Römischen Reiches Deutscher Nation in des Großdeutschen Reiches Obhut.«[103]

Bei diesem Reichsparteitag wurde in der nationalsozialistischen Propaganda der neue »Tag der Gemeinschaft« besonders herausgestellt: Tänze junger Frauen des BDM-Werkes »Glaube und Schönheit« auf dem Zeppelinfeld sollten bei dieser Veranstaltung erstmals auch »die Frau« als Teil der Volksgemeinschaft den Zuschauern präsentieren.

1939
»Reichsparteitag des Friedens« 1939
(Nürnberg, geplant für 2. – 11. September)

Auch der letzte geplante Reichsparteitag hatte einen programmatischen Titel: Für 1939 war der »Reichsparteitag des Friedens« vorgesehen, welcher der deutschen Bevölkerung und dem Ausland Hitlers angeblichen Friedenswillen hätte bekunden sollen. Am 27. August teilte die Reichspressestelle der NSDAP lapidar dessen Absage mit: »Ob seine spätere Abhaltung ins Auge gefaßt werden kann, hängt von den Zeitumständen ab.«[104] Wenige Tage darauf begann mit dem Überfall der deutschen Wehrmacht auf Polen der Zweite Weltkrieg.

Clemens Wachter

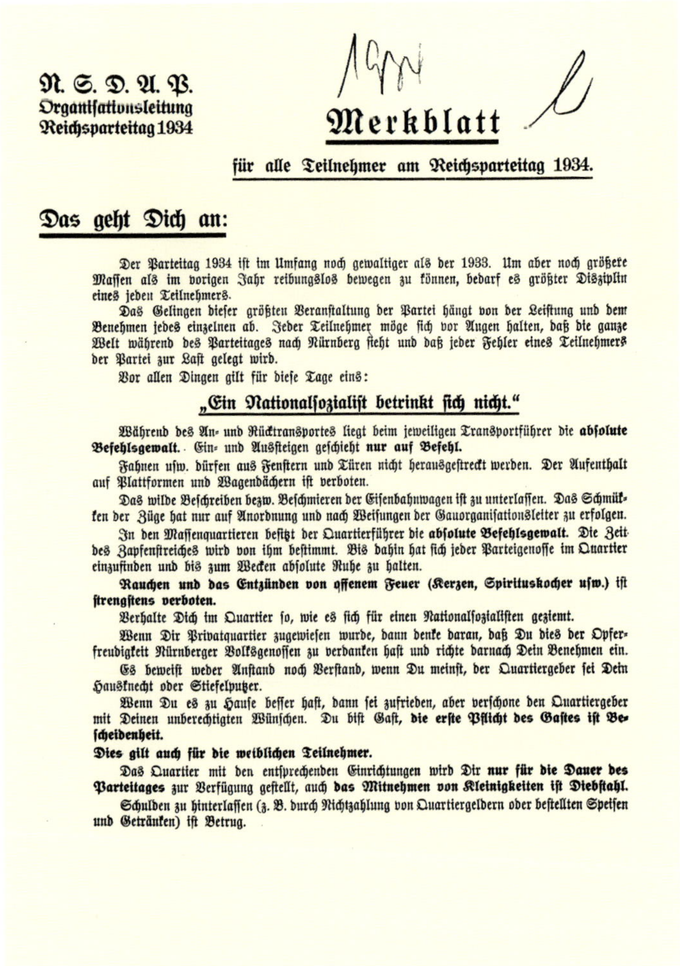

N. S. D. A. P.
Organisationsleitung
Reichsparteitag 1934

Merkblatt

für alle Teilnehmer am Reichsparteitag 1934.

Das geht Dich an:

Der Parteitag 1934 ist im Umfang noch gewaltiger als der 1933. Um aber noch größere Massen als im vorigen Jahr reibungslos bewegen zu können, bedarf es größter Disziplin eines jeden Teilnehmers.

Das Gelingen dieser größten Veranstaltung der Partei hängt von der Leistung und dem Benehmen jedes einzelnen ab. Jeder Teilnehmer möge sich vor Augen halten, daß die ganze Welt während des Parteitages nach Nürnberg sieht und daß jeder Fehler eines Teilnehmers der Partei zur Last gelegt wird.

Vor allen Dingen gilt für diese Tage eins:

„Ein Nationalsozialist betrinkt sich nicht."

Während des An- und Rücktransportes liegt beim jeweiligen Transportführer die **absolute Befehlsgewalt**. Ein- und Aussteigen geschieht **nur auf Befehl.**

Fahnen usw. dürfen aus Fenstern und Türen nicht herausgestreckt werden. Der Aufenthalt auf Plattformen und Wagendächern ist verboten.

Das wilde Beschreiben bezw. Beschmieren der Eisenbahnwagen ist zu unterlassen. Das Schmükken der Züge hat nur auf Anordnung und nach Weisungen der Gauorganisationsleiter zu erfolgen.

In den Massenquartieren besitzt der Quartierführer die **absolute Befehlsgewalt**. Die Zeit des Zapfenstreiches wird von ihm bestimmt. Bis dahin hat sich jeder Parteigenosse im Quartier einzufinden und bis zum Wecken absolute Ruhe zu halten.

Rauchen und das Entzünden von offenem Feuer (Kerzen, Spirituskocher usw.) ist **strengstens verboten.**

Verhalte Dich im Quartier so, wie es sich für einen Nationalsozialisten geziemt.

Wenn Dir Privatquartier zugewiesen wurde, dann denke daran, daß Du dies der Opferfreudigkeit Nürnberger Volksgenossen zu verdanken hast und richte darnach Dein Benehmen ein.

Es beweist weder Anstand noch Verstand, wenn Du meinst, der Quartiergeber sei Dein Hausknecht oder Stiefelputzer.

Wenn Du es zu Hause besser hast, dann sei zufrieden, aber verschone den Quartiergeber mit Deinen unberechtigten Wünschen. Du bist Gast, **die erste Pflicht des Gastes ist Bescheidenheit.**

Dies gilt auch für die weiblichen Teilnehmer.

Das Quartier mit den entsprechenden Einrichtungen wird Dir **nur für die Dauer des Parteitages** zur Verfügung gestellt, auch **das Mitnehmen von Kleinigkeiten ist Diebstahl.**

Schulden zu hinterlassen (z. B. durch Nichtzahlung von Quartiergeldern oder bestellten Speisen und Getränken) ist Betrug.

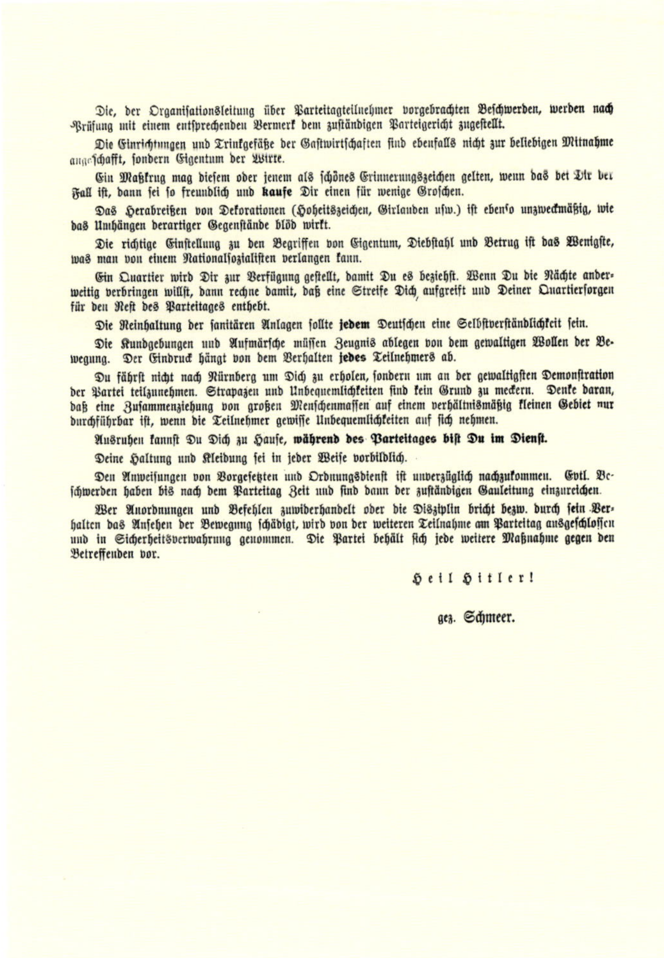

Die, der Organisationsleitung über Parteitagteilnehmer vorgebrachten Beschwerden, **werden nach** Prüfung mit einem entsprechenden Vermerk dem zuständigen Parteigericht zugestellt.

Die Einrichtungen und Trinkgefäße der Gastwirtschaften sind ebenfalls nicht zur beliebigen Mitnahme angeschafft, sondern Eigentum der Wirte.

Ein Maßkrug mag diesem oder jenem als schönes Erinnerungszeichen gelten, wenn das bei Dir der Fall ist, dann sei so freundlich und **kaufe** Dir einen für wenige Groschen.

Das Herabreißen von Dekorationen (Hoheitszeichen, Girlanden usw.) ist ebenso unzweckmäßig, wie das Umhängen derartiger Gegenstände blöd wirkt.

Die richtige Einstellung zu den Begriffen von Eigentum, Diebstahl und Betrug ist das Wenigste, was man von einem Nationalsozialisten verlangen kann.

Ein Quartier wird Dir zur Verfügung gestellt, damit Du es beziehst. Wenn Du die Nächte anderweitig verbringen willst, dann rechne damit, daß eine Streife Dich aufgreift und Deiner Quartiersorgen für den Rest des Parteitages enthebt.

Die Reinhaltung der sanitären Anlagen sollte **jedem** Deutschen eine Selbstverständlichkeit sein.

Die Kundgebungen und Aufmärsche müssen Zeugnis ablegen von dem gewaltigen Wollen der Bewegung. Der Eindruck hängt von dem Verhalten **jedes** Teilnehmers ab.

Du fährst nicht nach Nürnberg um Dich zu erholen, sondern um an der gewaltigsten Demonstration der Partei teilzunehmen. Strapazen und Unbequemlichkeiten sind kein Grund zu meckern. Denke daran, daß eine Zusammenziehung von großen Menschenmassen auf einem verhältnismäßig kleinen Gebiet nur durchführbar ist, wenn die Teilnehmer gewisse Unbequemlichkeiten auf sich nehmen.

Ausruhen kannst Du Dich zu Hause, **während des Parteitages bist Du im Dienst.**

Deine Haltung und Kleidung sei in jeder Weise vorbildlich.

Den Anweisungen von Vorgesetzten und Ordnungsdienst ist unverzüglich nachzukommen. Evtl. Beschwerden haben bis nach dem Parteitag Zeit und sind dann der zuständigen Gauleitung einzureichen.

Wer Anordnungen und Befehlen zuwiderhandelt oder die Disziplin bricht bezw. durch sein Verhalten das Ansehen der Bewegung schädigt, wird von der weiteren Teilnahme am Parteitag ausgeschlossen und in Sicherheitsverwahrung genommen. Die Partei behält sich jede weitere Maßnahme gegen den Betreffenden vor.

Heil Hitler!

gez. Schmeer.

Das Merkblatt für die Teilnehmer des Reichsparteitags 1934 zeigt durch seine zahlreichen Verbote, dass die Massenveranstaltung Reichsparteitag keineswegs nur von erhabenen Momenten geprägt war, sondern dass auch Diebstahl, Gegröle, Trunkenheit und Vandalismus auf den Straßen, in den Gaststätten und Massenquartieren vorkamen. Der einfach mitgenommene Maßkrug, die angebliche Unbescheidenheit insbesondere von Teilnehmerinnen der Reichsparteitage in Privatquartieren, verdreckte Toiletten und das »blöd wirkende« Umhängen von Dekorationen für die Reichsparteitage – dies alles gehörte zum Alltag in Nürnberg.

Zum Beispiel 1937

Das Programm eines Reichsparteitags

Montag, 6. September (»Tag der Begrüßung«)

Ankunft Hitlers und Fahrt zu seinem Hotel »Deutscher Hof« – Presseempfang im Kulturverein durch Otto Dietrich (Reichspressechef) – Festakt im Großen Rathaussaal mit Begrüßung Hitlers durch Oberbürgermeister Willy Liebel – Festaufführung von Richard Wagners Oper »Die Meistersinger von Nürnberg« im Opernhaus

Dienstag, 7. September (»Tag der Kongresseröffnung«)

»Adolf-Hitler-Marsch« der Hitlerjugend (HJ) mit Vorbeimarsch am Hotel »Deutscher Hof« – Eröffnung des Parteikongresses in der alten Kongresshalle mit der Eröffnungsrede Rudolf Heß' und der von Parteisprecher Adolf Wagner verlesenen »Proklamation des Führers« – Beginn des »Kraft-durch-Freude-Volksfestes« am Valznerweiher – »Kulturtagung« im Opernhaus mit Verleihung des »Nationalpreises für Kunst und Wissenschaft« und der »Kulturrede« Hitlers

Mittwoch, 8. September (»Tag des Reichsarbeitsdienstes«)

»Feierstunde« des Reichsarbeitsdienstes (RAD) auf dem Zeppelinfeld – Parade des RAD durch Nürnberg – »HJ-Führertagung« im Großen Rathaussaal – Fortsetzung des Parteikongresses mit Reden von Alfred Rosenberg, Hauptamtsleiter Erich Hilgenfeldt und Gerhard Wagner (Reichsärzteführer)

Donnerstag, 9. September (»Tag der Eröffnung der NS-Kampfspiele«)

Eröffnung der »NS-Kampfspiele« der SA mit der Grundsteinlegung zum »Deutschen Stadion« – [Beispiele für teils parallel stattfindende Sondertagungen: Tagung des Hauptamtes für Kommunalpolitik – Tagung des NS-Studentenbundes – Tagung des Hauptorganisations-, Hauptschulungs- und Hauptpersonalamtes – Tagung des Hauptamtes für Erzieher] – Fortsetzung des Parteikongresses mit Reden von Joseph Goebbels, Hans Frank (Reichsrechtsführer) und Otto Dietrich (Reichspressechef) – Fackelzug der »Politischen Leiter« mit Vorbeimarsch am Hotel »Deutscher Hof«

Freitag, 10. September (»Tag der Politischen Leiter«)

Aufmarsch der Polizei auf der Deutschherrenwiese – Fortsetzung des Parteikongresses mit Reden von Richard Walther Darré (Reichsbauernführer), Max Amann (Präsident der Reichspressekammer) und Fritz Todt (Generalinspektor für das deutsche Straßenwesen) – Kundgebung der NS-Frauenschaft mit Gertrud Scholtz-Klink (Reichsfrauenführerin) in der alten Kongresshalle – »Appell der Politischen Leiter« auf dem Zeppelinfeld mit dem »Lichtdom«

Samstag, 11. September (»Tag der Hitlerjugend«)

Aufmarsch der »Werkscharmänner« beim Hotel »Deutscher Hof« – »Appell der HJ« im Nürnberger Stadion – Jahrestagung der Deutschen Arbeitsfront (DAF) – »Hauptkämpfe« der »NS-Kampfspiele« – Fortsetzung des Parteikongresses mit Reden von Reichsamtsleiter Horst Dreßler-Andreß (Vortrag des Rechenschaftsberichtes der DAF), Hauptdienstleiter Fritz Reinhardt und Konstantin Hierl (Reichsarbeitsführer) – Feuerwerk am Dutzendteich als Höhepunkt des »Kraft-durch-Freude-Volksfestes«

Sonntag, 12. September (»Tag der Sturmabteilungen«)

Totengedenken und Fahnenweihe von SA, SS, NS-Kraftfahrerkorps (NSKK) und NS-Fliegerkorps (NSFK) im Luitpoldhain – Marsch der Sturmabteilungen durch Nürnberg zum »Adolf-Hitler-Platz« (Hauptmarkt)

Montag, 13. September (»Tag der Wehrmacht«)

Aufmarsch der Wehrmacht auf dem Zeppelinfeld – Beendigung des Parteikongresses mit der Schlussrede Hitlers – Ende des Reichsparteitages um Mitternacht mit dem »Großen Zapfenstreich«

Nürnberg erlebte in der Ära Luppe vor allem gegen Ende der 1920er Jahre einen wirtschaftlichen und kulturellen Aufstieg. Die Siedlung Nordostbahnhof (1927-1929) war Teil eines umfassenden Wohnungsbauprogramms der Ära Luppe.

Hermann Luppe bei einer Radioansprache Ende der 1920er Jahre.

oben rechts: Portrait Hermann Luppes Mitte der 1920er Jahre.

Das »rote Nürnberg« und die Parteitage der NSDAP

Hermann Luppe

Als die Nationalsozialisten Nürnberg mit der Rolle der »Stadt der Reichsparteitage« bedachten, lag dies nicht etwa in einer politisch rechten Tradition der Stadt begründet. Vielmehr war Nürnberg als Bayerns größte Industrie- und Arbeiterstadt eine sozialdemokratisch-liberale Hochburg, auch überregional bedeutend durch eine starke Arbeiterbewegung und ihr publizistisches Organ, die »Fränkische Tagespost«. Der seit 1. März 1920 amtierende liberale Oberbürgermeister Hermann Luppe (1874–1945), ein überzeugter Demokrat, engagierte sich unter anderem erfolgreich im Bereich der kommunalen Daseinsvorsorge und ermöglichte städtische Großbauten wie etwa das Stadion. In seiner Amtszeit entstand auch das 1930 eingeweihte Ehrenmal für die Toten des Ersten Weltkriegs im Luitpoldhain, das die Nationalsozialisten dann baulich wie ideologisch in ihre Luitpoldarena und die Reichsparteitage miteinbezogen.

Nach Bekanntwerden von Umsturzplänen der Münchner Nationalsozialisten ging Hermann Luppe 1923 bei den gewerkschaftlichen Maifeiern in Nürnberg entschieden gegen Störversuche der Rechtsradikalen vor. Die bayerische Regierung konterte mit der Verstaatlichung der Nürnberger Sicherheitspolizei und setzte Heinrich Gareis, einen erklärten Gegner der sozialdemokratisch-liberalen Kommunalpolitik, als Polizeidirektor ein. In der Folgezeit trat die Nürnberger Polizei den Nationalsozialisten wohlwollend gegenüber und ebnete ihnen 1927 den Weg zur Abhaltung ihres dritten Parteitags. Damit fanden diese erstmals und von nun an fortwährend in Nürnberg statt.

Hermann Luppe sah sich insbesondere den Agitationen des nationalsozialistischen Gauleiters Julius Streicher ausgesetzt. Streichers Zeitung »Der Stürmer« behauptete, Luppe habe Unterschlagungen begangen, und stellte ihn als »Judenknecht« dar, der nur im Interesse seiner »Rassegenossen« handele. Höhepunkt dieses Kampfes war der sogenannte »Luppe-Streicher-Prozess« 1924 mit seiner Wiederaufnahme 1925. Hermann Luppe trat in diesem Prozess, der eine Anklage gegen Streicher wegen fortgesetzter öffentlicher Beleidigung und übler Nachrede zum Inhalt hatte, zwar als Nebenkläger und Zeuge auf, nicht zuletzt durch die Unfähigkeit des Gerichtes zu einer neutralen Verhandlungsführung konnte Streicher jedoch den Prozess als Tribüne für seine politische Agitation und zur Erprobung seiner Kampfmethoden nutzen und Luppe in die Rolle des Angeklagten drängen.

Nach der Machtübernahme durch die Nationalsozialisten wurde im Zuge der »Gleichschaltung« Willy Liebel zum Oberbürgermeister ernannt und Hermann Luppe am 18. März 1933 zunächst verhaftet, dann der Stadt verwiesen. Auch nach Ende seiner Amtszeit verfolgten ihn die Nationalsozialisten, da er nach eigener Bekundung nicht nur seine »demokratische Überzeugung nie verleugnet und stets mutig verfochten« hatte,[105] sondern eben auch ein erfolgreicher Repräsentant der Weimarer Republik gewesen war: So entlud sich der Hass der Machthaber unter anderem in mehreren gescheiterten Versuchen, ihn um seine Pension zu bringen sowie im demonstrativen Abbruch des in seiner Ägide errichteten Planetariums und des Ludwig-Feuerbach-Denkmals.

1945 versuchte man von Nürnberg aus, Hermann Luppe zu finden und ihm wieder das Amt des Oberbürgermeisters zu übertragen. Luppe war jedoch 1945 bei einem Bombenangriff in seiner Geburtsstadt Kiel verstorben.

Clemens Wachter

Preis: 20 Pfennig
Litauen und Memelgebiet 20 Pfennig
Übriges Ausland: 30 Pfennig

10. JAHRGANG / FOLGE 38 / DONNERSTAG, 19. SEPTEMBER 1935

IB Illustrierter Beobachter

VERLAG FRANZ EHER NACHF. G.M.B.H. MÜNCHEN 2 NO

„Das deutsche Reichsschwert dem Führer aller Deutschen!"

Bei der Eröffnung des Parteitages der Freiheit überreicht der Oberbürgermeister von Nürnberg dem Führer als symbolische Gabe eine wertvolle Nachbildung des alten Reichsschwertes.

Sonderaufnahme für den „J. B." von Heinrich Hoffmann.

Der Illustrierte Beobachter brachte die Überreichung einer Nachbildung des Reichsschwerts als Geschenk an Hitler auf der Titelseite, September 1935.

oben rechts: Willy Liebel am Rednerpult beim Abriss der Synagoge Hans-Sachs-Platz, links hinter ihm Julius Streicher, 10. August 1938.

Provinzpolitiker auf großer Bühne

Willy Liebel

Willy Liebel, Oberbürgermeister der »Stadt der Reichsparteitage« von 1933 bis 1945, war eng mit dem Bauprojekt Reichsparteitagsgelände verbunden. Liebel übte auch das Amt des Geschäftsführers des Zweckverbands Reichsparteitag aus, der ab 1934 als Zusammenschluss von Deutschem Reich, dem Land Bayern, der NSDAP und der Stadt Nürnberg als Bauherr des immer weiter ausufernden Bauprojekts fungierte.[106] Der Sohn eines Druckereibesitzers und nationalsozialistische Aktivist der ersten Stunde war, trotz bürgerlicher Fassade, ein ekelhafter Antisemit, der die Ausgrenzung der Juden aus der Stadtgesellschaft organisierte sowie Gewalt und Verbrechen billigte.[107] Gleichzeitig verband ihn mit Gauleiter Julius Streicher eine wechselseitige, intensive Abneigung, die sich zu einer Dauerrivalität entwickelte.

Seinen großen Auftritt hatte Liebel ab 1933 am ersten Abend des Parteitagsprogramms beim Empfang der Stadt Nürnberg im Rathaussaal. Hier konnte Willy Liebel vor einer großen Öffentlichkeit das Wort an Hitler richten und er durfte ein Geschenk der Stadt Nürnberg an »den Führer« überreichen. Diese Auftritte nutzte er dafür, die besondere Bedeutung Nürnbergs herauszustreichen und eine angebliche Traditionslinie vom spätmittelalterlichen Nürnberg zur »Stadt der Reichsparteitage« zu betonen. In fast schon penetranter Weise überreichte er symbolträchtige Geschenke: 1935 beispielsweise eine Nachbildung des »Reichsschwerts«, das neben Krone, Zepter und anderen Gegenständen zu den Reichskleinodien gehörte, die bis 1796 in Nürnberg verwahrt und dann vor den Truppen Napoleons nach Wien geflüchtet worden waren. 1934 ließ Liebel den Rathaussaal mit Nachbildungen der Reichskleinodien dekorieren und hoffte über kurz oder lang auch die Originale für die Stadt zu bekommen. Nach dem »Anschluss« Österreichs gelang ihm die Rückholung der Reichskleinodien aus Wien nach Nürnberg, die ab dem Reichsparteitag 1938 in der Katharinenkirche zu sehen waren.

Liebel fand bei Hitler für sein Projekt der Rückholung der Reichskleinodien auch deshalb Gehör, weil er sich und die Nürnberger Stadtverwaltung rückhaltlos in den Dienst der Reichsparteitage und den Bau des Reichsparteitagsgeländes stellte. Als Oberbürgermeister verstand er es, mit Bezug auf die besondere Rolle Nürnbergs als »Stadt der Reichsparteitage«, Stadtentwicklung in seinem Sinne durchzusetzen. Nürnberg erhielt, weil der alte Tiergarten im Zentrum der neuen Planungen für das Reichsparteitagsgelände lag, einen neuen, wesentlich größeren Tiergarten am Schmausenbuck. In der Altstadt wurde systematisch eine sogenannte »Entschandelung« betrieben, was die Entfernung von ausufernder Werbung oder angeblich störender moderner Baukörper bedeutete. Höhepunkt dieser Aktion war die von Willy Liebel maßgeblich mitbetriebene Aktion des Abrisses der Hauptsynagoge am Hans-Sachs-Platz ab 10. August 1938, wo er neben Streicher das Wort ergriff. Als hoher SA-Führer war Liebel auch für die Exzesse während der Reichskristallnacht in Nürnberg mitverantwortlich, wenn auch wohl nicht direkt beteiligt. Er soll aber beispielsweise die Aufnahme von verletzten jüdischen Bürgern in das städtische Krankenhaus untersagt haben.

Eine zweite Karriere machte der Nürnberger Oberbürgermeister als Leiter des »Zentralamts« in Albert Speers Rüstungsministerium von 1942 bis 1944 in Berlin. 1945 kehrte Liebel, der nach wie vor das Amt des Oberbürgermeisters bekleidete, nach Nürnberg zurück. Er nahm sich beim Endkampf um Nürnberg im Palmenhofbunker nahe dem Polizeipräsidium das Leben.

Der Stürmer

Deutsches Wochenblatt zum Kampfe um die Wahrheit

HERAUSGEBER: JULIUS STREICHER

Nummer 37	Erscheint wöchentl. Einzel-Nr. 20 Pfg. Bezugspreis monatlich 84 Pfg. zuzüglich Postbestellgeld. Bestellungen bei dem Briefträger oder der zuständ. Postanstalt. Nachbestellungen a. d. Verlag. Schluß der Anzeigenannahme 14 Tage vor Erscheinen. Preis für Geschäfts-Anz.: Die ca. 22 mm breite, 1 mm hohe Raum-Zeile im Anzeigenteil –.75 RM.	Nürnberg, im September 1937	Verlag: Der Stürmer, Julius Streicher, Nürnberg-A, Pfannenschmiedsgasse 19. Verlagsleitung: Max Fink, Nürnberg-A, Pfannenschmiedsgasse 19. Fernsprecher 21 8 30. Postscheckkonto Amt Nürnberg Nr. 105. Schriftleitung Nürnberg-A, Pfannenschmiedsgasse 19 Fernsprecher 21 8 72. Schriftleitungsschluß Freitag (nachmittags). Briefanschrift: Nürnberg 2, Schließfach 393.	15. Jahr 1937

Unser Gruß

Wieder hat ein Reichsparteitag seinen Anfang genommen. Wieder flattern Tausende von Hitlerfahnen über den Straßen Nürnbergs. Wieder kommen Hunderttausende nationalsozialistischer Kämpfer in die alte, ehrwürdige Reichsstadt. Viele jener Männer waren schon vor 10 Jahren dabei gewesen, als Nürnberg den ersten großangelegten Parteitag erlebte. Damals allerdings waren die Zeiten noch ganz andere. Rot-Mord lauerte hinter allen Türen und der vom Juden in die Welt gesetzte Klassenkampf schien das deutsche Volk zu vernichten und auszulöschen für immer. Ja, damals war es schwer, nationalsozialistische Parteitage abzuhalten. Aber Nürnberg hat es damals und auch 2 Jahre später geschafft. Nürnberg hat sich die Auszeichnung des Führers, nun für alle Zeit die Stadt der Reichsparteitage sein zu dürfen, verdient.

Nürnberg war schon in allen Jahrhunderten seines Bestehens eine Stadt des Kampfes gewesen. Der schwerste Kampf aber nahm seinen Anfang, als ein unbekannter Nürnberger Volksschullehrer kurz nach dem Kriege zum ersten Mal mitten in die Versammlungen der Kommune ging und den Mut hatte, den verführten und verhetzten Arbeitern die Wahrheit zu sagen. Die Wahrheit über den Völkervernichter aller Zeiten! Die Wahrheit über den Teufel in Menschengestalt! Die Wahrheit über den Juden! Anfänglich versuchte man diesen fanatischen Kämpfer um die Wahrheit totzuschweigen. Aber es half nichts! Trotz der furchtbarsten Saalschlachten ging er immer wieder in die Versammlungen der „Roten" und riß dem Juden die Maske vom Gesicht. So mancher Nürnberger Arbeiter, der bisher den jüdischen Bonzen auf Gedeih und Verderb ergeben war, wurde nachdenklich und sagte: „Ich glaube, der Streicher hat doch recht!"

Nun aber zeigte sich die teuflische Niedertracht des Juden in grellstem Lichte. Nun versuchte der Jude mit beißendem Spott, mit Lüge und Verleumdung dem Wissenden in Nürnberg den Garaus zu machen.

Reichsparteitage

Fips

Es hat noch nie ein Volk das Glück verspürt,
Wie hier ein Mann sein Volk zur Freiheit führt.
Der Jud' steht abseits, mit gebundenen Händen,
Uns stört kein Teufel mehr, das Werk noch zu vollenden

Die Juden sind unser Unglück!

Titelblatt des »Stürmer« vom September 1937. Der Zeichner Fips stellt einen abseits stehenden Juden mit den von den Nationalsozialisten behaupteten »rassischen« Merkmalen dar. Die antisemitische Hetze der Zeitschrift, die Julius Streicher persönlich gehörte, prägte schon vor 1933 die Atmosphäre in Nürnberg.

oben rechts: Gauleiter und »Frankenführer« Julius Streicher, Propagandafoto Ende der 1930er Jahre.

Gauleiter, Rassist und Randfigur beim Reichsparteitag

Julius Streicher und »Der Stürmer«

Julius Streicher war diejenige nationalsozialistische Führungsperson in Nürnberg mit dem wohl größten überregionalen Bekanntheitsgrad. Am 12. Februar 1885 in Fleinhausen bei Augsburg geboren, war er nach dem Besuch der Lehrerbildungsanstalt Lauingen – laut Zeugnis mit »mittelmäßigen Anlagen«[108] ausgestattet – als Volksschullehrer zunächst im Schwäbischen tätig, bis er sich 1909 in die Stadt Nürnberg versetzen ließ. Er nahm am Ersten Weltkrieg teil, wurde 1920 Gründungsmitglied der antisemitischen Deutschsozialistischen Partei (DSP) und gründete die Parteizeitung »Deutscher Sozialist«. Nachdem sich Streicher nicht gegenüber der Position Hitlers und dessen NSDAP hatte durchsetzen können, trat er schließlich zur NSDAP über und gründete am 20. Oktober 1922 deren Nürnberger Ortsgruppe. Am sogenannten »Hitlerputsch« 1923 war Streicher federführend beteiligt, und man suspendierte ihn daraufhin vom Schuldienst. 1924 wurde er in den Nürnberger Stadtrat gewählt, wo er sich in Hetzkampagnen gegen den liberalen Nürnberger Oberbürgermeister Hermann Luppe erging.

Streicher selbst betonte später, dass sich Hitler ihm gegenüber wegen seiner führenden Beteiligung am »Hitlerputsch« 1923 »vielleicht mehr hingezogen gefühlt gehabt [habe] als zu einem anderen.«[109] So protegierte ihn Hitler gegen alle Widerstände – gerade auch aus den eigenen Reihen – als einen seiner treuesten Gefährten und übertrug ihm 1925 die Aufgabe, die NSDAP in den fränkischen Kreisen neu aufzubauen. Daraus leitete sich Streichers Beiname »Frankenfüh-

„Die Judennase ist an ihrer Spitze gebogen. Sie sieht aus wie ein Sechser...“

„Wer gegen den Juden kämpft, ringt mit dem Teufel.“ Julius Streicher

Umschlag und zwei Illustrationen aus dem antisemitischen Kinderbuch »Der Giftpilz« von Ernst Hiemer, 1938.

Julius Streicher sprach beim Abriss der Synagoge am Hans-Sachs-Platz im August 1938 von einer »geschichtlichen Stunde«.

rer« ab – ein zeitgenössisch verbreiteter, aber nie offiziell verliehener Titel. 1929 wurde Streicher Gauleiter des Gaues Mittelfranken und 1933 durch dessen Umbenennung Gauleiter »von Franken« – wenngleich die anderen fränkischen Gaue Unterfranken (Mainfranken) und Oberfranken (Bayerische Ostmark) weiterhin anderen Gauleitern unterstellt blieben.

Julius Streicher war über die Grenzen der Stadt hinaus bekannt durch sein herrisches und primitives Wesen und seine ordinäre und blasphemische Gedankenwelt. Obwohl er als hochrangige NS-Persönlichkeit eigentlich eine maßgebliche Repräsentationsrolle bei den Reichsparteitagen hätte spielen können, wurden ihm deshalb auch keine großen Auftritte zuteil. Während Streicher sich beispielsweise im Film »Der Sieg des Glaubens« vom Reichsparteitag 1933 noch eineinhalb Minuten präsentieren durfte, musste er sich beim breitenwirksameren Film »Triumph des Willens« im Jahr darauf in der Riege der Rednerzitate bei der Parteitagseröffnung mit sechs Sekunden und damit der kürzesten Szene von allen begnügen. Prägnant charakterisiert ein Tagebucheintrag von Joseph Goebbels über die gemeinsame Eröffnung einer antisemitischen Ausstellung das unkontrollierte und rüpelhafte Auftreten Streichers wie auch Goebbels eigenen Narzissmus: »Streicher will nur 20 Minuten eine gemäßigte Rede verlesen, dann aber kommt er unter dem Beifall ins Polemisieren, das dauert über eine Stunde und wird direkt peinlich. Ich sitze wie auf Kohlen. / Ich rede nur ein paar Sätze. Aber die sitzen.«[110]

Julius Streicher fand sein Aktionsfeld bei Großkundgebungen anstatt im Rahmen der Reichsparteitage vielmehr auf dem mittelfränkischen Hesselberg bei Wassertrüdingen. Die seit 1928 hier abgehaltenen politischen Kundgebungen der NSDAP weitete er ab 1933 zu »Frankentagen« aus mit einer Sonnwendfeier am Samstagabend, einem Volksfest am Sonntagvormittag und einer politischen Rede am Sonntagnachmittag. Diese bis 1939 abgehaltenen Treffen des mittelfränkischen Nationalsozialismus vermochten knapp über 100.000 Besucher anzuziehen; auf der Ebene der Gaue war die Veranstaltung – wie auch der »Frankenführer«-Titel ihres Protagonisten – reichsweit ohne Entsprechung.

Julius Streicher im Zeugenstand beim Nürnberger Prozess, 1945.

Julius Streicher gilt als einer der fanatischsten und brutalsten Antisemiten. Bereits kurz nach der Machtübernahme ordnete er als Leiter des »Zentralkomitees zur Abwehr der jüdischen Greuel- und Boykotthetze«, seiner einzigen reichsweiten Zuständigkeit, am 1. April 1933 den Boykott jüdischer Geschäfte an. Am 10. August 1938 gab er im Rahmen einer Großkundgebung den Befehl zum Abbruch der Nürnberger Hauptsynagoge am Hans-Sachs-Platz – noch vor der reichsweiten Zerstörung jüdischer Gotteshäuser am 9. November des Jahres, um das Vernichtungswerk bis zu Beginn des Reichsparteitages als vollendet präsentieren zu können. Bei den »Arisierungen« schließlich, der zwangsweisen Enteignung jüdischer Unternehmer, die unter psychischem und physischem Druck ihr Eigentum weit unter Verkehrswert verkaufen mussten, kam es unter Streichers Regie zu besonders brutalen Übergriffen. Da er sich dabei persönlich bereicherte, sahen seine zahlreichen innerparteilichen Feinde die Möglichkeit gekommen, den ungeliebten Gauleiter ins Abseits zu drängen. So befand schließlich eine im Februar 1940 unter Vorsitz des Obersten Parteirichters Walter Buch tagende Untersuchungskommission Streicher als »zur Menschenführung ungeeignet«;[111] er wurde auf Entscheidung Hitlers seiner politischen Funktion enthoben und lebte fortan – jedoch ohne formelle Aberkennung des Gauleiter-Titels – auf seinem 1936 erworbenen Landgut Pleikershof bei Cadolzburg.

Bekannt und berüchtigt wurde Julius Streicher durch seine antisemitische Zeitschrift »Der Stürmer«, die von 1923 bis 1945 erschien. Die Auflage konnte er in den 1930er Jahren auf eine durchschnittliche Höhe von 700.000 Exemplaren pro Ausgabe (zwölfseitig, bei wöchentlicher Erscheinungsweise) steigern. Sondernummern, die beispielsweise anlässlich der Reichsparteitage erschienen, brachten es zu einer Auflagenstärke von etwa zwei Millionen. Für eine augenfällige Verbreitung sorgten die vielerorts aufgestellten »Stürmer-Kästen« ebenso wie die als »Stürmer-Gardisten« bezeichneten Zeitungsverkäufer, die das Pamphlet in der Öffentlichkeit anpriesen. Nicht zuletzt die aggressive Vertriebspolitik suggerierte den Status einer Parteizeitung, obwohl sie kein amtliches Organ war. Für Streicher war »Der Stürmer« nicht nur seine wichtigste Einnahmequelle, die ihn reich machte, sondern – neben der von ihm ab 1933 herausgegebenen »Fränkischen Tageszeitung« – auch das entscheidende Organ, mittels dessen er sich in der Öffentlichkeit produzieren konnte.

Grundkonzept der Schrift »Der Stürmer« war die Agitation gegen das jüdische Volk, welches mit erniedrigenden Fotografien und insbesondere den diffamierenden Karikaturen des Zeichners Philipp Rupprecht (»Fips«) stereotyp als verschlagen und geldgierig dargestellt wurde. Schon auf der Titelseite der plakativ gestalteten Hetzschrift kehrte die antisemitische Phrase Heinrich von Treitschkes »Die Juden sind unser Unglück!« als immer gleiches Schlagwort wieder. Die meisten Artikel befassten sich stereotyp mit der reißerischen und pornographischen »Berichterstattung« über angeblich durch Juden verübte Verbrechen, um das Bild eines völlig verdorbenen jüdischen Volkes zu zeichnen. Ferner fanden im 1935 gegründeten »Verlag Der Stürmer« die perfidesten NS-Schriften bereitwillig Aufnahme, so die antisemitischen Kinderbücher »Trau keinem Fuchs auf grüner Heid und keinem Jud bei seinem Eid!« (1936) und »Der Giftpilz« (1938).

Julius Streicher wurde nach Kriegsende durch den Internationalen Militärgerichtshof der »Verbrechen gegen die Menschlichkeit« für schuldig befunden und zum Tod durch den Strang verurteilt. Am 16. Oktober 1946 wurde das Urteil vollstreckt.

Clemens Wachter

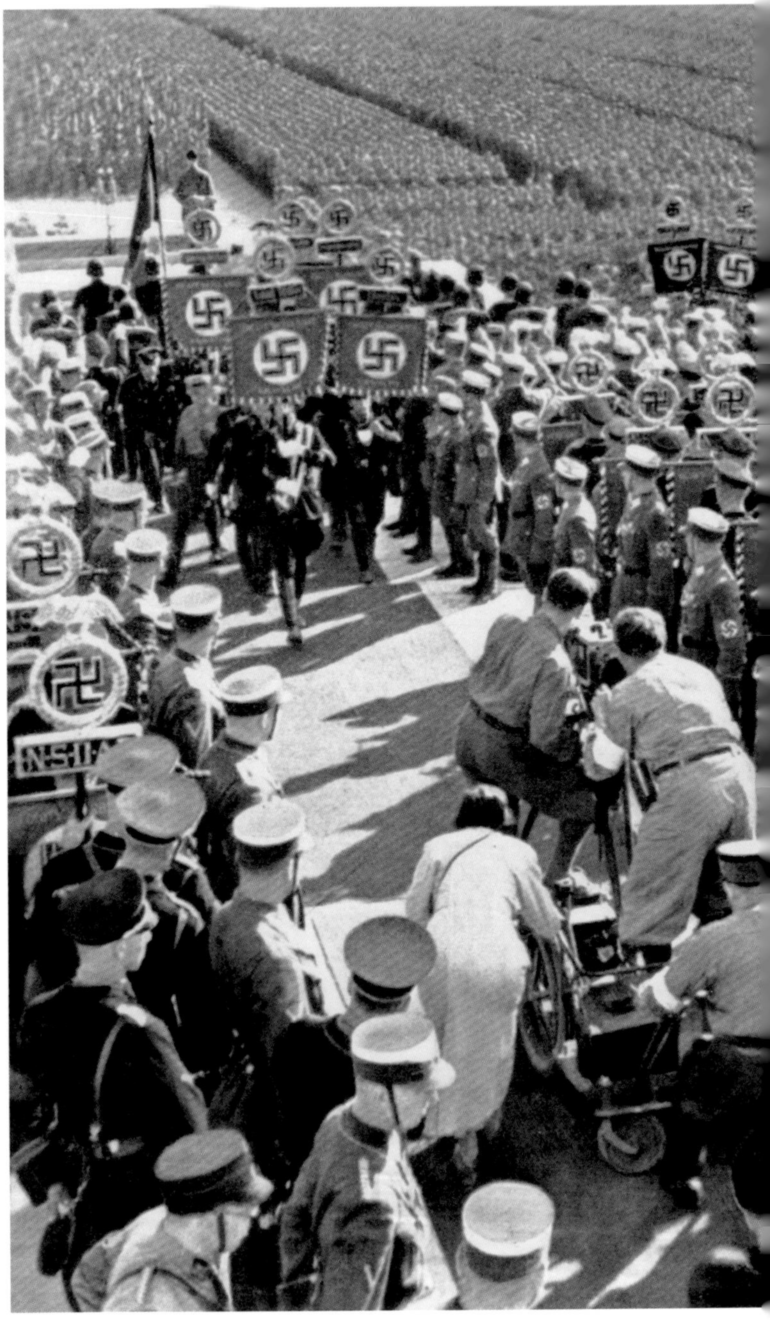

links: Leni Riefenstahl fotografiert 1934 vom Kameraaufzug über der Rednertribüne die Luitpoldarena.

rechts: Kamerafahrt für den Film »Triumph des Willens« in der Luitpoldarena, 1934.

oben rechts: Leni Riefenstahl und eine ihrer Kameras beim Reichsparteitag 1934.

Visuelle Vermarktung

Leni Riefenstahl und die Reichsparteitagsfilme

Der Verbreitung des Ereignisses »Reichsparteitag« über den Kreis der tatsächlichen Teilnehmer hinaus diente das in den ersten Jahrzehnten des 20. Jahrhunderts zum Massenmedium heranwachsende Filmwesen. Bereits der erste in Nürnberg abgehaltene Reichsparteitag 1927 wurde mit einem 24-minütigen Streifen dokumentiert; er wies mit einer Kameraführung, die meist aus der Perspektive der Zuschauer agierte, noch keine besondere filmische Gestaltung auf. Zwei Jahre später folgte mit größerem technischen Aufwand ein wesentlich längerer, 89-minütiger Film, bei dem bereits mit einigen außergewöhnlichen Kamerapositionen gearbeitet wurde. Diese beiden Stummfilme waren für Aufführungen im parteiinternen Rahmen ausgelegt und konnten noch keine große Breitenwirkung entfalten.

Mit der Herstellung eines Films über den Reichsparteitag 1933 beauftragte Adolf Hitler die Schauspielerin und Regisseurin Leni Riefenstahl, von deren erster Regiearbeit »Das blaue Licht«, ein 1932 uraufgeführtes mystisches Gebirgs-Epos, er beeindruckt war. Am 22. August 1902 in Berlin geboren, hatte Leni Riefenstahl 1923 zunächst eine Karriere als Ausdruckstänzerin begonnen, welche jedoch durch eine Verletzung abrupt beendet wurde. Danach hatte sie sich dem Filmgenre zugewandt, 1926 als Schauspielerin in der Produktion »Der heilige Berg« von Arnold Fanck debütiert und war in den folgenden Jahren zum Star in dessen dramatischen Bergfilmen geworden.

Nach sehr kurzer Vorbereitungszeit montierte Leni Riefenstahl einzelne Sequenzen aus dem Reichsparteitagsgeschehen 1933 zu dem 64-minütigen Tonfilm »Der Sieg des Glaubens«, der am 1. Dezember 1933 im Berliner Ufa-Palast am Zoo uraufgeführt wurde und parteiintern großen Erfolg hatte. Die Aufnahmen zeigen die noch etwas unbeholfene Organisation des ersten Reichsparteitages nach der Machtübernahme der Nationalsozialisten, und auch der Film selbst weist noch keine perfekte technische Umsetzung und Dramaturgie auf.

Leni Riefenstahl beim Reichsparteitag 1934 auf dem Hauptmarkt.

Aufgrund der ebenbürtigen Präsenz des Stabschefs der SA Ernst Röhm an der Seite seines Konkurrenten Adolf Hitler war der Film in Parteikreisen aber bald unerwünscht, insbesondere nach dem sogenannten »Röhm-Putsch« und Röhms Ermordung im Juni 1934. So wurde Leni Riefenstahl durch Hitler beauftragt, einen neuen Film vom Reichsparteitag 1934 herzustellen. Die Intention dieses mit immensem technischen und personellen Aufwand gedrehten Films »Triumph des Willens« war die Übertragung des Erlebnisses »Reichsparteitag« auf möglichst das gesamte deutsche Volk, wie Leni Riefenstahl in einer zeitgenössischen Publikation anmerkte: »Zwei Millionen können sich wohl in Nürnberg (...) versammeln, 60 Millionen Deut-

Fotosequenz aus Leni Riefenstahls Buch »Hinter den Kulissen des Reichsparteitagsfilms«, 1934. Hier wird ein Hitlerjunge in Szene gesetzt.

sche sollen Zeuge werden dieses gewaltigen Aufmarsches, nacherleben und mitfühlen das Aufwühlende dieser Kundgebung (...) Über allem stand die Verbundenheit zwischen Führer und Volk, immer wieder war es das große Erlebnis. Das zu zeigen, zum Ausdruck zu bringen, ist eine der Aufgaben, die ich mir gestellt habe.«[112]

»Triumph des Willens« besteht aus einzelnen, durch Originalton und eigens komponierte Filmmusik unterlegte Sequenzen ohne Rahmenhandlung oder Kommentar und mit nur wenigen Zwischentiteln; uraufgeführt wurde der 114-minütige Film als groß inszeniertes Ereignis am 28. März 1935, wiederum im Berliner Ufa-Palast am Zoo. Die Dramaturgie ist konzentriert auf den »Führer-Mythos« und lebt von dem Kontrast zwischen den Menschenmassen einerseits und der einzelnen Person Hitlers andererseits, wie die Eingangssequenz mit einem Nürnberg ansteuernden Flugzeug und dem Vorspanntext andeutet: »Am 5. September 1934 / 20 Jahre nach dem Ausbruch des Weltkrieges / 16 Jahre nach dem Anfang deutschen Leidens / 19 Monate nach dem Beginn der deutschen Wiedergeburt / flog Adolf Hitler wiederum nach Nürnberg um Heerschau abzuhalten über seine Getreuen«. Die Abfolge des Films besteht aus zahlreichen Aufmärschen, Redeausschnitten, Zügen von Volkstrachtengruppen und die Straße säumenden, begeisterten Menschenmengen. Zwischengeschaltete Aufnahmen von der Nürnberger Altstadt und dem morgendlichen Treiben in den Zeltlagern treten kontrastierend zu den rituellen und strengen Zeremonien der Parteitagsveranstaltungen; eine zentrale Stellung nimmt insbesondere das Totengedenken und die Fahnenweihe in der Luitpoldarena mit einer besonders aufwendigen Kameraführung und einer entsprechend weihevollen Musikunterlegung ein.

Abgesehen von seiner Funktion als Erinnerung an das große Ereignis »Reichsparteitag« sollte der Film dem Betrachter einen weiteren Erlebnisaspekt nahebringen: Während der einzelne Teilnehmer nur seine eigene, individuelle Sichtweise erlebte, inszenierte der Film ein totales Bild der »Volksgemeinschaft«. Filmtechnisch wurde dies beispielsweise durch einen extra

Leni Riefenstahl testet einen Bildausschnitt für ihren Film »Triumph des Willens«, 1934.

an einem der Fahnenmasten in der Luitpoldarena angebrachten Kameraaufzug zur Ermöglichung von Luftaufnahmen sowie durch Kamerafahrten entlang der angetretenen Menschenmassen realisiert.

In den Reichsparteitagsfilmen wurden auch die politischen Kräfteverhältnisse in Szene gesetzt. Nach der Ausschaltung des Stabschefs der SA Ernst Röhm im Juni 1934 galt es im Parteitagsablauf wie auch in der Filmregie zu »Triumph des Willens«, die nun unumstrittene Machtposition Hitlers darzustellen: Eine eindringlich inszenierte Einstellung mit Röhms Nachfolger Viktor Lutze beim Totengedenken in der Luitpoldarena, wo ihm – nun zusammen mit dem Reichsführer-SS Heinrich Himmler – ein Platz neben, aber stets einen Schritt hinter Hitler zugewiesen war, sollte diesen als leitende Person der NS-Hierarchie einführen und ihm den noch nicht gefestigten Rückhalt in den eigenen Reihen verschaffen.

Nachdem ein großer Teil der Aufnahmen vom »Tag der Wehrmacht« 1934 aufgrund schlechten Wetters von mangelhafter Qualität und deshalb unberücksichtigt geblieben war, folgte ein 28-minütiger Film Riefenstahls über die diesbezügliche Veranstaltung beim folgenden Reichsparteitag 1935, betitelt »Tag der Freiheit / Unsere Wehrmacht«, uraufgeführt am 30. Dezember 1935 im Berliner Ufa-Palast am Zoo. Ferner vollendete Leni Riefenstahl in der NS-Zeit, den Vergabebedingungen des Internationalen Olympischen Komitees folgend und finanziert durch das Reichspropagandaministerium, noch eine vierte Produktion: den zweiteiligen, 217-minütigen Film »Fest der Völker – Fest der Schönheit« über die Berliner Olympiade 1936. Von den Reichsparteitagen hingegen erschienen nur noch weniger aufwendige Filmproduktionen anderer Urheber, die zumeist die Selbstdarstellung einzelner Parteiorganisationen zum Zweck hatten; darüber hinaus produzierte die parteieigene »Deutsche Filmherstellungs- und Verwertungsgesellschaft« aus Filmmaterial von den Reichsparteitagen 1936 und 1937 den 22-minütigen Film »Festliches Nürnberg«.

Leni Riefenstahls Selbstreflexion über ihre Vita und ihr Schaffen wurde nach der NS-Zeit viel diskutiert. Die ihr gemachten Vorwürfe bezogen sich nicht nur auf die Intensität ihres Mitwirkens an der Propaganda des NS-Regimes sondern insbesondere auf ihre beharrliche Weigerung, sich mit dieser Problematik überhaupt auseinanderzusetzen. In ihren Memoiren stritt sie eine ideologische Verbundenheit mit dem NS-Regime kategorisch ab. So habe sie während ihrer Arbeit am Film »Der Sieg des Glaubens« an »Propaganda (...) nicht

Filmplakate für den Film »Triumph des Willens«, 1935.

einen Augenblick gedacht«[113] – und gestaltete danach »Triumph des Willens« laut einer Bemerkung in einem von ihr autorisierten Buch aus der NS-Zeit dergestalt, »dass er den Hörer und Zuschauer von Akt zu Akt, von Eindruck zu Eindruck überwältigender emporreiß[e]«.[114] Solche Dissensen konnte Leni Riefenstahl bis zu ihrem Tod weder aufklären noch wollte sie sie diskutieren.

Im Vergleich mit anderen Größen der NS-Filmwirtschaft wie etwa Veit Harlan, die diffamierende Hetzfilme in Szene setzten, baute Leni Riefenstahl hingegen auf eine bereits existente Inszenierung und deren politische Botschaft auf mit der Absicht, das Vorgefundene bewusst medien- und publikumswirksam zu verstärken. Die ihren Reichsparteitagsfilmen zugrundeliegende Dramaturgie rückt diese von der Gattung eines Dokumentarfilms, der Standpunkte setzen und zum abwägenden Nachdenken anregen will, ab, auch wenn Leni Riefenstahl in ihren Memoiren mittels einer – naiv oder auch berechnend zu bezeichnenden – Betrachtungsweise die Zuordnung zum Genre des Dokumentarfilms zu verteidigen suchte: »Der mir sooft gemachte Vorwurf, ich hätte Propagandafilme gemacht, ist abwegig. [»Der Sieg des Glaubens«] war ein Dokumentarfilm, was einen großen Unterschied macht: Niemand, auch nicht die Partei, hatte mir irgendeine Anweisung, wie ich den Film machen sollte, gegeben. (…) Das mir zur Verfügung stehende Filmmaterial (…) bestand aus Dokumentar-Aufnahmen, die nur während des Parteitags an Ort und Stelle gemacht wurden.«[115] Es ist freilich unerheblich, ob Leni Riefenstahl Anordnungen seitens Parteidienststellen erhalten haben mag; entscheidend ist die Tatsache, dass sie nicht die bloße Abfolge des Reichsparteitages wiedergeben wollte, sondern dessen politische Botschaft mittels dramaturgischer Gestaltung zu verstärken und überhöhen suchte. Symptomatisch hierfür kann die plakative Ausgestaltung des Filmendes von »Triumph des Willens« stehen: Die theatralische Szenenfolge der Abschlussveranstaltung mit nicht enden wollenden »Heil-«Rufen mündet in eine Überblendung auf ein großformatiges Hakenkreuzsymbol und eine abermalige Überblendung auf einen Zug Marschierender, während pathetisch das »Horst-Wessel-Lied« abgesungen wird. Solche Szenen, die durch eine geschickte und manipulative Regiearbeit den Zuschauer emotional fesseln sollten, um ihn den Alleinvertretungsanspruch der Partei auf »Führung« des deutschen Volkes bejahen zu lassen, rücken den Film »Triumph des Willens« weit vom Genre des Dokumentarfilmes ab.

Nach der NS-Zeit musste sich Leni Riefenstahl im Zuge der Konfrontation mit ihrer Verstrickung in die Propaganda auch vor Gericht dafür verantworten, während der Dreharbeiten für ihren Film »Tiefland« Anfang der 1940er Jahre zahlreiche Sinti und Roma aus den Sammellagern Maxglan bei Salzburg und Berlin-Marzahn, von denen einige – vielleicht sogar mit Riefenstahls Wissen – anschließend in das Konzentrationslager Auschwitz deportiert und ermordet wurden, als Statisten ohne Entlohnung engagiert zu haben. Leni Riefenstahl hatte sie aufgrund ihrer Physiognomie benötigt, um das Kolorit des in Spanien spielenden Films zu gewährleisten, da von dort keine Darsteller in der Kriegszeit einzufliegen waren. Das Fatale dieser Vorgehensweise lag darin, dass gerade das von Riefenstahl genutzte »fremdländische« Aussehen der Sammellagerinsassen der Grund für deren Internierung gewesen war. Zwar wurde Leni Riefenstahl vom Vorwurf, Kenntnis von deren Deportation gehabt zu haben, freigesprochen, eine der Überlebenden erwirkte

Adolf Hitler, Leni Riefenstahl sowie SA- und SS-Funktionäre bei der Vorbereitung der Aufmarschfolge in der Luitpoldarena, 1934.

aber noch 2002 von ihr eine Unterlassungserklärung hinsichtlich ihrer früheren Aussage, keinem dieser Statisten sei im Anschluss an die Dreharbeiten etwas zugestoßen.

In ihren letzten Lebensjahrzehnten wandte sich Leni Riefenstahl sehr erfolgreich der Fotografie, insbesondere mit Motiven aus Afrika von den Nuba und der Unterwasserwelt, zu. Die aus dieser neuen Karriere entstandenen Bildbände wurden aufgrund ihrer künstlerischen Qualität hoch gelobt – und öffneten eine weitere Perspektive auf das Kunstverständnis und Menschenbild von Leni Riefenstahl. Dieses ist orientiert an Begriffen wie Schönheit, Anmut und Würde – zeitlose Wertwelten, die bei ihr nicht in Verantwortlichkeiten eingebunden sind und insbesondere keine politische Komponente besitzen. Dabei reiht sich in ihre Karriereentwicklung vom Ausdruckstanz über den – im Gegensatz zum Tonfilm stärker körperlich-mimisch orientierten – Stummfilm bis hin zur Fotografie die Wiedergabe der »Schönheit« aus der nationalsozialistischen Zeit nahtlos ein.

Leni Riefenstahl, verstorben am 8. September 2003 in Pöcking am Starnberger See, entzieht sich einer einfachen Beurteilung, insbesondere hinsichtlich des Grades ihrer ideologischen Verbundenheit mit dem NS-Regime. Es war gerade die unstrittige filmtechnische und gestalterische Qualität ihrer Werke, welche die Zeitgenossen faszinierte und auch heute noch aus dem Filmschaffen ihrer Zeit herausragt. Offenkundig ist jedoch auch, dass die Tätigkeit Leni Riefenstahls in der NS-Zeit Teil der nationalsozialistischen Propaganda war und ihre Filme eine Verstärkung der emotionalen Bindung an das nationalsozialistische Regime herbeiführen halfen. Durch die Breitenwirkung des Films »Triumph des Willens« wirkte dieser als eine den Nationalsozialismus konstituierende Kraft, indem das »Erlebnis Reichsparteitag« allerorts in den Kinos projiziert wurde und die im Film gezeigte enthusiastische Begeisterung der Massen abermals auf das Publikum überspringen sollte. Der Philosoph Walter Benjamin verwies in seinem (im Uraufführungsjahr von »Triumph des Willens«) in der Emigration verfassten Essay »Das Kunstwerk im Zeitalter seiner technischen Reproduzierbarkeit« sehr prägnant auf dieses beabsichtigte Zusammenspiel von Reproduktion und Rezeption: »Der massenweisen Reproduktion kommt die Reproduktion von Massen besonders entgegen. In den großen Festaufzügen (…) sieht die Masse sich selbst ins Gesicht.«[116]

Clemens Wachter

»Tag der Gemeinschaft« auf dem Zeppelinfeld, 1938.

oben rechts: Modell der Brunnenfigur »Sieg der Arbeit« von Joseph Thorak, 1937. Sie war für einen nie errichteten Brunnen hinter dem Ehrenmal im Luitpoldhain gedacht.

Jubel von Hitler-Anhängerinnen, Propagandafoto aus dem Völkischen Beobachter, 1936.

Weiblicher Reichsarbeitsdienst auf der Zeppelinhaupttribüne, 1937.

Ringelreihen vor dem »Führer«

Frauen bei den Reichsparteitagen

Die Reichsparteitage der NSDAP waren Veranstaltungen einer Partei, die als Männerbund begonnen und bereits 1921 beschlossen hatte, dass Frauen nicht in die Parteiführung aufsteigen sollten. Da Frauen als Wirkungsbereich vor allem Heim und Familie zugedacht waren, spielten sie bei den öffentlichen Veranstaltungen der Reichsparteitage eine entsprechend untergeordnete Rolle. Veranstaltungen mit und für Frauen wurden jedoch zunehmend in das Reichsparteitagsgeschehen eingebunden, da sich das Ideal einer »Volksgemeinschaft« nicht nur durch Aufmärsche, Paraden und Gelöbnisse uniformierter Männer darstellen ließ. Unabhängig von der eindeutig frauenverachtenden Ideologie des Nationalsozialismus, war der Jubel bei den Reichsparteitagen auch bei den Frauen unübersehbar.

Tagungen der Reichsfrauenschaft und enttäuschter BdM

Die einzige Frau am Rednerpult war die »Reichsfrauenführerin« Gertrud Scholtz-Klink, die als Mutter von sechs Kindern und auch rein äußerlich mit ihrem zum »Gretchenkranz« geflochtenen Haar ein nationalsozialistisches Frauenideal verkörperte. Nach ihrer Ernennung zur »Reichsfrauenführerin« 1934 bekam sie im Rahmen der Tagungen der NS-Frauenschaft die Gelegenheit, jeweils eine Rede bei dieser Sondertagung der Reichsparteitage zu halten. Die Frauentagungen waren durch Reden Adolf Hitlers über seine Sicht der Rolle der Frau in ihrer Bedeutung hervorgehoben, da auf den anderen Sondertagungen keine »Führerrede« geboten wurde. Beim Reichsparteitag 1934 äußerte sich Adolf Hitler auf der Tagung der NS-Frauenschaft grundsätzlich zur Frauenemanzipation: »Das Wort von der Frauenemanzipation ist nur ein von jüdischem Intellekt erfundenes Wort, und der Inhalt ist vom selben Geist geprägt. Die deutsche Frau brauchte sich in den wirklich guten Zeiten des deutschen Lebens nie zu emanzipieren. Sie hat genau das besessen, was die Natur ihr zwangsläufig als Gut zur Verfügung und zur Bewahrung gegeben hat, genauso wie der Mann nie zu fürchten brauchte, dass er aus seiner Stellung gegenüber der Frau verdrängt werde.«[117]

Gertrud Scholtz-Klink bei der Frauentagung des Reichsparteitags, Postkarte 1938.

Nicht Gleichberechtigung im Beruf, sondern die angebliche Berufung zur Hausfrauen- und Mutterrolle wurde den Frauen auch von ihren NS-Führerinnen als die entscheidende Lebensaufgabe und als wichtiger Dienst für den NS-Staat gepredigt. So sollte die deutsche Frau die Bemühungen des Deutschen Reiches um Unabhängigkeit in der Nahrungsversorgung vom Ausland durch entsprechende Haushaltsführung unterstützen. »Wenn auch unsere Waffe auf diesem Gebiet nur der Kochlöffel ist, so soll seine Durchschlagskraft nicht geringer sein als die anderer Waffen«,[118] sagte Gertrud Scholtz-Klink beim Reichsparteitag 1937. Im Kampf

Reichsfrauenführerin Gertrud Scholtz-Klink vor der Luitpoldhalle, Postkarte 1930er Jahre.

gegen die Sowjetunion, die als das schlechthin Böse gesehen wurde, hatte die »Reichsfrauenführerin« ein Jahr zuvor beim Reichsparteitag 1936 »die leiblichen und seelischen Mütter als die bedingungslosen Dienerinnen des Guten gegen das Böse in der Welt«[119] empfohlen. Wie diese Rolle auszusehen hatte, machte anschließend Adolf Hitler klar: »Man sagt mir oft: Sie wollen die Frau aus den Berufen drücken. Nein, ich will ihr nur im weitesten Ausmaße die Möglichkeit verschaffen, eine eigene Familie mitgründen und Kinder bekommen zu können, weil sie dann unserem Volke am allermeisten nützt.«[120] Ein derartiger Nutzwert der Frau wurde ab vier Kindern mit einem »Mutterkreuz« belohnt.

Auf der anderen Seite sollten Menschen, die im nationalsozialistischen Deutschland als minderwertig ausgegrenzt wurden, auch keine Kinder bekommen dürfen. Die »Nürnberger Gesetze« bestraften Ehe, Liebesbeziehungen und Geschlechtsverkehr zwischen jüdischen und nichtjüdischen Menschen. Juden und Jüdinnen gehörten nicht zu dem angeblich gesunden »Volkskörper«, den sich die rassistischen Vordenker der NS-Bewegung vorstellten. Auch Zwangssterilisationen und die systematische Tötung von körperlich und geistig behinderten Menschen waren ein Bestandteil der praktischen Umsetzung dieser nationalsozialistischen Bevölkerungspolitik.

Die zweite Frau neben Gertrud Scholtz-Klink, die bei den Reichsparteitagen eine nicht unwichtige Rolle spielte, war die Regisseurin des Reichsparteitagsfilms »Triumph des Willens« von 1934, Leni Riefenstahl. Der Beruf der Künstlerin war im »Dritten Reich« eine der wenigen Karrierenischen für Frauen. Entsprechend wurde Leni Riefenstahl dem Ausland als Vorzeigefrau präsentiert.

Die beiden anderen »Paradefrauen«[121] des NS-Regimes, wie sie Adolf Hitler einmal genannt haben soll, Gerdy Troost und Winifred Wagner, waren nur Staffage bei bestimmten Veranstaltungen des Reichsparteitages. So nahm Gerdy Troost beim Reichsparteitag 1937 an der posthumen Verleihung des »Deutschen Nationalpreises für Kunst und Kultur« für ihren Mann Paul Ludwig Troost teil, den verstorbenen Lieblingsarchitekten Hitlers. Winifred Wagner, die Schwiegertochter Richard Wagners, saß bei der Wiedereröffnung des umgestalteten Nürnberger Opernhauses zum Reichsparteitag 1935 neben Adolf Hitler in der »Führerloge« und hörte die zum »Festspiel der Reichsparteitage« erklärte Oper »Die Meistersinger von Nürnberg«.

Auch als Gruppe standen Frauen beim Reichsparteitagsgeschehen eher am Rand. Im Wortsinn trifft dies auf den Tag der Hitlerjugend im Nürnberger Stadion zu. Die Abordnungen des »Bundes Deutscher Mädel« (BdM) füllten gemeinsam mit den Hitlerjungen die Zuschauerränge, das Stadionfeld selbst war nur von Hitlerjungen besetzt. Trotz der Anwesenheit von über 5.000 Mädchen wurde die Versammlung von Adolf Hitler manchmal mit »Heil meine Jungen!« begrüßt.

Der BdM blieb vom restlichen Programm des Reichsparteitags ausgeschlossen und fuhr gleich

Mitglieder des BdM im Sonderzug »Ns 98 BdM« nach Bamberg beim Reichsparteitag 1936.

Plakat zur »Jungmädel-Untergau-Wimpelweihe« 1937 in Bamberg als Ersatzprogramm für die Veranstaltungen des Reichsparteitags in Nürnberg.

nach der Veranstaltung im Stadion nach Bamberg zurück, wo die BdM-Mädchen untergebracht waren. Dort und nicht in Nürnberg fanden von 1936 bis 1938 die zentralen Veranstaltungen des BdM im Rahmen eines Führerinnentreffens mit großem Sportfest statt. Als zentrales Erlebnis für die Mädchen war ein nächtliches Gelöbnis vor dem Bamberger Dom gedacht. Diese Ausgrenzung war ihnen offensichtlich nicht so einfach zu vermitteln, denn die Zeitschrift »Unsere Fahne« schrieb 1938 rückblickend auf das erste Bamberger Treffen: »Das erste Jahr brachte uns die Aufgabe, die Mädels in den drei Tagen in Bamberg bekannt zu machen mit dem äußeren und inneren Gesicht der Stadt; sie spüren zu lassen, warum wir ihnen Bamberg zum Erlebnis werden lassen wollten, trotzdem sich der Reichsparteitag in Nürnberg abspielt.«[122]

Neben der rein praktischen Überlegung, eine große Zahl junger Frauen und Mädchen nicht der Männerwelt der Reichsparteitage auszusetzen, ist der Ausschluss des BdM vom Parteitagsgeschehen ideologisch konsequent: Die Frau hatte nach Meinung der Nationalsozialisten in der Politik nichts zu suchen. Für die Welt der Politik standen die Veranstaltungsfelder der Reichsparteitage. Für die häusliche Welt der Frau konnte dagegen tatsächlich der überschaubare, von historischen Gebäuden umgebene Bamberger Domplatz und das viel kleinere und heimelige Bamberg stehen. Die Welt männlicher Politik blieb außen vor.

Aktskulpturen und »Mädeltänze«

Einen hervorgehobenen, aber vor allem entrückten Platz hatte die Frau in der Architektur des Reichsparteitagsgeländes als weibliche Aktskulptur. Für die

Postkarte mit der Plakette des Reichsparteitags 1939.

Haupttribüne des Märzfelds entwarf der Bildhauer Josef Thorak eine Figurengruppe, deren Mitte eine zwölf Meter hohe, nackte Frauenfigur als Allegorie des Sieges bildete. Der NS-Staat präsentierte sich »im Bild des Weiblichen, das jedem versprochen wird – unter der Voraussetzung er unterstellt sich dem Staat, wie die organisierte Masse im Reichsparteitagsgelände vor der Führer-Tribüne, über der die Allegorie des Sieges schweben sollte.«[123] Die Skulptur leitete den Blick über den Körper hinaus auf den Siegeskranz als Symbol für einen angeblich erstrebenswerten »Heldentod« im Kampf um den Sieg der »arischen Rasse«. Eine ganz ähnliche Skulptur war für einen Brunnen hinter dem Ehrenmal im Luitpoldhain geplant.

Offensichtlich wurde die fehlende reale Einbindung von Frauen ins Parteitagsgeschehen von den Reichsparteitagsregisseuren zunehmend als Mangel empfunden. Dies lief parallel zur politischen Entwicklung, die den Frauen im Rahmen des zunächst freiwilligen Reichsarbeitsdienstes ab 1937 auch ein Mehr an Arbeitsleistung abverlangte. Beim Reichsparteitag 1937 standen daher erstmals auch »Arbeitsmaiden in ihrer schmucken Tracht«[124] beim »Tag des Reichsarbeitsdienstes« etwas mehr im Vordergrund.

Erst beim Reichsparteitag 1938 wurde eine Form gefunden, wie sich Frauen auch in die großen öffentlichen Veranstaltungen des Reichsparteitags auf freiem Feld integrieren ließen.

»Tag der Gemeinschaft«

Das Reichsparteitagsprogramm wurde um den sogenannten »Tag der Gemeinschaft« ergänzt. Nach gymnastischen Übungen mit Medizinbällen, Eisenkugeln und Baumstämmen von Männern verschiedener Gruppierungen der nationalsozialistischen Bewegung hatten Frauen des sogenannten BdM-Werks »Glaube und Schönheit«, einer Organisation für junge Frauen nach ihrer Zeit beim BdM, auf dem Zeppelinfeld ihren Auftritt: »Es ist ein beschwingtes und anmutig bewegtes Bild, diese Mädels ihre Drehtänze, ihre Walzer und Doppelachter tanzen zu sehen! Auch dies ist keine ›Vorführung‹ im alten Sinne. Die Mädels tanzen aus Freude am Tanz, weit entfernt vom Zwang und der Absichtlichkeit des Sich-Zeigen-Wollens. Sie verkörpern einfach, als Ergänzung der Demonstration beherrschter männlicher Leibeszucht und Körperkultur, weibliche Anmut, hingegeben der Musik, die ihnen Rhythmus gibt.«[125]

Der Reichsparteitag 1939 hätte hier nochmals eine deutlichere Herausstellung des nationalsozialistischen Frauenbildes gebracht: So zeigte die offizielle Plakette zu diesem »Reichsparteitag des Friedens« erstmals eine Frau – natürlich eine Mutter mit ihrem Kind und eine Getreideähre als Symbol der Fruchtbarkeit.

Ringelreihen vor dem »Führer« als anmutige Ergänzung und Staffage, Heimchen am Herd, Produzentin von Nachwuchs und Dienerin des Mannes – trotz dieser Rollenzuweisung hatte Hitler eine nicht unbeträchtliche Zahl von Anhängerinnen. Der fast schon hysterische Jubel vor dem Hotel Deutscher Hof und an anderen Orten kam von beiden Geschlechtern gleichermaßen. Obwohl es auch in Deutschland vor 1933 eine aktive Frauenbewegung gegeben hatte, war nur eine Minderheit der Frauen davon wirklich erreicht worden.

Tanzvorführungen des BdM-Werks »Glaube und Schönheit« auf dem Zeppelinfeld 1938.

So stieß der Nationalsozialismus durch seine Aufwertung der traditionellen Rolle der Frau bei mancher »Volksgenossin« auf Verständnis und Sympathie. Aber auch in diesem Punkt löste das NS-Regime seine Versprechungen nicht ein. Im Krieg wurden insbesondere Arbeiterfrauen zum Kriegseinsatz in klassische Männerberufe der Rüstungsindustrie gezwungen, während die »Damen« der feinen Gesellschaft samt ihren Bediensteten sich meist davor drücken konnten, obwohl die unmenschlich behandelten Zwangsarbeiterinnen aus dem Osten für die Kriegswirtschaft nicht ausreichten. Die »Volksgenossin« Winifred Wagner beispielsweise arbeitete natürlich nicht in der Rüstungsindustrie und musste sich auch nicht selbst um ihren Haushalt kümmern, sondern beschäftigte noch 1944 insgesamt sieben Frauen als Köchinnen, Dienst- und Zimmermädchen.

Manche Frau mag die neue und in menschenverachtender Weise radikalisierte Sichtweise der Frau als Produzentin von Menschenmaterial während der Reden beim Reichsparteitag nicht erkannt haben. Dieses biologistische Weltbild des Nationalsozialismus ging jedoch weit über das traditionelle Verständnis von Mutterschaft und Familie hinaus. Die Kehrseite dieses Weltbildes hingegen, die Ausgrenzung von als »minderwertig« bezeichneten Menschen, wurde bei den Reichsparteitagen überdeutlich. Die »Nürnberger Gesetze« des Reichsparteitages 1935, zahllose Reden und Bemerkungen über die nationalsozialistische Rassenpolitik während der Reichsparteitage sind dafür ein deutlicher Beleg. Selbst die Frauen, die, wie es beim Reichsparteitag von ihnen gefordert wurde, nichts weiter wollten als eine glückliche Ehe mit vielen Kindern, konnten dies wegen des total geführten Zweiten Weltkriegs meist nicht verwirklichen. Die »liebevolle Hingabe der Frauen an die Bewegung«,[126] der sich Adolf Hitler beim Reichsparteitag 1936 sicher war, hat sich auch für diese Frauen nicht gelohnt.

Der Stürmer

Deutsches Wochenblatt zum Kampfe um die Wahrheit

HERAUSGEBER: JULIUS STREICHER

Nummer 19	Erscheint wöchentl. Einzel-Nr. 20 Pfg. Bezugspreis monatlich 84 Pfg. zuzüglich Postbestellgeld. Bestellungen bei dem Briefträger oder der zuständ. Postanstalt. Nachbestellungen a. d. Verlag. Schluß der Anzeigenannahme 14 Tage vor Erscheinen. Preis für Geschäfts-Anz.: Die ca. 22 mm breite, 1 mm hohe Raum-Zeile im Anzeigenteil –.25 RM	Nürnberg, im Mai 1937	Verlag: Der Stürmer, Julius Streicher, Nürnberg-A, Pfannenschmiedsgasse 19. Verlagsleitung: Max Fink, Nürnberg-A, Pfannenschmiedsgasse 19. Fernsprecher 21 830. Postscheckkonto Amt Nürnberg Nr. 105. Schriftleitung Nürnberg-A, Pfannenschmiedsgasse 19. Fernsprecher 21 872. Schriftleitungsschluß: Freitag (nachmittags). Briefanschrift: Nürnberg 2, Schließfach 393	15. Jahr 1937

Jüdische Blutschande

Der Prozeß Weil in Frankenthal (Saarpfalz) / Ein Jude schändet sein nichtjüdisches Stiefkind

Schauerliche Verbrechen eines echten Talmudjuden / Schützt die deutsche Jugend!

Am 12. April 1937 fand vor der Großen Strafkammer zu Frankenthal (Saarpfalz) ein Rassenschänderprozeß statt, der so grauenhafte jüdische Verbrechen offenbarte, daß das ganze deutsche Volk erschrocken aufhorchte. Ein Jude stand vor Gericht. Ein Jude, der sein nichtjüdisches Stiefkind in geradezu teuflischer Weise mißhandelt, vergewaltigt und mißbraucht hatte. Ein Jude, der in seiner Eigenschaft als Stiefvater Verbrechen begangen hatte, die jedem deutschen Vater und jeder deutschen Mutter unfaßbar sind. Drei Hauptpersonen traten in dem Frankenthaler Prozeß auf:

1. Der Angeklagte, der 49jährige jüdische Kaufmann **Saloman (Sally) Weil** aus **Ludwigshafen a. Rh.**
2. Seine 14jährige nichtjüdische Stieftochter **Elfriede M.**
3. Die nichtjüdische Ehefrau des Juden, **Maria M.**

Die Tragödie einer deutschen Frau

Die heute 31jährige Ehefrau des Juden **Weil**, **Maria M.**, war als Sechzehnjährige ein bildhübsches deutsches Mädchen gewesen. Ueberall, wo sie hinkam, erregte sie die Aufmerksamkeit des anderen Geschlechtes. Von vielen Seiten wurde sie umworben. Schließlich trat sie zu einem deutschen Mann in engere Beziehungen. Ein Jahr später gebar sie ihm ein Töchterchen, das sie **Elfriede** taufte. Mit einer hingebenden Liebe, wie sie nun einmal das Wesensmerkmal einer jeden guten deutschen Mutter ist, opferte sie sich für ihr Kind auf. Trotz der schweren Tage, die sie durchzumachen hatte, wäre auch für sie einmal die Zeit des Glückes gekommen, wenn nicht Juden ihren Weg gekreuzt hätten. **Maria M.** arbeitete als Servierfräulein in verschiedenen Bars und kam später als Bedienung in das bekannte Judenkaffee **Union** in **Mannheim**. Hier lernte sie im Laufe der Zeit eine Anzahl beutegieriger Judenkavaliere kennen. Hier wurde ihr Denken und Füh-

Aus dem Inhalt

Rassenschande auch in Rumänien
Brief eines Japaners
Berliner Brief:
Die Berliner „Scala" / Das Gastspiel Jushny / Ein Jude verspottet Mussolini
Devisen in Lederknöpfen

Schach dem Teufel

Rassen Gesetze

Gesetz allein schützt unsere Jugend nicht / Dem Juden ist Gebot, daß er es bricht,
Des Juden Treiben könnt ihr nur beenden / Versteht ihr das Gesetz scharf anzuwenden

Die Juden sind unser Unglück!

Der »Stürmer« forderte eine scharfe Anwendung der »Nürnberger Gesetze« und zeichnete das Bild des Juden als Teufel in Menschengestalt.

oben rechts: Das im Jahr 2000 von Hubertus Hess geschaffene Mahnmal erinnert an die Verfolgung der Nürnberger Sinti und Roma.

Rassismus in Paragraphenform

Die »Nürnberger Gesetze«

Unter der umgangssprachlichen Bezeichnung »Nürnberger Gesetze« werden die Gesetze zusammengefasst, die im Rahmen des Reichsparteitages 1935 formell beschlossen wurden: das »Reichsflaggengesetz«, das »Reichsbürgergesetz« und das »Gesetz zum Schutze des deutschen Blutes und der deutschen Ehre«.[127] Sie wurden am 15. September 1935 im – heute nicht mehr existierenden – Kulturvereinsgebäude am Frauentorgraben einstimmig von einem nach Nürnberg beorderten Reichstag verabschiedet, der »gleichgeschaltet« sich nur noch aus Nationalsozialisten zusammensetzte.

Durch das »Reichsflaggengesetz« wurde die Hakenkreuzflagge zur Nationalflagge erhoben. Das »Reichsbürgergesetz« deklarierte Jüdinnen und Juden zu Staatsangehörigen zweiter Klasse, da nur »der Staatsangehörige deutschen oder artverwandten Blutes« als sogenannter »Reichsbürger« anerkannt wurde.[128] Das »Gesetz zum Schutze des deutschen Blutes und der deutschen Ehre« schließlich beinhaltete den wesentlichen rassistischen Kern der Nürnberger Gesetze und war ein weiterer Schritt zur Ausgrenzung und Diskriminierung der jüdischen Deutschen: »§ 1: (1) Eheschließungen zwischen Juden und Staatsangehörigen deutschen oder artverwandten Blutes sind verboten. (…) § 2: Außerehelicher Verkehr zwischen Juden und Staatsangehörigen deutschen oder artverwandten Blutes ist verboten. (…) § 5: (1) Wer dem Verbot des § 1 zuwiderhandelt, wird mit Zuchthaus bestraft. (2) Der Mann, der dem Verbot des § 2 zuwiderhandelt, wird mit Gefängnis oder mit Zuchthaus bestraft.«[129]

Vor allem dieses dritte Gesetz, verkürzt auch als »Blutschutzgesetz« bezeichnet, hatte fatale Konsequenzen für den Lebensalltag der deutschen Juden. Es verbot nicht nur Eheschließungen zwischen Juden und Nichtjuden, sondern stellte auch außereheliche Beziehungen oder die Beschäftigung von nicht-jüdischen Dienstmädchen unter 45 Jahren in jüdischen Haushalten unter Strafe. Zahllose Liebesbeziehungen wurden so zerstört, und es entstand ein Klima der Bespitzelung und Denunziation. Allein von 1935 bis 1940 wurden auf der Grundlage des »Blutschutzgesetzes« fast zweitausend Menschen in sogenannten »Rasseschandeprozessen« verurteilt, weil ihr Liebesleben nicht in die Rassenideologie des Nationalsozialismus passte.

»Wir haben gesiegt!«[130] jubelte nicht zu Unrecht »Der Stürmer« über die Nürnberger Gesetze, denn Julius Streichers antisemitisches Hetzblatt war maßgeblich daran beteiligt, Begriffe wie »Blutschande«, »jüdische »Rasse«, »Mischling« und »Bastard« in die Öffentlichkeit zu tragen. Streicher hatte sich nicht nur durch het-

Industrie- und Kulturverein am Frauentorgraben, 1935. In dessen Festsaal wurden die Nürnberger Gesetze verkündet.

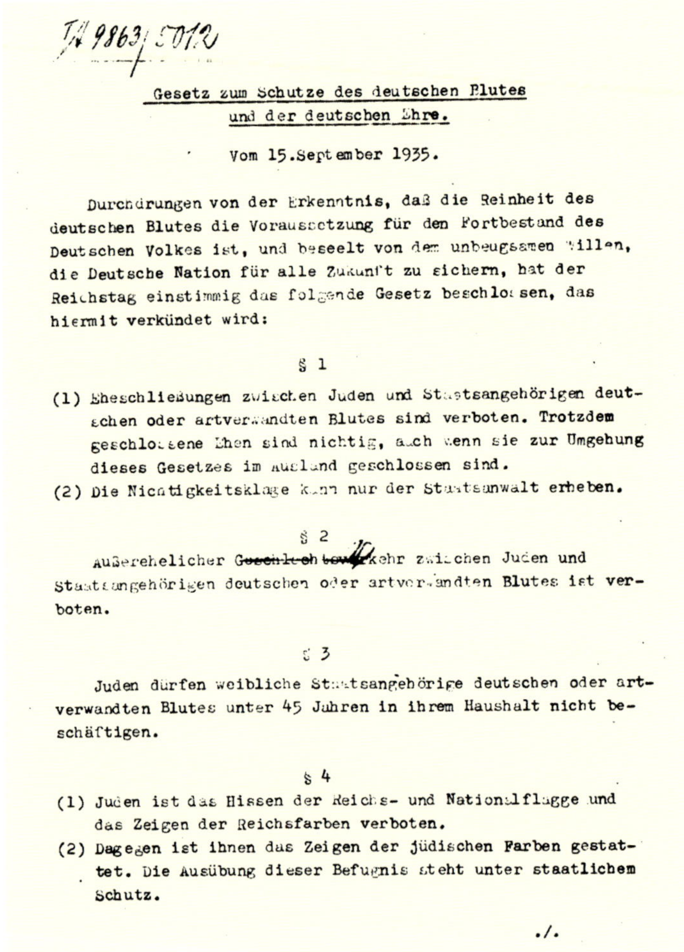

TA 9863/5012

<u>Gesetz zum Schutze des deutschen Blutes</u>
<u>und der deutschen Ehre.</u>

Vom 15.September 1935.

Durchdrungen von der Erkenntnis, daß die Reinheit des deutschen Blutes die Voraussetzung für den Fortbestand des Deutschen Volkes ist, und beseelt von dem unbeugsamen Willen, die Deutsche Nation für alle Zukunft zu sichern, hat der Reichstag einstimmig das folgende Gesetz beschlossen, das hiermit verkündet wird:

§ 1

(1) Eheschließungen zwischen Juden und Staatsangehörigen deutschen oder artverwandten Blutes sind verboten. Trotzdem geschlossene Ehen sind nichtig, auch wenn sie zur Umgehung dieses Gesetzes im Ausland geschlossen sind.
(2) Die Nichtigkeitsklage kann nur der Staatsanwalt erheben.

§ 2

Außerehelicher ~~Geschlechtsver~~ Verkehr zwischen Juden und Staatsangehörigen deutschen oder artverwandten Blutes ist verboten.

§ 3

Juden dürfen weibliche Staatsangehörige deutschen oder artverwandten Blutes unter 45 Jahren in ihrem Haushalt nicht beschäftigen.

§ 4

(1) Juden ist das Hissen der Reichs- und Nationalflagge und das Zeigen der Reichsfarben verboten.
(2) Dagegen ist ihnen das Zeigen der jüdischen Farben gestattet. Die Ausübung dieser Befugnis steht unter staatlichem Schutz.

./.

Der von Hitler, Frick, Gürtner und Heß unterzeichnete Gesetzentwurf zum Blutschutzgesetz wurde noch bei § 2 handschriftlich korrigiert.

zerische Zeitungsartikel, sondern auch 1934 persönlich in einer »kameradschaftlichen Aussprache« beim zuständigen Reichsinnenminister Wilhelm Frick für einen verschärften Kampf gegen die Juden stark gemacht, wie der ehemals dort als »Rassereferent« tätige Bernhard Lösener dokumentierte: »[Streicher] klärte Frick über die Gefährlichkeit des Mischlingsproblems auf, erzählte schmatzend, dass schon bei einem einzigen Beischlaf eines Juden mit einer Arierin die Schleimhäute ihrer Scheide durch den artfremden Samen derartig ›imprägniert‹ würden, dass diese Frau, selbst wenn eine Befruchtung nicht stattgefunden habe, unfähig geworden sei, reinblütige Arier aus der Befruchtung durch einen Arier zu gewinnen. Auf diesem Niveau bewegte sich seine ganze Ansprache.«[131]

Die Nürnberger Gesetze waren die konsequente Umsetzung der Punkte vier, fünf und sechs des Parteiprogramms der NSDAP von 1920, die bis in die Formulierungen hinein dem späteren »Blutschutzgesetz« und »Reichsbürgergesetz« ähneln. Die Nürnberger Gesetze stellen jedoch auch eine Reaktion auf den Druck der nationalsozialistischen Parteibasis dar, denn 1934 und auch 1935 gab es in vielen Orten öffentliche Anprangerungen von angeblichen »Rasseschändern« und die Forderung, dass der Staat endlich handeln solle. Die Staatsbürokratie – insbesondere im Innenministerium – wollte Handlungsfähigkeit beweisen und half bei der Umsetzung antijüdischer Maßnahmen, wenn auch mancher Beteiligte danach behauptete, stets um die »mildeste« Fassung der einzelnen Gesetze und Verordnungen gerungen zu haben. Lapidar bemerkte dazu 1951 der Zentralrat der Juden in Deutschland: »Ein Jurist, der sich dazu erniedrigte, barbarische Unrechtsnormen pseudowissenschaftlich zu bearbeiten, hat den Anspruch verwirkt, im hohen Dienst des Rechts tätig zu sein. Es ist uns unbekannt, dass durch irgendwelche Kommentare zu den Nürnberger Rassegesetzen je jüdische Menschenleben gerettet worden sind.«[132]

Diese Bemerkung bezog sich unter anderem auf Hans Globke, zusammen mit Wilhelm Stuckart Kommentator der Nürnberger Gesetze und Mitarbeiter an weiteren antijüdischen Verordnungen; nach dem Zweiten Weltkrieg sollte Globke als Staatssekretär im Bundeskanzleramt enger Mitarbeiter von Bundeskanzler Konrad Adenauer werden, was vor dem Hintergrund seiner Vergangenheit heftige Angriffe hervorrief. In welche Bereiche die Juristen bei der Auslegung der Nürnberger Gesetze vorstießen, zeigt der Kommentar zu § 2 des »Blutschutzgesetzes«. Stuckart und Globke setzten sich mit dem Begriff des (verbotenen) Geschlechtsverkehrs im Sinne des »Blutschutzgesetzes« auseinander und erweiterten ihn – obwohl das Gesetz zunächst eindeutig ausschließlich Geschlechtsverkehr betraf – um »beischlafähnliche Handlungen, zum Beispiel gegenseitige Onanie«.[133] Dieser Auslegung schloss sich das Reichsgericht 1936 an. Letztlich ging es bei den Nürn-

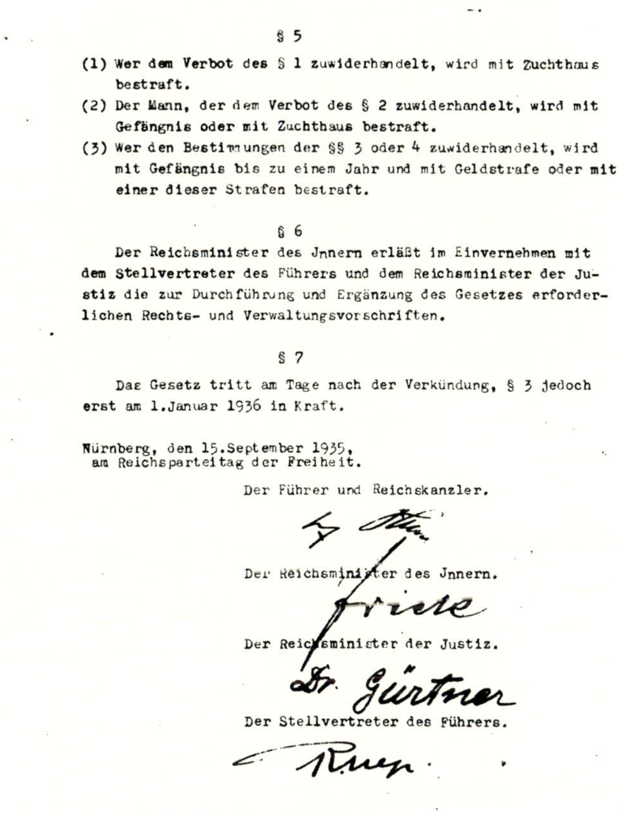

§ 5

(1) Wer dem Verbot des § 1 zuwiderhandelt, wird mit Zuchthaus bestraft.

(2) Der Mann, der dem Verbot des § 2 zuwiderhandelt, wird mit Gefängnis oder mit Zuchthaus bestraft.

(3) Wer den Bestimmungen der §§ 3 oder 4 zuwiderhandelt, wird mit Gefängnis bis zu einem Jahr und mit Geldstrafe oder mit einer dieser Strafen bestraft.

§ 6

Der Reichsminister des Jnnern erläßt im Einvernehmen mit dem Stellvertreter des Führers und dem Reichsminister der Justiz die zur Durchführung und Ergänzung des Gesetzes erforderlichen Rechts- und Verwaltungsvorschriften.

§ 7

Das Gesetz tritt am Tage nach der Verkündung, § 3 jedoch erst am 1.Januar 1936 in Kraft.

Nürnberg, den 15.September 1935,
am Reichsparteitag der Freiheit.

Der Führer und Reichskanzler.

Der Reichsminister des Jnnern.

Frick

Der Reichsminister der Justiz.

Dr. Gürtner

Der Stellvertreter des Führers.

berger Gesetzen – so der zeitgenössische Gesetzeskommentar von Stuckart und Globke – »um nicht mehr und nicht weniger als um die Wiederanerkennung und Wiederherstellung der im tiefsten Sinne gottgewollten organischen Lebensordnung im deutschen Volks- und Staatsleben.«[134]

Angesichts solch weihevoller Floskeln verwundert es, dass die letztliche Endfassung der Gesetzesentwürfe in nur zwei Tagen von vier Beamten des Innenministeriums während des Reichsparteitages 1935 unmittelbar vor der Reichstagssitzung zusammengezimmert wurde. Ursprünglich sollte im Rahmen des Reichsparteitages nur das erste der drei Gesetze, das »Reichsflaggengesetz«, behandelt werden; Adolf Hitler wollte dies aber kurzfristig um antisemitische Gesetzgebungsinitiativen erweitert sehen. Der beteiligte »Rassereferent« Bernhard Lösener erinnert sich an die Tätigkeit der Ministerialbeamten in einer Fabrikantenvilla, dem Nürnberger Quartier von Innenminister Wilhelm Frick: »Wir saßen im Musikzimmer der Villa, räumlich sehr beschränkt, [Staatssekretär Hans] Pfundtner vor dem Flügel als Schreibtisch, Stuckart auf dem Sofa, [Ministerialrat Hanns] Seel, der sich kaum noch beteiligte, in einer Ecke, ich auf einem Stuhl am Flügel und am Rauchtisch. Frick saß, durch eine geschlossene Schiebetür von uns getrennt, im Nebenzimmer«[135] Lösener wollte sich mit seiner Schilderung der näheren, improvisiert wirkenden Umstände der Entstehung der Nürnberger Gesetze selbst entlasten und sich einerseits als Getriebenen, andererseits als Bremser darstellen, der das Schlimmste zu verhindern suchte. Und wohl auch nicht zufällig wurde der Text mitten in der öffentlichen Debatte um die Vergangenheit von Hans Globke im Jahr 1961 veröffentlicht, um auch hier das Bild einer sauberen Verwaltung zu zeichnen, die von radikalen Nationalsozialisten zu Handlungen gezwungen worden sei.

Ein judenfeindliches Staatsbürgerrecht und eine antisemitische Ehegesetzgebung waren von den zuständigen Beamten, auch von Lösener selbst, schon lange vorbereitet worden. Dass es aber schon 1935 zu einer offiziellen Verkündung eines solchen Gesetzespakets kam, überraschte selbst führende Funktionäre der nationalsozialistischen Bewegung wie den für diesen Bereich zuständigen »Reichsärzteführer« Gerhard Wagner, der am 12. September 1935 auf dem Reichsparteitag ankündigte, es werde in Kürze ein »Gesetz zum Schutz des Deutschen Blutes« kommen, ohne zu ahnen, dass drei Tage später tatsächlich die Nürnberger Gesetze verkündet werden würden

Nicht der Inhalt, sondern der Zeitpunkt der Verkündung überraschte daher – augenfällig ging es auch bei den Nürnberger Gesetzen zunächst vor allem um die Propaganda nach außen, den schnellen Effekt einer eindrucksvollen Sitzung des deutschen Reichstags in Nürnberg. Dies gelang aber nicht wirklich, denn die Rede Görings zur Verkündung der Gesetze war derart stümperhaft und peinlich, dass sogar die Liveübertragung im Radio abgebrochen und stattdessen Musik gesendet wurde.

Irene Seiler nach 1945.

Leo Katzenberger in den 1930er Jahren.

Gedenktafel für Leo Katzenberger (links) beim Gedenkstein für die Synagoge am Hans-Sachs-Platz, 2017.

In der deutschen Bevölkerung wurden die Nürnberger Gesetze nicht einheitlich aufgenommen. Für die deutschen Juden bedeuteten sie zweifellos einen Schock und ein deutliches Warnsignal. Häufig wurden die Nürnberger Gesetze von den nicht-jüdischen Deutschen als staatliche Regelung begrüßt, die vielleicht helfen würde, den individuellen Terror gegen Juden vor Ort, mit dem man alltäglich konfrontiert war, einzuschränken. Dies traf jedoch so nicht ein – das Gegenteil war der Fall.

Die Auslegung der sehr allgemein gefassten Gesetze wurde durch Verordnungen und Gesetzeskommentare näher bestimmt. Allein zum »Reichsbürgergesetz« gab es 13 Verordnungen, mittels derer zum Beispiel definiert wurde, wer überhaupt als »Jude« galt. Entscheidend waren hierbei nicht irgendwelche »rassischen« Merkmale wie Augenfarbe, Haarfarbe, Nasenform oder Stirnwölbung, obwohl dies die logische Konsequenz der Behauptung gewesen wäre, dass es sich bei den Juden um eine »Rasse« handele. Bestimmend war vielmehr die Religion der Großeltern. Je nach Anzahl der jüdischen Großväter und Großmütter war man »Volljude«, »Dreivierteljude«, »Halbjude« oder »Vierteljude«. Jede andere Regelung hätte offensichtlich gemacht, wie abwegig die NS-Rasseideologie war. So musste etwa bei einer Erörterung im Reichsinnenministerium 1934 über ein anti-jüdisches Gesetzesvorhaben der zuständige Referent einräumen, dass »der Begriff der Rasse völlig unbestimmt sei: allein das deutsche Volk setze sich aus fünf Hauptrassen zusammen.«[136] Der angeblich edlen »nordischen Rasse« gehörten nach Einschätzung des nationalsozialistischen Innenministeriums neun Zehntel der Deutschen nicht an. Trotz dieses absurden Ideengebäudes musste nach den Nürnberger Gesetzen bei verschiedensten Gelegenheiten, vor allem jedoch bei der Eheschließung, der eigene Stammbaum erforscht und in Form eines »Ariernachweises« vorgelegt werden.

Die bürokratische Weiterbearbeitung der Judengesetzgebung drängte die Juden und Jüdinnen in Deutschland Schritt für Schritt an den Rand der Gesellschaft. Die 13. Verordnung zum Reichsbürgergesetz vom 1. Juli 1943 legte beispielsweise fest: »Strafbare Handlungen von Juden werden durch die Polizei geahndet«.[137] Dies bedeutete faktisch unter Umgehung jeglicher gerichtlicher Verhandlungen die Einweisung in ein Konzentrationslager.

Besonders betroffen waren von den Nürnberger Gesetzen neben den Jüdinnen und Juden vor allem die Sinti und Roma. Mit der ersten Ausführungsverordnung zum »Blutschutzgesetz« vom 14. November 1935 wurde das Verbot einer Ehe festgelegt, »wenn aus ihr eine die Reinerhaltung des deutschen Blutes gefährdende Nachkommenschaft zu erwarten« sei,[138] gemeint waren hier insbesondere »Eheschließungen mit Zigeunern, Negern oder ihren Bastarden« – so das rassistische Amtsdeutsch der angeblich sauberen deutschen Verwaltung.[139] Von den durch die nationalsozialistische Staatsverwaltung erfassten 40.000 deutschen Sinti und Roma wurden schließlich über 25.000 ermordet; die Zahl der in Europa bis Kriegsende in Konzentrationslagern und von SS-Einsatzgruppen umgebrachten Sinti und Roma wird auf eine halbe Million geschätzt. Seit 17. Mai 2000 erinnert in Nürnberg ein von Hubertus Hess gestaltetes Mahnmal unweit des Standortes des ehemaligen Kulturvereinsgebäudes an das Leiden der Sinti und Roma.

Ihre verhängnisvolle Wirkung entfalteten die Nürnberger Gesetze unter anderem durch ihre spätere Anwendung in mehreren Tausend »Rasseschandeprozessen«. Vor dem Hintergrund staatlicher Schnüffelei bis in die Intimsphäre hinein fand in Nürnberg 1942 einer der wohl aufsehenerregendsten dieser Prozesse statt. Angeklagt war der Erste Vorsitzende der Israelitischen Kultusgemeinde, Leo Katzenberger. Nachbarn hatten ihn bei der Gestapo mit der Behauptung denunziert, er pflege ein intimes Verhältnis mit Irene Seiler, der Inhaberin eines Fotogeschäftes. Der Vorsitzende des Nürnberger Sondergerichtes, Oswald Rothaug, zog das Verfahren an sich und veranstaltete am 13. und 14. März 1942 im Nürnberger Schwurgerichtssaal 600 einen Schauprozess gegen Katzenberger. Vor einem Publikum, in dem auch hohe Nürnberger NS-Funktionäre mit Julius Streicher an der Spitze saßen, wollte sich Oswald Rothaug als besonders willfähriger Richter des nationalsozialistischen Staates hervortun. Eine geschlechtliche Beziehung zwischen Leo Katzenberger und Irene Seiler war jedoch allenfalls bis zur Heirat Irene Seilers 1939 im Rahmen des Möglichen, aber keineswegs nachweisbar. Das Gericht stützte seine »Argumentation« folglich auf harmlose Zärtlichkeiten nach 1939, bewertete diese (in sehr weiter Auslegung des Kommentars von Stuckart und Globke) als »Ersatzhandlungen« und sah damit fortgesetzte »Rasseschande« als gegeben an. Diese Schlussfolgerung war für das Urteil deshalb so bedeutsam, da Rothaug dem Angeklagten Katzenberger »Rasseschande« nach dem Jahr 1939 und damit eine Ausnutzung der Kriegssituation nachweisen wollte, um ihn zum Tod verurteilen zu können. Denn das »Blutschutzgesetz« sah eigentlich keine Todesstrafe vor; auf diese konnte jedoch in Verbindung mit der »Verordnung gegen Volksschädlinge« vom 5. September 1939 bei Ausnutzung der besonderen Kriegsumstände – wie der Verdunkelung – erkannt werden. In der Verhandlungspause setzte Rothaug die beisitzenden Richter unter Druck, diese Argumentation mitzutragen. Leo Katzenberger wurde schließlich zum Tod, Irene Seiler zu zwei Jahren Zuchthaus (wegen angeblichen Zeugenmeineids) verurteilt. So konnte eine vermutete Liebesbeziehung sogar zu einem Todesurteil führen. Der Prozess wurde von der Journalistin Christiane Kohl ausführlich rekonstruiert und 2001 durch Joseph Vilsmaier unter dem Titel »Leo und Claire« verfilmt.

Oswald Rothaug sah fünf Jahre nach dem Prozess gegen Leo Katzenberger den Schwurgerichtssaal 600 des Nürnberger Justizgebäudes als Angeklagter im Juristenprozess, einem der Nürnberger Nachfolgeprozesse, wieder. Durch das amerikanische Militärgericht wurde er zu lebenslanger Haft verurteilt, aus der er nach Verbüßung von neun Jahren entlassen wurde. Gegen die beisitzenden Richter, Karl Josef Ferber und Heinz Hugo Hoffmann, wurde bis 1976 in verschiedenen Verfahren verhandelt, teilweise wiederum im Schwurgerichtssaal 600. Die Verfahren wurden schließlich wegen Verhandlungsunfähigkeit der Angeklagten eingestellt.

Die Nürnberger Gesetze waren der Kern der nationalsozialistischen Judengesetzgebung. Die elfte Verordnung zum Reichsbürgergesetz legte 1941 fest, dass Juden, die sich außerhalb Deutschlands befinden, ihre deutsche Staatsangehörigkeit verlieren und ihr Besitz an das Deutsche Reich verfällt. Wer also in diesen Jahren gezwungen war, im Deportationszug die deutsche Grenze zu überschreiten, verlor seine bürgerliche Existenz und all seine persönliche Habe. Ingeborg Hecht, die Tochter eines jüdischen Vaters und einer nicht-jüdischen Mutter, schrieb 1984 als eine von vielen Betroffenen der Nürnberger Gesetze, die das »Dritte Reich« überlebt haben: »Wir waren rechtlos gewesen, haben nichts Gescheites lernen können und nicht heiraten dürfen. Wir haben die Angst mit denen geteilt, die die Verfolgung nicht überlebten (…) – Wir haben das nicht unversehrt überstanden.«[140]

Clemens Wachter / Alexander Schmidt

Appell der Politischen Leiter vor der Zeppelintribüne, 1937.

oben rechts: Der Flakscheinwerfer als ästhetisches Ereignis. Fotografie von Lala Aufsberg, 1937.

Adolf Hitler auf der durch Licht in Szene gesetzten Zeppelintribüne, 1938.

Fackeln, Feuerschalen, Lichtdom

Licht und Politik in Nürnberg

Das Geschehen der Reichsparteitage lebte von der großen Geste, dem hohlen Pathos, der beeindruckenden Inszenierung. Was die inhaltlich dünnen Reden der Reichsparteitage nicht boten, wurde mit effektheischerischer Rhetorik, Aufmärschen, Fahnenorgien und Lichteffekten wettgemacht. Aus bescheidenen Anfängen und Provisorien entwickelte die nationalsozialistische Propaganda dabei eine bei politischen Veranstaltungen bis dahin unbekannte Professionalität. Dies zeigte sich zum Beispiel bei der Verwendung von Licht, das den »schönen Schein des Dritten Reiches«[141] miterzeugen half.

Fackelzug der Politischen Leiter vor dem Hotel Deutscher Hof, 1936.

Zu den traditionellen Mitteln der politischen Propaganda gehörte in den 1930er Jahren der Fackelzug. Auch bei den Reichsparteitagen war der »Fackelzug der Politischen Leiter« durch die Stadt, vorbei am Hotel Deutscher Hof, dem Domizil Adolf Hitlers, ein fester Programmpunkt.

Neben den Uniformen und Fahnen war es jedoch vor allem die elektrische Ausleuchtung, welche die Reichsparteitagsbauten zur bestaunten Kulisse für Massenveranstaltungen machte. Die Zeppelinhaupttribüne etwa wurde ähnlich einer Theaterkulisse oder einem Kinobau der 1920er Jahre durch genau kalkulierte Lichteffekte als Tribüne des »Führers« inszeniert. Über zweitausend Leuchten und Scheinwerfer wurden dafür auf dem Zeppelinfeld installiert. Fast antiquiert wirkte dabei das Feuer in zwei großen Feuerschalen zu beiden Seiten der Tribünenanlage. Sie waren Ausdruck einer im »Dritten Reich« propagierten Feuersymbolik, die das »Licht der Arier«[142] gegen das Dunkel der fremden (vor allem der jüdischen) »Rasse« setzte. Fackelzug, mythische Feuer und spektakuläre Gebäudebeleuchtungen wurden jedoch von der bekanntesten Inszenierung der Reichsparteitage, dem »Lichtdom« um das Zeppelinfeld, den Speer für die Reichsparteitage von 1936 bis 1938 inszenierte, bei weitem übertroffen. Im Plauderton berichtet der Architekt und Chefdekorateur der Reichsparteitage Albert Speer in seinen Erinnerungen, wie er (angeblich) auf die Idee dazu kam: Da die

1937 setzte die Fotografin Lala Aufsberg den »Lichtdom« mit einer Fotoserie in Szene.

»Politischen Leiter« der NSDAP undiszipliniert und zu dick für beeindruckende Marschformationen gewesen seien, hätte man sie im Dunklen antreten lassen. Um dem Publikum etwas zu bieten, seien Scheinwerfer zur Beleuchtung der einmarschierenden Fahnenreihen aufgestellt worden.

Dies erschien Speer jedoch noch nicht genügend effektvoll: »Ich hatte gelegentlich unsere neuen Flakscheinwerfer bis in viele Kilometer Höhe leuchten sehen und erbat mir nun von Hitler 130 Stück. (...) Der Eindruck überbot bei weitem meine Phantasie. Die 130 scharf umrissenen Strahlen, in Abständen von nur zwölf Metern um das Feld gestellt, waren in sechs bis acht Kilometer Höhe sichtbar und verschwammen dort zu einer leuchtenden Fläche. So entstand der Eindruck eines riesigen Raumes, bei dem die einzelnen Strahlen wie gewaltige Pfeiler unendlich hoher Außenwände erschienen.«[143]

Speer war nicht der einzige Begeisterte: Überschwenglich berichtete die nationalsozialistische Propaganda in der ihr eigenen Sprache von »dem gewaltigsten Dom, den Menschen je sahen«, von einem »nie gesehenen Dom aus Licht und Glanz«,[144] der »durch die Überschneidung der parallelen Lichtbänder der Scheinwerfer im Unendlichen«[145] entstünde. Angeblich konnte man den Lichtdom bereits von Chemnitz und vom Donautal aus sehen. Selbst der britische Diplomat Nevile Henderson war beeindruckt von der Lichtarchitektur Speers, die ihm wie eine »Kathedrale aus Eis«[146] erschien.

Der Einsatz von Licht war in dieser Form bei politischen Veranstaltungen relativ neu. Speer klopft sich in seinen Erinnerungen auch selbst auf die Schulter: »Ich nehme an, mit diesem ›Lichtdom‹ wurde die erste Lichtarchitektur dieser Art geschaffen, und für mich bleibt es nicht nur meine schönste, sondern auch die einzige Raumschöpfung, die, auf ihre Weise, die Zeit überdauert hat.«[147] Noch Ende der 1960er Jahre von einer der schönsten eigenen Raumschöpfungen zu sprechen, zeugt von dem platten Zynismus Albert Speers.

Speers Idee ist jedoch keineswegs seine Erfindung. Dem Lichtdom nicht unähnliche »Scheinwerferparaden« waren etwa bei Filmpremieren in Hollywood, bei Flottenbesuchen Kaiser Wilhelms II. oder Veranstaltungen der US-Army seit langem bekannt. Einen Vorläufer hatte diese Lichtarchitektur in der Waschmittelwerbung. Schriftzüge wie »Persil« oder »imi« wurden in Deutschland Ende der 1920er Jahre an den bewölkten Himmel projiziert, nach dem Motto: »Die größte zur Verfügung stehende Reklamefläche ist der Himmel.«[148] Speer selbst hatte seit 1933 (am 1. Mai 1933 und während des »Erntedankfestes« auf dem Bückeberg 1935) an der Einbeziehung von neuen Lichtinszenierungen bei politischen Veranstaltungen gearbeitet. Wolfgang Schivelbusch rückt die Speersche Selbstbeweihräucherung nüchtern zurecht: »Der Lichtdom war nur eine der unzähligen Lichtstrahlarchitekturen seiner Epoche, wenngleich zweifellos die am mächtigsten wirkende und sich einprägende. (...) Was den Lichtdom von Nürnberg in der Erinnerung der Nachwelt so präsent erhält, ist der Zusammenhang, aus dem heraus und

Elektrifizierte Volksgemeinschaft 1937. Der »Lichtdom« umschloss die Menschenmenge in einem imaginären gemeinsamen Raum.

für den er inszeniert wurde. Als reine Lichtarchitektur betrachtet ein Gebilde wie viele andere, wurde er als Lichtraum, in dem 150.000 Menschen sich zur nationalsozialistisch verzückten Masse umformten, ein Wahrzeichen für die totalitäre Seite des Jahrhunderts.«[149]

Nicht die lichtarchitektonische Gestaltung, sondern der ideologische Gehalt der Inszenierung ist das eigentlich herausragende am Speerschen Lichtdom. In einer Propagandaschrift war über die Wirkung des Lichtdoms zu lesen: »Aber alle, die an diesem Abend dabei sind, erfühlen in heiligem Schauer den Mythos Deutschland in ihrer Seele, den nur deutsches Blut ganz zu erfassen vermag!«[150] Der Lichtdom wurde mehrfach wiederholt, zuletzt im August 1939 in Berlin zur Rückkehr Adolf Hitlers aus dem eroberten Prag. Danach wurde aus der Inszenierung tödlicher Ernst. Die Flakscheinwerfer des Lichtdoms kamen in den Bombennächten zu ihrem eigentlichen Einsatz. Es wurde im wahrsten Sinn des Wortes dunkel in Europas Städten, und der »heilige Schauer« wich der nackten Angst um das eigene Leben. Da die meisten Menschen ihre Nächte in den Luftschutzbunkern verbrachten, konnten nur wenige, wie zum Beispiel Albert Speer, den Luftkrieg aus sicherer Distanz beobachten. Auch hier erweist sich Speer als Zyniker: »Es bedurfte eines ständigen Zurückrufens in die grausame Wirklichkeit, um sich nicht von diesem Bild faszinieren zu lassen: Die Illumination der Leuchtfallschirme (...) gefolgt von Explosionsblitzen, die sich in Brandwolken verfingen, unzählige suchende Scheinwerfer, das aufregende Spiel, wenn ein Flugzeug erfaßt war und sich dem Lichtkegel zu entwinden suchte, eine sekundenlange Brandfackel, wenn es getroffen wurde: Die Apokalypse bot ein großartiges Schauspiel.«[151] Der Zweite Weltkrieg kostete circa fünfzig Millionen Menschen das Leben, die nicht, wie Albert Speer, das Geschehen aus der Distanz beobachten konnten.

Häftlinge im Steinbruch des Konzentrationslagers Flossenbürg, wohl um 1943.

oben rechts: Gedenktafel für verstorbene französische Kriegsgefangene auf dem Nürnberger Südfriedhof.

rechts: Steinbruch des KZ Flossenbürg, um 2005.

»Faszination und Gewalt«

Reichsparteitagsgelände, Zwangsarbeit und das System der Konzentrationslager

Die Gewalt, der Terror des Nationalsozialismus, war während der Reichsparteitage, die eine faszinierende Fassade der nationalsozialistischen Volksgemeinschaft aufbauen wollten, nicht offensichtlich. Die Bauten des Reichsparteitagsgeländes waren dazu gedacht, die Menschen zu beeindrucken und zu faszinieren – dass der nationalsozialistische Staat ein System der Unterdrückung und des Terrors in Deutschland aufgebaut hatte, konnte man an den Bauten des Reichsparteitagsgeländes nicht ablesen. Zwar mag man der Architektur der Kongresshalle oder des Zeppelinfeldes eine »Gewalttätigkeit« im Sinne einer übertriebenen Monumentalität nachweisen, die durch den brutalen Schematismus, durch ihre kantige Schroffheit und durch die arische Siegerpose der Bauskulpturen noch unterstützt wird. Jedoch greift eine derartige ästhetische Argumentation, so berechtigt sie ist, zu kurz und muss durch den konkreten Nachweis ergänzt werden, was die Reichsparteitage und das Reichsparteitagsgelände mit dem Terror des NS-Regimes zu tun haben. So wird deutlich, dass die »schöne« Fassade auch in Nürnberg nicht von der Gewalt hinter und vor den Kulissen getrennt werden kann. Dies gilt für das Ereignis der Reichsparteitage selbst, aber auch für das Bauprojekt Reichsparteitagsgelände.

Reichsparteitag als Drill und Disziplinierung

Die Reichsparteitage waren nicht nur ein Ereignis, das mit tausendfachem freiwilligen Jubel begrüßt wurde, sondern auch ein Mittel zur Disziplinierung von Menschenmassen. Dies sieht man an der hierarchischen Struktur der Bauten – etwa auf dem Zeppelinfeld – und dies spiegelt sich in den internen Berichten und Anweisungen für die Teilnehmer wider: »Die Gaue marschieren auf den ihnen zugewiesenen Streifen im Gliederabstand von 80 cm auf den Vordermann auf (...). Danach wird das Gepäck (Tornister) ausgerichtet hingelegt. (...) So schwer es für einzelne Marschteilnehmer sein mag, in der Kolonne den teilweisen langen Marschweg wieder mit durchzuhalten, so selbstver-

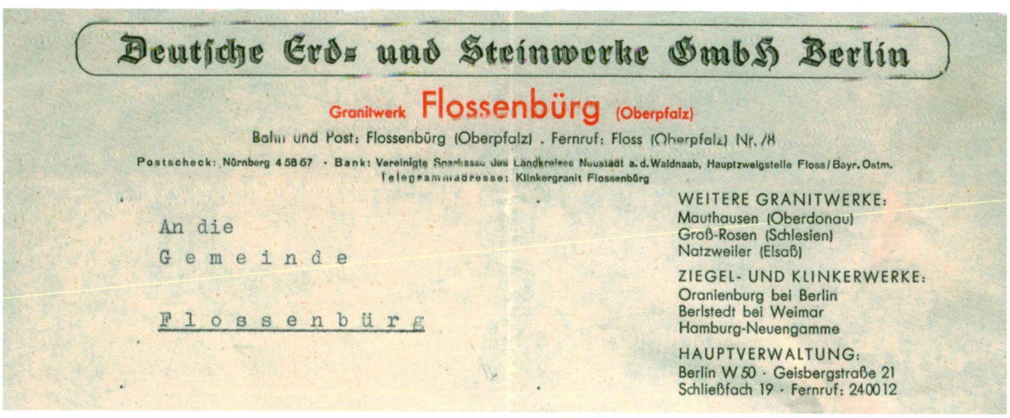
Deutsche Erd- und Steinwerke GmbH Berlin
Granitwerk Flossenbürg (Oberpfalz)
Bahn und Post: Flossenbürg (Oberpfalz) . Fernruf: Floss (Oberpfalz) Nr. 78
Postscheck: Nürnberg 45867 · Bank: Vereinigte Sparkasse des Landkreises Neustadt a. d. Waldnaab, Hauptzweigstelle Floss/Bayr. Ostm.
Telegrammadresse: Klinkergranit Flossenbürg

An die
Gemeinde

Flossenbürg

WEITERE GRANITWERKE:
Mauthausen (Oberdonau)
Groß-Rosen (Schlesien)
Natzweiler (Elsaß)
ZIEGEL- UND KLINKERWERKE:
Oranienburg bei Berlin
Berlstedt bei Weimar
Hamburg-Neuengamme
HAUPTVERWALTUNG:
Berlin W 50 · Geisbergstraße 21
Schließfach 19 · Fernruf: 240012

Briefkopf des DESt-Betriebs Flossenbürg, 1943.

Im Verwaltungsgebäude des Steinbruchs Flossenbürg wird fälschlich der deutsche Steinmetz in den Mittelpunkt der Granitproduktion des KZ gestellt, Wandbild um 1941/42.

ständlich ist es, dass der Gau möglichst geschlossen wieder zurückmarschiert. (...) Wer krank wird, der lasse sich von den Sanitätern ins Quartier schaffen, wer aber aus anderen Gründen ›kneift‹, der ist ein schlechter Vertreter seines Gaues (...).«[152] Manchmal war das ständige Gehorchen, Marschieren, Strammstehen offenbar nur im Suff zu ertragen. Die deutlichste Botschaft in einem Merkblatt für Teilnehmer des Reichsparteitages lautete dementsprechend: »Ein Nationalsozialist betrinkt sich nicht!«[153] Das Ausrichten und Strammstehen, der Zwang zum Gehorsam waren Mittel zur Disziplinierung. Selbst wer sich nicht bewusst auf die Seite der Täter – etwa als SA- oder SS-Mann – begeben hatte, musste etwa im Reichsarbeitsdienst durch gehorsames Erdulden der Befehlsgewalt von oben seinen Gehorsam gegenüber den braunen Machthabern immer wieder neu unter Beweis stellen. Die Reichsparteitage waren ein offensichtliches Training für den Krieg, wie die Veranstaltungen der Wehrmacht auf dem Zeppelinfeld, das Bauprojekt Märzfeld oder die militaristischen Wehrsportübungen deutlich machen.

Auch die rigiden Lagerordnungen für die Teilnehmer des Reichsparteitages, die zum Beispiel der Hitlerjugend Ausflüge in die Altstadt Nürnbergs auf eigene Faust verwehrten, zeigen, dass der Jubel der Teilnehmer nur eine Seite, frustrierender »Dienst« und Einschränkungen der persönlichen Bewegungsfreiheit die andere Seite der Reichsparteitage waren.

Granit aus dem KZ Flossenbürg und anderen Konzentrationslagern

Mit Granit verbanden die Nationalsozialisten eine besondere Botschaft der Ewigkeit und den Ausdruck einer besonders deutschen Baugesinnung. Die Zeitschrift »Die Kunst im Dritten Reich« geriet angesichts der Baustelle Reichsparteitagsgelände ins Schwärmen: »Noch niemals ist ein solcher Reichtum an edlen Natursteinen aus deutschem Boden herausgeholt worden und an einem Bauwerk zur Anwendung gekommen. Aus allen deutschen Gauen gibt der Boden seine schönsten Gesteine hin, ebenso wie deutsche Werkleute aus allen Gegenden Anteil haben an dieser großen und einmaligen Schöpfung. Aus deutscher Erde gebrochen, von deutschem ererbten Können gemeistert und geformt entsteht hier nach den Ideen und Anweisungen des Führers nach dem künstlerischen Entwurf und unter der Leitung von Albert Speer ein Denkmal deutschen Wollens und deutscher Tatkraft.«[154]

Das Jahr 1938, in dem der Zeitschriftenbeitrag erschien, markiert jedoch einen grundlegenden Wandel bei der Granitproduktion im »Dritten Reich«: Angesichts der zahlreichen staatlichen Bauprojekte sah die SS hier ein lohnendes Geschäft und begann systematisch in die Produktion von Ziegelsteinen und in den Abbau von Granit einzusteigen. Sie gründete dazu, mit entscheidender Mitwirkung Albert Speers, als Wirtschaftsbetrieb 1938 die DEST (Deutsche Erd- und Steinwerke) und begann Konzentrationslager dort zu errichten, wo sie diesen Wirtschaftsinteressen dienen konnten. Am 4. Mai 1938 kamen die ersten Häftlinge in Flossenbürg, einem kleinen Ort in der nördlichen Oberpfalz, an und mussten das erste Konzentrationslager mit Granitproduktion aufbauen. Einige Monate später, im August 1938, folgte nach dem »Anschluss« Österreichs das KZ Mauthausen. Im August 1940 wurde das KZ Groß-Rosen in der Nähe Breslaus errichtet und schließlich im Mai 1941 das KZ Natzweiler-Struthof bei Straßburg. Alle vier Konzentrationslager wurden bei Granitsteinbrüchen angelegt und waren Teil dieses neuen wirtschaftspolitischen Konzepts der SS und Albert Speers, das die Ausbeutung von KZ-Häftlingen für die Bauwirtschaft des »Dritten Reiches« vorsah. Lieferungen für das Reichsparteitagsgelände sind aus allen vier Konzentrationslagern mit Granitproduktion belegt. Allerdings war das Bauprojekt Reichsparteitagsgelände nach 1939 weitgehend zum Stillstand gekommen, und die gelieferten Steine, für das Deutsche Stadion gedacht, wurden nicht mehr verbaut. Wie weit die Verflechtung zwischen den Bauten des Reichsparteitagsgeländes und dem System der Konzentrationslager ging, zeigt die Standortwahl für das KZ Natzweiler-Struthof: Der dort vorhandene rötliche Granit war vor allem für den Außenbereich des Deutschen Stadions vorgesehen.

Aufstieg aus dem Steinbruch des KZ Mauthausen. Viele Häftlinge kamen hier beim Steineschleppen und durch Quälereien der SS ums Leben.

Die Arbeit in den Granitsteinbrüchen war eine menschenverachtende Schinderei bei großer Kälte, mit schlechtem Schuhwerk und ohne ausreichende Sicherungsmaßnahmen. Todesfälle aufgrund von körperlicher Schwäche, Unterernährung und Erfrierungen waren an der Tagesordnung.

Für den weiteren Ausbau des Reichsparteitagsgeländes mit Granitwerksteinen wären also nicht mehr die »deutschen Werkleute« der nationalsozialistischen Propaganda zuständig gewesen, sondern bei unmenschlichen Arbeitsbedingungen KZ-Häftlinge aus Polen, der Tschechoslowakei, der Ukraine, Russland und vielen anderen, vor allem osteuropäischen Staaten. Der bis 1938/39 auf dem Reichsparteitagsgelände tatsächlich bei der Kongresshalle und der Großen Straße verbaute Granit stammt zwar nicht aus Granitsteinbrüchen der

Blick auf das von einem doppelten Stacheldrahtzaun umgebene Kriegsgefangenenlager Nürnberg-Langwasser.

Konzentrationslager, für die Zukunft hätte dieser aber eine wichtige Rolle gespielt. Trotzdem wurden tausende KZ-Häftlinge bei der Granitproduktion zu Tode geschunden. Später arbeitete man auch in den Konzentrationslagern Flossenbürg, Mauthausen, Groß-Rosen und Natzweiler-Struthof vor allem für die Rüstungsindustrie. Aufgegeben wurde das Projekt, in den Konzentrationslagern Granit zu produzieren, jedoch nie. Noch bis 1942 versuchte die SS dort Häftlinge zu Steinmetzen auszubilden, um nach dem erhofften »Endsieg« sofort wieder an den Bauprojekten Albert Speers mitzuverdienen.[155]

Kriegsgefangene, Judendeportation und Zwangsarbeit

Die großen Teilnehmerlager im Südosten des Reichsparteitagsgeländes wurden während des Zweiten Weltkrieges als Kriegsgefangenenlager weiterverwendet. Durchschnittlich etwa 30.000 Menschen verschiedener Nationen wurden dort in Baracken und Zelten gefangen gehalten. Mehrere Tausend von ihnen kamen in Nürnberg ums Leben. Das Lagergelände war außerdem Sammellager für die Deportation der Juden und Jüdinnen Nordbayerns. Das Lagerareal des Reichsparteitagsgeländes war ihre letzte Station vor den Vernichtungslagern.

Während des Zweiten Weltkrieges wurde jedoch nicht nur die Infrastruktur der Teilnehmerlager des Reichsparteitagsgeländes weiterverwendet, sondern das Bauprojekt Reichsparteitagsgelände hatte auch selbst direkt mit den Kriegsgefangenen als Zwangsarbeitern zu tun. Dem Reichsparteitagsgelände kam in den Augen Hitlers und Speers eine derart hohe Bedeutung zu, dass auch im Krieg eine zumindest ansatzweise Weiterführung der Bauarbeiten erfolgen sollte. Deshalb wurden auf der Baustelle Reichsparteitagsgelände Kriegsgefangene kurzfristig für Bauarbeiten am Deutschen Stadion, an der Kongresshalle und am Märzfeld eingesetzt.

Im Juli/August 1941 erhielt die Stadt Nürnberg dafür sogar ein Kontingent von 2.000 russischen Kriegsgefan-

Umschlag eines Briefs von Jan Prędki aus dem KZ-Außenlager SS-Kaserne Nürnberg. Jan Prędki bewahrte den Umschlag als Erinnerungsstück in der Brieftasche auf – entfernte allerdings vorher die Briefmarke mit Hitler-Portrait.

Jan Prędki, Häftling des KZ-Außenlagers in der SS-Kaserne.

genen, die, abweichend von der eigentlich üblichen Absonderung russischer Gefangener, auf dem Nürnberger Reichsparteitagsgelände zunächst auf der Baustelle Märzfeld eingesetzt waren. Mit Einstellung der Bauarbeiten auf dem Märzfeld mussten die russischen Kriegsgefangenen trotz schlechter Ernährung und Kleidung schwere körperliche Arbeit beim Planieren von Gelände und Umschichten von Erdhaufen leisten. Mindestens 600 der russischen Gefangenen sind daran bis Jahresende 1941 in Nürnberg gestorben. Gleichzeitig wurden die russischen Gefangenen, die in der nationalsozialistischen Ideologie als Untermenschen und im Falle der Kommissare der Roten Armee als besonders gefährlich galten, von Beamten der Nürnberger Gestapo verhört. Vermeintlich gefährliche Gefangene wurden ausgesondert, zum Konzentrationslager Dachau transportiert und in der Nähe des Häftlingslagers erschossen.[156]

Ein KZ-Außenlager auf dem Reichsparteitagsgelände

Die SS richtete während des Krieges auch eine Vielzahl von KZ-Außenlagern ein, die vor allem der Rüstungsindustrie Arbeitskräfte verschaffen sollten. Die ersten dieser Außenlager dienten jedoch zunächst dem eigenen Bedarf der SS. So wurde am 12. Mai 1941 eine kleinere Gruppe vor allem polnischer Häftlinge aus dem KZ Dachau nach Nürnberg in die SS-Kaserne gebracht. Beim Marsch vom Nürnberger Hauptbahnhof zur SS-Kaserne wurde die Gruppe von der Nürnberger Bevölkerung bespuckt und musste vor Steinwürfen geschützt werden. Die Häftlinge sollten zunächst Nebengebäude der Nürnberger SS-Kaserne fertig stellen und waren dazu im Keller einer dieser Bauten untergebracht. Im Juni 1943 kam zur Gruppe der Dachauer Häftlinge eine weitere Gruppe von KZ-Gefangenen aus Flossenbürg. Damit wurde das Lager als Außenlager des KZ Flossenbürg weitergeführt. Es waren etwa 100 Häftlinge, die nun nicht nur in der SS-Kaserne arbeiten mussten, sondern auch bei der Trümmerräumung in Nürnberg eingesetzt waren. Solche Arbeitskommandos betrafen etwa die Lastwagenfirma Faun (damals in der Waechterstraße) und die Firma Chillingworth im Osten Nürnbergs.

Ermittlungen der Nachkriegszeit lassen das Schicksal der Häftlinge des KZ-Außenlagers in der SS-Kaserne als vergleichsweise erträglich erscheinen. Todesfälle waren nicht mehr nachweisbar, die Häftlinge hatten ein festes Dach über dem Kopf, scheinen halbwegs ausreichend verpflegt worden zu sein und hatten eine Arbeit, die manchmal sehr hart war, aber körperlich nicht jenseits jeder Leistungsgrenze lag.[157]

Letzte Station vor dem Vernichtungslager: Jüdinnen und Juden mit ihren letzten Habseligkeiten auf dem Weg ins Durchgangslager Langwasser. Im Hintergrund sind die Märzfeldtürme zu erkennen.

oben rechts: Vier Passbilder – Gerda Bartfeld, Grete Gerngroß (geb. Marschütz), Dr. Richard Kohn und Fritz Spear – aus dem »Gedenkbuch für die Nürnberger Opfer der Schoa«. Sie stehen stellvertretend für knapp 1.000 Menschen, die vom Bahnhof Märzfeld in die Vernichtungslager deportiert wurden.

Ort des Terrors

Das Deportationslager in Langwasser

Während des Krieges war ein Teil des Reichsparteitagsgeländes – der Bahnhof Märzfeld und das Waldlager 2 (einige Baracken am Rande der als Kriegsgefangenenlager weitergenutzten Teilnehmerlager) – die letzte Station von jüdischen Deutschen aus Nürnberg und anderen nordbayerischen Städten vor ihrer Deportation. Auf dem Reichsparteitagsgelände, das dem Regime zur Inszenierung des »schönen Scheins«, aber auch zur Verbreitung antisemitischer Propaganda gedient hatte, fand nun ein Teil der organisatorischen Abwicklung der »Endlösung der Judenfrage« statt.

Anfang 1933 wohnten nur noch 8.266 Juden und Jüdinnen in Nürnberg. Bis Ende 1939 wanderten dann 5.638 jüdische Bürger aus Nürnberg ab, so dass zu diesem Zeitpunkt noch etwa 2.500 von ihnen in Nürnberg lebten.[158] Insgesamt fielen 2.373 jüdische Nürnbergerinnen und Nürnberger dem Holocaust zum Opfer – berücksichtigt sind hier auch gebürtige Nürnberger Juden, die aus anderen Orten in die Lager verschleppt wurden, sowie Opfer von anderen Verfolgungsmaßnahmen und der Justiz.[159]

Die Deportationen ab 1941

Nach Kriegsbeginn und der Einstellung der Reichsparteitage diente der Bahnhof Märzfeld zum An- und Abtransport von Kriegsgefangenen, die auf dem Lagergelände der SA und der HJ untergebracht wurden. In den Jahren 1941/42 fanden vom Bahnhof Märzfeld die beiden größten Deportationen von Nürnberger und nordbayerischen Juden statt. Für fast alle von ihnen waren das von der SS so bezeichnete »Durchgangslager II« in Langwasser und der Bahnhof Märzfeld die letzte Station auf ihrem Weg in den Tod.[160] Die Deportationen wurden von Gestapo und SS organisiert und durchgeführt. Mitglieder der jüdischen Kultusgemeinde mussten die Listen erstellen, die Menschen betreuen und beim Verladen des Gepäcks helfen. Die Juden wurden drei Tage vor dem Deportationstermin durch Polizeikraftwagen und Gestapobeamte abgeholt. Die Gesamtleitung der Deportationen hatte der Nürnberger Polizeipräsident und SS-Brigadeführer Benno Martin, mit der Durchführung betraute er Kriminalrat Theodor Grafenberger. Mit der Entscheidung für das abgelegene Lager in Langwasser wollte Martin angeblich verhindern, dass die Deportationen zu einem »öffentlichen Fest des Antisemitismus«[161] würden – so Martin vor Gericht in der Nachkriegszeit. Wahrscheinlich waren aber ganz praktische Gründe ausschlaggebend: Das Lager war nicht mit Kriegsgefangenen belegt, lag nah an der Bahnlinie und war gut zu bewachen. Martin ordnete an, dass der Kameramann und Kinobesitzer Richard Nickel die Deportationen der fränkischen Juden mit der Kamera dokumentieren sollte. Der Film, der in den Norislichtspielen Polizeibeamten und auch bei einem »Kameradschaftsabend« des Deportationspersonals vorgeführt wurde, ist nicht mehr erhalten, es existieren jedoch einige wenige Fotografien der Deportation.[162]

Der erste Transport fand am Mittag des 29. November 1941 statt: Er betraf 512 Nürnberger sowie 500 Juden und Jüdinnen aus Fürth, Bamberg, Bayreuth und Würzburg, die in das Ghetto Jungfernhof bei Riga gebracht wurden. Ein zweiter Transport mit den noch in Nürnberg lebenden 428 Juden unter 65 Jahren sowie über 500 Juden aus Fürth und Unterfranken ging am 24. März vom Bahnhof Märzfeld in das Ghetto Izbica bei Lublin ab. Aus dem ersten Transport überlebten 17 jüdische Nürnberger, aus dem zweiten überlebte niemand.

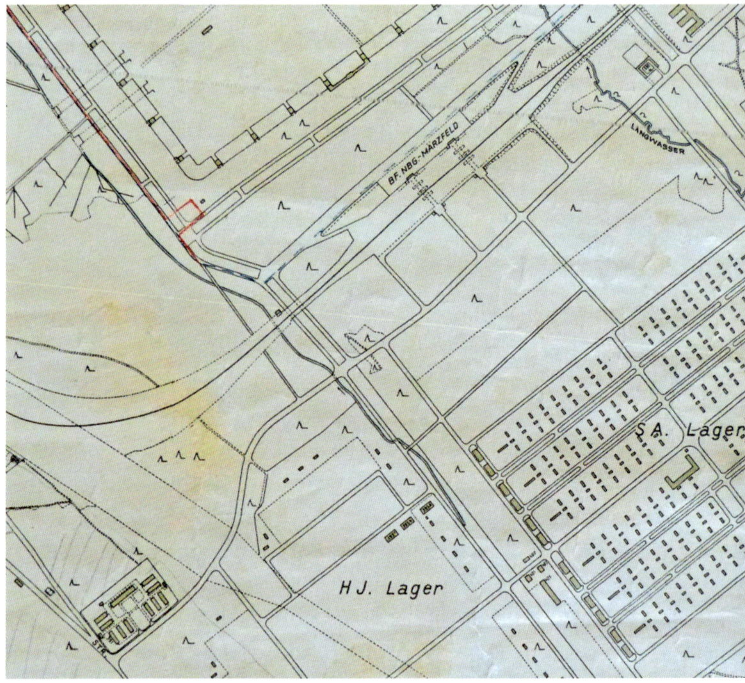

Unten links befindet sich das abgeschiedene Waldlager 2, welches als Sammellager für die Deportationen diente (heute Ecke Breslauer Straße / Zollhausstraße), oben in der Bildmitte das Areal des Bahnhofs Märzfeld, topografischer Plan von 1943.

Durch ein ausführliches Manuskript Bernhard Kolbs, der von 1923 bis zu seiner Deportation nach Theresienstadt 1943 Geschäftsführer der jüdischen Kultusgemeinde war, sind wir über die Vorgänge gut informiert. Er schildert die Deportationen folgendermaßen: »In der ›Evakuierungsanordnung‹ [Organisationsanweisung zur Durchführung der Juden-Evakuierung am 29.11.1941 der Gestapo] war eine große Liste mitzunehmender Gegenstände angeführt, auch genaue Vorschriften, was persönlich mitgenommen werden durfte.

Angeblich käme der Transport in neu aufgestellte Baracken, die aber keinerlei Einrichtungsgegenstände aufwiesen. Es wurde verlangt: mehrere hundert Quadratmeter Fensterglas (…) ; eiserne Öfen und Kochkessel, Stacheldraht für die Umzäunung, alles erdenkliche Handwerkszeug und landwirtschaftliche Geräte. (…) Während der letzten 72 Stunden vor der Abholung gab es für die meisten jüdischen Familien keine Nachtruhe. Wer nicht selbst betroffen wurde, half schnell noch Kleidung und Wäsche in Ordnung bringen und in der Hauptsache so viel wie möglich in dem erlaubten Gepäck unterbringen (…) Die Gestapo erlaubte, dass das große Gepäck vorher mit Möbelwagen von den Wohnungen abgeholt und (…) gleich in Güterwagen – durch von der Gemeinde gestellten Arbeitsdienst – verladen wurde (…) Außer den von den Personen selbst mitgenommenen Lebensmitteln wurden die für die nächsten 14 Tage zustehenden Lebensmittel von der Gemeinde beschafft und mitgegeben (…) Alles Bargeld, das sich bei der Abholung im Besitz dieser Juden befand, musste an die Gestapobeamten abgeliefert werden (…) Nach Ankunft in diesem Lager wurden alle Personen mit ihrem schon bereitgestellten Gepäck einer gründlichen Untersuchung unterzogen.

Diese Aktion wurde ganz verschieden ausgeführt. Die Beamten der Gestapo beschlagnahmten alle als Bannware erklärten Artikel: Alkohol, Seifen, Schmuck und Gegenstände aus Edelmetall, Konserven und alle Schriftstücke; die Behandlung war streng, aber nicht entwürdigend. Anders die Untersuchungen, die von Zivil-SS-Leuten durchgeführt wurden. Alles, was diesen Gangstern irgendwie verwendbar erschien, wurde abgenommen, dabei die Menschen beschimpft und sogar misshandelt (…) Zwischen den Baracken wurde sofort eine Notküche errichtet. Die notwendigen Lebensmittel wurden schnell beschafft und aus den Transportteilnehmern selbst das benötigte Küchenpersonal zusammengestellt.«[163]

Nach drei Tagen Aufenthalt im Lager Langwasser fand der Abtransport statt: »Der Einladebahnhof lag ungefähr einen Kilometer vom Lager entfernt. Alte und kranke Personen durften auf einem Wagen abtransportiert werden. Die übrigen mussten mit ihrem Handgepäck in Zehnerreihen (…) zum Bahnhof marschieren. Die Straßen entlang standen die SS-Posten mit hohnlachenden Gesichtern, Filmapparate hielten den ›Auszug der Juden‹ für die Nachwelt fest (…) Das Gelände war für die Zivilbevölkerung während der Lagerzeit auf mehrere Kilometer im Umkreis abgesperrt (…). Abgezählt vor jedem Abteil, genau nach Nummern geordnet, stehen sie vor den Wagentüren. Das Einsteigesignal wird gegeben, da wird schon mit

Vom Bahnhof Märzfeld aus wurden ab 1941 die Nürnberger Juden in die Vernichtungslager gebracht. Ehemaliger Bahnhof Märzfeld in Langwasser, 2016.

den KZ-Methoden angefangen. Es ist keine Einsteigerampe vorhanden, Frauen und Kinder und ältere Personen müssen hinaufgehoben werden, und wer nicht schnell genug in seinem Abteil verschwindet, wird misshandelt.«[164] Offensichtlich mussten die Juden und Jüdinnen südlich des Bahnhofs Märzfeld direkt am Gleis in den Zug einsteigen. Dort gab es keinen Bahnsteig.

Ausplünderung und Erniedrigung

Ein wesentliches Ziel der Deportationen war die vollständige Ausplünderung der Juden zugunsten des deutschen Staates. Aber auch viele der an den Deportationen Beteiligten bedienten sich. Nach der zweiten Deportation im März 1942 veranstalteten die Beteiligten im Lager einen sogenannten Kameradschaftsabend, bei dem auch der Film über die Deportationen vorgeführt wurde. Für den Film sollte sich der Bankier Kohn in eine kleine Hütte mit der Aufschrift »Bankhaus Kohn geschlossen« stellen. Als er sich nicht filmen lassen wollte, schlug man ihn. Ob diese Szene im Film zu sehen war, ist nicht bekannt.

Polizeibeamte, Sekretärinnen (welche die körperliche Durchsuchung der Jüdinnen vorgenommen hatten) und Putzfrauen verzehrten an diesem Abend die den Juden weggenommenen Lebensmittel und Getränke. Es fand auch eine Tombola statt, auf der wohl auch Gegenstände verlost wurden, die man den Deportierten abgenommen hatte. Obwohl die meisten ihre Anwesenheit bei diesem an Zynismus kaum zu überbietenden Abend bei einem Gerichtsverfahren in der Nachkriegszeit abstritten, gab es dafür eine ganz Reihe Zeugen – nämlich Juden, die in einer Mischehe lebten, deshalb nicht deportiert wurden, aber bei den Deportationen Gepäck tragen und danach aufräumen mussten. So Fritz Höxter: »Wir haben die weiße Wand von dem Film heruntergemacht. Es hat ausgesehen wie in einem Saustall. Es lagen Kuchenbrocken auf dem Boden. Diese Sachen stammten von den Juden.«[165]

Trotz früher und umfangreicher Ermittlungen blieben die Gerichtsverfahren gegen den Polizeipräsidenten Benno Martin und andere Beteiligte folgenlos: Beim letztlichen Freispruch Martins 1951 wurden ihm »nach der Urteilsverkündung von anwesenden Damen große Blumensträuße überreicht.«[166] Seit 2006 sind die Deportationen auf einer der Tafeln des Geländeinformationssystems an der Fußgängerunterführung des Bahnhofs Märzfeld erwähnt. Ansonsten befindet sich der historische Ort Bahnhof Märzfeld, trotz Bemühungen von Seiten der Stadt Nürnberg hier etwas zu ändern, immer noch in einem eher schäbigen Zustand (Stand 2017). Das Waldlager 2 wurde in der Nachkriegszeit bei einer Feuerwehrübung abgebrannt und ist heute teilweise bebaut.

Bernd Windsheimer / Alexander Schmidt

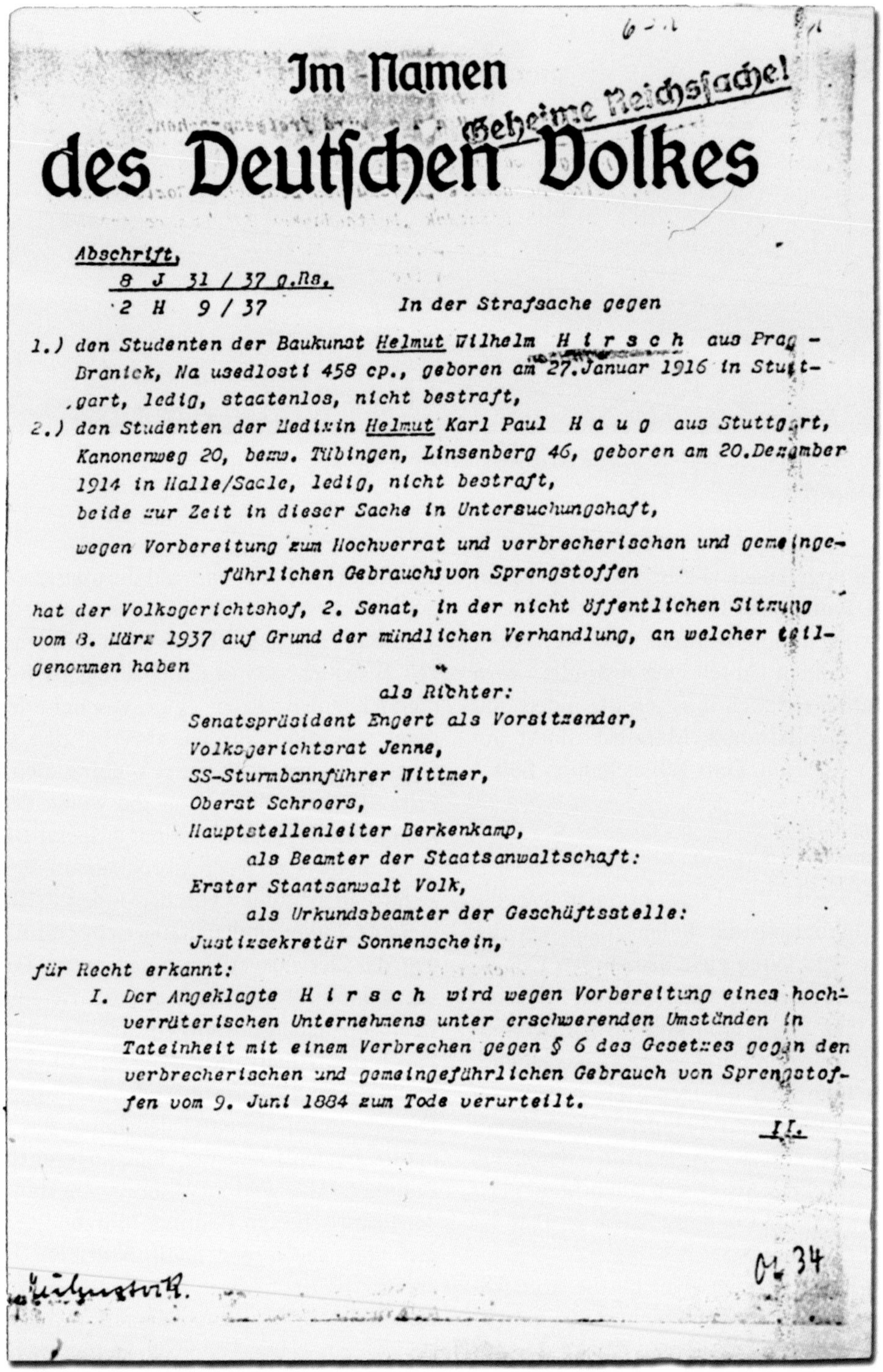

Im Namen des Deutschen Volkes

Geheime Reichssache!

Abschrift.

8 J 31 / 37 g.Rs.

2 H 9 / 37

In der Strafsache gegen

1.) den Studenten der Baukunst Helmut Wilhelm H i r s c h aus Prag - Branick, Na usedlosti 458 cp., geboren am 27. Januar 1916 in Stuttgart, ledig, staatenlos, nicht bestraft,

2.) den Studenten der Medizin Helmut Karl Paul H a u g aus Stuttgart, Kanonenweg 20, bezw. Tübingen, Linsenberg 46, geboren am 20. Dezember 1914 in Halle/Saale, ledig, nicht bestraft,

beide zur Zeit in dieser Sache in Untersuchungshaft,

wegen Vorbereitung zum Hochverrat und verbrecherischen und gemeingefährlichen Gebrauchs von Sprengstoffen

hat der Volksgerichtshof, 2. Senat, in der nicht öffentlichen Sitzung vom 8. März 1937 auf Grund der mündlichen Verhandlung, an welcher teilgenommen haben

als Richter:

Senatspräsident Engert als Vorsitzender,
Volksgerichtsrat Jenne,
SS-Sturmbannführer Wittmer,
Oberst Schroers,
Hauptstellenleiter Berkenkamp,

als Beamter der Staatsanwaltschaft:

Erster Staatsanwalt Volk,

als Urkundsbeamter der Geschäftsstelle:

Justizsekretär Sonnenschein,

für Recht erkannt:

I. Der Angeklagte H i r s c h wird wegen Vorbereitung eines hochverräterischen Unternehmens unter erschwerenden Umständen in Tateinheit mit einem Verbrechen gegen § 6 des Gesetzes gegen den verbrecherischen und gemeingefährlichen Gebrauch von Sprengstoffen vom 9. Juni 1884 zum Tode verurteilt.

II.

Das Todesurteil gegen Helmut Hirsch, 1937. **oben rechts:** Portraitfoto Helmut Hirschs.

Widerstand

Der gescheiterte Anschlag von Helmut Hirsch

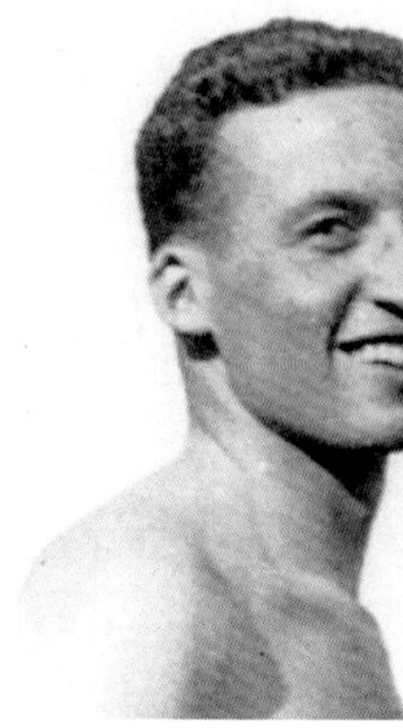

Widerstand gegen den nationalsozialistischen Staat war auch in der »Stadt der Reichsparteitage« die Ausnahme. Nur eine (gescheiterte) Aktion des Jahres 1936 sollte sich direkt gegen das Reichsparteitagsgelände richten: Hier wollte der erst zwanzigjährige Helmut Hirsch aus Stuttgart als Zeichen des Widerstands in Nürnberg einen Sprengstoffanschlag ausführen.

Dem Juden Helmut Hirsch war der Antisemit Streicher besonders verhasst. Hirsch stammte aus der bündischen Jugend und war in Prag mit der Gruppe Otto Strassers, einer pseudosozialistischen Abspaltung der NSDAP, in Kontakt gekommen. Die dubiose und von Spitzeln durchsetzte Strasser-Gruppe gebrauchte Helmut Hirsch für ihre Ziele und setzte ihn mit der Behauptung unter Druck, von seinem Verhalten hänge es ab, wie die Juden in Deutschland bei einer eventuellen Machtübernahme Strassers in Deutschland behandelt würden.

Der Sprengstoff sollte zunächst auf dem Nürnberger Hauptbahnhof, nach einer späteren Planung »in der Druckerei unter dem Verlagsgebäude des ›Stürmer‹ und auf dem Gelände des Reichsparteitages in Nürnberg zur Explosion gebracht werden«.[167] Der Plan, das Stürmer-Verlagsgebäude zu treffen, wurde jedoch fallengelassen und Helmut Hirsch sollte stattdessen »das Gelände des Reichsparteitages besichtigen, auf dem sich (...) für Sprengungen geeignete Hochbauten«[168] befanden. So wurden die Vorstellungen des Kontaktmanns Helmut Hirschs bei der Schwarzen Front im Urteil des Volksgerichtshofs widergegeben.

Schließlich willigte Hirsch in die Aktion ein, wohl auch um zu beweisen, dass auch Juden keineswegs widerstandslos den Terror des Nationalsozialismus erduldeten. Am 20. Dezember 1936 kam Helmut Hirsch mit dem Zug in Stuttgart an. Drei Tage später sollte er in Nürnberg den Sprengstoff von einem Kurier übernehmen. Dieser Kurier – wahrscheinlich ein Spitzel – stellte sich mit dem Sprengstoff an der tschechisch-deutschen Grenze den deutschen Behörden und verriet Helmut Hirsch. Am 21. Dezember 1936 wurde Helmut Hirsch in seinem Hotelzimmer verhaftet, am 8. März 1937 vom Volksgerichtshof zum Tode verurteilt und am 4. Juni 1937 in Berlin-Plötzensee im Alter von 21 Jahren hingerichtet. Er hat als einziger versucht, einen Anschlag auf das Reichsparteitagsgelände durchzuführen.

Titelblatt einer Broschüre zur Erinnerung an Helmut (»Helle«) Hirsch, 1987.

Hitler im Fokus der Kameras beim Reichsparteitag 1934 auf dem Zeppelinfeld.

oben rechts: Werbung für den »Volksempfänger«.

Hitler an neu installierten Mikrofonen der Luitpoldarena, 1933.

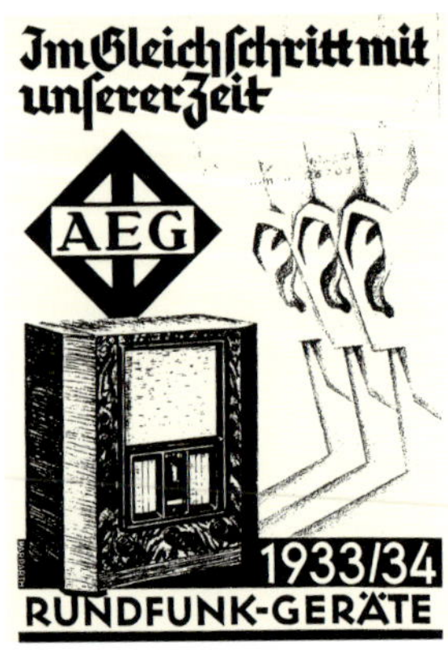

Reklame für AEG-Rundfunkgeräte.

Propaganda im Medienverbund

Rundfunk, Wochenschau und Fernsehen bei den Reichsparteitagen

»Diese Woche bestell ich den Rundfunk ab. Immerzu Parteitag, das ist ja zum Kotzen«[169] – die Äußerung eines Radiohörers aus dem Jahr 1938 verweist darauf, dass das reichsweite Medienereignis Reichsparteitag nicht überall nur positiv aufgenommen wurde. Eine besondere Rolle spielte neben der Zeitungsberichterstattung der Rundfunk als wichtiges und auch in den Privathaushalten weit verbreitetes Massenmedium. Beim Reichsparteitag 1937 waren fünf Übertragungswagen sowie 64 Ingenieure und Techniker für die Rundfunkübertragung im Einsatz, Sprecher aus ganz Deutschland wurden zusammengezogen, Propagandaminister Joseph Goebbels und Reichssendeleiter Eugen Hadamovsky kümmerten sich persönlich um die richtige Gestaltung des Programms. Dies konnte auch zu Irritationen führen, als Goebbels etwa 1935 bei der Übertragung der Verkündung der »Nürnberger Gesetze« den Redner Hermann Göring als »[f]ast unerträglich«[170] abschalten ließ, während hingegen die Zuhörer offensichtlich eine Störung der Veranstaltung vermuteten, was aus Goebbels Tagebuchnotiz »Unruhe im Volk« hervorgeht[171].

Hitler im »Stadion der Hitler-Jugend« beim Reichsparteitag 1936.

Während der Woche des Reichsparteitags liefen jeden Abend ab 20.00 Uhr zwei Stunden lang ausschließlich Übertragungen vom Reichsparteitag – nur unterbrochen durch die Nachrichten. Zum Ausgleich sollte nach dieser Woche vor allem leichte Tanz- und Volksmusik und keine Marschmusik gespielt werden – offensichtlich war man sich der Gefahr bewusst, dass eine Dauerberieselung mit Reichsparteitagsveranstaltungen und Hitlerreden beim Radiohörer auch zu Überdruss führen konnte.

Der Reichsparteitag galt als »die größte dramaturgische Aufgabe, die der großdeutsche Rundfunk bisher gestellt bekam«[172] und die Beteiligten versuchten ihr Bestes zu geben.

Ausgehend davon, dass es für den Radiosprecher nur die nationalsozialistische Anschauungsweise geben konnte, musste dieser darüber hinaus »an der rechten Stelle ernst und ergriffen, stürmisch bewegt, von Jubel erfüllt und – sprachlos sein können. Man muss am Ton seiner Stimme, aber auch am Rhythmus seiner Sprache, ja an der Atemführung und an den Pausen, die nicht der Überlegung, sondern der Erregung entspringen, spüren, was los ist.«[173] Diese Art einer emotional aufgeladenen Reportage war in der Praxis nicht leicht umzusetzen, auch zahlreiche sachliche Fehler kamen vor, so dass die Radiosprecher schließlich ein Quellenbuch Nürnberg ausgehändigt bekamen, in denen sie die wichtigsten Informationen zu Nürnberg und zu den Reichsparteitagen schnell finden konnten. Um das Programm spannender zu gestalten, fuhr ein Reporter im

Radio war ein zentrales Mittel der nationalsozialistischen Propaganda, auch bei den Reichsparteitagen, Plakat 1934.

Beiwagen eines Motorrads bei Aufmärschen mit, und »alte Kämpfer« wurden nach besonderen Erlebnissen aus der Frühzeit der nationalsozialistischen Bewegung befragt. Ein großer Teil der Sendungen vom Reichsparteitag bestand außerdem nicht aus Wortbeiträgen, sondern aus Marschmusik und nationalsozialistischem Liedgut.

Entgehen konnte der abendliche Radiohörer diesen Sendungen nicht, denn alle deutschen Sender von Breslau bis München übernahmen das vom Nürnberger Telegrafenamt in der Allersberger Straße ausgehende Radioprogramm. Die nationalsozialistische Propaganda versuchte überdies, über das Radio auch diejenigen zu erreichen, die skeptisch waren oder eigentlich das Radioprogramm gar nicht hören wollten. So wurde der Gemeinschaftsempfang im Betrieb, in der HJ-Gruppe oder beim Reichsarbeitsdienst propagiert, der neugegründete »Gemeinderundfunk e.V.« sollte den Rundfunk auch in kleine Orte bringen und ein Netz von 6600 »Reichslautsprechersäulen« sollte in den Großstädten des Reiches Radioempfang im öffentlichen Raum ermöglichen. Die ersten hundert Säulen waren 1938 in Breslau aufgestellt worden. Mit Kriegsbeginn mussten derartige Projekte aber wichtigeren Vorhaben der Rüstungsindustrie weichen.

Eine denkwürdige Rundfunkübertragung erlebte die Berliner Bankangestellte Josepha von Koskull 1938, die mit ihrer Belegschaft die Rede Hitlers zu Beginn des Parteitags anhören sollte, aber die Lautsprecheranlage versagte. »Wir saßen im großen Sitzungssaal (...) und hörten anderthalb Stunden lang nur unverständliches Gebrüll und Lärm aus dem Lautsprecher. Dazwischen einmal ein paar Wortfetzen aus dem Mund des großen Schreiers. Es war eine Nervenprobe. Unser Präsident, der Vizepräsident (...) und alle Direktoren saßen ebenso todernst vor diesem brüllenden Lautsprecher wie die dreihundert Beamten. (...) Die Lage war peinlich. Da plötzlich erlitt ein junger Buchhalter, dessen Nerven es nicht mehr aushielten, einen Lachkrampf. Es war schauerlich, das mitanzuhören. Er schrie vor Lachen, fiel zu Boden, stieß hilfreiche Hände von sich und wälzte sich buchstäblich vor Lachen auf dem Teppich. Man trug ihn in die Krankenstube. (...) So etwas konnte wohl nur im Dritten Reich passieren! Derartigen Stumpfsinn nannte man aber ›Disziplin‹!«[174]

Wochenschau und Fernsehen vom Reichsparteitag

Der nationalsozialistischen Propaganda standen nicht nur Presse und Radio, sondern auch schon Anfänge des Fernsehens zur Verfügung. 1935 kündigten die Nationalsozialisten großspurig den »ersten Fernsehbetrieb der Welt«[175] an, übertragen wurden jedoch nur wenige Sendungen in sogenannten »Fernsehstuben«, von denen es nur in Berlin einige wenige gab. Während der Olympiade 1936 in Berlin wurde diese Frühform des Fernsehens erstmals zur Übertragung eines Massenereignisses genutzt und auch beim Reichsparteitag desselben Jahres eingesetzt. 1937 gab es beim Reichsparteitag dann erstmals Direktübertragungen aus

Nürnberg mit »Bildfänger« genannten Fernsehkameras, die keine Speichermöglichkeit hatten. Technische Vorraussetzung war dafür das neue Fernsehkabel Berlin – Leipzig – Nürnberg – München, das bereits mit Blick auf die Reichsparteitage auch Nürnberg mit der Reichshauptstadt verband. So konnten einige tausend Menschen in Berlin und Potsdam in zehn Fernsehstuben Bilder vom Reichsparteitag live sehen. Von der Fernsehzentrale im Hauptpostgebäude am Hauptbahnhof konnte man zu den verschiedenen Veranstaltungsorten schalten, ein Fernsehwagen war »auf Bildjagd«, daneben waren auch Zwischenfilmanlagen im Einsatz, in denen ein konventioneller Film sofort entwickelt und getrocknet wurde, damit er zeitnah (aber nicht live) ins Fernsehprogramm eingespeist werden konnte. Das Fernsehen hätte in der Zukunft eine wichtige Rolle bei der visuellen Vermarktung des Reichsparteitags gespielt. Es gab auch schon erste Planungen für einen eigenen Nürnberger Fernsehsender am Schmausenbuck. Mit Kriegsbeginn wurden derartige Überlegungen jedoch gegenstandslos.

Wirklich massenwirksam war das Fernsehen im Nationalsozialismus damit nicht. Bewegte Bilder vom Reichsparteitag waren den Zeitgenossen vor allem durch Leni Riefenstahls Kinofilm »Triumph des Willens« aus dem Jahr 1934 in Erinnerung – allerdings noch weitgehend ohne die damals noch nicht errichteten Bauten des Reichsparteitagsgeländes. Zusätzlich lieferten Ufa-Tonwoche, Deulig-Tonwoche, Fox Tönende Wochenschau und andere Firmen bewegte Bilder für die Wochenschauen im Vorprogramm der Kinos. Auch im Ausland wurden die Reichsparteitage über die Wochenschauen bekannt.

Volksgemeinschaft an den Radios?

Trotz aller Bemühungen konnte die nationalsozialistische Propaganda keine »Volksgemeinschaft an den Radios«, geschweige denn an den Fernsehgeräten verwirklichen. Die Entwicklung zu einer massenwirksamen Medienberichterstattung über Radio und Fernsehen war jedoch schon vorgezeichnet, einschließlich einer stärkeren Kontrolle des Hörers und des Sehers.

Vorsänger unterhalb der Rednerkanzel auf der Zeppelintribüne beim »Tag des Reichsarbeitsdienstes« 1937.

Fernsehstuben und Reichsrundfunksäulen sollten den Empfang von Radio und Fernsehen aus dem privaten Bereich in die Öffentlichkeit holen und so beim gemeinsamen Empfang an der Arbeitsstelle auch Skeptiker und Nichtinteressierte vor das Gerät bringen. Der systematische Zugriff nationalsozialistischer Propaganda wäre so noch einmal verstärkt worden. Reichsparteitagsfernsehen und die Beschallung öffentlicher Räume und Betriebe mit Reichsparteitagsreden blieben den Zeitgenossen jedoch erspart. Die Praxis der Propaganda blieb wie so oft hinter vollmundigen Ankündigungen und hochfliegenden Zukunftsvisionen zurück.

Andenkenstand im Massenquartier Zeltnerschule beim Reichsparteitag 1933. Von Anfang an waren die Reichsparteitage für kleine und große Gewerbetreibende in Nürnberg ein glänzendes Geschäft. Von der Postkarte über Adler mit Hakenkreuz aus Karton bis zum Hitler-Plakat war eine große Bandbreite von Devotionalien erhältlich.

oben rechts und folgende Seiten:
Aus der Produktion Heinrich Hoffmanns als Gabe für Spender des Winterhilfswerks: Bildheftchen »Der Führer und seine Bauten« (um 1938).

Kitsch, Propaganda und Geschäft

Die Bildproduktion zum Massenereignis Reichsparteitag

Nicht nur Leni Riefenstahl hat die Reichsparteitage verherrlicht. Zwar muss die Regisseurin des Reichsparteitagsfilms »Triumph des Willens« schon früh als Maßstab für die ästhetische Darstellung des deutschen Menschen und der nationalsozialistisch organisierten Masse gelten, der eigentliche Bildproduzent war jedoch Heinrich Hoffmann und seine monopolartig arbeitende Firma. Im Mittelpunkt seiner Arbeit, die sich ab 1933 zum glänzenden Geschäft entwickelte, stand zwar »der Führer« selbst, dennoch prägte die Verbindung »Hoffmann und Hitler«[176] auch das Bild der Reichsparteitage entscheidend.

Der »Illustrierte Beobachter« brachte zu den Reichsparteitagen Sondernummern heraus.

Neben dem Profi Hoffmann gab es eine Vielzahl von kleineren Firmen, einzelnen Fotografen und Künstlern aller Art, die Nürnberg mit Hitler und den Reichsparteitagen kombinierten und Bildmaterial abzusetzen versuchten. Ein derartiges Konglomerat aus Nürnberg-Romantik und Faszination der Person Hitlers war fototechnisch oder »künstlerisch« leicht herstellbar, jedoch ästhetisch oft gnadenlos anspruchslos und mit einer deutlichen Tendenz zum Kitsch behaftet. Gleichzeitig gab es aber auch Versuche, eine im nationalsozialistischen Verständnis gültige und würdige Darstellung der Reichsparteitage und des Reichsparteitagsgeländes zu erreichen.

Heinrich Hoffmann, Fotograf, und Adolf Hitler, früher Hinterzimmerredner, später Reichskanzler und »Führer«, waren in der Bildpublizistik des 20. Jahrhunderts ein beispielloses Gespann. Persönlich schon seit den 1920er Jahren miteinander verbunden, gelang es Heinrich Hoffmann mit seiner Fotografie, Hitlers Macht eindrucksvoll in Szene zu setzen. Zigtausende Postkartenmotive, Fotobände, Sammelalben, Pressefotos und selbst kleine Bildhefte als Belohnung für Spenden zum Winterhilfswerk ließ Hoffmann produzieren und vertreiben. Mit seinen Fotobänden, die zu jedem Reichsparteitag erschienen, vollzog er auch die Entwicklung des Parteitagsrituals mit – von den ersten, noch improvisiert wirkenden Veranstaltungen 1933, die noch große Nähe Hitlers zum Volk der Parteitagsteilnehmer zeigte, bis hin zum distanziert über den organisierten Massen stehenden »Führer« späterer Parteitage. Ähnlich wie beim Reichsparteitagsfilm »Triumph des Willens« von Leni Riefenstahl arbeitete Hoffmann 1934, ganz im Sinne der politischen Ziele Hitlers, das nationalsozialistische Ideal unverbrüchlicher Treue

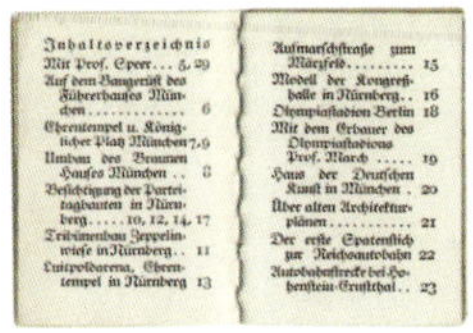

zum »Führer« heraus und half durch Fotoästhetik und Bildunterschriften mit, die Morde des Röhm-Putsches propagandistisch zu verbreiten.[177] Hoffmanns Fotobände zu den Reichsparteitagen ließen einen idealen Reichsparteitag entstehen, der aber in seiner Überhöhung und unhistorischen Gleichartigkeit auch öde und eintönig erscheinen konnte. Dem wirkte die sonstige Bildproduktion Hofmanns in Illustrierten und Tageszeitungen entgegen, die gleichsam als Einstieg Alltagsszenen, Geschichten am Rande des Parteitags und Anekdotisches in Szene setzte. Dies entsprach auch den unterschiedlichen Verpackungen: Ein ewig gültiges Bild des Reichsparteitags für das Bücherregal, der unterhaltsame Schnappschuss für die schnellebige Tageszeitung, das eindrucksvolle Titelbild für den Illustrierten Beobachter – alles geliefert von derselben zentralen Bildagentur der nationalsozialistischen Führer-Propaganda.

Hoffmann hat aber nicht nur die Zeit nach der Machtübernahme der Nationalsozialisten begleitet, sondern schon die Anfänge der NSDAP im München der 1920er Jahre und auch die ersten Parteitage, 1923 in München, 1927 und 1929 in Nürnberg, fotografiert. Der Unterschied zwischen den fast armseligen Marschkolonnen der frühen Jahre und den später perfekt inszenierten Massen ist überdeutlich. Der eigentliche Kontrast besteht jedoch zwischen den von Hoffmann veröffentlichten und den nicht veröffentlichten Bildern: Unveröffentlicht bleiben beispielsweise Abbildungen Hitlers mit schupomäßiger SA-Mütze oder in Lederhosen – wegen ihrer offensichtlichen Lächerlichkeit ungeeignete Bilder für die nationalsozialistische Propaganda.

Reichsparteitage als Motiv anspruchsvoller Fotografie

Künstlerisch anspruchsvoller, aber ökonomisch nicht ansatzweise so erfolgreich wie Heinrich Hoffmann war die Fotografin Lala Aufsberg.[178] Sie ist ein Beispiel dafür, wie künstlerische Talente der Weimarer Republik nach 1933 ihre Fähigkeiten in den Dienst des neuen Regimes stellten und so das Regime in seiner Außenwirkung unterstützten. Lala Aufsberg gelingt es mit ihren Fotografien, Stimmungen einzufangen. Sie schien fasziniert vom Lichtdom um das Zeppelinfeld, richtete ihr Objektiv aber nicht starr auf das Zeppelinfeld selbst und seine Tribüne, sondern verfolgte auch den Kontrast zwischen den Bäumen am Ufer des Dutzendteichs und dem grellen Licht der Flakscheinwerfer. Auch ein einzelner Scheinwerfer war für sie ein Motiv. Technikbegeisterung, schon ein Kennzeichen der Weimarer Avantgarde, war auch ein Kennzeichen der Zeit des Nationalsozialismus und wurde mit künstlerisch überlegter Fotografie dargestellt.

Eine weitere Facette des Bildes vom Reichsparteitag bietet der Fürther Fotoamateur Ferdinand Vitzethum.[179] Seine Aufnahmen müssen den Vergleich mit denen der professionellen Kollegen nicht scheuen. Sie zeigen vor allem die Zuschauer des Reichsparteitags, fangen nicht Menschenmassen, sondern die Einzelnen der Zuschauermenge als Individuen ein. Die Atmosphäre der Reichsparteitage wird nicht durch das Zeigen der Aufmarschformationen, sondern durch den gespannten Blick der Zuschauer deutlich. Obwohl Vitzethum mit der professionellen Propagandafotografie des Nationalsozialismus nichts zu tun hat, zeigen auch seine Aufnahmen die Faszination am Ereignis Reichsparteitag.

Landschaftsmalerei als Baustellendokumentation

Trotz der Technikbegeisterung im Nationalsozialismus war es der Anspruch des nationalsozialistischen Deutschland, »wahre Kultur« und nicht nur Produkte einer sinnentleerten, als »amerikanisiert« bezeichneten Zivilisation zu schaffen. Dies ist der geistige Hintergrund für das eigenartige Projekt, mit Hilfe der Landschaftsmalerei die großen Baustellen des »Dritten Reiches« und damit Orte großer Landschaftszerstörungen zu dokumentieren. Selbst Reichsparteitagsveranstaltungen sollten so künstlerisch gediegen festgehalten werden.

Hitler, Himmler und Lutze beim Totengedenken in der Luitpoldarena 1934, Guache von Ernst Vollbehr.

Dies setzte einen ausgesprochenen Schnellmaler voraus. Reichen Erfahrungsschatz auf diesem Gebiet hatte der Maler Ernst Vollbehr, der bereits in den Kolonien des deutschen Kaiserreichs immerhin 400 Bilder produziert hatte und anschließend als Frontmaler im Ersten Weltkrieg angeblich 2.000 Bilder schuf. So stand seiner Karriere im »Dritten Reich« als Bildchronist der Bauten des Führers, vor allem aber als »Reichsautobahnmaler« nichts im Wege. Neben den Baustellen der »Straßen des Führers« war Vollbehr auch bei den Reichsparteitagen in Nürnberg zugange, malte hier Baustellenmotive und versuchte sich an den Massenaufmärschen des Reichsparteitages. Allerdings war seinen in Guache-Technik hingeworfenen Gemälden in ihrer grellen Farbigkeit beim Motiv Reichsparteitage kein besonderer Erfolg beschieden. Obwohl Vollbehr, wie bei ihm üblich, eine Vielzahl von Gemälden schuf, wurde nur eines in den zeitgenössischen Bildbänden zu den Reichsparteitagen veröffentlicht. Dies lag vielleicht auch daran, dass seine Darstellung Hitlers, der notwendig ein zentrales Motiv bei Aufmärschen bildete, eher einem braunen Strichmännchen als einem überragenden »Führer« ähnelte. Der eigenartige Befund, dass Ernst Vollbehrs Reichsparteitagsbilder nach 1945 häufiger als in der Zeit des Nationalsozialismus abgedruckt wurden, ist wohl eher auf das Illustrations-

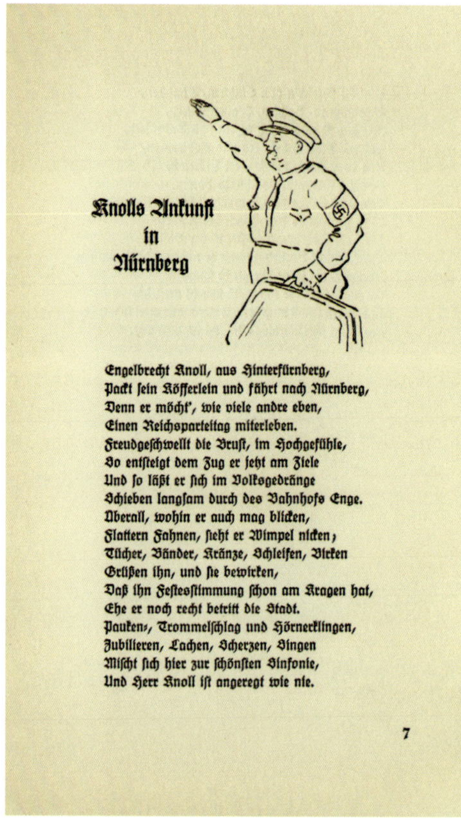

Knolls Ankunft
in
Nürnberg

Engelbrecht Knoll, aus Hinterfürnberg,
Packt sein Köfferlein und fährt nach Nürnberg,
Denn er möcht', wie viele andre eben,
Einen Reichsparteitag miterleben.
Freudgeschwellt die Brust, im Hochgefühle,
So entsteigt dem Zug er jetzt am Ziele
Und so läßt er sich im Volksgedränge
Schieben langsam durch des Bahnhofs Enge.
Überall, wohin er auch mag blicken,
Flattern Fahnen, sieht er Wimpel nicken,
Tücher, Bänder, Kränze, Schleifen, Birken
Grüßen ihn, und sie bewirken,
Daß ihn Festesstimmung schon am Kragen hat,
Ehe er noch recht betritt die Stadt.
Pauken-, Trommelschlag und Hörnerklingen,
Jubilieren, Lachen, Scherzen, Singen
Mischt sich hier zur schönsten Sinfonie,
Und Herr Knoll ist angeregt wie nie.

7

Pausalas Gedichtband zu den Reichsparteitagen und seine Hauptfigur, Engelbert Knoll, beim »Hitlergruß«.

bedürfnis historischer Bücher und Ausstellungskataloge als auf seine tatsächliche zeitgenössische Bedeutung bei der Darstellung von Reichsparteitagen zurückzuführen.

Heimatdichtung und Kinderbücher als Reichsparteitagspropaganda

Ernst Vollbehr war aber keineswegs der einzige Künstler, der die Reichsparteitage für sich nutzen wollte. Das Ereignis direkt vor Augen, steuerten Nürnberger Dichter und Zeichner ihren Teil zum Bild des Reichsparteitags bei. So versuchte sich der Heimatdichter Pausala (Paul Rieß) darin, »Festtage im lieben alten Nürnberg« in gereimten Versen zu verherrlichen. Seine Hauptfigur, Engelbert Knoll aus Hinterfürnberg (als Reim auf Nürnberg), besucht den Reichsparteitag als Teilnehmer und erlebt etwa den nächtlichen Amtswalter-Appell auf dem Zeppelinfeld folgendermaßen:

»Knoll hat begeistert nun bis in die Nacht / Am Zeppelinfeld draußen alles mitgemacht / Bei dem Appelle der polit'schen Leiter. / Welch ein gewalt'ger Anblick! 150.000 geist'ge Streiter / Um ihren Führer – und in parallelen Bahnen / Durchfurcht von über 20.000 Fahnen! / Und als der Führer dann zu ihnen hat gesprochen / Da ist ein Jubel ohne Maßen ausgebrochen / So schlugen alle Herzen höher in der Brust / Eins waren alle, eins, ganz unbewußt! (...).«[180]

Ob derartige Reime allerdings als wirksame Propaganda für die Reichsparteitage dienen konnten oder schon damals eher bemüht als eindrucksvoll wirkten, ist heute schwer zu entscheiden. Die beigegebenen Illustrationen sind teilweise unfreiwillig lächerlich, etwa wenn sie den etwas dickbäuchigen und wenig heldenhaften Knoll beim Hitlergruß zeigen.

Ein anderer bekannter Autor literarisch erzählter Nürnberger Stadtgeschichte, Franz Bauer, nutzte den Ruf Nürnbergs als »Stadt der Reichsparteitage« wesentlich professioneller. Seine für Jugendliche geschriebene Stadtgeschichte »Sonne über Nürnberg«[181] ist in die Rahmenhandlung eines Besuchs von Kindern aus der »Ostmark« bei einer Nürnberger Familie gestellt. Zeitgemäß in HJ- und BdM-Uniform gekleidet läßt Franz

schweigen", brummt Hoppe. Aber er sieht gar nicht böse dabei aus.

* * *

Der Vorbeimarsch vor dem Führer hat sein Ende gefunden. Die vielen Menschen, die als Zuschauer in den Straßen standen, kommen in Bewegung, die Reihen lichten sich, die Massen teilen sich nach verschiedenen Richtungen auf. Auf dem Wege, den der Führer mit seinen Getreuen nimmt, bilden sich neue Gruppen. Ihr vielfaches begeistertes „Heil! Heil!" bringt herauf durch die offenen Fenster in Gertruds Wohnung.

Es klingt den beiden jungen Paaren wie ein verheißendes Omen für die Zukunft.

Anna Liebel-Monninger erzählt eine Liebesgeschichte am Rande eines Reichsparteitags.

Sammeltasche mit Fotos der Parteitagsbauten aus dem Verlag Liebermann & Co, Nürnberg (um 1937).

Leporello mit Fotos der Parteitagsbauten aus dem Verlag Liebermann & Co, Nürnberg (um 1937).

Bauer die Nürnberger und ihre Gäste die Stadt entdecken, produzierte dazu selbst mit Kindern nachgestellte Fotos, steuerte zahlreiche Zeichnungen und Grafiken bei und ließ die Entdeckungsreise schließlich auf dem Reichsparteitagsgelände enden. Wie selbstverständlich vermittelte der Volksschullehrer Franz Bauer mit seinem Buch unterschwellig, aber durchaus jugendgerecht, das Bild eines sich natürlich aus der deutschen Geschichte ergebenden nationalsozialistischen Staates.

Anna Liebel-Monninger, eine weitere in Nürnberg ansässige Autorin, schrieb ein ganzes Kinderbuch mit einem Reichsparteitag als Rahmenhandlung. Die wohl vor allem für Mädchen gedachte Geschichte »Gertrud wächst ins Dritte Reich«[182] handelt von einer Liebesgeschichte, die Gertrud während eines Reichsparteitags aus der Enge ihrer familiären Umgebung in eine glückliche Ehe mit einem jungen Nationalsozialisten führt. Auch hier liegt die Zukunft des alten Nürnberg in seiner Rolle als Stadt der Reichsparteitage, und die zum Nationalsozialismus strebende Jugend lässt sich nicht von den starren Regeln der Tradition aufhalten.

Eine Flut von Postkarten und Sammelbildern

Hunderttausende Besucher und Teilnehmer der Reichsparteitage riefen eine gesteigerte Nachfrage nach Andenken und Postkarten vom Ereignis Reichsparteitag und der »Stadt der Reichsparteitage« hervor – ein Markt, den auch der Bildproduzent Heinrich Hoff-

Postkartenverkaufsstand als Postkartenmotiv, undatierte Postkarte von Dipl. Ing. Heh. Lotz, Nürnberg.

mann nicht vollständig bedienen konnte. Obwohl die Firma Hoffmann allein 50 verschiedene Farbpostkarten und eine beträchtliche, nicht mehr feststellbare Anzahl schwarz-weißer Karten herausbrachte und der parteieigene Eher-Verlag 14 als »offiziell« geltende Farbkarten anbot, war offensichtlich noch genügend Nachfrage für Karten weiterer Verlage vorhanden. Mindestens zusätzliche 190 Motive, auch von Nürnberger Postkartenproduzenten wie dem Fotografen Ludwig Harren, dem Intra-Verlag, der Druckerei F. Wilmy, dem Stoja-Verlag (Paul Janke) und der Firma Zerreis & Co. waren in Umlauf.

Die Produktion von Reichsparteitagsbildern schloss auch Spiele mit ein. Eine Quartettserie, die Nürnberg im Gau Franken vorstellt, bot neben der Burg drei auf die Reichsparteitage und das Reichsparteitagsgelände bezogene Motive: den Aufmarsch am Hauptmarkt, das Baumodell der Kongresshalle und die Haupttribüne des Zeppelinfelds.

Die Postkartenflut bewirkte eine teilweise Überformung des Nürnberg-Bildes durch nationalsozialistische Symbolik. Wirken viele der ersten Karten noch improvisiert, künstlerisch bestenfalls durchschnittlich und reportagehaft auf bestimmte Ereignisse der Reichsparteitage fixiert, so arbeiten spätere Karten souveräner mit einer inzwischen eingeführten Bildsprache, kombinieren Altstadtmotive wie Burg oder Stadtmauer mit

»Stürmer-Karte Nr. 2« zum Reichsparteitag 1927, Großdeutscher Volksverlag Nürnberg, Burgstraße 17.

»Offizielle Parteitagspostkarte Nr. 1« zum Reichsparteitag 1929, Kunstverlag Peter Triem, München, Theresienstraße 75.

Reichsparteitags-Postkarte Nr. 446, gelaufen 1935, Photo-Hoffmann, München, Theresienstraße 74.

Quartettserie zu »Nürnberg, Gau Franken«, um 1937.

Marschkolonnen und setzen bei den grafischen Karten dominant Uniformierte der nationalsozialistischen Bewegung vor Darstellungen der Altstadt, die nur noch die Hintergrundkulisse bildet.[183]

Deutlich werden die professionellere Gestaltung, aber auch das immer stärkere Hervortreten von NS-Symbolen bei einem Vergleich von drei grafischen Postkarten der Jahre 1927, 1929 und 1935:

Während bei der ersten Karte zum Reichsparteitag 1927 ein fast expressionistisch wirkender SA-Mann mit einer exaltierten Geste vor der Silhouette Nürnbergs zu sehen ist, verdeckt auf der Karte von 1929 ein wesentlich seriöser wirkender SA-Mann das Postkartenmotiv der Burg schon zur Hälfte. Bei der Karte aus dem Hoffmann-Verlag von 1935 schließlich ist die Burg nur noch ein wenig wichtiges Hintergrundmotiv: Der trompetenspielende Hitlerjunge und der Steinadler der Luitpoldarena stehen im Vordergrund einer auch grafisch und farblich wesentlich anspruchsvolleren Postkarte.

Eine große Anzahl der Ansichtskarten stellte die Bauten des Reichsparteitagsgeländes in allen möglichen Variationen dar. Fotoleporellos und Sammeltaschen kombinierten tatsächlich vollendete Bauten mit Abbildungen der Baumodelle, so dass für den Käufer das von der nationalsozialistischen Propaganda gewünschte Bild einer großartigen Gesamtanlage entstand.

Neben Bauten des Reichsparteitagsgeländes und Nürnberg-Motiven mit Marschkolonnen wurden auch die jeweiligen offiziellen Festplaketten als Postkarten angeboten. Auch grafische Gestaltungen zu bestimmten Ereignissen, etwa zum »Anschluss« Österreichs und dem daraus herrührenden Motto »Reichsparteitag Großdeutschland« 1938 waren zu haben.

Postkarte zum Reichsparteitag 1938 vom Zentralverlag der NSDAP Franz Eher Nachf. München.

Marschformationen Ecke Wodanstraße / Allersberger Straße, undatierte Fotokarte.

Die Postkartenflut bietet aber auch Einblicke in das Geschehen am Rande der Reichsparteitage. Eine nicht professionell über einen Verlag vertriebene Postkarte zeigt etwa Marschkolonnen in der Vorstadt Ecke Wodanstraße / Allersberger Straße mit Zuschauern auf gewagten Leiterkonstruktionen.

Die Überfüllung der Innenstadt mit Zuschauern und Teilnehmern der Reichsparteitage wirkt auf manchen Postkarten eher bedrohlich als eindrucksvoll, der Blick auf das Geschehen ist von jubelnden Menschen verstellt. Dennoch wurden auch solche Motive angeboten, die wenig mehr als Menschenmassen in den Straßen erkennen lassen. Offensichtlich entsprach eine derartige Perspektive auch dem visuellen Erleben vieler Besucher der Reichsparteitage.

Postkarten vom jeweiligen Unterbringungsort, von Schulen oder Lagerarealen, vermitteln auch etwas von der Langeweile und dem eigenartigen Lagerleben während der Reichsparteitage. Eine Postkarte zum SS-Lager zeigt nicht nur Lagertor und Einmarsch, sondern

Marschkolonnen zwischen Rathaus und Sebalduskirche, Postkarte um 1938.

Postkarte zum Reichsparteitag 1936 aus dem SS-Lager, Intra-Verlag Nürnberg.

auch SS-Männer beim Kartenspielen und Zeitunglesen sowie die liebevolle Pflege eines Totenkopfmosaiks vor einem der Zelte.

Das Lager des Reichsarbeitsdienstes 1937, von dem vier Aufnahmen auf einer Postkarte verewigt wurden, erscheint mit seinen eher an einen Abenteuerspielplatz erinnernden Wachtürmchen aus Holz und den als Zeichen der Heimat gestalteten Kühen aus Stroh skurril. Die Produktion von Postkarten für die einzelnen Lager war, ebenso wie das Anlegen von Zierbeeten, Wachtürmchen, provisorischen Holzdenkmälern und Lagertoren, Teil des Versuchs, die simplen Zeltstätte und Barackenanlagen für die Teilnehmer wenigstens etwas aufzuwerten und so den Gruß an Daheim eindrucksvoller zu gestalten. Nicht einfach ein Zelt war zu sehen, sondern das von den Nationalsozialisten auch im Film, in Presse- und Buchpublikationen verherrlichte »Lagerleben«.

Postkarte vom Lager des Reichsarbeitsdienstes, 1937

Die Kaiserburg als Reichsparteitagskulisse

Auf zahlreichen Postkarten taucht die Nürnberger Kaiserburg als Kulisse für die Reichsparteitage auf. Während die Karte von 1933 noch sehr traditionell mit klassischen Motiven des Nürnberg-Tourismus arbeitet und »nur« hinter der Burg Hitler als Sonne aufgehen lässt, schieben sich bei späteren Karten nationalsozialistische Symbole in den Vordergrund. Der nationalsozialistische Reichsadler, die Hakenkreuzfahne oder Männer in Uniform wurden bei grafischen Karten fast schon beliebig miteinander kombiniert. Eine gewisse Eintönigkeit war daher auch bei diesen Karten unvermeidbar. Der klassische Blick vom Hauptmarkt zur Burg – mit Fahnenschmuck und den Marschkolonnen des Reichsparteitags – wurde als immer gleichbleibendes Motiv ohne Aufdruck einer Jahreszahl angeboten und konnte so unverändert bei nachfolgenden Reichsparteitagen verkauft werden.

Postkarte zum Reichsparteitag 1933 der Firma H. Hunsinger, Nürnberg. Hitler wird von Julius Streicher (links) und Oberbürgermeister Willy Liebel (rechts) flankiert.

Reichsparteitagspostkarte des Intra-Verlags Nürnberg, verschickt 1936.

rechts: Festpostkarte der Firma Heinrich Hoffmann.

Postkarten zu den Reichsparteitagen 1935 bis 1939 des Zentralverlags der NSDAP Fr. Eher Nachfolger. Sie zeigten jeweils auf rotem Grund das offizielle Abzeichen des Reichsparteitags.

Postkarte mit BdM-Mädchen der Firma Heinrich Hoffmann.

rechts: Postkarte des Verlags Wilhelm Serz, Nürnberg.

Der unvermeidliche Adler

Der nationalsozialistische Reichsadler, sitzend auf einem Kranz mit Hakenkreuz, war ein unverzichtbares Motiv der Bildpropaganda. Unter seinen Flügeln sind auf der Postkarte 1935 SA und Wehrmacht scheinbar harmonisch vereint, 1937 wird er von muskulösen Männern des Reichsarbeitsdiensts getragen, 1938 betritt der österreichische Bruder mit gesprengten Ketten ein Podest, das durch den Adler symbolisch als das neue Großdeutsche Reich gekennzeichnet ist. Schließlich hält der Adler 1939 schützend seine Schwingen über die deutsche Mutter und ihr Kind – zum ersten und letzten Mal ist eine Frau auf dem Reichsparteitagsabzeichen zu sehen.

Die junge Frau – der junge Mann

Nur selten tauchen Frauen auf Postkarten für die Reichsparteitage auf. Das blonde BdM-Mädchen mit den »Mädelzöpfen« und dem Blumenstrauß begrüßt die Teilnehmer des Reichsparteitags in Nürnberg.

Das Ideal des jungen Mannes im nationalsozialistischen Sinn verkörpern dagegen ein SA- und ein SS-Mann auf einer Festpostkarte von 1934. Mit entschlossenem Gesichtsausdruck demonstrieren beide Einigkeit – vor dem Hintergrund des sogenannten »Röhm-Putsches«, bei dem 1934 SS-Einheiten führende SA-Chargen ermordeten, ist dies eine sehr freie künstlerische Darstellung einer unverbrüchlichen Kameradschaft unter Männern.

Knipserfoto eines HJ-Jungen, der Hitler »Beim Abschreiten der Front« (Originalbildunterschrift) im Bild festhalten wollte.

Knipser bei den Reichsparteitagen

Neben der offiziellen Bildpropaganda wurde es durch die Verbreitung kleinerer Fotoapparate und den Rollfilm möglich, auch selbst Schnappschüsse von den Reichsparteitagen zu schießen. Diese Knipserbilder bieten allerdings nur selten einen anderen Blick als die offizielle Fotografie, können jedoch ausgesprochen banal wirken, wenn zum Beispiel die Zeppelintribüne nur noch als schmucker Hintergrund eines Schnappschusses dient und nicht mehr als Beleg für eine angeblich großartige Architektur. Private Fotoserien zeigen zudem auch das Leben in den zu Massenquartieren umfunktionierten Schulen Nürnbergs.

Das private Fotografieren war von offizieller Seite vor allem während der Aufmärsche nicht gern gesehen. In der HJ-Dienstordnung zum Reichsparteitag 1938 hieß es dazu: »Das Photographieren ist nur während der Freizeit im Lager erlaubt. Das Mitnehmen von Photoapparaten ins Stadion ist allerstrengstens untersagt. Mitgebrachte Photoapparate werden beschlagnahmt. Aufnahmen von der Stadionkundgebung sind am Sonnabendnachmittag an den Verkaufsständen im Lager erhältlich.«[184] Es ist beruhigend, dass sich auch in der strammen HJ nicht alle an Verbote hielten. Ein jugendlicher Knipser versuchte den Vorbeimarsch Hitlers festzuhalten, seine Position in einer der hinteren Reihen ermöglichte dies jedoch nur schlecht. Das Foto zeigt jedoch, wie wichtig den HJ-Jungen ihr Erlebnis des Reichsparteitags war.

Tausende Fotos der nationalsozialistischen Propaganda lassen das Bild eines perfekt inszenierten Reichsparteitags entstehen. Die Knipserbilder und Postkarten in Kleinauflagen fügen dem eine etwas alltäglichere Perspektive hinzu, ändern jedoch das Bild nicht grundlegend: Auch die privaten Fotografen waren begeistert vom Ereignis Reichsparteitag, konnten dies jedoch nicht so perfekt umsetzen wie die Profi-Fotografen Heinrich Hoffmann, Ludwig Harren oder Lala Aufsberg. Insofern ist auch die Bildproduktion für die Reichsparteitage selbst ein deutlicher Beleg für die offensichtliche Begeisterung, die auf vielen Fotos zu sehen ist.

Fotos allein, gleichgültig welcher Qualität, geben jedoch noch keinen halbwegs realistischen Eindruck eines historischen Ereignisses. Man muss noch andere Informationsquellen hinzuziehen. Nur der nationalsozialistischen Propaganda genügte die nach außen gestellte, eindrucksvolle Fassade. Auch deshalb droht man noch im Nachhinein in der Flut der Fotos und Postkarten vom Reichsparteitag den Überblick zu verlieren.

Schnappschüsse an der Zeppelintribüne um 1937/38.

Fotoserie vom Massenquartier in der Zeltnerschule, um 1933/34.

Rednertribüne der Luitpoldarena, Stoja-Verlag, Nürnberg, 1937.

Hitler auf der Rednerkanzel der Luitpoldarena, Verlag Th. König, Berlin.

Luitpoldhalle und Luitpoldarena, Stoja-Verlag, Nürnberg, 1937.

Haupttribüne des Zeppelinfelds, Stoja-Verlag, Nürnberg, 1937.

Das Reichsparteitagsgelände in Farbe

Farbfotografie konnte bei der Bildpropaganda für die Reichsparteitage noch keine Rolle spielen. Zwar gibt es auch Farbaufnahmen von den späteren Reichsparteitagen, sie gingen jedoch in der Masse der reproduzierten Aufnahmen unter. Dennoch waren auch Postkartenproduzenten bestrebt, die Motive mit Bauten des Reichsparteitagsgeländes auch in Farbe anzubieten. Die Ergebnisse wirken zwar noch etwas künstlich, obwohl sich auf der Rückseite der Postkarten ausdrücklich der Hinweis »Orig. Farben-Foto-Aufnahme« findet. Dennoch geben sie einen wichtigen Hinweis zur tatsächlichen Wirkung des Reichsparteitagsgeschehens: Es war ein manchmal farbenprächtiges Bild, das den Besuchern geboten wurde. Das Rot der Hakenkreuzfahne und das Braun der SA-Uniformen waren wichtige Bestandteile der Außenwirkung der nationalsozialistischen Bewegung.

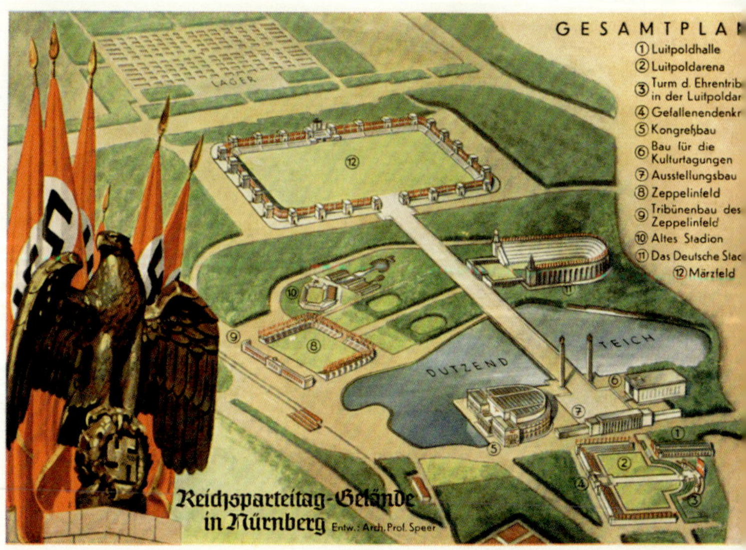

Kolorierter Gesamtplan des Reichsparteitagsgeländes, Postkarte 1938 der Firma Heinrich Hofmann, München.

Appell der »Politischen Amtswalter« beim Reichsparteitag 1933.

Hitlerjugend marschiert 1933 an Baldur von Schirach vorbei.

SA 1933 auf dem Nürnberger Hauptmarkt.

Tribüne vor der Frauenkirche beim Reichsparteitag 1933.

Fahneneinmarsch beim Reichsparteitag 1933.

Die Reichsparteitage – nachträglich koloriert

»Deutschland erwacht – Werden, Kampf und Sieg der NSDAP« ist der Titel eines Sammelalbums des Cigaretten-Bilderdienstes Altona-Bahrenfeld aus dem Jahr 1933. Die zahlreichen Bilder zum Einkleben konnte man teilweise in Farbe oder Schwarz-weiß bekommen, wobei die farbigen Aufnahmen nachträglich koloriert waren. Als Grundfarben erscheinen auch hier vor allem das Rot der Hakenkreuzfahne und das Braun der unformierten Massen. Unrealistisch hart heben sich daher die Fahnen vom Hintergrund ab.

Auf dem Vorsatzblatt des Albums wurde hervorgehoben, dass die »Auswahl und künstlerische Durcharbeitung der Aufnahmen« Heinrich Hoffmann übernommen hatte. Damit war ein quasi offizieller Bildkanon für die Zeit bis 1933 in dem Band enthalten.

Postkarte mit Blick über das Zeppelinfeld zur Baustelle der Kongresshalle, um 1937. Das Luftbild zeigt, dass der Dutzendteich, neu durchschnitten von der Großen Straße, an seinen Ufern von Bauten des Reichsparteitagsgeländes dominiert wird. Das Ausflugs- und Freizeitareal am Dutzendteich wurde durch den Bau des Reichsparteitagsgeländes vollständig überlagert und nachhaltig zerstört.

3 »Die größte Baustelle der Welt«

Architektur und Stadtplanung am Dutzendteich

Ausstellungsgelände der Landesausstellung 1906 im Luitpoldhain. Erhalten blieb davon eine aufwendig gestaltete Parkanlage, ein Wasserturm, ein beleuchtbarer Springbrunnen und vor allem die Luitpoldhalle als städtische Veranstaltungshalle mit 16.000 Plätzen.

oben rechts: Haupttribüne des Städtischen Stadions von Otto Ernst Schweizer, um 1928.

Romantische Postkarte des Dutzendteichs, um 1906.

Freizeitvergnügen und Weimarer Moderne

Das Gelände vor 1933

Das Gelände, auf dem die Nationalsozialisten die Reichsparteitagsbauten errichteten, war vor dieser Zeit ein wichtiger Ort für das öffentliche Leben in Nürnberg. Das Zentrum stellte der Dutzendteich dar, der seit jeher der Erholung diente und im Fortgang des 19. Jahrhunderts mit Ausflugslokalen und einer Badeanstalt ausgebaut wurde.

Weitergehende Bedeutung erlangte das Areal durch die von Mai bis Oktober 1906 abgehaltene »Bayerische Jubiläums-Landes-Industrie-Gewerbe- und Kunstausstellung«, die nicht wie die beiden vorherigen Nürnberger Landesausstellungen auf dem Maxfeld, sondern auf dem bis dahin ungenutzten Gelände zwischen Wodanplatz (heutiger Platz der Opfer des Faschismus) und Dutzendteich stattfand. Nürnberg hatte für die aufwendige Ausstellung den Zuschlag erhalten anlässlich des Jubiläums der Eingliederung der Stadt in das Land Bayern 1806. Zu den Ausstellenden gehörten nicht nur verschiedene Firmen und Gewerbebetriebe, sondern auch staatliche Behörden und die Stadt Nürnberg sowie Vertreter der bildenden Künste. Nach dem Ende der Ausstellung, die von etwa zweieinhalb Millionen Menschen besucht worden war, legte man die meisten Baulichkeiten wieder nieder. Benannt nach dem damaligen Prinzregenten wurde das Ausstellungsgelände als »Luitpoldhain« in einen Erholungspark umgewandelt, um einen weiteren Stadtpark für den Süden Nürnbergs zu schaffen. Die nicht abgebrochene Maschinenhalle hingegen diente fortan unter der Bezeichnung »Luitpoldhalle« als Veranstaltungssaal und wurde später von den Nationalsozialisten auch für die Abhaltung der Reichsparteitage genutzt.

Mit dem Luitpoldhain als Festwiese, der Luitpoldhalle als Versammlungssaal sowie günstiger Verkehrsanbindung war das Areal bis 1933 Schauplatz verschiedenster Veranstaltungen wie etwa 1912 des achten Deutschen Sängerbundesfestes und 1922 der Abschlusskundgebung des sozialdemokratischen Vereinigungsparteitags von MSPD und USPD. Auch die Nationalsozialisten nutzten den als Veranstaltungsort bewährten Luitpoldhain und seine Infrastruktur bereits für ihre ersten Nürnberger Parteitage 1927 und 1929. Höhepunkte waren der Appell der SA mit der Standartenweihe und der Totenehrung im Luitpoldhain, womit dessen besondere Rolle in der Folgezeit begründet war: Diese Rituale waren weiterhin der Kerngedanke der Reichsparteitage und somit der Luitpoldhain ideologischer und topographischer Ausgangspunkt für den späteren Ausbau des Reichsparteitagsgeländes.

Zwischen Luitpoldhain und kleinem Dutzendteich existierte seit 1912 der Nürnberger Tiergarten, ein beliebtes Ausflugsziel der Nürnberger Bevölkerung. 1939 wurde er auf dem heutigen Areal am Schmausenbuck neu eröffnet, da er den Planungen für das Reichsparteitagsgelände ebenso im Weg war wie der von der Landesausstellung übriggebliebene, für den Bau der Kongresshalle schließlich beseitigte Leuchtturm am Dutzendteich.

Die andere Seite des Dutzendteiches war für den Nürnberger Sport bestimmt. Um dem Mangel an Sportstätten abzuhelfen, hatte Oberbürgermeister Hermann Luppe 1921 den Bau eines kombinierten Sport- und Erholungsgeländes auf dem Zeppelinfeld, bis dahin Brachland, angeregt. Der Plan hatte nicht nur den Bau einer dringend benötigten Sportarena zum Ziel, sondern sollte auch weitergehende Freizeit- und Erholungswerte bieten, da nach Ansicht des Oberbürgermeisters »die Anlage allen Bürgern und jeder Art von

oben: Großer Dutzendteich (rechts), kleiner Dutzendteich (unten) und Nummernweiher (links), in der Bildmitte der spätere Bauplatz der Kongresshalle mit dem Leuchtturm, 1927. Die Nummernweiher und das Areal oberhalb bis zur Luitpoldhalle gehörten zum damaligen Tiergarten.

Das Stadionareal von 1928 sah neben dem Bau eines Stadions (rechts mittig) eine Turnwiese auf dem Zeppelinfeld (oben rechts), Fußball- und Tennisplätze sowie eine große »Volks- und Festwiese« (Bildmitte zwischen Dutzendteich und Stadion) vor, Baumodell 1928.

Badegäste im Stadionbad, um 1928.

Erholung dienen müsse und der Sport nur ein Teil der Freizeitgestaltung sein« dürfe.[185] Der Direktor des Gartenbauamtes Alfred Hensel entwarf 1923 das Gesamtareal mit einer das Stadion umgebenden Parkanlage einschließlich 1.500 Dauerkleingärten und Kinderspielplätzen, einer 72.000 Quadratmeter großen Turnwiese und weiteren Sportanlagen. Eine alkoholfreie Gaststätte sowie ein Café ergänzten das Freizeitangebot. Das im Dürerjahr 1928 eröffnete Stadion wurde von Oberbaurat Otto Ernst Schweizer entworfen, einem der damals führenden Baumeister Deutschlands und konsequenten Vertreter des Dessauer Bauhausstiles. Das in seiner strengen Formgebung beispielhaft modern gebaute Stadion bestand aus einer achteckigen Sportarena mit 50.000 Zuschauerplätzen und einer überdachten Tribüne für 2.500 Personen.

Einschließlich des Erholungsparks Luitpoldhain umfasste das Gesamtareal 300 Hektar Fläche und war damals weltweit eine der größten und modernsten Anlagen. Da diese – außer bei Veranstaltungen – für jedermann frei zugänglich war und nur für das Schwimmbad Eintritt verlangt wurde, stellte sie ein äußerst beliebtes Erholungsgelände und eine Touristenattraktion dar. Alfred Hensel wurde für seine Planung bei den IX. Olympischen Spielen in Amsterdam 1928 mit der Goldmedaille im Architekturwettbewerb ausgezeichnet. Der Erfolg seines Projektes veranlasste Oberbürgermeister Hermann Luppe dazu, Nürnberg – allerdings vergeblich – als Austragungsort für die Olympischen Spiele 1936 in die Diskussion zu bringen.

Während ein großer Teil der Gesamtanlage dem Bau des Reichsparteitagsgeländes zum Opfer fiel, überdauerte das (»Städtische«, seit 2017 nach dem Fußballspieler Max Morlock benannte) Stadion NS-Zeit und Krieg. Nach Erweiterungen in den 1960er Jahren wurde es 1987-1991 komplett umgestaltet, wobei auch die zur Erhaltung vorgesehene, unter Denkmalschutz stehende Haupttribüne Schweizers einstürzte, so dass die ursprüngliche Gestaltung von 1928 – vom Grundriss und einigen Gebäuderesten abgesehen – heute nicht mehr erkennbar ist.

Clemens Wachter

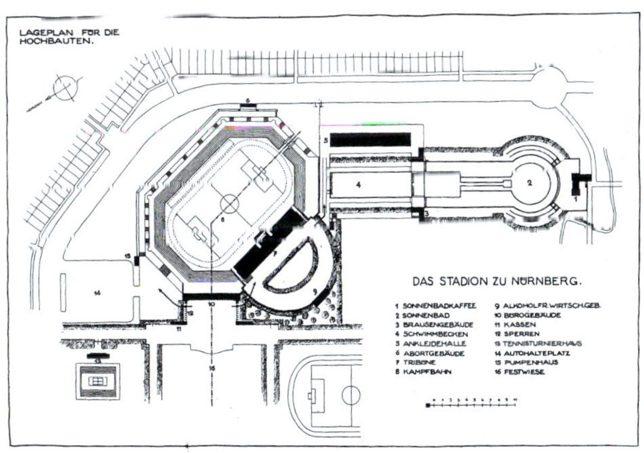

Lageplan des Stadions und des Stadionbads, 1928.

Albert Speers Baumodell des Reichsparteitagsgeländes wurde 1937 im Deutschen Pavillon auf der Weltausstellung in Paris präsentiert, Postkarte um 1936.

rechts: Albert Speer, Adolf Hitler und Franz Ruff bei Planungen für die Kongresshalle.

oben rechts: Lageplan des Reichsparteitagsgeländes aus Schrags Stadtführer für Nürnberg, 1938.

Die improvisierte »Tempelstadt«

Reichsparteitagsgelände und Stadtplanung

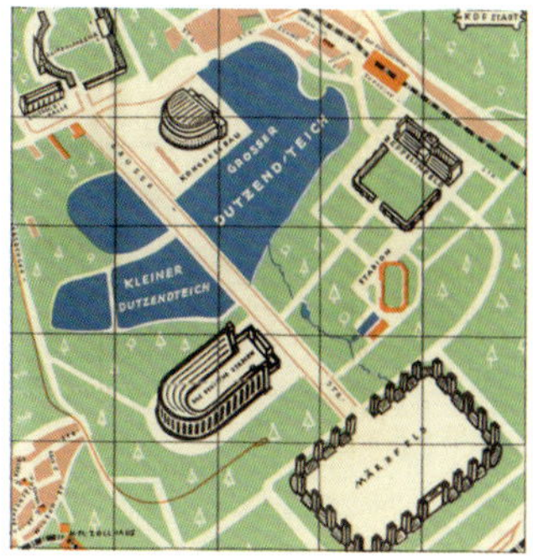

Das Reichsparteitagsgelände, von der nationalsozialistischen Presse als »Tempelstadt der Bewegung«[186] bezeichnet, war als Gesamtanlage kein großer Wurf. Interessenkonflikte und Ungleichzeitigkeiten waren die Ursache dafür, dass bereits Hochbauten in größerem Ausmaß errichtet wurden, ehe ein Gesamtplan für das Reichsparteitagsgelände vorlag.

Auch Albert Speers Baumodell des Reichsparteitagsgeländes, das 1937 auf der Weltausstellung in Paris im deutschen Pavillon zu sehen gewesen war, kann den Charakter eines Gesamtareals aus nur schlecht zueinander passenden Einzelbauten nicht verdecken. Zwar hat die Große Straße, von Speer als Hauptachse des Geländes gedacht, mit dem Märzfeld ein sinnvolles Ende gefunden, ihr fehlt jedoch ein schlüssiger Anfang: Die Große Straße beginnt vor der Kongresshalle unvermittelt und hat keine weitere Anbindung an Wege, die Marschkolonnen in Richtung der Hauptachse des Geländes leiten könnten. Dem Platz vor der Kongresshalle, etwa so groß wie Zeppelinfeld und Luitpoldarena und von seiner Lage her von zentraler Bedeutung, fehlt trotz seiner beträchtlichen Größe eine Funktion. Er entsteht nur dadurch, dass Speer auch für die Kongresshalle mit der Halle für Hitlers Kulturreden ein architektonisches Gegenüber plante und die Große Straße mit dem Ausstellungsbau einen optischen Abschluss finden musste. Ohne den Ausstellungsbau würde die Große Straße nämlich seltsam schräg auf die Rückseite der Zuschauertribünen der Luitpoldarena treffen. Im Widerspruch zur seiner Funktion als optischer Abschluss der Großen Straße musste der Ausstellungsbau aber mit einem Durchlass in der Mitte auch einen Zugang zur Großen Straße und zum Platz vor der Kongresshalle ermöglichen.

Hitler, der Nürnberger Oberbürgermeister Willy Liebel und Albert Speer bei einer Besichtigung des Reichsparteitagsgeländes um 1938.

Mit der Großen Straße wollte Albert Speer das Reichsparteitagsgelände symmetrisch gliedern, was aber nur ansatzweise gelang. Das von ihm geplante Zeppelinfeld liegt schräg zu allen anderen Teilen des Geländes und kann mit der Baumasse des Deutschen Stadions als Gegenüber kaum mithalten. Dasselbe Ungleichgewicht herrscht zwischen Kongresshalle und dem geplanten Bau für Hitlers Kulturreden. Dass das Stadionareal der 1920er Jahre von Otto Ernst Schweizer, dessen Stadion nach 1933 für die Hitler-Jugend weiterverwendet wurde, sich nicht recht in das Reichsparteitagsgelände einfügt, ist nicht verwunderlich. Letztlich wirkt jedoch auch die Luitpoldarena wie ein Fremdkörper im Gesamtgefüge. Dieser älteste Teil des ab 1933 errichteten Reichsparteitagsgeländes hat keinerlei Verbindung zu den anderen Aufmarschfeldern und Versammlungsorten.

Das 1933 veröffentlichte Modellbild zeigt einen Versuch, die Luitpoldarena, das Zeppelinfeld und eine grob angedeutete Kongresshalle in das vorhandene Landschaftsbild rund um den Dutzendteich einzufügen.

Das Reichsparteitagsgelände als Projekt der Stadt Nürnberg

Dass das Reichsparteitagsgelände keine Planung aus einem Guß war, liegt nicht nur an den durchschnittlichen Fähigkeiten Speers als Architekt. Noch ehe Albert Speer seine Gesamtplanung 1935 durchsetzen konnte, hatten Architekten und Stadtplaner von Seiten der Nürnberger Bauverwaltung bereits die Luitpoldarena entworfen und weitgehend fertiggestellt sowie das Zeppelinfeld für Veranstaltungen hergerichtet. Ludwig Ruffs Entwurf der Kongresshalle, der größte ausgeführte Hochbau des Reichsparteitagsgeländes, war ebenfalls ohne jedes Zutun Albert Speers und vor einer Gesamtplanung für das Reichsparteitagsgelände entstanden.

Die nationalsozialistisch geführte Stadtverwaltung Nürnbergs versuchte ab 1933, das Projekt Reichsparteitagsgelände so weit wie möglich in eigener Regie zu behalten, den Aufwand möglichst gering zu halten und entstehende Bauprojekte auch zur Stadtentwicklung zu nutzen. Die Organisation der Bauausführung, ein entscheidender finanz- und machtpolitischer Punkt, blieb auch bis in die Zeit des Zweiten Weltkrieges, als es nichts mehr zu bauen gab, in Händen der Stadt Nürnberg. Die planerischen Aktivitäten von Seiten der Stadt zeigen, dass man sich wohl einen derart radikalen Eingriff im Nürnberger Südosten, wie es die Planung Speers vorsah, 1933 nicht vorstellen konnte. Die Errichtung eines ganzen Areals verschiedener Aufmarschflächen und Versammlungsgebäude nur für SA, SS, NSDAP und andere Einrichtungen des nationalsozialistischen Staates erschien vollkommen unrealistisch. Stattdessen suchte die Stadt ihren Vorteil und dachte dabei in gewohnten städteplanerischen Kategorien. So war anfangs in Presseberichten davon die Rede, dass Ludwig Ruffs Kongresshalle Nürnberg zu einer Kongressstadt aufwerten könnte, denn die Kongresshalle war ja aus Ruffs Vorstellungen für eine Nürnberger Stadthalle entstanden. Vorgesehen war sie jedoch in ihrer aufgeblähten, ab 1935 gebauten Form nur für den Parteikongress der NSDAP – eine Vorstellung, an die sich konventionell denkende (und das hieß in diesem Fall ideologisch nicht verblendete) Städteplaner erst gewöhnen mussten.

Alfred Hensel, Stadtgartendirektor und damit der ranghöchste Landschaftsplaner Nürnbergs, versuchte im Zusammenhang mit den ersten Plänen für die Reichsparteitage seine 1928 preisgekrönte Gestaltung des Stadionareals noch zu retten.

Ein 1933 in der Presse veröffentlichtes Modellbild zeigt eine runde Kongresshalle am Ufer des Dutzendteichs, die als Gegenüber zum Stadiongelände dienen sollte und sich in das Stadiongelände von 1928 und sein Umfeld einpasste. Es war dies ein letzter, angesichts der späteren Bautätigkeit hilflos erscheinender Versuch, die moderne Landschaftsgestaltung Hensels, die am Neuen Bauen orientierten Stadiongebäude Otto Ernst Schweizers und das vorhandene Naherholungsgebiet am Dutzendteich samt Tiergarten von 1912 mit den Aufmarschflächen für die nationalsozialistischen Reichsparteitage zu verbinden.

Speers Gesamtplan – Gigantomanie auf Raten

Albert Speer war zu Beginn der Planungen für die Bauten des Reichsparteitagsgeländes weder Herr des Verfahrens noch als Architekt in irgendeiner herausragenden Weise beteiligt. Zum ersten Mal wurde Speer am 25. April 1934 in den städtischen Akten zum Bau des Reichsparteitagsgeländes genannt.[187] In der Folge versuchte er mit großem Aufwand die Verantwortlichen in der Stadtverwaltung zu überzeugen, dass eine »theatermäßige« Beleuchtung des Zeppelinfeldes notwendig sei. Von einem Gesamtplan und einer bestimmenden gestalterischen Rolle Speers kann zu diesem Zeitpunkt noch keine Rede sein. Schritt für Schritt gelang es jedoch dem Architekten, immer mit Verweis auf die persönliche Rückendeckung durch Hitler, eine größere Rolle zu spielen. Hierbei tastete er sich langsam und keineswegs – wie in seinen Erinnerungen zu lesen – mit einem großen Schritt an einen Gesamtplan des Reichsparteitagsgeländes in den späteren Dimensionen heran.

Ein erster Plan Speers vom Oktober 1934 zeigt die schon weitgehend vorhandene Luitpoldarena, eine um neunzig Grad gedrehte Kongresshalle und ein um etwa das dreifache vergrößertes Zeppelinfeld, das das gesamte Südufer des Dutzendteiches eingenommen hätte. Noch handelt es sich bei diesem Ensemble nicht um ein geschlossenes Areal, sondern um drei Einzelbauten, die zwar aufeinander bezogen waren, aber nicht das gesamte Gelände um den Dutzendteich dominierten. Die Seenlandschaft und die Grünanlagen westlich der Linie Zeppelinfeld-Kongresshalle wären erhalten geblieben.

Zwei Monate später wagte sich Speer bereits mit einer radikaleren Planung hervor: Die Große Straße durchschneidet den Dutzendteich, an ihrem Ende taucht erstmals das Märzfeld auf, die Kongresshalle hat als Gegenüber die Halle für Hitlers Kulturreden bekommen, wodurch auch der Platz westlich der Kongresshalle Teil des neu geschaffenen, nun geschlosseneren Reichsparteitagsgeländes wird. Seltsam mutet die Abgrenzung zur Luitpoldarena an, wo sich ein später zum Ausstellungsbau weiterentwickelter Baukörper direkt an die Zuschauertribünen heranschiebt. Im Süden sind halbkreisförmig verschiedene Lagergelände eingezeichnet. Das gesamte Areal rund um den Dutzendteich ist nun, mit Ausnahme der Zone westlich der Großen Straße, in das Reichsparteitagsgelände einbezogen. Die vielgestaltige Seenlandschaft wird zur Dekoration und Inszenierung der Bauten begradigt und damit zerstört.

Erst ab November 1935 ist eine Planung Speers für das Reichsparteitagsgelände belegt, die auch das Deutsche Stadion enthält und damit das Reichsparteitagsgelände so zeigt, wie es als Bauprojekt auch begonnen wurde. Speer hatte sich damit, was seine Einzelbauten anbelangt, endgültig als der maßgebende Architekt des Reichsparteitagsgeländes durchgesetzt. Nicht nur die Gesamtplanung, sondern auch die Mehrzahl der Ein-

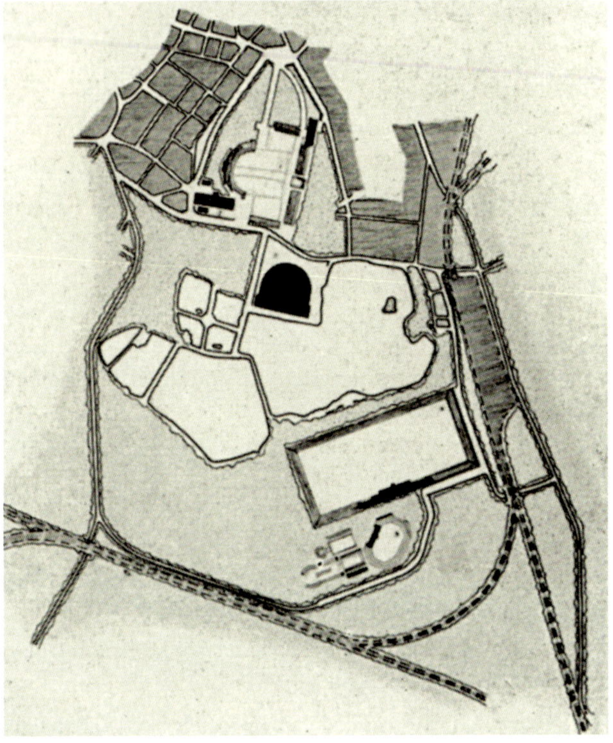

Albert Speers Planung für das Reichsparteitagsgelände vom Oktober 1934.

zelbauten sollten nach seinen Vorstellungen entstehen. Mit dem Bau des Zeppelinfeldes, der Großen Straße, des Märzfeldes und des Deutschen Stadions hätte er die anderen Beteiligten, Ludwig und Franz Ruff sowie die Architekten der Nürnberger Bauverwaltung, endgültig übertrumpft. Vollendet wurde, abgesehen von der Großen Straße, jedoch nur das Zeppelinfeld, so dass heute der größte Baukörper des Reichsparteitagsgeländes Ludwig Ruffs Kongresshalle ist.

Die Rolle Adolf Hitlers

Hitler wurde in der nationalsozialistischen Presse als genialer Baumeister dargestellt. Die »Bauten des Führers« wurden dort zu einem erheblichen Maß Adolf Hitler persönlich zugerechnet: »Nur er kann so planen, nur er kann so bauen und handeln, so groß und so einfach. Der Führer interessiert sich aber auch für die kleinsten Kleinigkeiten. Er sucht das Baumaterial, den Stein aus, er trifft überall seine Entscheidungen, er kümmert sich einfach um alles. Es ist also sein Werk, das seinen Geist ausstrahlt.«[188] Tatsächlich hat sich Adolf Hitler aber in der Regel auf die Auswahl zwischen

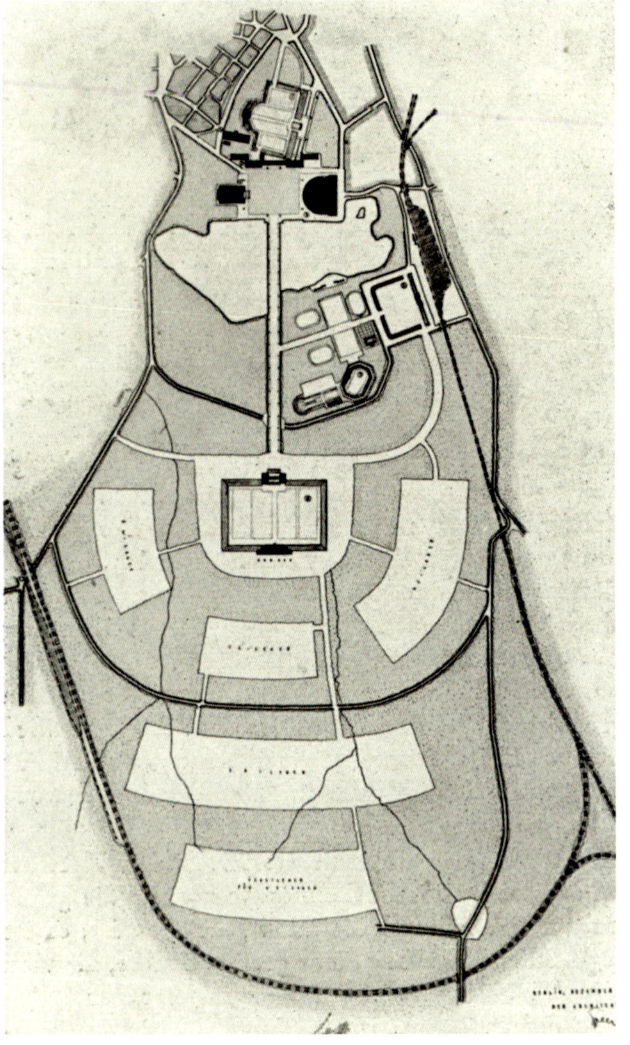

Albert Speers Planung für das Reichsparteitagsgelände vom Dezember 1934.

vorgegebenen Gestaltungsalternativen beschränkt, die Speer, Ruff oder das Nürnberger Hochbauamt entwickelt hatten. Glaubt man nicht wie die nationalsozialistische Propaganda an übermenschliche Fähigkeiten »des Führers«, so ist es auch kaum möglich, ein derart großes Bauprojekt nebenbei bis hin ins Detail zu gestalten. Trotz des zweifellos großen Interesses, das Hitler Architektur allgemein und dem Reichsparteitagsgelände speziell beimaß, war er nicht die alles bestimmende Figur der Planungen für das Reichsparteitagsgelände.

Achsenvisionen bis in die Innenstadt

Trotz aller Versuche, das Bauprojekt Reichsparteitagsgelände am Leben zu erhalten, war der Kriegsbe-

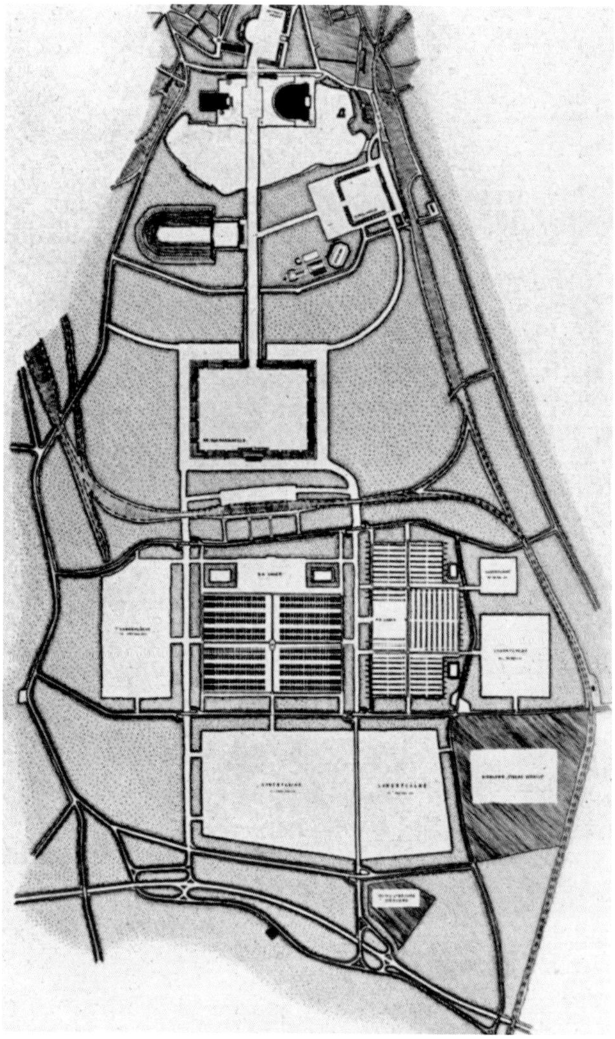

Albert Speers Planung für das Reichsparteitagsgelände vom November 1935 sieht erstmals auch den Bau des Deutschen Stadions vor.

ginn 1939 letztlich auch das Ende des Baubetriebs rund um den Dutzendteich. Dennoch glaubten die Planer, nach dem erhofften »Endsieg« bald wieder weiterbauen zu können und schufen etwa mit der Beschaffung der notwendigen Natursteine die Voraussetzungen dafür. 1940 gelang es Speer schließlich, die Zustimmung dafür zu erhalten, einen eigenen Verwaltungsapparat zur Durchführung der Reichsparteitagsbauten aufzubauen. Im Rahmen neuer gesetzlicher Bestimmungen erhielt Speer aber auch verstärkten Zugriff auf Baumaßnahmen in besonders herausragenden »Führerstädten«, zu denen Nürnberg gehörte. In diesem Zusammenhang sind wohl auch die Pläne zu

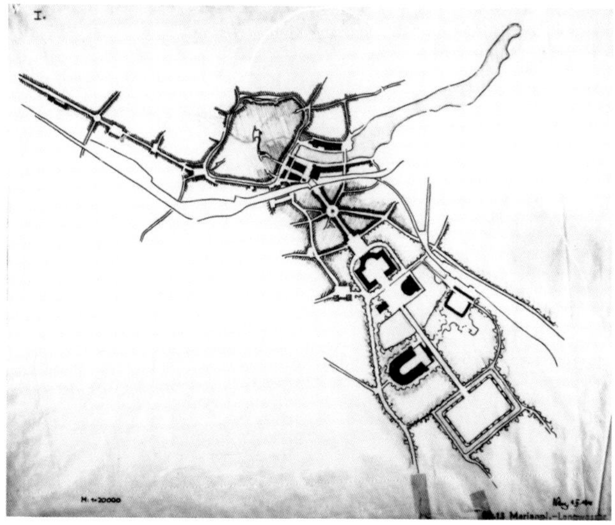

Die Planskizze vom Februar 1941 sieht eine Verbindungsachse vom Marienplatz (mit den Verwaltungsgebäuden der fränkischen NSDAP) bis nach Langwasser und eine komplette Neuausrichtung der Luitpoldarena vor.

sehen, die eine verbesserte Anbindung der Parteitagsbauten an das Stadtgebiet vorsahen und dabei auch an dem problematischsten Punkt ansetzen: die Lage der Luitpoldarena. Sie wird um neunzig Grad gedreht, auf die Große Straße ausgerichtet und bildet so ein direktes Gegenüber zum Märzfeld. Ausstellungsbau und Luitpoldhalle sind in dieser Planung beseitigt, was auch deutlich macht, dass der Ausstellungsbau nur eine Notlösung zur Kaschierung einer letzlich nicht gelungenen Gesamtplanung darstellt.

Das eigentlich erschreckende an diesen Planungen ist jedoch der Zugriff weit über das Reichsparteitagsgelände hinaus bis hin zur Altstadtmauer. Der nationalsozialistischen Zielvorgabe einer in ihrem Sinn geordneten, besonders deutschen Stadt Nürnberg war damit letztlich das gesamte Stadtgebiet ausgesetzt: Vor der Altstadtmauer wären in einer Art Kasernenstil Verwaltungsbauten und Wohnsiedlungen entstanden, im Kern befand sich eine »bereinigte« Altstadt. Angeblich störende »Fremdkörper« wie die Synagoge am Hans-Sachs-Platz hatte man dabei entfernt. Diese Vision einer auch architektonisch gleichgeschalteten Führerstadt ist Nürnberg infolge des Kriegsverlaufs erspart geblieben, nicht jedoch als Konsequenz der Kriegspolitik Hitlers eine Zerstörung ungeahnten Ausmaßes im Bombenkrieg. Auch dafür trug Albert Speer, der als Rüstungsminister maßgeblich den Krieg zu verlängern half, in erheblichem Maß Verantwortung.

Die Zeppelintribüne als Kulisse für den Vorbeimarsch des Reichsarbeitsdienstes, Reichsparteitag, 1937.

oben rechts: Deutscher Pavillion (»Deutsches Haus«) von Albert Speer auf der Weltausstellung in Paris, 1937.

Kulissen der Macht

Zur Architektur des Reichsparteitagsgeländes

»Meine Bauten waren sehr funktional (...).« Kein Bauhaus-Architekt, sondern Albert Speer blickte 1978 mit dieser zunächst überraschenden Aussage auf sein Schaffen in der NS-Zeit zurück. »Uns war die Aufgabe gestellt,« fuhr Speer fort, »Menschen zu beeinflussen, beispielsweise dem einfachen Menschen, der an der Massenversammlung in Nürnberg teilnahm, einen Eindruck von der Größe des Erreichten, von der Größe Deutschlands zu geben. Später, in der Berliner Planung, sollte diese große Achse den Anspruch an eine Weltherrschaft ausdrücken. Das waren alles Funktionen, und die sind meiner Meinung nach erstklassig erfüllt worden.«[189] Die repräsentative, Staat und Partei gewidmete NS-Architektur und der zugehörige Städtebau entsprachen dem Speerschen Funktionalitätsbegriff, indem sie Macht- und Herrschaftsansprüche an die zur »Volksgemeinschaft« erklärte Masse sinnlich vermitteln sollten. Sie »funktionierten« als Instrumente der Beeinflussung und Beeindruckung auf verschiedenen Ebenen.

Die um 1937 gedruckte Postkarte zeigt das Deutsche Stadion im Vergleich mit der Lorenzkirche.

Das Baumaterial und seine Bearbeitung transportierten Vorstellungen von Solidität und Dauerhaftigkeit. Sprichwörtlich harter Granit gab etwa dem Ewigkeitsanspruch der Nürnberger Kongresshalle Ausdruck. Diese bedeutungsgesättigten Materialqualitäten erklären die Dominanz des Natursteins jedoch nur zum Teil. Die Ablehnung fortschrittlicher Bautechnologien und des Baumaterials Stahl, die mit dem Neuen Bauen der Weimarer Republik identifiziert wurden, ließ sich als Zugeständnis an das mittelständische Bauhandwerk propagandistisch verwerten, entsprach aber vor allem einem wirtschaftspolitischen Konzept, das den Abzug von Eisen und Stahl aus dem Bausektor zugunsten der Rüstungsindustrie vorsah. »Stein statt Eisen« – unter dieses Motto stellte Speer den erzwungenen Beitrag der Architekten zur Erfüllung des 1936 verkündeten Vierjahresplanes, der dem »Dritten Reich« weitgehende Autarkie bringen sollte.

Größe und Proportionierung der Propaganda-Bauten zielten auf Einschüchterung, gleichzeitig aber auch auf Stolz über die »Größe des Erreichten«. Das Kalkül, mit Großbauten dem nationalen Selbstbewußtsein wieder auf die Beine zu helfen, nachdem es in Versailles in die Knie gezwungen worden war, wog sicherlich schwerer, als es der oft beschworene Begriff »Megalomanie« nahelegt. »Warum immer das Größte?« fragte Hitler 1939 anläßlich der Übergabe der Reichskanzlei und gab den Zuhörern im Berliner Sportpalast folgende Antwort: »Meine deutschen Volksgenossen, ich tue es, um den einzelnen Deutschen wieder das Selbstbewußtsein zurückzugeben. Um auf hundert Gebieten dem einzelnen zu zeigen: Wir sind gar nicht unterlegen, sondern im Gegenteil, wir sind jedem anderen Volk ebenbürtig.«[190]

Fassade mit beliebigen Gesimsformen, Säulen und Fassadenschmuck aus Granit: Die Fassade des Reichsmarschallamtes von Albert Speer für die Große Achse in Berlin.

oben: »Ehrenhof« der Neuen Reichskanzlei in Berlin von Albert Speer, 1939.

Die Sprengung aller Maßstäbe durch Foren, Hallen und Straßenachsen, die für Abertausende berechnet waren, ließ die Strategie der Beeindruckung durch schiere Größe mitunter fast im Dysfunktionalen scheitern. »Ich hatte erkannt«, sagte Speer 1977 in einem Interview, »dass Hitler in diesen riesigen Versammlungsräumen, schon auf dem Nürnberger Zeppelinfeld auf dieser gewaltigen Tribüne, aber auch in der großen Halle in Berlin zu einem Nichts zusammengeschrumpft wäre. Genau das Gegenteil dessen wäre erreicht worden, was man erreichen wollte. Es sollte eine Glorifizierung der Person Hitlers sein, eine Überhöhung, und es wird eine Verkleinerung. Ich habe dann, ohne viel darüber nachzudenken, den Kunstgriff gemacht, hinter Hitler irgendein Symbol aufzubauen, das die Größe hat, die eigentlich Hitler hätte haben müssen, gewissermaßen als eine Transponierung seiner Größe, seiner realen Größe auf die gedachte Größe.«[191]

In Gestalt von Aufmarschfeldern oder Tribünen disziplinierte NS-Architektur die Massen durch strenge Axialität und Symmetrie, festungsartige Geschlossenheit und hierarchische Stufungen und Gliederungen. Wälle und Türme signalisierten Wehrhaftigkeit nach innen und außen. Solche elementaren Bauformen konnten auf allgemeine Verständlichkeit rechnen. Die stilistischen Bezüge zur Antike dürften dagegen in recht unterschiedlichem Maße rezipiert worden sein. Als Ausdruck von Würde konnten sie wohl von den meisten verstanden werden. Wer jedoch darüber hinaus Anklänge der Kongresshallenfassade an römische Amphitheater (allen voran das Kolosseum) erkennen, Speers Deutsches Stadion auf das in Athen zurückführen oder gar die Ableitung der Zeppelintribüne vom Pergamonaltar, wie von Speer in seinen »Erinnerungen« geschildert, nachvollziehen konnte, dem sollte die Hellas und Rom zitierende architektonische Sprache Gedanken an Kulturhöhe und Weltmacht eröffnen. Griechenland als Ursprung der abendländischen Demokratie war freilich nicht gemeint. Wie das einzelne Bauwerk verwies auch die gesamte Anlage des Reichsparteitagsgeländes auf die Antike. Der Luxus, den verschiedenen Organisationen unterschiedliche Stätten für ihre Selbstdarstellung zuzuweisen, machte aus dem Areal eine Art nationalsozialistischen Tempelbezirk. In der »Deutschen Bauzeitung« war 1938 die Rede von der »Tempelstadt der Bewegung«, vom »Olympia« und »Heiligen Hain des Nationalsozialismus«.[192]

Mit der mehr abstrahierenden als historisierenden Aufnahme antiker Formen verband sich der Versuch, gleichzeitig für die Gegenwart wie für die Ewigkeit zu bauen. Von vornherein waren die Bauten Denkmäler,

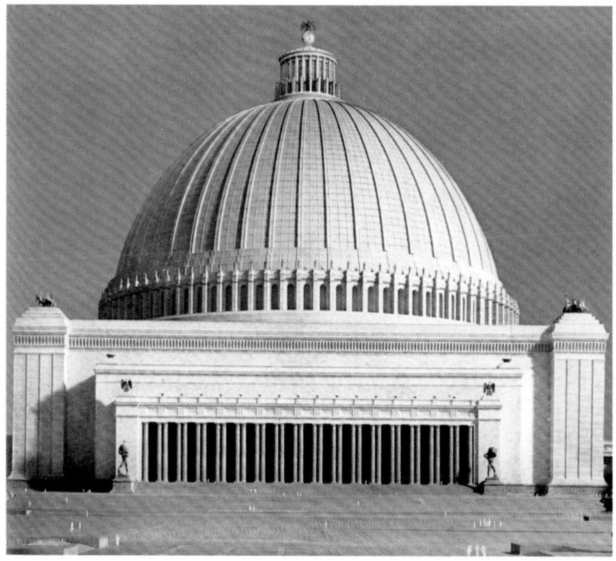

Geplant für 180.000 Zuhörer, 220 Meter hoch, siebzehnmal so groß wie der Petersdom: die »Große Halle« von Albert Speer für Berlin als Welthauptstadt Germania.

auf die sich ein antizipierter Blick aus ferner Zukunft zurück richtete. Die Gegenwart gerann zu zukünftiger Geschichte, in der sich der NS-Staat selbst seinen Platz zu bestimmen versuchte. Auch in der die rüstungsbedingte Materialpolitik verschleiernden »Ruinenwerttheorie« Speers, der zufolge die aus Naturstein errichteten Bauten selbst im Verfall noch von Größe und Herrlichkeit des »Dritten Reiches« künden sollten, scheint der angestrebte Memorialcharakter der repräsentativen Großbauten auf. Allerdings erscheint der erst nach 1945 von Speer publizierte Gedanke einer Ruinenwerttheorie wie eine nachträgliche Erfindung, die seine Architektur bedeutsamer machen sollte, als sie war.

Die NS-Protzbauten vermögen nur durch ihre Dimensionierung, nicht aber in ästhetischer Hinsicht zu erstaunen: Monumentalität wird mit Maßstabslosigkeit verwechselt, antikisierender Formenaufwand erstarrt zu hohler Rhetorik. Der Kunstschriftsteller Karl Scheffler schrieb 1946: »Die Form geriet ins Gouvernemental-Freudlose, ins Militärische, sie wurde durch kein Lächeln erhellt; dieser Einheitsstil kam mit wenigen stereotypen Motiven aus, die aneinandergereiht, vervielfacht, verkleinert oder vergrößert wurden, er war stumpfsinnig und phantasielos. (...) Im letzten handelte es sich immer um Triumphstraßen, um Theaterhintergründe für Paraden, für Schaustellungen der Macht.«[193] Als Kulissen der Macht standen die Bauten in größeren inszenatorischen Zusammenhängen: Sie wurden vom Ornament der Masse belebt, durch ein Meer roter Fahnentücher koloriert, durch Licht und Flammen illuminiert und von den Klängen der Musik erfüllt. Erst durch diese ephemeren Zutaten konnten sie voll und ganz »funktionieren«.

Das »steingewordene Wort« bedurfte, um voll verstanden zu werden, des gesprochenen und geschriebenen Wortes. Gerdy Troost, die Witwe des 1934 verstorbenen Lieblingsarchitekten Hitlers, wusste um diesen Zusammenhang. In den »gewaltigen Bauwerken«, schrieb sie 1938, ergänzten sich »das unmittelbare, lebendige Wort des Führers und das ›Wort aus Stein‹«.[194] Erst in diesem ideologischen Kontext wurden die Formen und Materialien mit spezifischen Inhalten aufgeladen.

Heute sind die Bauten auf dem Reichsparteitagsgelände stumm. Sie wieder sprechen zu lassen, nämlich von den propagandistischen Aufgaben der Architektur in einem totalitären Staat, ist Aufgabe eines verantwortungsbewussten Umgangs mit diesen Dokumenten der NS-Zeit.

Thomas Heyden

Baumodell der Kongresshalle, Postkarte um 1938. Die zum Dutzendteich gerichtete, monumentale Eingangsfront deutet die Maßlosigkeit nationalsozialistischer Architektur in der letzten Lebensphase Ludwig Ruffs an: Die flankierenden Kopfbauten sind im oberen Bereich kaum mehr gestaltet, ein detailliertes Raumkonzept lag nie vor.

oben rechts: Porträtfoto Ludwig Ruffs um 1930.

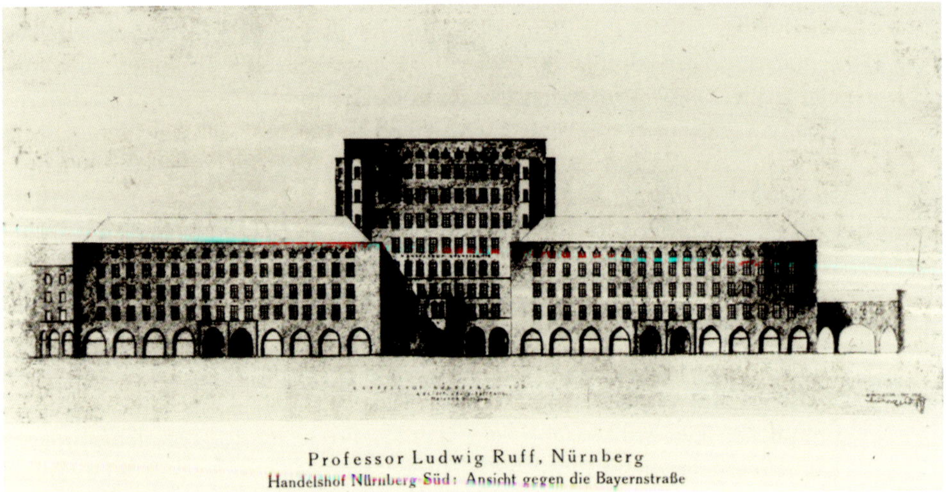

Entwurf für einen »Handelshof Süd« in Nürnberg von Ludwig Ruff, um 1924. Stilistische Merkmale dieses Entwurfs (ausgeschnittene Arkaden im Erdgeschoß, Gesamtgliederung der Fassade) lassen ihn als eine Vorstufe zur Kongresshalle erscheinen.

Von der Werderau zur Kongresshalle

Ludwig Ruff

Der Name des 1878 im Dollnstein (Altmühltal) geborenen Architekten Ludwig Ruff fällt heute fast nur noch im Zusammenhang mit der nach seinen Plänen errichteten Kongresshalle auf dem Reichsparteitagsgelände. Dieser Entwurf bildete den Schlusspunkt eines umfangreichen Schaffens, das den Stilbewegungen der Architektur im ersten Drittel des zwanzigsten Jahrhunderts folgte, dabei jedoch nur selten überregionale Geltung erlangte. Den Baubeginn der Kongresshalle 1935 erlebte Ludwig Ruff allerdings nicht mehr. Nach seinem Tod im August 1934 führte sein Sohn Franz das Bauprojekt weiter.

Für die Zeitgenossen allerdings war Ludwig Ruff einer der wichtigsten Architekten im Nürnberg der 1920er Jahre. Er konnte bereits vor dem Ersten Weltkrieg größere Bauprojekte vorweisen, insbesondere die Gartenstadt Werderau. Es wäre angesichts seiner Karriere vor 1933 daher zu kurz gegriffen, wollte man Ludwig Ruff ausschließlich als nationalsozialistischen Architekten begreifen. Vielmehr ist sein Werdegang bezeichnend und vielleicht auch erschreckend für den Werdegang, den ein wichtiger Teil deutscher Architekten in der ersten Hälfte des zwanzigsten Jahrhunderts nahm: Noch im Kaiserreich geprägt, daher nach dem Ersten Weltkrieg von der Moderne nicht wirklich überzeugt und von der politischen Gesamtsituation verunsichert, baute Ludwig Ruff mit eher konservativer Grundhaltung Zeit seines Lebens das, was jeweils verlangt wurde.

1931 veröffentlichter Entwurf Ruffs für eine Stadthalle am Dutzendteich.

Die letztlich altbayerischen Wurzeln können die frühen Bauten Ruffs nicht verleugnen. Noch in der Gartenstadt Werderau, ab 1910 in Nürnbergs Süden errichtet und heute zwischen Münchener Straße und Bahntrasse eingekeilt, mag man süddeutsches, jedoch in jedem Fall traditionsgebundenes Bauen erkennen. Zwei Jahre zuvor konnte er sein erstes Nürnberger Bauprojekt, den Dianablock mit über 300 Kleinwohnungen am Dianaplatz, verwirklichen und war nach Nürnberg übergesiedelt. Mit der Berufung als Professor an die Kunstgewerbeschule Nürnberg 1910 wurde die Bandbreite des Architekten und Innenraumgestalters Ruff deutlich. Er entwarf nicht nur Siedlungsbauten, sondern auch Möbel, die Innenausstattung für einen Reisezug, gestaltete Kriegerdenkmäler und entwickelte stadtplanerische Vorstellungen. Dabei griff Ludwig Ruff in den frühen 1920er Jahren vereinzelt gotisierend-expressionistische Formen auf und zollte damit dem Zeitgeschmack Tribut.

Es blieb jedoch nicht bei traditionsgebundenem Bauen mit Konzessionen an den Zeitgeschmack. Ludwig Ruff war beruflich ehrgeizig und erwarb sich eine eigene Position im Kulturleben, wurde Gründungsvorsitzender der Nürnberger Künstlergruppe Sezession und setzte nicht nur in dieser Eigenschaft seine Vorstel-

Wohnanlage an der Dianastraße, Postkarte um 1908.

lung von Stadtplanung und Bauen selbstbewusst gegen die Vorstellungen der dominierenden politischen Persönlichkeit im Nürnberg der 1920er Jahre, Oberbürgermeister Hermann Luppe. Ludwig Ruff widersprach Luppe bei vielen wichtigen Planungsvorhaben der Stadt: Er wollte ein anderes Kriegerdenkmal für die Toten des Ersten Weltkriegs als das im Luitpoldhain, er hatte andere Vorstellungen vom Bahnhofsplatz als der Oberbürgermeister und wollte die Stadthalle nicht wie Luppe in den Cramer-Klett-Park am Rathenauplatz bauen, sondern an den Dutzendteich. Aus dieser Stadthalle, die Ruff vor 1933 in der Tagespresse veröffentlicht hatte, sollte schließlich nach 1933 die Kongresshalle werden. Leisten konnte sich Ruff seine deutliche Opposition zum Oberbürgermeister, da er Professor an der Nürnberger Kunstgewerbeschule war und auch als Architekt potente Auftraggeber unabhängig von der Stadt Nürnberg hatte, etwa die MAN.

Besonders deutlich wird Ruffs gespaltene Haltung zwischen Tradition und Moderne beim Kino Phoebus-Palast von 1927, einem Bau, der neben der Kongresshalle architekturgeschichtlich bis heute wichtig ist. Von der zeitgenössischen Architekturkritik wurde der neben dem Grand-Hotel am Frauentorgraben errichtete Bau gleichzeitig als modern und traditionell eingeordnet, ein Befund, der tatsächlich zu dem Kinopalast passt. Einerseits waren etwa die Fensterbänder im ersten Stock durchaus zeittypisch für die Weimarer Moderne, andererseits fasste Ruff sie derart massiv ein, dass sie nicht moderne Leichtigkeit, sondern handwerkliche Schwere ausdrückten. Auch die ausgeschnittenen Bögen im Erdgeschoss waren ein Kompromiss zwischen massiven Pfeilern und Fassadenelement. Dieser Versuch Ruffs, eine eigene architektonische Position zu vertreten, kam zeitgenössisch gut an. Der Phoebus-Palast nötigte auch den wenigen Anhängern einer modernen Bauweise in Nürnberg wie dem Architekturkritiker der Nürnberger Zeitung Justus Bier als Beispiel »einer im Übergang vom Alten zum Neuen begriffenen Architektur«[195] Respekt ab.

Ruff entwickelte jedoch schon in den 1920er Jahren eine fatale Neigung zum Monumentalen. Dies zeigte bereits sein 1922 begonnenes Projekt eines Handelshofes Süd für Nürnberg, der bereits Ähnlichkeiten mit der

Phoebus-Palast am Königstorgraben 11, Fotografien um 1927. Die Mischung aus Moderne und Monumentalität lässt diesen Kinobau als Vorstufe zu nationalsozialistischen Architekturgestaltungen Ruffs nach 1933 erscheinen. Anklänge an die Eingangsfront der Kongresshalle sind unverkennbar.

Kongresshalle aufwies, und setzte sich schließlich mit seinem Stadthallenentwurf fort. Die 1931 außer Konkurrenz und gegen die Wünsche des Oberbürgermeisters Luppe für das Ufer des Dutzendteichs vorgestellte Stadthalle wurde unter völlig anderen Vorzeichen nach 1933 ins Gigantische aufgeblasen und fand das Gefallen Hitlers. Mit dem Entwurf für die Kongresshalle hatte sich der am 1. Februar 1933 in die NSDAP eingetretene Ludwig Ruff den braunen Machthabern als Architekt angedient. Sein Tod im August 1934 verhinderte jedoch eine weitere Karriere als des »Führers zweiter Baumeister.«[196] Sohn Franz erbte das Bauprojekt Kongresshalle, übernahm die Professur des Vaters und wurde statt des Vaters zumindest in Nürnberg der Hausarchitekt für die Nationalsozialisten.

Thomas Heyden / Alexander Schmidt

Franz Ruff (ganz links), Adolf Hitler, Albert Speer und Oberbürgermeister Willy Liebel vor dem Baumodell der Kongresshalle, Fotografie 1939.

oben rechts: Hitler bei einer Besichtigung des Reichsparteitagsgeländes (rechts Franz Ruff), Fotografie um 1938.

Anbau zum Hotel Deutscher Hof am Frauentorgraben, Postkarte, verschickt 1936.

Karrierist im nationalsozialistischen Nürnberg
Franz Ruff

Franz Ruff ist vor allem als Erbe seines Vaters und Nutznießer der Nationalsozialisten in die Nürnberger Architekturgeschichte eingegangen. Als Ludwig Ruff 1934 starb, übernahm sein Sohn Franz mit der Kongresshalle auf dem Reichsparteitagsgelände nicht nur ein wirklich großes Bauprojekt, sondern konnte auch die Nachfolge seines Vaters als Professor an der Nürnberger Kunstgewerbeschule antreten, welche die Nationalsozialisten zur Kunstakademie aufgewertet hatten. Damit war der Sohn versorgt, der noch 1931 in wirtschaftlich schwieriger Zeit arbeitslos gewesen war und schließlich 1932 im Nürnberger Büro des Vaters Beschäftigung gefunden hatte.

Nach Ausbildung an der Nürnberger Bauschule und Architekturstudium an den Technischen Hochschulen in Stuttgart und Berlin machte Franz Ruff nur Dank der Nationalsozialisten in Nürnberg Karriere. Alle seine wichtigen Bauaufträge kamen von der Partei oder der nationalsozialistischen Führung: Schon 1931 war Franz Ruff in die NSDAP eingetreten und erhielt, nachdem er das Bauprojekt Kongresshalle übernommen hatte, weitere Aufträge: Er baute 1935 das Cramer-Klett-Palais in der Nähe des Rathenauplatzes zum Privatdomizil Julius Streichers um und errichtete direkt neben dem »Hitlerhaus« 1935–1937 das »Gauhaus« für die Leitung des Gaus Franken der NSDAP. Dieses ehemalige Bürogebäude des Gauleiters Julius Streicher steht noch am heutigen Willy-Brandt-Platz und wird von den Nürnberger Nachrichten als Verwaltungsgebäude genutzt. Dem folgte der Umbau eines Verwaltungsgebäudes der Siemens-Schuckert-Werke, das neben dem Hotel Deutscher Hof lag, zum Erweiterungsbau des Hotels als Nürnberger Unterkunft für Adolf Hitler und seinen Stab. Auch dieser Bau Franz Ruffs unweit des Nürnberger Opernhauses ist heute noch im Stadtbild erhalten, nach Kriegszerstörungen wurde er in veränderter Form wiederaufgebaut. Nur der »Führerbalkon« fehlt, von dem aus Hitler bei den Reichsparteitagen den Vorbeimarsch der Hitlerjugend abnahm. An derselben Stelle befindet sich der nüchterne Eingang eines heute leer stehenden Bürogebäudes, welches nach 1945 für einige Zeit die Bundesanstalt für Arbeit beherbergte.

Das sicherlich bekannteste Nürnberger Gebäude von Franz Ruff ist die ehemalige SS-Kaserne an der Frankenstraße, die zwischen 1937 und 1939 errichtet wurde. Auch hier erwies er sich in gewisser Weise als Erbe des Vaters, denn er setzte seine baulichen Vorstellungen radikal und unversöhnlich gegen die der städtische Bauverwaltung durch und konnte das Bauprojekt SS-Kaserne in einer Dimension verwirklichen, die

»Gauhaus« am Marienplatz (heute Willy-Brandt-Platz), Fotografie um 1938.

Innenraummodell der Kongresshalle, Postkarte um 1938.

anfangs keineswegs geplant war. Bahngleise mussten verlegt, die Straßenbahn unterirdisch geführt und mehrere Grundstücke neu angekauft werden, um die Kaserne mit ihrer enormen Baumasse im direkten Anschluss an das Reichsparteitagsgelände in der Gesamtplanung Albert Speers unterzubringen. Hinter den Kulissen bekämpften sich dabei Architekt und städtische Bauverwaltung derart, dass sich sogar der Chef der SS, Heinrich Himmler, mit einem Telegramm einschaltete und dem Nürnberger Bürgermeister Eickemeyer »Sabotage« vorwarf, während Oberbürgermeister Willy Liebel dahinter »wieder irgendeine Niederträchtigkeit des Architekten Ruff« vermutete.[197]

Mit dem Bauen im großen Stil war es für Franz Ruff nach 1945 vorbei. In der Entnazifizierung als Mitläufer eingestuft, ist er noch als Architekt der Haupttribüne des Club-Stadions in Zerzabelshof öffentlich in Erscheinung getreten; 1948 bis 1950 errichtet, musste die Tribüne in den 1960er Jahren einem Neubaugebiet weichen. Überraschenderweise gibt es von Franz Ruff auch noch eine architektonische Hinterlassenschaft, die man niemals mit diesem Architekten in Verbindung bringen würde: Er hat gemeinsam mit dem Ingenieurbüro Schwartz und Axt die Hochhaussiedlung Jochensteinstraße in Nürnberg-Zerzabelshof gebaut. Die monotonen Hochhausblocks wurden auf dem Gelände

Hauptportal der SS-Kaserne an der Frankenstraße, Fotografie 1940.

des 1. FCN mit dem Ziel erstellt, für den Club durch Verkauf von Eigentumswohnungen schnell hohe Einnahmen zu erzielen. Städtebaulich und architektonisch zählen sie zu den eher misslungenen Projekten im Nürnberg der 1960er Jahre.

Hinterlassen hat Franz Ruff in Nürnberg jedoch vor allem seine Bauten aus der Zeit des Nationalsozialismus mit einer erschreckend aufgeblasenen Architektur des Mittelmaßes: Fassaden, die durch ihre Wucht, die symmetrisch-achsiale Ausrichtung, durch kantige Pfeiler und Fenstereinfassungen Hitler, Streicher oder die SS in Szene setzen sollten. Es entstand so keine architektonische Größe, sondern nur eine Anzahl großer Bauten. Massiv und schwer wie sie waren, überdauerten Franz Ruffs Gebäude die Jahre und werden heute anderweitig verwendet. Das Bundesamt für Migration und Flüchtlinge bemüht sich als heutiger Nutzer der ehemaligen SS-Kaserne durch Umbauten und Kunst am Bau, dieser Art von Architektur etwas Sinnvolles entgegenzusetzen.

Albert Speers Gesamtplanung für das Reichsparteitagsgelände, Postkarte, verschickt 1937.
Die Karte zeigt die Planung für das Reichsparteitagsgelände vor November 1937 ohne das Deutsche Stadion.

oben rechts: Speer vor seiner Berlin-Planung, 1938.

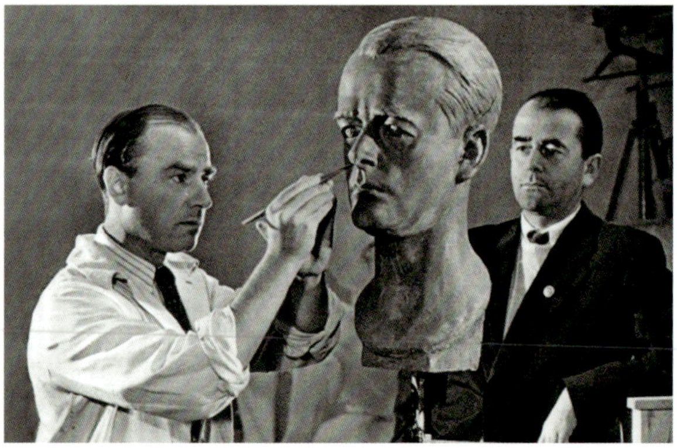

Arno Breker gestaltet eine Portraitplastik von Albert Speer, 1940.

Speer bei einer Besprechung mit Verteidiger Flächsner (rechts), 1946.

»Architekt des Führers« und schuldig an »Verbrechen gegen die Menschlichkeit«

Albert Speer

Der prominenteste Vertreter der NS-Architektur wurde 1905 in Mannheim als Sohn eines Architekten geboren. Speer studierte ab 1923 in Karlsruhe Architektur, wechselte nach München und schließlich an die Technische Hochschule Berlin. Aufgrund mangelnder zeichnerischer Begabung blieb ihm das Seminar Hans Poelzigs, des großen Vorkämpfers der Moderne, verschlossen. Bei Heinrich Tessenow, den Speer in Anspielung auf einen Buchtitel Tessenows als »Verfechter des Kleinstädtisch-Handwerklichen«[198] charakterisierte, studierte er zu Ende und arbeitete anschließend als dessen Assistent.

Die Weltwirtschaftskrise erschwerte zunächst den Einstieg in eine Karriere als selbständiger Architekt. Doch der 1931 in die Partei eingetretene Speer empfahl sich der NSDAP 1932/33 durch Umbauten von Parteigeschäftsstellen und von Amtsräumen des Propagandaministers sowie der Reichskanzlei. Sein Talent als Dekorateur propagandistischer Massenveranstaltungen bewies Speer 1933 durch Festaufbauten für die Feier des 1. Mai in Berlin und den Reichsparteitag in Nürnberg. Dass 1934 an ihn auch der Auftrag erging, das Reichsparteitagsgelände auszubauen, erscheint folgerichtig. Doch verdankte sich der Aufstieg des Dreißigjährigen zum »Architekten des Führers« vor allem dem Tod Paul Ludwig Troosts (gestorben im Januar 1934), des bereits auserkorenen Baumeisters Hitlers, an dessen Neoklassizismus Speer sich orientierte.

1937 repräsentierte auf der Weltausstellung in Paris ein von Speer entworfener Pavillon das nationalsozialistische Deutschland, in welchem auch ein Baumodell des Reichsparteitagsgeländes zu sehen war. Nachdem Hitler bereits 1936 Speer mit den Planungen zur »Neugestaltung« Berlins betraut hatte, ernannte er ihn im folgenden Jahr zum »Generalbauinspektor« mit schier unbegrenzten Kompetenzen. Da lediglich die Neue Reichskanzlei 1937–39 nach Plänen Speers gebaut werden konnte, blieb Berlin die zerstörerische Umformung zur Welthauptstadt »Germania« weitgehend erspart. Allerdings hatte Speer, um Platz für seine Neugestaltungsplane zu schaffen, bereits die »Aktion Judenwohnungen«[199] veranlasst: Wohnungen, in den Juden lebten, wurden erfasst, ihre Bewohner in großem Stil vertrieben und der nun zur Verfügung stehende Wohnraum neu verteilt – an Bewohner von Häusern, die seinen Neugestaltungsplänen weichen mussten, und auch an Mitarbeiter seiner Behörde oder Angehörige von SS und Gestapo. Bei der dritten Kündigungswelle, der sogenannten »III. Aktion«, wurden die gekündigten jüdschen Mieter in das überfüllte Ghetto Litzmannstadt deportiert. Speer war also bereits als Architekt an Verbrechen und an der Judenverfolgung direkt und aktiv beteiligt.

1942 beerbte Speer den tödlich verunglückten Fritz Todt als Rüstungsminister. In dieser Funktion war er mitverantwortlich für den Einsatz von Zwangsarbeitern und wurde deshalb 1946 im Nürnberger Kriegsverbrecherprozess zu 20 Jahren Haft verurteilt. Er hatte es nur seinem geschickten Taktieren vor Gericht und einem gentlemanhaften Auftreten zu verdanken, dass er für seine Mitschuld am Tod tausender Zwangsarbeiter nicht, wie Fritz Sauckel, zum Tod verurteilt wurde.

Mit Vorsicht sind seine zu Bestsellern gewordenen autobiographischen Veröffentlichungen zu genießen, die seit 1969 (»Erinnerungen«) erschienen: »Denn keiner verstand sich so gut auf die Kunst des Hakenschlagens, auf das Bekennen und Wegdisputieren eigener Verantwortung wie er (…)«.[200] 1981 starb Speer in London.

Thomas Heyden / Alexander Schmidt

Die Baustelle Kongresshalle, das Holzmodell der Fassade und die Große Straße im Bau, um 1938.

oben rechts: Feierstunde zum 50. Geburtstag von Walter Brugmann (rechts neben Speer sitzend), bei der diesem der Titel »Professor« durch eine Urkunde Hitlers verliehen wurde (1937).

Baustelle am Umgang der Kongresshalle, 4. März 1938.

»Nürnberger Tempo«
»Deutsche Architekten« auf dem Reichsparteitagsgelände

Im Zusammenhang mit dem Reichsparteitagsgelände wird heute meist nur Albert Speer als Planer des Gesamtgeländes genannt und allenfalls noch Ludwig Ruff als Architekt der Kongresshalle beiläufig erwähnt. Speers architektonische und städteplanerische Helfer sind dagegen weitgehend vergessen, obwohl sie von Nürnberg aus teilweise bemerkenswerte Karrieren machten. Das Bauprojekt Reichsparteitagsgelände war für eine Stadt von der Größe Nürnbergs ein Wirtschaftsfaktor ersten Ranges, beschäftigte Tausende vorher oft arbeitslose Menschen und beanspruchte verschiedene Stellen der Stadtverwaltung, insbesondere aber erhebliche Teile des Baureferats. Für den eigentlichen Bauträger, den »Zweckverband Reichsparteitag« stellte die Stadtverwaltung eigene Abteilungen mit Mitarbeitern zur Verfügung. Neben Architekten der städtischen Bauverwaltung spielten aber auch Mitarbeiter im »Büro Speer« in Berlin eine wichtige Rolle beim Bau des Reichsparteitagsgeländes. Als prestigeträchtige Aufgabe war die Mitwirkung an den Nürnberger Bauten eine Möglichkeit, sich hervorzutun und auf der Karriereleiter aufzusteigen.

Das »Nürnberger Tempo« beim Ausbau des Reichsparteitagsgeländes war nur durch eine »enge Zusammenarbeit« des Hochbau-, Tiefbau- und Stadtgartenamtes, der Städtischen Werke und der anderen technischen Ämter der Stadt möglich, die für den Zweckverband Reichsparteitag eine Fülle von Aufgaben übernahmen.[201] Damit stellten sich auch die beteiligten städtischen Mitarbeiter direkt in den Dienst der neuen Machthaber.

Walter Brugmann, der seit 1928 unter Oberbürgermeister Hermann Luppe das Hochbaureferat leitete, zeigte hier eine bemerkenswerte Flexibilität: Vor 1933 hatte er unter anderem das moderne Wartehäuschen am Plärrer (»Plärrer-Automat«) mit Flachdach und großen Glasfronten gebaut. Nach 1933 leitete Brugmann von städtischer Seite die Bauarbeiten für das Reichsparteitagsgelände, wurde darüber hinaus von Albert Speer 1934 als Mitarbeiter für die Dienststelle des »Generalinspekteurs für die Reichshauptstadt« gewonnen und war auch an den Planungen für ein neues Nürnberg mit Gauforum beteiligt. 1938 wurde seine zehnjährige Amtszeit um weitere zwölf Jahre verlängert, durch einen Erlass Adolf Hitlers, der ihn zu seinem fünfzigjährigen Geburtstag auch zum Professor ernannt hatte. Enttäuscht notierte Hermann Luppe in seinen Memorien über die Machtergreifung 1933: »Von den Stadträten erwies sich als der feigste Prof. Brugmann.«[202] Brugmann starb 1944 bei einem Bombenangriff.

Auch Alfred Hensel, seit 1922 Direktor des Stadtgartenamtes und verantwortlich für die gärtnerische Gestaltung des 1928 preisgekrönten Areals um das städtische Stadion, setzte nach 1933 seine Karriere fort: Er übernahm die gärtnerische Ausgestaltung der Luitpoldarena nach den Wünschen Adolf Hitlers und legte 1934 einen Plan des Gesamtgeländes mit Zeppelinfeld, Luitpoldarena und einem runden Kongresshallengebäude vor. Dieser Entwurf hätte »die organischen Zusammenhänge mit den übrigen Bauanlagen aufgenommen«[203] und so das Stadion als Renommierprojekt des demokratischen Oberbürgermeisters Luppe mit den Bauten für die nationalsozialistische Bewegung zu einer Einheit verbunden. Speers Gesamtplan des Geländes ließ diesen Entwurf Makulatur werden und degradierte die Stadionanlage der 1920er Jahre zu einem Nebenschauplatz. Die landschaftliche Gesamt-

Feier des Nürnberger Hochbauamts in der KdF-Stadt 1938. Ein Großteil der in städtischen Diensten stehenden Architekten war direkt oder indirekt mit dem Reichsparteitagsgelände befasst.

gestaltung des Reichsparteitagsgeländes übernahm von Seiten Speers der Gartenarchitekt Gerhard Hinz.

Julius Schulte-Frohlinde stand seit 1929 als Baurat in städtischen Diensten. Nach 1933 hat er den Entwurf für die Rednertribüne in der Luitpoldarena geliefert, übernahm auf Empfehlung Albert Speers 1934 die Leitung des Amtes »Schönheit der Arbeit« und baute eine eigene Bauabteilung der »Deutschen Arbeitsfront« (DAF) auf. Die »Kraft-durch-Freude-Stadt« ist der zweite Beitrag für das Reichsparteitagsgelände des vielseitig für die DAF tätigen und 1938 zum Professor ernannten Schulte-Frohlinde. Als er – nach Kriegsteilnahme, Mitarbeit im Arbeitsstab Speers für den Wiederaufbau deutscher Städte und Professur in München – 1952 zum Oberbaudirektor in Düsseldorf berufen wurde, löste dies heftige, aber erfolglose Proteste gegen die nach Meinung der Kritiker »offene Demonstration für die Baugesinnung des Dritten Reiches«[204] aus. Julius Schulte-Frohlinde starb 1968.

Auch Ludwig und Franz Ruff zählen zu den Architekten, die letztlich vom Reichsparteitagsgelände profitierten, wenn sie auch an der Gesamtplanung des Geländes nicht beteiligt waren. Mit der Kongresshalle und der SS-Kaserne stammen aber zwei wichtige Bauten des Reichsparteitagsgeländes aus dem Atelier Ruff.

Nürnberg wusste seine Rolle als »Stadt der Reichsparteitage« für eine ganze Reihe von stadtplanerischen Projekten zu nutzen: Die Verlegung des Tiergartens, Neugestaltungspläne für den Plärrer, der Abriss der Nürnberger Hauptsynagoge im August 1938, Hotelbauten am Hauptbahnhof und anderes mehr sind direkt oder indirekt auf das Bauprojekt Reichsparteitagsgelände zurückzuführen und auf Nürnbergs Rolle als eine der »Führerstädte«, die neu gestaltet werden sollten.

Donnerstag, den 8. September 1938 Fränkische Tageszeitung Seite 21

Großhotel der NS-Presse

Ein Gewinn für Nürnberg

Aufn.: Atelier Herm. Kümmerl, Nürnberg.

In diesen Tagen wurde in der Eilgutstraße in unmittelbarer Nähe des Hauptbahnhofes das NS.-Pressehaus provisorisch fertiggestellt. Von den zahlreichen Bauten, die in Nürnberg für die Reichsparteitage errichtet werden, wurde über dieses für alle Nürnberg-Fahrer schon vor der Einfahrt in den Hauptbahnhof sichtbare, hochaufragende Gebäude und seine Zweckbestimmung wohl am wenigsten bekannt. Und doch kommt gerade diesem Bau und der Arbeit, die in ihm geleistet wird, für das Echo der Parteitage in Deutschland und aller Welt eine besondere Bedeutung zu: **Hier haben sämtliche Gauzeitungen der Partei ihre Arbeitsräume bezogen und führen mit Fernschreibern und Fernsprechern die Berichterstattung für alle Gaue des Reiches durch.**

Nachdem die vorhandenen Baulichkeiten durch das gewaltige Anwachsen der Bedeutung der Reichsparteitage den Ansprüchen nicht mehr genügten und die räumliche Zersplitterung der journalistischen Arbeit sich nachteilig auszuwirken drohte, hat sich Reichsleiter Amann entschlossen, für die gesamte Parteipresse ein Gebäude zu errichten, das allen Anforderungen modernster Nachrichtenübermittlung in jeder Beziehung voll entspricht.

Während zum diesjährigen Reichsparteitag nur die Arbeitsräume der Gauverlage in dem bereits fertigen Ostteil untergebracht sind, wird in den nächsten Jahren die gesamte Presse der Bewegung einschließlich dem „Völkischen Beobachter" nicht nur im NS.-Pressehaus arbeiten, sondern auch ihre Schriftleiter werden in diesem Gebäude Wohnung nehmen. Der Stabsleiter des Reichsleiters für die Presse der NSDAP., Hauptamtsleiter Rolf Rienhardt, hat vor Beginn des Reichsparteitages den Bau besichtigt und sich von der Durchführung der Anordnungen des Verwaltungsamtes des Reichsleiters für die Presse überzeugt. Bauherr ist die NS.-Pressehaus Nürnberg GmbH., während die Führung und Betreuung des Gebäudes das Verwaltungsamt selbst übernimmt.

*

In unerhört raschem Arbeitstempo ist das Hotel entstanden, das mit der Hauptfront zur Eilgutstraße und mit einer kürzeren Front zur Tafelhofstraße liegt. Zu Beginn des Monats März wurde mit den Bauarbeiten begonnen und jetzt, nach einem knappen halben Jahr, ist das Gebäude bereits so weit fertiggestellt, daß in seinem Ostteil die gesamte Presse der NSDAP., die zum diesjährigen Parteitag erschienen ist, Arbeitsräume beziehen konnte. In den fünf Geschossen sind gegenwärtig die Parteitags-Schriftleitungen von 40 Zeitungen untergebracht. Ein eigenes Postamt und eine Fernsprechzentrale mit 240 Anschlüssen sorgen für schnellste Post- und Nachrichtenübermittlung. — Die völlige Fertigstellung des Hotels erfolgt bis zum Frühjahr 1939.

Das Gebäude ist auf dem Grund des Hotels „Fränkischer Hof" entstanden, dessen Saalbau abgetragen wurde. Ferner sind zwei in Richtung Hauptbahnhof angrenzende Häuser in seine einheitliche, gleichmäßige Gestaltung und Linienführung einbezogen. Die fünf Stockwerke sind von einem hohen, fränkischen Steildach bekrönt, das in seiner Art weder den Alt-Nürnberger Bürgerhäusern noch dem neuen Bauschaffen in der Stadt der Reichsparteitage widerspricht. Auch sonst wurde die städtebauliche Lage bei der architektonischen Durchgestaltung weitgehend berücksichtigt. Der Architekt lockerte die Front durch eine verhältnismäßig reiche Bewegung der Formen auf und gliederte die Baumasse durch mannigfache Abwechslung. So stehen die Profile und Gesimse in reizvollem Gegensatz zu den glatten Flächen.

Man betritt den Westteil des Hauses durch einen um fünf Meter vorspringenden Vorbau. Hier zeigt sich die Nürnberger Hotelbauerfahrung, die dafür sorgt, daß der Fremde schon vom Bahnhof aus das Ziel des ersten Wunsches aller Ankommenden entdeckt. Im Innern des Westteiles, das sich augenblicklich noch im Rohbauzustand befindet, wird nach der völligen Fertigstellung zunächst die große, geräumige Hotelhalle auffallen. Sie wird von Säulen getragen sein. Die innere Aufteilung des Hauses ist so vorbedacht, daß die Herbeischaffung der Speisen und Getränke zeitsparend vonstatten geht. Neben einer eigenen Kofferabgabe werden Aufzüge für Gepäck und Personen zu finden sein. Die Fremdenzimmer selbst werden einfach aber gediegen und formschön ausgestattet. Auch hygienische Einrichtungen aller Art werden anzutreffen sein. Es wird auf diesem Gebiet von den Kalt- und Warmwasseranlagen in allen Räumen bis zu einer genügenden Zahl von Bädern nichts vermißt werden. Es wird hier auch ein Versammlungsraum entstehen, der sonst in diesem ganzjährig geöffneten Hotel ein Speisesaal sein wird, und ein Konferenzsaal, der in der anderen Zeit den Hotelgästen als Frühstückssaal dienen wird und manchmal auch für kleine festliche Veranstaltungen zur Verfügung stehen soll. In den Planskizzen ist weiter noch eine Reihe von Besprechungszimmern zu entdecken. Das Dachgeschoß erhält Personalzimmer und eine Wirtswohnung.

Im Kellergeschoß werden eine automatisch arbeitende Gasheizungsanlage, die Großküche mit Nebenräumen, die Metzgerei, Kühlräume, eine eigene Wäscherei, eine Umformerstation für Kraft- und Lichtstrom sowie mehrere Kegelbahnen untergebracht.

Es mag hier noch als ein besonderer städtebaulicher Erfolg die Tatsache gebucht werden, daß das Großhotel der Parteipresse an die Stelle von Häusern getreten ist, die ehedem noch in ihrer Gesamtheit ein Stilwirrwarr besonderer Art gewesen sind. Man kann den neuen Bau als ein Schmuckstück Nürnbergs bezeichnen.

Für Entwurf, Rohbau und In[illegible]staltung des neuen Hotels zeichnen die be[illegible]nten Nürnberger Architekten Hans Ebert und Otto Ebert verantwortlich, die heute zu den führenden fränkischen Baukünstlern zählen.

Mit dem »Fränkischen Hof« wurde eigens ein Hotelbau für die NS-Presse auf den Reichsparteitagen geschaffen

Hier spielte etwa Oberbaudirektor Heinrich Wallraff als Stellvertreter des Hochbaureferenten eine wichtige Rolle im Zweckverband Reichsparteitagsgelände.

Auch Heinz Schmeißner und Wilhelm Schlegtendal, seit 1936 bzw. 1937 beim städtischen Hochbauamt, waren in die nationalsozialistische Stadtplanung eingebunden: Von ihnen stammen, neben Überlegungen im Krieg zum Wiederaufbau Nürnbergs, Entwürfe zu verschiedenen Gebäuden und Plätzen in Nürnberg, etwa zur Neugestaltung des Plärrers. Wilhelm Schlegtendal war unter anderem mit der Schmückung der Stadt für die Reichsparteitage befasst. 1944 beauftragte Albert Speer die beiden Architekten mit der Planung für den Wiederaufbau Nürnbergs, drei Jahre später gewannen sie – nun nicht mehr unter nationalsozialistischen Vorzeichen – den Wiederaufbauwettbewerb für Nürnberg.

Schlegtendal blieb nach 1945 freier Architekt und hat 1953 das Plärrerhochhaus gebaut. Heinz Schmeißner wurde Hochbaureferent. Sein Name wird heute vor allem mit dem Wiederaufbau Nürnbergs verbunden.

Speers Helfer auf dem Reichsparteitagsgelände, die Infrastruktur, Bauabwicklung und Stadtplanung in Nürnberg für die nationalsozialistische Selbstdarstellung geliefert haben, sind als »Deutsche Architekten«[205] Vertreter einer Generation, die ihre Kindheit (fast) noch im Kaiserreich erlebten und in der Weimarer Demokratie keine wirkliche Orientierung fanden. Ihr beruflicher Aufstieg erfolgte im Terror des NS-Systems. Dennoch waren sie es, die nach den Zerstörungen des Krieges den Wiederaufbau prägten.

oben: Gigantische Flächen sollten bebaut werden: Blick über die Baustelle Deutsches Stadion in Richtung Kongresshalle mit Gleisanlagen, mittig ist das 1:1-Modell der Fassade am heutigen Volksfestplatz zu erkennen. Links ist ein Zug, der Aushub aus der Baugrube abtransportiert, zu sehen. Zahlreiche Gebäude wie Lager für Kraftstoffe (Gebäude links oben), aber auch Kantinen, Baubüros und ein großer Vermessungsturm wurden errichtet. Foto der Firma Philipp Holzmann, 15.5.1939.

rechts: Der Landschaftsarchitekt Gerhard Hinz übernahm im Auftrag Speers die Landschaftsplanung auf dem Reichsparteitagsgelände. Seine (glücklicherweise nicht verwirklichte) Vision einer gleichgeschalteten Landschaft mit begradigtem Dutzendteich als dekorativem Begleitgewässer für die Monumentalbauten hatte auch keinen Platz mehr für die traditionsreichen Gastwirtschaften, das Schwimmbad und alte Wohnbebauung direkt am Dutzendteich. Selbst das Stadionareal ist nur noch angedeutet und scheint zur Disposition zu stehen. Gesamtplan des Areals, 1942.

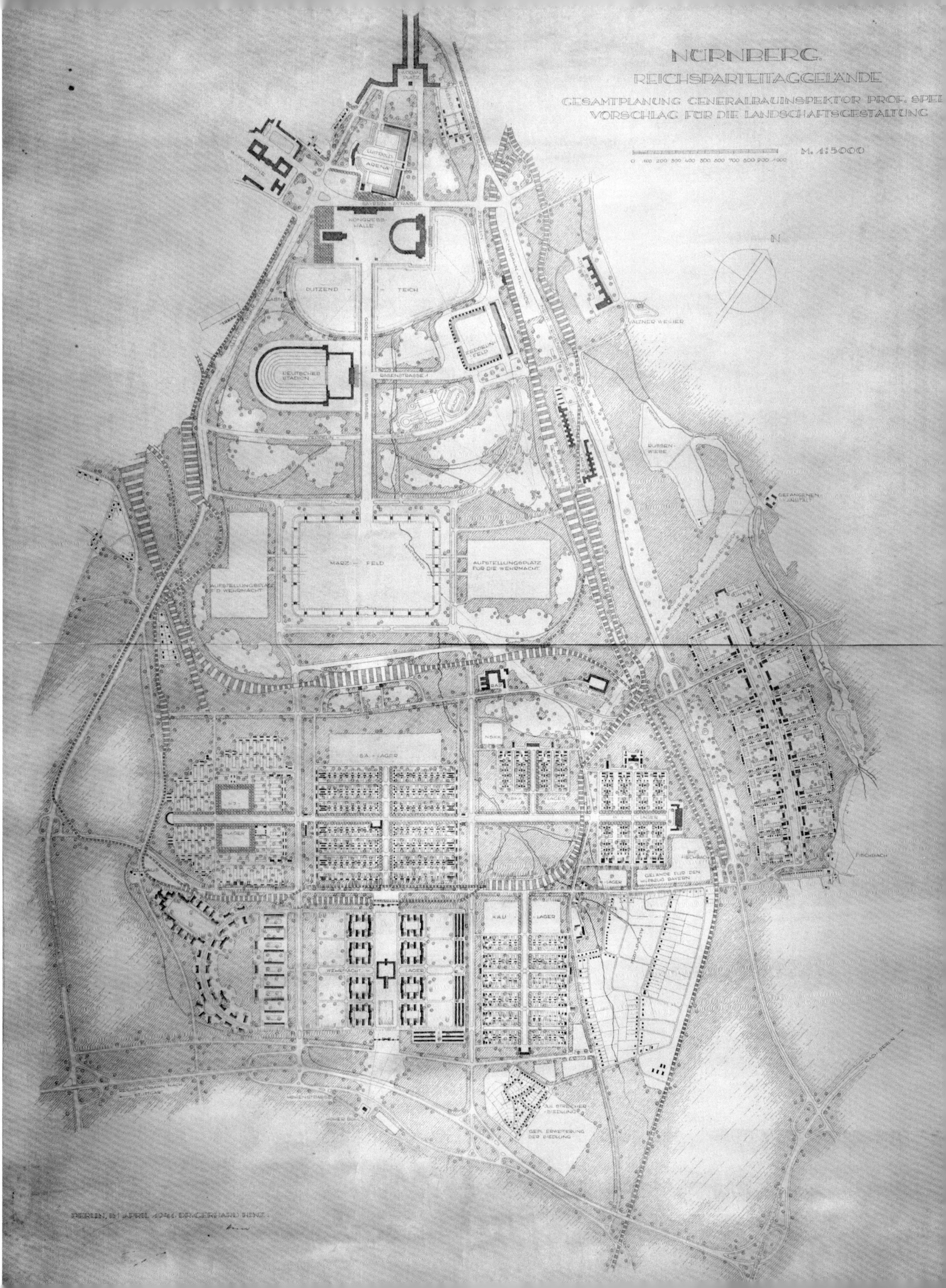
NÜRNBERG.
REICHSPARTEITAGGELÄNDE
GESAMTPLANUNG GENERALBAUINSPEKTOR PROF. SPEE
VORSCHLAG FÜR DIE LANDSCHAFTSGESTALTUNG
0 100 200 300 400 500 600 700 800 900 1000
M. 1:5000
N
LUITPOLD ARENA
BAYERNSTRASSE
KONGRESS HALLE
DUTZEND TEICH
ZEPPELIN FELD
DEUTSCHES STADION
GROSSE STRASSE
RASENSTRASSE
VALZNER WEIHER
BUSSEN WIESE
MÄRZ FELD
AUFSTELLUNGSPLATZ FÜR DIE WEHRMACHT
SA LAGER
NSKK
FISCHBACH
GELÄNDE FÜR DEN MILPLATZ BAYERN
RAD LAGER
WEHRMACHT LAGER
GEPL. ERWEITERUNG DER SIEDLUNG

Südlich der Aufmarscharenen des Reichsparteitagsgeländes schloss sich das Gelände für die Zeltlager an. Heute befindet sich hier der Südostteil Langwassers. Postkarte um 1938.

oben rechts: Eingang zum SA-Lager Langwasser, Postkarte 1938.

Appell von Reichsarbeitsdienstmännern vor ihren Zelten im Lager Langwasser, 1934.

Tor des HJ-Zeltlagers Langwasser, um 1937.

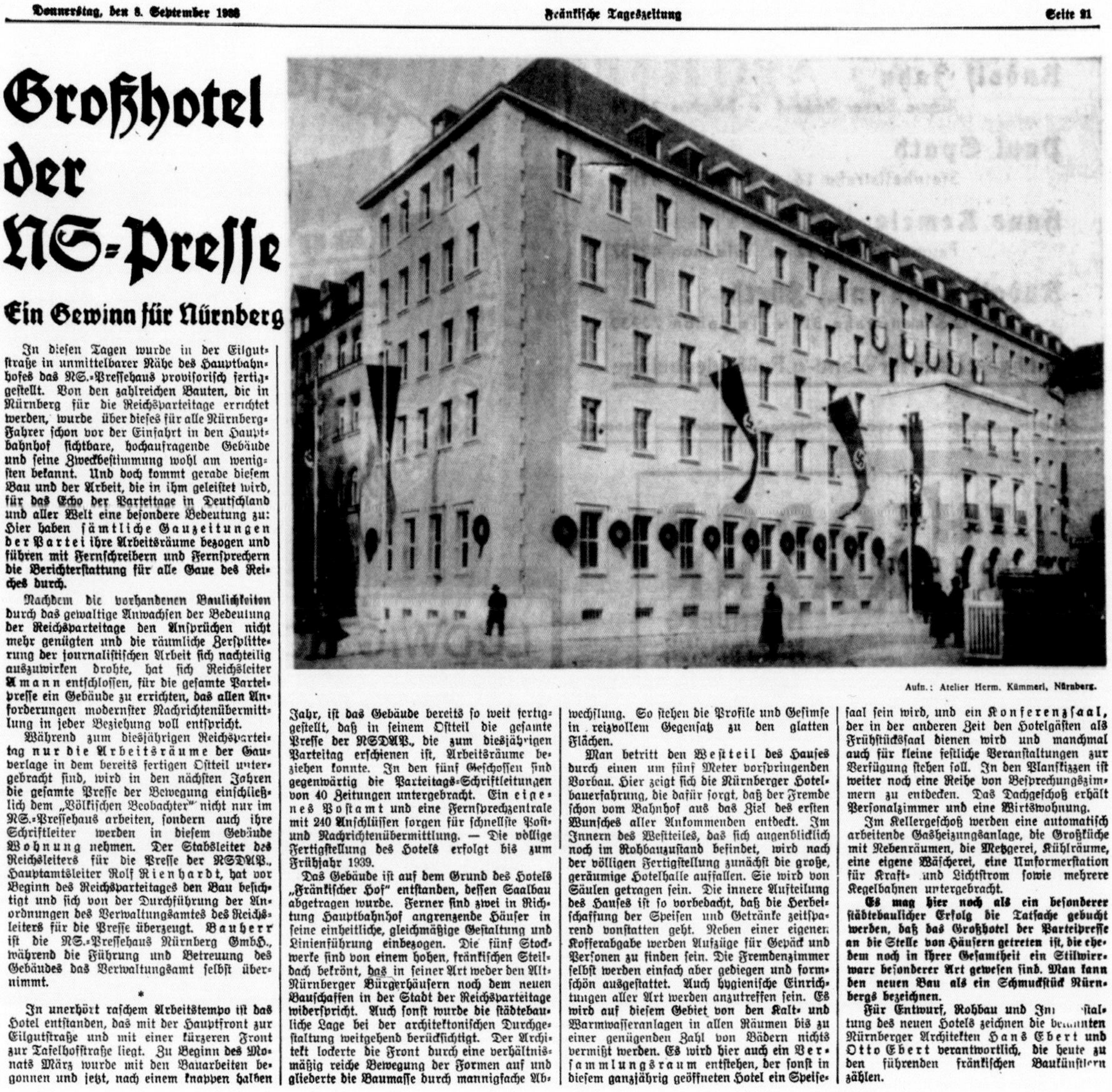

In Zelten und Baracken

Von der »Reichs-Lagersiedlung« zum Stadtteil Langwasser

Südlich des Märzfeldes entstand seit 1935 auf 950 Hektar ein Lagergelände für die Teilnehmer der Reichsparteitage. Es war auf eine Kapazität von mehreren hunderttausend Menschen ausgelegt. Die Mitglieder der einzelnen Parteiformationen – SA, SS, Hitlerjugend (HJ) und Reichsarbeitsdienst (RAD) – erhielten im Lauf der Jahre jeweils eigene feste Plätze. Die geplanten Lagerplätze für die unbedeutenderen Organisationen wie das Nationalsozialistische Kraftfahrerkorps (NSKK) oder die »Politischen Leiter« wurden nicht verwirklicht. Während des Krieges fanden die Lager neue Verwendung für die Unterbringung von Kriegsgefangenen oder Zwangsarbeitern. Nach 1945 dienten sie zuerst als amerikanisches Internierungslager für Nationalsozialisten und später vor allem als Unterkunft für Flüchtlinge und durch die Kriegswirren heimatlos gewordene »Displaced Persons« (DPs).[206] Jahrzehntelang durch Lager geprägt, entstand auf dem Areal seit

SA-Lager Langwasser, Blick nach Osten, Postkarte mit Fotomontage 1935.

Mitte der 1950er Jahre mit der Trabantenstadt Langwasser das damals größte Stadterweiterungsprojekt der Bundesrepublik.[207]

Die Geschichte dieses weiträumigen Geländes im Nürnberger Süden begann bereits einige Jahre vor der nationalsozialistischen Ära mit dem Generalbebauungsplan (»Jansen-Plan«) von 1926. Basierend auf dem Jansen-Plan wurden erstmals auch Pläne für eine Stadterweiterung im Süden Nürnbergs entwickelt. Gedacht war an eine Arbeitersiedlung mit großen Nutzgärten. Das projektierte Gelände entlang des Langwasserbaches war vor dem Ersten Weltkrieg als Militärschießplatz in Benutzung und danach weitgehend Brachland. 1932 wurde der Wohnungsbaugesellschaft der Stadt Nürnberg (wbg) die städtebauliche Erschließung des Geländes am Langwasserbach übertragen, 1934 erhielt sie von der Bayerischen Staatsforstverwaltung das Bodenankaufsrecht für die 600 Hektar in Langwasser eingeräumt. Bereits im nächsten Jahr wurde das gesamte Gebiet jedoch von der NSDAP für die verschiedenen Anlagen und Lagerbauten der Reichsparteitage beschlagnahmt.

Die »Reichs-Lagersiedlung«

»Im Laufe der Nacht zum Sonnabend waren die ersten SA-Formationen in Sonderzügen herangerollt. 480 Zelte standen bereit, um die 110.000 SA-Männer auf dem Langwassergelände aufzunehmen. Bis in den späten Nachmittag des Sonnabend dauerte in 122 Sonderzügen der Antransport aus allen Provinzen und Ländern des Reiches an.«[208] Der Transport und die Unterbringung von Menschenmassen wurden im offiziellen Bericht zum Reichsparteitag 1934 – wie auch in Berichten zu späteren Reichsparteitagen – als große

Der »Hilfszug Bayern« war für die Verpflegung hunderttausender Teilnehmer zuständig, um 1934.

Die Zeltlager verfügten mit Straßen, Kanalisation und Elektrizität über eine gute Infrastruktur. Tor des Reichsarbeitsdienstlagers, 1935.

logistische Leistung herausgestellt. In den folgenden Jahren gelang dies durch den massiven Ausbau der Infrastruktur im Bereich des Langwassergeländes immer perfekter.

Das gesamte Gebiet der »Reichs-Lagersiedlung« wurde durch den Zweckverband Reichsparteitagsgelände mit Kanalisation, Strom sowie einem Netz von asphaltierten Straßen und Bahnhöfen erschlossen. Neben hölzernen Kommandotürmen und Versorgungsbaracken bestanden die militärisch organisierten Lager aus riesigen Zeltstädten. Der Aufbau der Zelte und die Vorbereitung der Lager erfolgten jeweils einige Wochen vor Beginn des Reichsparteitages durch den Reichsarbeitsdienst. In den Jahren 1933 bis 1937 waren die Anmarschwege vom Bahnhof Dutzendteich zu den Zeltunterkünften noch sehr weit. Erst 1938 konnte zum ersten und letzten Mal der neueröffnete »Lagerbahnhof« Märzfeld benutzt werden. Morgens und abends mussten die Teilnehmer der Reichsparteitage den Weg zu den Veranstaltungen in den Arenen, in die Altstadt oder zu den Vergnügungsstätten im KdF-Dorf – eine nicht unbeträchtliche Entfernung – zu Fuß zurücklegen: »Bereits mitten in der Nacht, um zwei Uhr, sind die Männer der nationalsozialistischen Kampfformationen durch Hornsignale in ihren Lagern geweckt worden. Bald sind die Kolonnen im Anmarsch zum Luitpoldhain.«[209]

Die Verpflegung der Teilnehmermassen übernahm der sogenannte »Hilfszug Bayern«, der an der »Lagerbahnhofstraße«, das heißt vor dem Bahnhof Märzfeld in einer Zeltstadt, stationiert war. Ein Nürnberger Stadtführer aus dem Jahr 1939 schildert im Rahmen seiner ausführlichen Beschreibung des Reichsparteitagsgeländes auch die Tätigkeit des »Hilfszugs Bayern«. »Zwischen den riesigen Vorratszelten in denen alles bis aufs kleinste geordnet ist, laufen Feldbahngeleise, die die großen Mengen von Lebensmitteln, die zur Ausgabe von einer Million Portionen notwendig sind (…) heranbringen. Organisation und Technik sind hier so gesteigert, dass Hunderttausende von Menschen durch diese Küche des Hilfszugs Bayern von der Suppe und dem Braten bis zur Süßspeise des Nachtisches versorgt

Das SA-Zeltlager zwischen der heutigen Glogauer Straße (rechts), Liegnitzer Straße (oben) und Gleiwitzer Straße (links) bot etwa 100.000 Männern Unterkunft.

werden können, und diese Großeinrichtung allein ist für sich schon eine Sehenswürdigkeit, die man (...) in keiner anderen Stadt am Werke sieht.«[210] Auch diese riesigen Feldküchen auf den Reichsparteitagen waren eine Übung für die Versorgung von Soldaten im Krieg.

Den größten Bereich des Lagergeländes in Langwasser nahm das Lager für die SA-Verbände ein, dessen endgültiger Ausbau 1936/37 erfolgte. Es erstreckte sich auf einer rechteckigen Fläche von etwa 850 mal 1.000 Metern zwischen der heutigen Salzbrunner/Hirschberger Straße im Süden, der Glogauer Straße im Westen, der Breslauer Straße im Norden und der Bunzlauer Straße im Osten. Der Platz war durch zwei sich in der Mitte kreuzende Straßen in vier Quadrate aufgeteilt. Die Unterkünfte bestanden aus großen weißen Zelten, die in den einzelnen Vierteln streng militärisch jeweils in drei Doppelreihen hintereinander aufgestellt waren. Insgesamt wurden 396 Zelte mit 35 mal 12 Metern Grundfläche für je 250 Personen aufgestellt, so dass nahezu hunderttausend SA-Männer untergebracht werden konnten. An der West- und Ostseite des Platzes, entlang der heutigen Bunzlauer und Glogauer Straße, befanden sich je zwölf große hölzerne Versorgungsbaracken. In der Mitte des Lagerplatzes, am »Horst-Wessel-Platz«, standen ein hölzerner Wachtturm und die große hufeisenförmige Kommandobaracke.

Männerwelten: »Lagerleben« in zeitgenössischen Propagandafotos 1934–1938.

Östlich des SA-Lagers schlossen sich die Lager für die Hitler-Jugend sowie die anderen Parteiorganisationen an, deren geplante Lagergelände noch nicht fertiggestellt waren. Sie nahmen den gesamten südwestlichen Teil des heutigen Langwasser ein. Später sollte dieser Bereich nur der HJ dienen. Für den Reichsarbeitsdienst war das Moorenbrunnfeld als Lagergelände geplant, für das Nationalsozialistische Kraftfahrt-Korps (NSKK) das Waldgebiet zwischen Gleiwitzer und Oelser Straße. Der Hitler-Jugend wurde das Gelände, das zuvor hatte gerodet werden müssen, ab 1937 als fester Lagerplatz zugeteilt. Daneben war der Reichsarbeitsdienst angesiedelt: Auf dem hölzernen Eingangstor zu seinem Lagerteil waren vier überlebensgroße Männerskulpturen in Uniform mit dem obligatorischen Spaten, dem Symbol des Reichsarbeitsdienstes, angebracht. Sie sollten das Lager symbolisch bewachen. Auch die Zeltunterkünfte des Nationalsozialistischen Kraftfahrt-Korps (NSKK) befanden sich in diesem Bereich.

Mit Kriegsbeginn wurde das SA-Lager in ein Kriegsgefangenenlager umgewandelt. Sowjetische Kriegsgefangene wurden aus Platzmangel auch im Winter in Zelten untergebracht. Tausende von ihnen starben.

Bilder oben: Holzbaracken im Kriegsgefangenenlager.

Sowjetische Kriegsgefangene bei Erdarbeiten in Langwasser mit den deutschen Bewachern. (Alle Fotografien dieser Seite: Fotoserie 1940).

Auf dem Gelände des heutigen Industriegebietes Altenfurt befand sich das SS-Lager. Es war ähnlich strukturiert wie das der SA, jedoch nur etwa halb so groß. In einem Waldgebiet nördlich von Fischbach, entlang der Regensburger Straße, war schließlich ein Lager für die »Politischen Leiter« geplant, von dem jedoch nie mehr als einige Erschließungswege fertiggestellt wurden. Die Politfunktionäre waren während der Reichsparteitage daher nicht in einem eigenen Lagergelände, sondern in Fabrikhallen, Schulhäusern und Gaststätten untergebracht.

1939–1945: Kriegsgefangenen- und Zwangsarbeiterlager

Mit Beginn des Krieges und der Einstellung der Reichsparteitage bestanden die Lager weiter, wurden jetzt aber anderen Zwecken zugeführt: Militär und Industrie reklamierten die Lager für sich. SA- und HJ-Lager wurden in ein Kriegsgefangenenlager für 30.000 Soldaten umgewandelt, das ehemalige SS-Lager wurde während des Kriegs der Firma MAN als Zwangsarbeiterlager zur Verfügung gestellt.

Im Kriegsgefangenenlager wurden anstelle der Zelte Holzbaracken nach der im Nationalsozialismus allgegenwärtigen Reichsarbeitsdienstnorm aufgestellt. Die

Sowjetische Kriegsgefangene auf dem Weg zu ihrem Arbeitseinsatz. Privataufnahmen eines deutschen Bewachers, Anfang 1940er Jahre.

Bewachungsmannschaften bezogen in den bereits bestehenden hölzernen Versorgungs- und RAD-Baracken ihre Unterkünfte. Außerdem errichteten die Militärbehörden eine Desinfektionsanstalt, Arrestlokale und eine Leichenhalle. Rings um die einzelnen Lagerviertel wurde ein doppelter Stacheldrahtzaun gezogen, an den Ecken standen hölzerne Wachttürme, die Trassen entlang des Stacheldrahtzaunes waren gerodet. Der Haupteingang befand sich zwischen der heutigen Jauer Straße und der Hirschberger Straße.

Das Lager bestand aus einem Mannschafts- und einem Offizierslager. Im Mannschaftslager waren bereits seit September 1939 polnische Kriegsgefangene untergebracht, entsprechend dem Kriegsverlauf dann

Zeichnungen eines amerikanischen Kriegsgefangenen-Offiziers aus dem Lager Langwasser aus den Jahren 1944/45.

Seit 1999 sind die Massengräber für über 5.000 zumeist sowjetische Kriegsgefangene mit Steinen eingefasst und die Namen der Toten auf Bronzetafeln dokumentiert, 2017.

ab 1940 belgische und französische, ab 1941 russische, 1943/44 kamen italienische Militärinternierte und 1945 schließlich US-amerikanische Kriegsgefangene hinzu. Die einfachen Soldaten verpflichtete man zur Arbeit: Sie wurden verschiedenen Firmen zugeteilt und von diesen in speziellen Barackenlagern untergebracht. Im Offizierslager waren zuerst französische, später jugoslawische und dann russische Offiziere untergebracht. Die russischen Kriegsgefangenen wurden aus ideologischen und rassistischen »Gründen« besonders schlecht ernährt und mussten unter schwersten Bedingungen arbeiten, so dass Tausende starben. Massengräber auf dem Nürnberger Südfriedhof zeugen bis heute davon. In der ersten Siegeszuversicht des Russlandkriegs war noch im Juli 1942 ein 2.000 Mann starkes russisches Arbeitskommando zur Vorbereitung eines Reichsparteitages auf dem Gelände eingesetzt worden. Am 17./18. April 1945 wurde das Kriegsgefangenenlager von amerikanischen Truppen befreit.

1945 – 1949: Amerikanisches Internierungslager

»Das Lager Langwasser befand sich auf dem Gelände des Reichsparteitages. Wir konnten die Türme und halbfertigen Riesenbauten des Marsfeldes ragen sehen. Der Block, in welchem ich mich befand, war eng besiedelt, Baracke stand dicht neben Baracke, dazwischen standen die Latrinen, die noch aus der Zeit der großen Aufmärsche stammten. Die Baracken waren noch ziemlich neu und so gut wie ohne jedes Inventar.«[211] So schildert der Schriftsteller Ernst von Salomon in seinem Roman »Der Fragebogen«, der die Entnazifizierung in der amerikanischen Zone thematisiert, das Lager Langwasser. Salomon war selbst 1946/47 in Langwasser interniert. In dem auf 4.000 Insassen ausgelegten ehemaligen Kriegsgefangenenlager waren in jeder Baracke 60 bis 65 Männer untergebracht. Sie waren von den Amerikanern zumeist im Rahmen des automatischen Arrests als Inhaber eines gewissen Ranges innerhalb der NSDAP oder anderer NS-Organisationen festgenommen worden und warteten jetzt auf ihre »Entnazifizierungsverfahren«. Neben vielen kleinen Chargen befand sich auch ehemalige Prominenz im Lager: »Kodak (ein Mithäftling) holte das ›Goldene Buch‹ des Theaters Langwasser, einen schön gebundenen Band in Pergament und Leder, und bat mich, etwas einzuschreiben. Ich blätterte das Buch durch. Da war alles vertreten, was einst gut und teuer war. Graf Schwerin-Krosig hatte als alter Humanist etwas Griechisches oder Lateinisches geschrieben. Manstein schrieb: ›Das Reich muß doch bleiben...!‹ – Brauchitsch: ›Hab Sonne im Herzen, ob's stürmt oder schneit...‹, alle hatten etwas geschrieben. Es wimmelte von Feldmarschällen und Reichsministern.«[212]

Seit April 1946 befand sich das Lager unter deutscher Verwaltung, ab Februar 1947 nahm eine Lagerspruchkammer ihre Tätigkeit auf, welche die Entnazifizierungsverfahren vor Ort abwickelte. Seit Sommer 1948 war Langwasser das einzige noch bestehende Lager für Internierte und Arbeitshäftlinge in Bayern, mit immerhin noch 241 Häftlingen im Jahr 1949. Die endgültige Auflösung erfolgte im März 1949. Anschließend wurden die Baracken zu einer Wohnsiedlung für deutsche Flüchtlinge umgebaut. Noch im April 1957 lebten etwa 1.100 Menschen in den 58 Baracken der Flüchtlingssiedlung Langwasser. Nach ihrer Umquartierung in neue Wohnungen konnten im Mai 1958 die letzten Baracken abgerissen werden.

Das »Bundessammellager für Ausländer«, Vorgänger des heutigen Bundesamtes für Migration und Flüchtlinge, bestand bis Mai 1960.

1949–1960: Vom Valka-Lager zum »Bundessammellager«

»Das Lager Valka befindet sich wenige Kilometer von Nürnberg entfernt, in unmittelbarer Nähe des Stadions, wo die berühmten Hitlerschen Parteitage stattfanden. Es besteht aus Baracken, die auf einem flachen Hügel stehen (...). Nur ein Teil des Lagers ist mit einer Mauer umgeben, die mit Stäben versehen ist, auf die der Stacheldraht nur aufgelegt werden braucht (...). Valka, das sind auch gemauerte Häuschen, in denen die alten DP's wohnen, die in Deutschland hängengeblieben sind und von spärlichen Unterstützungen und Paketen leben. Das ganze Gelände dieser traurigen, schmutzigen Siedlung hat etwas Ähnliches wie Straßen, einige Kaufläden, eine Kantine (...). Die Bewohner der Baracken im Valka-Lager warten«,[213] so beschrieb der exilpolnische Schriftsteller Czeslaw Milosz seine Eindrücke im Lager 1955.

Bereits 1946 waren in einem Teil des ehemaligen Kriegsgefangenenlagers hauptsächlich lettische und estnische DPs untergebracht worden. Sie hatten zumeist auf Seiten der Deutschen gekämpft oder waren bei der Besetzung ihrer Heimat durch die Sowjets geflohen. Sie waren es auch, die dem Lager den Namen Valka nach einer estnisch-lettischen Grenzstadt gaben, die durch die neue Grenzziehung nach dem Ersten Weltkrieg in zwei Teile getrennt worden war. Das Lager stand zuerst unter Verwaltung der UNRRA (United Nations Relief and Rehabilitation Administration), später der IRO (International Refugee Organisation). Trotz einer offiziellen Auflösung im Jahr 1949 bestand das Lager weiter, nun unter der Verantwortung deutscher Flüchtlings-

In der »Wohnsiedlung Langwasser« lebten zum Teil bis 1960 schlesische Flüchtlinge und Heimatvertriebene, Postkarte 1950er Jahre.

behörden, die auf Anweisung der Besatzungsbehörden DPs und Flüchtlinge vor allem aus den Ostblockstaaten in Deutschland aufnehmen mussten. Im Oktober 1951 lebten mit 4.300 Personen aus 28 Nationen mehr Menschen als je zuvor im Valka-Lager.

Im März 1954 erhielt das Valka-Lager die neue Bezeichnung »Bundessammellager für Ausländer«. Hier wurden Asylsuchende »überprüft« und danach auf das gesamte Bundesgebiet verteilt: Von 1953 bis 1957 stellten insgesamt 7.500 Menschen Asylanträge. In den folgenden Jahren gab es wiederholte Bemühungen der Stadt Nürnberg um eine Auflösung des Lagers. Dennoch lebten 1957 noch immer über 3.000 Personen aus insgesamt 36 Nationen im Lager, von denen sich viele eine Chance auf Auswanderung nach Übersee erhofften. Erst am 11. Mai 1960 löste man das Flüchtlingslager endgültig auf. Die letzten Bewohner wurden in die neugeschaffene Unterkunft nach Zirndorf umgesiedelt. Nach dem Abzug der US-Armee kehrte das für die Asylsuchenden zuständige Bundesamt wieder nach Nürnberg zurück – in die ehemalige SS-Kaserne in der Frankenstraße, welche nach dem Krieg die amerikanische Armee genutzt hatte.

Von den ersten Wohnsiedlungen zur Trabantenstadt Langwasser

Die starke Zerstörung Nürnbergs im Zweiten Weltkrieg – von 125.000 Wohnungen im Jahr 1939 waren 1945 nur 10,8 Prozent unzerstört geblieben – und der Zustrom von Vertriebenen führten in der Nachkriegszeit zu einem enormen Wohnungsmangel. Neben dem Wiederaufbau der zerstörten Altstadt und der Stadtteile, der durch kleine Grundstücke und unbrauchbare Bauleitlinien erschwert wurde, stellte Langwasser das städtebaulich mit Abstand bedeutendste Wohnungsbauprojekt dar.

Bereits 1951 entwickelte das Stadtplanungsamt für die Südhälfte des Langwasserareals, das heißt für das Lagerareal des ehemaligen Reichsparteitagsgeländes, einen ersten Bebauungsentwurf mit geplanten 30.000 Einwohnern. Die vorhandene Erschließung durch Ver- und Entsorgungsleitungen für Wasser und Energie auf großen Teilen des Lagergeländes schien eine mögliche Wohnbebauung stark zu verbilligen. Die Verhandlungen der wbg und der Stadt Nürnberg mit dem Bayerischen Staat, in der Absicht, das Gelände rechtskräftig übereignet zu bekommen und es für Wohnbebauung nutzbar zu machen, zogen sich jedoch über Jahre hin. Erst 1957/58 konnte die wbg in Teilverträgen – unter Bezugnahme auf den Vertrag von 1934 – kleinere Gebiete von der bayerischen Staatsforstverwaltung erwerben. Der Hauptkaufvertrag über das gesamte Gelände wurde im September 1960 abgeschlossen. Bereits von 1951 bis 1955 waren im Südteil des Langwassergeländes durch andere Bauträger jedoch vier Wohnsiedlungen für rund 5.600 Menschen entstanden.

1954 hatte der Stadtrat auf Initiative des damaligen Wiederaufbaureferenten Andreas Urschlechter einen städtebaulichen Ideenwettbewerb für das gesamte 600 Hektar große Gelände angeregt, den die wbg im Dezember 1955 ausschrieb. In Form eines »engeren Wettbewerbs« sollten Architekten einen Gesamtbebauungsplan für Langwasser entwickeln, der von einer Bevölkerungszahl von 25.000 mit der Option einer Erweiterung des Stadtteils auf 40.000 ausging. Eine Lösung des Problems der Märzfeldtürme war ebenso gefordert wie eine Bevölkerungsstruktur, die sich »aus allen Schichten zusammensetzen und so einen Querschnitt der heutigen Gesellschaft bilden«[214] sollte. Insgesamt forderte die Ausschreibung eine Aufteilung der Wohnformen in 50 Prozent mehrgeschossige Familienhäuser, 25 Prozent zweigeschossige Einfamilienhäuser, 15 Prozent ebenerdige Siedlungshäuser sowie zehn Prozent Einzelhäuser.

Der erste Preisträger, der Nürnberger Architekt Franz Reichel, nach dessen Entwürfen die Trabantenstadt später in ihren Grundzügen gestaltet wurde, gliederte die neue Siedlung in sogenannte Nachbarschaften, die durch breite Grüngürtel klar voneinander getrennt sind. Die Wohngebiete sollten durch sich verästelnde, kurvige Sackgassen erschlossen werden, die von den Randerschließungsstraßen sowie einer Längs- und Querachse ausgingen. Geschäfte waren in kleinen Einkaufszentren in jeder Nachbarschaft eingeplant. Gewerbe sollte links und rechts der Bahnlinie, getrennt von den Wohngebieten, angesiedelt werden. Zur Zeit der Grundsteinlegung im März 1957 war Langwasser das größte Stadterweiterungsprogramm der Bundesrepublik. Die Architektur der in den folgenden 35 Jahren verwirklichten Siedlungsgebiete Langwassers zeigt nahezu exemplarisch die Entwicklung des Städtebaus in der Bundesrepublik auf.

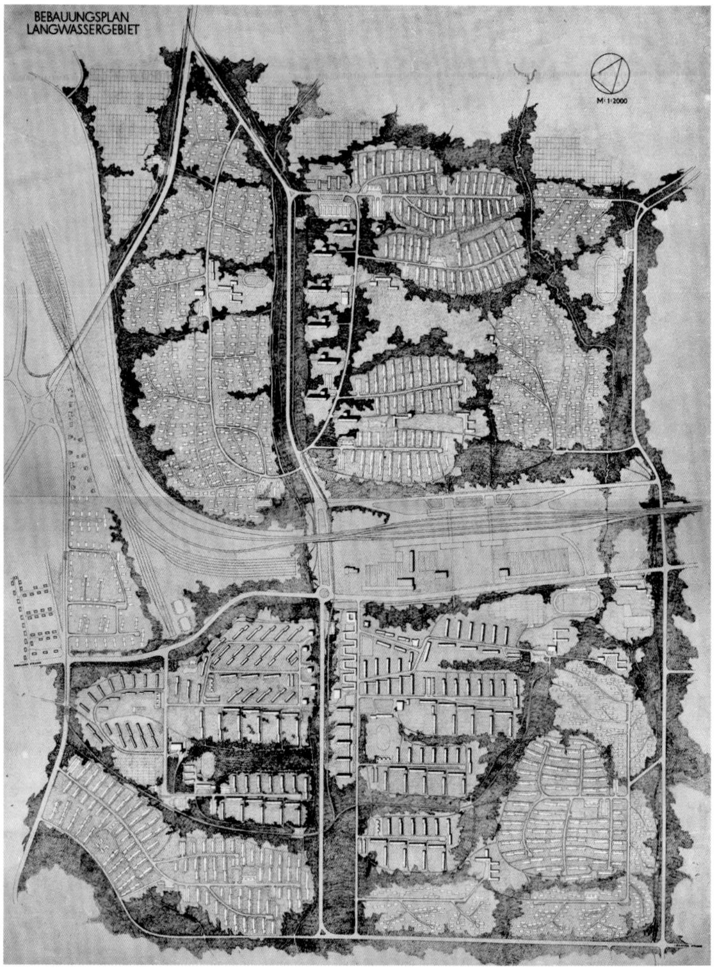

Siegreicher Wettbewerbsentwurf von Franz Reichel für die Trabantenstadt Langwasser auf dem ehemaligen Reichsparteitagsgelände, 1956.

Grundsteinlegung für den Stadtteil Langwasser am 29. März 1957.

Heute leben circa 35.000 Menschen in Langwasser, die projektierte Bebauung ist jedoch noch nicht abgeschlossen. Es existieren nur noch wenige Spuren, die auf die jahrzehntelange Lagervergangenheit des Stadtteils verweisen könnten. Die baulichen Überreste des Reichsparteitagsgeländes galten als »Bebauungshindernisse« und wurden – wenn auch oftmals nach langwierigen Vorläufen – mit Ausnahme des Bahnhofs Märzfeld beseitigt. Die wbg war damit den Empfehlungen des Preisgerichts des städtebaulichen Ideenwettbewerbs gefolgt: »Die baulichen Rudimente der letzten Jahrzehnte (...) dürfen die neue Wohnstadt weder materiell noch psychologisch künftig beeinträchtigen.«[215] Diese Entscheidung führte zu einer Geschichtslosigkeit des neuen Stadtteils. Erst in den letzten Jahren wurde in Form von historischen Informationstafeln, Ausstellungen und Stadtteilführungen sowie einer Geschichtswerkstatt vorbildliche politische Bildungsarbeit geleistet.[216] Denn in der Geschichte Langwassers spiegeln sich Propaganda und Terror des Nationalsozialismus, die Abrechnung mit diesem, die Entwurzelung und der Neubeginn vieler Menschen ebenso wie Wirtschaftswunder, moderner Sozialstaat und städtebauliche Leitbilder der letzten sechzig Jahre.

Bernd Windsheimer

In der »Kraft-durch-Freude-Stadt« wurde auf den Reichsparteitagen 1937 und 1938 ein Volksfest mit germanisch-nationalsozialistischem Anstrich geboten.

oben rechts: Postverladebahnhof am Nürnberger Hauptbahnhof, 1939.

Massenandrang am Bahnhof Dutzendteich, Fotografie 1934.

Bauten im Umfeld

Die Infrastruktur des Reichsparteitagsgeländes

Neben den für die Reichsparteitage neuerrichteten oder umgebauten Aufmarscharenen und -straßen musste von den Nationalsozialisten auch eine komplette Infrastruktur erstellt werden. Es galt den An- und Abtransport, die Unterbringung, Verpflegung und Unterhaltung von vielen hunderttausend Teilnehmern und Besuchern zu organisieren. So wurden zum Beispiel in der Innenstadt aufgrund des großen Mangels an Hotelbetten ein Gästehaus für ranghohe Parteitagsbesucher und ein Pressehotel für Journalisten errichtet. Das Hotel Deutscher Hof, Hitlers Unterkunft während der Reichsparteitage, wurde um einen Anbau erweitert. In der näheren Umgebung des eigentlichen Geländes, das heißt im gesamten Südosten Nürnbergs, entstanden eine Reihe von Verkehrs-, Zweck-, Militär-, Lager- und Wohnbauten.

»Die größte Aufgabe des Jahres...« – Verkehrsbauten

Eine gut ausgebaute Infrastruktur des Reichsparteitagsgeländes war unverzichtbar für das Funktionieren der Parteitagsabläufe und damit für die beabsichtigte Propagandawirkung. Die Verkehrsbauten wurden deshalb von den Nationalsozialisten bis 1940 mit hohem finanziellen Aufwand ständig verbessert und erweitert.

Für den An- und Abtransport der Teilnehmer und Zuschauer aus ganz Deutschland waren Zugstrecken und Bahnhöfe am wichtigsten. Die Reichsparteitage galten für die Reichsbahn als »die größte Aufgabe des Jahres, zusammengedrängt auf wenige Tage«[217]. So kamen beim letzten Reichsparteitag 1938 in planmäßigen Zügen über 700.000 Zuschauer zusätzlich zu den circa 560.000 Teilnehmern in Sonderzügen. 1938 stellte die Reichsbahndirektion Nürnberg deshalb in ihrem Abschlussbericht fest, »(...) dass die deutsche Reichsbahn in allen Lagen einsatzbereit ist und schier Übermenschliches zu leisten vermag. Sie wird auch in Zukunft allen an sie herantretenden Anforderungen in vollem Umfang gewachsen sein.«[218] Die Reichsparteitage stellen sich im Nachhinein in Bezug auf den Transport von großen Menschenmassen durchaus als Testfall dar: Dies zeigte sich wenig später im Krieg bei Truppentransporten oder beim fahrplanmäßigen Transport von Juden in die Vernichtungslager.

Um den Massenandrang während der Parteitage bewältigen zu können, wurden die Bahnhöfe Dutzendteich und Fischbach an der Strecke Nürnberg-Regensburg aus- und umgebaut. Neuerbaut wurden der Bahnhof Märzfeld als »Lagerbahnhof« für die Teilnehmer und der Bahnhof Zollhaus als Entlastungsbahnhof.

Der alte Bahnhof Dutzendteich wurde im April 1934 abgerissen und der Neubau im August 1934 rechtzeitig vor dem Reichsparteitag wieder in Betrieb genommen. Das Bahnhofsgebäude selbst war relativ klein dimensioniert, der Hauptverkehr wurde in der Reichspartei-

Der 1937 errichtete Bahnhof Zollhaus diente während der Reichsparteitage zur Entlastung der bestehenden Bahnhöfe. Fotografie 1937.

Relikte der nördlichen Fassade des Bahnhofs Märzfeld in Langwasser, 1994.

Über den 1938 eröffneten Bahnhof Märzfeld sollte ein großer Teil des An- und Abmarsches der auf dem Lagergelände untergebrachten Reichsparteitagsteilnehmer abgewickelt werden. Baumodell 1938.

tagswoche mit 18 Hilfsbuden abgewickelt, die entlang der 200 Meter langen Sperranlagen aufgestellt waren. Der Reichsbahnarchitekt Fritz Limpert soll sich an den »Rennbahnhöfen«[219] der Berliner Vororte orientiert haben, die ähnlichen saisonalen Anforderungen genügen mussten. 1936 erfolgten ein weiterer Ausbau der Gleisanlagen, der Neubau eines Betriebsgebäudes und zweier Unterführungen. Die gesamte Anlage sollte als »besonders gutes Beispiel vom Zusammenwirken zweier grundverschiedener Elemente gelten: Heimatbau mit landschaftlicher Charakteranpassung und Verkehrsbau mit den neuesten technischen Errungenschaften.«[220] Der Bahnhof Dutzendteich genügte jedoch bald den Anforderungen nicht mehr, so dass 1937 mit dem Bau eines neuen Bahnhofes mit monumentalen Dimensionen im Süden des Geländes begonnen wurde.

Der neue Bahnhof Märzfeld, 1938 eröffnet und bis Kriegsbeginn nur teilweise fertiggestellt, war als Aufmarschbahnhof für die Teilnehmer der Reichsparteitage geplant. Der Bahnhof wurde zwischen dem Märzfeld und den Teilnehmerlagern errichtet. Die Architektur war dem Gesamtkomplex angepasst: Das langgezogene Empfangsgebäude bestand lediglich aus einer Fassadenwand, war also nur eine Kulisse. Die Fassadenmauer aus Naturquadersteinen wurde durch Blendnischen und zwei je zehn Meter breite Bahnhofszugänge in Form von achtachsigen Pfeilervorbauten rhythmisch gegliedert. Durch die sechzig Meter lange Bahndammunterführung gelangte man über Treppen auf die acht Bahnsteige. Teile der Bahnhofsanlagen wie die Unterführungen, Treppenaufgänge, Abfertigungsgebäude und Teile der Mauer existieren noch, der Rest wurde abgetragen. Der Bahnhof selbst ist heute aufgelassen.

1937 wurde als Entlastungsstation für das Reichsparteitagsgelände der Bahnhof Zollhaus errichtet. Im Unterschied zu den anderen Bahnhöfen hatte er keinerlei repräsentative Funktion, sondern war ein reiner Zweckbau mit Flachdach. Die Bahnstation ist heute aufgegeben, das Gebäude wird anderweitig genutzt.

Erst 1940 wurde der Ausbau des Bahnhofs Fischbach fertiggestellt, der ebenfalls als Entlastungsstation für die beiden anderen Bahnhöfe dienen sollte und vor allem für die Teilnehmer gedacht war, die im SS-Lager und im geplanten Lager für die »Politischen Leiter« untergebracht werden sollten. Der Bahnhof dient heute dem Personenverkehr, die Bauten stehen unter Denkmalschutz.

Stark forciert wurde der Anschluss des Geländes an das neu geschaffene Autobahnnetz, eines der Prestigeprojekte im nationalsozialistischen Deutschland. Zum Reichsparteitag 1938 nahm sehr publikumswirksam erstmals ein als »Autobahnzug« betitelter Bus auf der Strecke Berlin–München seinen Betrieb auf, dessen einzige Haltestellen am Nürnberger Hauptbahnhof und

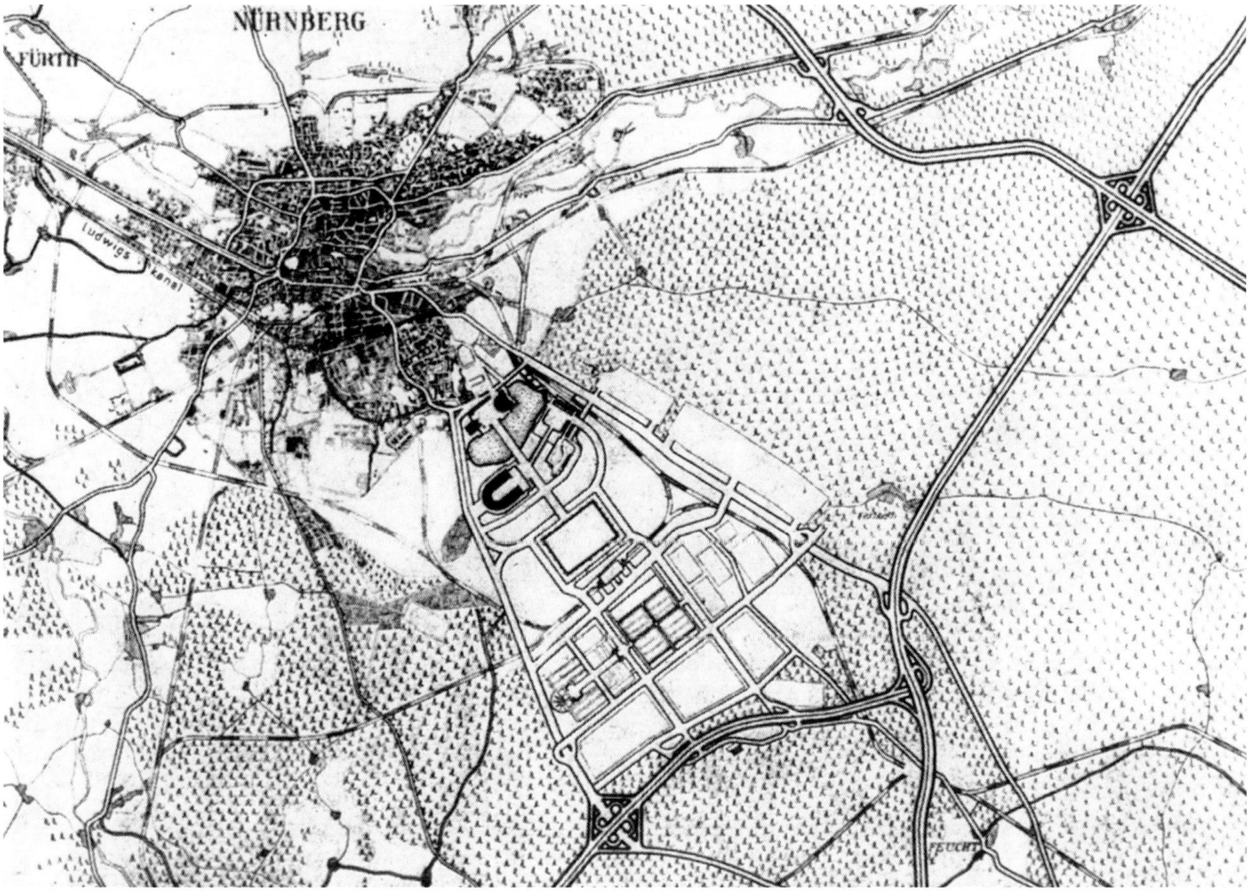

Die Karte veranschaulicht nicht nur die Dimensionen des Geländes im Vergleich zum übrigen Stadtgebiet, sondern auch die Anbindung an die neu entstehenden Autobahnen.

auf dem Reichsparteitagsgelände lagen. Die Zahl der in Nürnberg zugelassenen »Motorfahrzeuge« hatte sich zwischen 1933 und 1939 von circa 10.000 auf 30.000 verdreifacht, für den Massentransport spielte die Straße aber noch keine Rolle. Dennoch wurden allein dreieinhalb Millionen Reichsmark für den Autobahnbau in der Umgebung Nürnbergs aufgewendet.

Die neuen Autobahnstrecken konnten propagandawirksam jeweils gerade rechtzeitig zu den Reichsparteitagen eröffnet werden. Am 4. September 1937 wurde die Strecke Bayreuth–Nürnberg übergeben, die eine direkte Autobahnverbindung nach Berlin herstellte. Die Anbindung an das Reichsparteitagsgelände und die Stadt erfolgte durch eine autobahnähnliche Zubringerstraße. Die Hauptanschlussstelle Nürnberg-Fischbach wurde mit einer vier Kilometer langen vierspurigen Straße, die östlich direkt am Gelände vorbeiführte, an die ebenfalls ausgebaute Regensburger Straße angebunden.

Ein Jahr später, am 3. September, konnte »trotz größter Schwierigkeiten« die Autobahn Nürnberg–München »noch rechtzeitig zum Reichsparteitag 1938 fertiggestellt werden«[221]. Die Eröffnung und Übergabe der Strecke erfolgte durch Gauleiter Streicher und Generalinspektor Todt. Gleichzeitig wurde ein fünfeinhalb Kilometer langes Teilstück einer geplanten Autobahn Nürnberg–Stuttgart eröffnet. Sie diente im Süden als Anschlussstrecke für das Reichsparteitagsgelände. Die erst im Februar 1938 in Angriff genommene autobahnähnliche Zubringerstraße Nürnberg–Feucht, die das Reichsparteitagsgelände im Westen an das Autobahnnetz anschloss, wurde gleichzeitig dem Verkehr

Die KdF-Stadt befand sich auf dem Gelände des 1. FCN am Valznerweiher, Postkarte 1938.

übergeben. Es handelte sich dabei um die heutige Münchener Straße.

Den innerstädtischen Verkehr versuchte man durch Umleitungen des Durchgangsverkehrs, Fahrverbote (die zum Beispiel auch für Fahrräder galten) und andere Maßnahmen in den Griff zu bekommen. Die Hauptlast hatte die städtische Straßenbahn zu tragen, für die es jedoch durch marschierende Kolonnen oft kein Fortkommen mehr gab. Die Beförderungszahlen waren enorm: Sie stiegen von 3,5 Millionen Fahrgästen beim Reichsparteitag 1935 auf 6,3 Millionen im Jahr 1938. Nennenswerte Verbesserungen des Schienennetzes gab es indes kaum: Lediglich die Straßenbahnlinie bis zum Deutschen Stadion wurde wegen der neuerbauten SS-Kaserne und des Verkehrsknotenpunkts Allersberger-, Franken- und Bayernstraße für einige Kilometer unterirdisch als »Unterpflasterstraßenbahn« verlegt und im September 1938 rechtzeitig zum Reichsparteitag eröffnet.

Reichsparteitagsteilnehmer als »Festgemeinschaft« – die KdF (»Kraft durch Freude«)-Stadt

»Eine Strecke jenseits der Regensburger Straße, noch in Sicht der Ehrentribüne des Zeppelinfeldes, beginnt die weit ausgedehnte Wald- und Parklandschaft der KdF-Stadt (...). Es sind hohe Hallenbauten mit steilen Giebeln (...), die alle die Gemeinsamkeit der deutschen Stämme betonen. Stammesfreudige Malereien im Innern und eigenartige Strohplastiken in den Giebelfeldern, ein eigenwilliger, luftiger Glockenturm zwischen der Gesamtanlage, Freilichttheater, Raum für Freilichtfilmvorführungen, Vergnügungsplätze aller Art und schöne Parkteile mit blumengeschmückten Großanlagen bedecken einen weiten Raum als Gemeinschaftsanlage des dritten Reiches, die während der Reichsparteitage sogar einen eigenen Bürgermeister hat.«[222] So beschrieb ein Nürnberger Stadtführer aus dem Jahr 1939 die KdF-Stadt. Die von der Deutschen Arbeitsfront (DAF) auf dem heutigen Gelände des 1. FCN am Valznerweiher errichtete sogenannte KdF-Stadt diente während des Veranstaltungszeitraums der Parteitage ab 1937 als Volksfestplatz und war als fester Programmbestandteil eingeplant.

Die ursprünglich für die Olympischen Spiele 1936 in Berlin durch das Architekturbüro der DAF hergestellten hölzernen Folklorehallen – Bayernhalle, Rheinländerhalle, Hanseatenhalle, Berliner Halle und Frankenhalle – wurden 1937 nach Nürnberg transportiert und hier wieder aufgebaut. Architekt der Bauten war Julius Schulte-Frohlinde, der von 1929 bis 1934 bei der Nürnberger Bauverwaltung tätig gewesen war und dann auf Empfehlung Albert Speers an die Spitze der neugeschaffenen Bauabteilung der DAF wechselte.

oben: Das nach einem Entwurf Albert Speers 1937 erbaute Umspannwerk an der Regensburger Straße diente der Stromversorgung des Reichsparteitagsgeländes.

rechts: Der ebenfalls von Speer konzipierte Wasserturm an der Oelser Straße diente ab 1938 der Wasserversorgung des Geländes und war, für einen Funktionsbau ungewöhnlich, mit einem steinernen Adler geschückt.

Vier Hallen fassten je 1.000 Personen, die Frankenhalle als größte mit 44 Metern Breite, 80 Metern Länge und 28 Metern Höhe 3.500 Personen. Im Zentrum der KdF-Stadt stand ein besteigbarer Glockenturm, dessen Porzellanglockenspiel alle halbe Stunde das KdF-Leitmotiv »Freut Euch des Lebens...« erklingen ließ. Die Hallen wurden für jeweils typische volkstümliche Veranstaltungen und als Volksfestbauten mit Bierzeltatmosphäre genutzt. Die Besucher und Besucherinnen sollten nach dem Willen der Organisatoren zu gemeinschaftlichem Singen und Tanzen motiviert werden, um aus den Einzelbesuchern eine »Festgemeinschaft« zu formen. Scheinbar unverfänglich gelang es so den Organisatoren der Reichsparteitage, auch im Freizeitbereich mit »dem Tanzboden einer Forderung nachzukommen, die wir im politischen und wirklichen Leben längst wiederaufgestellt haben, dass nämlich keiner (...) aus ›der Reihe tanzt‹«[223]. Die Hallen brannten nach einem Luftangriff am 29. August 1942 vollständig aus.

Arbeiterunterkünfte, Wasserturm und Umspannwerk – Zweckbauten

Am östlichen Rand des Geländes befinden sich noch heute mehrere Zweckbauten. Ein von Albert Speer entworfenes Umspannwerk diente der Stromversorgung des Geländes und war damit Voraussetzung für Inszenierungen wie den »Lichtdom«. Der etwa 200 Meter östlich der Zeppelintribüne liegende Bau wurde derselben in Architektur und Material angepasst. Die auf monumentale Wirkung bedachte Architektur, »geziert« durch zwei steinerne Adler des Bildhauers Kurt Schmid-Ehmen an den Schmalseiten, kaschierte das profane technische Innere. Das 54 Meter lange und je 14 Meter hohe und breite Bauwerk wurde zwischen Februar und August 1936 errichtet. Das Gebäude ist erhalten und beherbergt heute eine Burger-King-Filiale.

In der Gegend östlich des Teilnehmerlagergeländes errichtete der Zweckverband auf dem Hohen Bühl einen Hochbehälter zur Wasserversorgung des gesamten Reichsparteitagsgeländes. An der Ecke Oelser und Breslauer Straße wurde ebenfalls nach einem Entwurf Albert Speers 1938 ein Wasserturm für die Wasserversorgung des Geländes gebaut. Der Wasserausgleichsturm aus Buckelquadermauerwerk ist heute mit einem Teil seiner ursprünglichen technischen Ausstattung noch erhalten. »Zur Wasserversorgung des Reichsparteitagsgeländes war eine eigene Leitungsanlage, die durch den Viehberg bei Hersbruck getrieben werden musste und dann durch die Wälder zum Wasserturm und zum Hohen Bühl geführt wurde, notwendig. (...) Das Werk als Ganzes ist imstande, den Wasserbedarf einer großen Stadt dem Reichsparteitagsgelände zuzuführen.«[224]

Die vorgeblendete Sandsteinfassade des 1936 eingeweihten NSDAP-Gästehauses am Bahnhofsplatz konnte aus Zeitmangel erst bis zum Reichsparteitag 1937 fertiggestellt werden.

Prominentenhotels und Arbeiterunterkünfte

Neben den Zeltlagern und der improvisierten Unterbringung für die Teilnehmermassen in Schulen, Fabrikhallen und öffentlichen Gebäuden entstanden in Nürnberg für Funktionäre und Parteiprominenz ab 1936 mehrere Hotelbauten beziehungsweise -erweiterungen in Bahnhofsnähe.

In sieben Monaten Bauzeit wurde 1936 neben dem Grand Hotel am Bahnhofsplatz ein bestehendes Gebäude abgerissen und hierfür ein Gästehaus der NSDAP mit 142 Betten errichtet, das in den folgenden Jahren nur während der Reichsparteitage belegt wurde. Bereits ein Jahr zuvor hatte die Partei das ständige Quartier Hitlers während seiner Nürnberg-Aufenthalte, das Hotel Deutscher Hof am Frauentorgraben, mitsamt dem angrenzenden ehemaligen Siemens-Verwaltungsgebäude erworben. Der Umbau dieses Gebäudes durch Franz Ruff als Hotelerweiterung war ebenfalls bis zum Reichsparteitag 1936 fertiggestellt. Ein Neubau an der Weidenkellerstraße erhöhte die Bettenzahl der Hotelanlage bis 1939 auf 300. Für die Unterbringung der NS-Pressevertreter wurde mit dem Hotel Fränkischer Hof in der Eilgutstraße ebenfalls ein neuer Hotelkomplex mit 161 Betten geschaffen, wobei es sich allerdings um keinen Neubau, sondern nur um einen Umbau von bereits bestehenden Gebäuden handelte.

Gerade rechtzeitig zum Reichsparteitag 1938 eröffnete mit der umgebauten Kaiserstallung auf der Burg – einem ehemaligen Kornspeicher – die zentral und prominent gelegene »Reichsjugendherberge Luginsland«. Sie bot Platz für 450 »jugendliche Wanderer«.

Um dem Arbeitskräftemangel beim Bau des Reichsparteitagsgeländes entgegenzuwirken und auch auswärtige Arbeiter in Baustellennähe unterbringen zu können, wurde in den Jahren 1938 bis 1940 von der Deutschen Arbeitsfront (DAF) an der Regensburger Straße auf dem ehemaligen Bingschen Fabrikgelände ein großes Arbeiterlager errichtet. Zwei Lager mit je sieben großen Unterkunftsgebäuden – mit Vier- und Sechsbettzimmern – und einem Saal- und Küchenbau im fränkischen Fachwerkstil boten je 1.200 Arbeitern Platz. Gleichzeitig mit dem ersten Lager wurden eine Anzahl von Wohnungen für Angestellte des Zweckverbandes zur »Befriedigung der dringendsten Wohnungsnachfrage«, sowie Gebäude für SS-Wache, Sanitätsstation und Bauleitung errichtet.

Arbeiterlager der DAF an der Regensburger Straße, 1937. Die heute noch als städtisches Altersheim und für sonstige Zwecke genutzten Bauten sollen verkauft und zu Wohnungen umgebaut werden.

Der Baukomplex der ehemaligen SS-Kaserne (rechts oben) liegt einige hundert Meter westlich des Reichsparteitagsgeländes, Luftbild 1942.

Während des Krieges diente der Komplex in den Jahren 1940 bis 1945 als Hilfslazarett für Wehrmachtssoldaten sowie zur Unterbringung von Fremd- und Zwangsarbeitern sowie von Kriegsgefangenen im Arbeitseinsatz.

Wohnungs- und Siedlungsbau

Vorrangig der »Verschönerung des Stadtbildes« diente eine von der DAF errichtete Wohnanlage mit viergeschossigen Häusern entlang der Regensburger Straße, die neben der Münchner Straße die wichtigste Zufahrtsstraße von der Stadt zum Reichsparteitagsgelände darstellte. Die Wohnanlage sollte die aus einem Wehrmachtslazarett des Ersten Weltkriegs hervorgegangene und hauptsächlich von Obdachlosen bewohnte große Barackensiedlung, im Volksmund abschätzig »Negerdorf« genannt, vor den Blicken der Reichsparteitagsbesucher verbergen. Die 336 Wohnungen wurden von der Baugesellschaft der Deutschen Arbeitsfront errichtet, den Grund und Boden stellte die Stadt kostengünstig zur Verfügung.

Direkt im Anschluss an die Teilnehmerlager des Reichsparteitagsgeländes entstand im Süden die Julius-Streicher-Siedlung. Von 1933 bis 1938 wurden ca. 140 »Siedlerstellen« fertiggestellt. Nach dem berüchtigten Fränkischen Gauleiter Streicher wurde die Siedlung anlässlich des ersten Richtfestes im Mai 1934 durch den stellvertretenden Gauleiter Holz benannt. Die Siedlergruppe Altenfurt e.V. – anfänglich ein Zusammenschluss von Seidenraupenzüchtern und Kleintierzüchtern, später kamen Industriearbeiter und -angestellte hinzu – hatte ab 1937 keine eigenen finanziellen Mittel mehr, so dass das Gauheimstättenamt Nürnberg der DAF den weiteren Ausbau übernahm. Bauträger war die »Neue Heimat«. Ab 1935 wurde die ehemalige Wanderarbeiterstätte, die inzwischen mit einem Kommando des freiwilligen Arbeitsdienstes zum Aufbau des Reichsparteitagsgeländes belegt war, als Schule für die Siedlungskinder genutzt. Sie musste allerdings jedes Jahr rechtzeitig zum Reichsparteitag geräumt werden.

»Das Einfallstor zum Reichsparteitagsgelände« – Die SS-Kaserne

Bei dem weitaus größten Bauprojekt im Umfeld des Reichsparteitagsgeländes handelte es sich um eine Kaserne für die nationalsozialistische »Schutzstaffel« (SS). Auch weil diese den »Wachdienst« für das Gelän-

Nach grundlegender Renovierung und Umbau dient die ehemalige SS-Kaserne seit 1996 dem Bundesamt für Migration und Flüchtlinge als Dienstgebäude, Luftaufnahme von Südwesten, 2014.

de stellte, wurde die Anlage nur einige hundert Meter westlich auf dem Gelände des damaligen Südbahnhofes errichtet. Der Bau des riesigen Gebäudekomplexes in den Jahren 1936 bis 1939 »lag im Wortsinn quer zur bisherigen Stadtstruktur«[225]: Ohne Rücksicht auf die Kosten mussten Straßen und Geleise verlegt, Firmengebäude abgerissen und Straßenbahnanlagen neu gebaut werden. Nach einer Besichtigung des Bauplatzes im Dezember 1936 durch den »Reichsführer SS«, Heinrich Himmler, an dem auch Oberbürgermeister Willy Liebel, Gauleiter Julius Streicher und die Architekten Albert Speer, Walter Brugmann und Franz Ruff teilnahmen, wurde das Bauprogramm nochmals erweitert und neben der Kaserne für die Waffen-SS-Kompagnien weitere Unterkünfte für SS-Führerlehrgänge eingeplant. Auch der Kasernenvorplatz und die angrenzenden

Eingangssituation des heutigen Bundesamtes für Migration und Flüchtlinge dessen Anfänge auf das Valka-Lager in Langwasser zurückgehen, Fotografie 2012.

Straßen sollten städtebaulich gestaltet und erweitert werden. Gleichzeitig wurde Franz Ruff, der bereits das Bauprojekt Kongresshalle von seinem Vater geerbt hatte, mit dem Bau beauftragt.

Unmittelbar nach seinem Besuch beim Reichsparteitag 1937 gab Hitler – der sich selbst in die Planungen für den Kasernenbau einschaltete – die Weisung, unverzüglich mit den Bauarbeiten zu beginnen und diese bis zum Reichsparteitag 1938 abzuschließen. Bald darauf verschob er den Fertigstellungstermin auf den »Reichsparteitag des Friedens« 1939, da der riesige Bau in der kurzen Zeit nicht hätte erstellt werden können.

Anlässlich des Richtfestes am 2. Juni 1939 feierte man das Bauwerk als »Einfallstor zum Reichsparteitagsgelände«[226], auch wenn es dies aufgrund seiner Lage natürlich nicht war. Die Kaserneneinfahrt in der Mitte des Hauptbaus erhielt jedoch eine Gestaltung in Form eines riesigen Ehrenportals und sollte den Eindruck eines »Stadttores zur Führerstadt«[227] hervorrufen. Mit der monumentalen Architektur der SS-Kaserne wollten die nationalsozialistischen Machthaber der Bevölkerung auch die Herrschaftsverhältnisse von Staat und Partei vor Augen führen. Besonderer Wert wurde im Inneren auf eine künstlerische Ausgestaltung mit diversen NS-Herrschaftsinsignien gelegt. Die gesamte Anlage bestand aus einem Hauptgebäude mit zwei Seitenflügeln, die jeweils einen Innenhof umschlossen. Unmittelbar westlich an der Frankenstraße schloß sich ein »Führerheim« für höhere Dienstgrade an. Südlich der Anlage gruppierten sich noch verschiedenen Nebengebäude um einen Exerzierplatz. Die nur zwanzigmonatige Bauzeit ermöglichte die für SS-Bauten spezifische Bauweise: Im Gegensatz zum Mauerbau der Wehrmacht errichtete man für die SS stets verkleidete Eisenbetonbauten.

Im Zweiten Weltkrieg befand sich in dem Gebäude eine Fernmeldeschule der Waffen-SS, und Polizeieinheiten wurden für den Kriegseinsatz ausgebildet. Ab 1941 diente ein Teil der Kaserne als Außenlager des KZ Dachau, später des KZ Flossenbürg. Die Konzentrationslagerhäftlinge waren hier untergebracht und mussten in Nürnberger Firmen Zwangsarbeit leisten.

Deckenmosaik nach Entwurf von Max Körner, das seit dem Umbau durch moderne Architekturelemente kontrastiert wird, 2007.

Am 18. April 1945 wurde die Kaserne von der US-Armee eingenommen. Die Amerikaner errichteten hier ein Lager für ehemalige ausländische Zwangsarbeiter, die auf eine Rückführung in ihre Heimatländer warteten. Im Juni 1945 befanden sich über 8.600 Ausländer im »Lager SS-Kaserne«. Von 1948 – nach der endgültigen Räumung des Ausländerlagers – bis 1992 nutzte das zweite US-Panzeraufklärungsregiment (2nd Armored Cavalry Regiment) die Kaserne. Bereits ein halbes Jahr nach dem endgültigen Abzug der Amerikaner im Herbst 1992 begannen die Umbauarbeiten für den geplanten Einzug einer Bundesbehörde. Das Bayerische Landesamt für Denkmalschutz stellte den palastartigen, geschlossenen Monumentalbau noch im gleichen Jahr unter Denkmalschutz und stufte ihn als »bedeutsamste Kasernenanlage des Dritten Reiches« in Deutschland ein.[228] 1996 konnte das Bundesamt für Migration und Flüchtlinge in die zum Behördengebäude umgebaute Kaserne einziehen.

Bernd Windsheimer

Lockere Menschenmenge beim Open-Air-Konzert Bob Dylans auf der Zeppelinwiese am 1. Juli 1978. In Umkehrung der Perspektive (die Bühne Dylans stand links gegenüber der ehemaligen Rednerkanzel) bot die Zeppelintribüne eine gute Sicht auf den Sänger, so dass die Menschemenge der 70.000 Besucher nicht gezwungen war, zu der Darbietung aufzuschauen. Auch Strammstehen passte nicht zum Selbstverständnis dieser Generation.

4

Unendliche Geschichte?

Das ehemalige Reichsparteitagsgelände seit 1945

Ein malerischer Ausblick über Türme und Dächer Alt-Nürnbergs.

Besichtigung der neuen Parteitagsbauten auf dem Zeppelin

NÜRNBERGER STADTRUNDFAHRT 1939

Eine Illustrierte präsentierte 1939 die zwei Hauptattraktionen Nürnbergs: Altstadt und Reichsparteitagsgelände.

oben rechts: Teilnehmerkarte für eine Führung auf dem Reichsparteitagsgelände, um 1938.

Besucher des Reichsparteitagsgeländes auf der Zeppelintribüne, Postkarte um 1937.

Führer und Geführte

Tourismus und historische Bildung auf dem Reichsparteitagsgelände

B № 18225

Zweckverband Reichsparteitag Nürnberg

Karte zur Teilnahme an einer Führung durch das Reichsparteitaggelände

Diese Karte ist auf Verlangen vorzuzeigen. Sie gilt nur am Tage der Lösung und berechtigt nur zur Besichtigung des Reichsparteitaggeländes unter Führung durch eine vom Zweckverband Reichsparteitag Nürnberg bestellte Führungsperson.
Den Anordnungen der Führungspersonen und der mit der Bauleitung im Reichsparteitaggelände beauftragten Personen ist unbedingt Folge zu leisten.
Der Zweckverband Reichsparteitag Nürnberg haftet nicht für Unfälle oder Beschädigungen, welche die Teilnehmer an den Führungen erleiden sollten.
Teilnehmer, die hiermit nicht einverstanden sind, werden aufgefordert, vor Beginn der Führung oder Besichtigung die Karte zurückzugeben, wofür sie den bezahlten Preis zurückerstattet erhalten; im Falle des Einverständnisses ist eine Erklärung des Teilnehmers nicht erforderlich.
Photographieren im Reichsparteitaggelände für gewerbliche Zwecke ist ohne besondere Genehmigung des Zweckverbandes Reichsparteitag Nürnberg verboten.
Den Führungspersonen ist die Forderung und Annahme von Trinkgeldern verboten.

Das ehemalige Reichsparteitagsgelände lockt jedes Jahr Tausende von Besuchern an, die das Dokumentationszentrum Reichsparteitagsgelände besuchen, aber auch direkt vor Ort mehr über die verschiedenen Bauten erfahren wollen, die auch jedem Sonntagsspaziergänger, Volksfest- oder Fußballspielbesucher auffallen. Rundgänge über das ehemalige Reichsparteitagsgelände gehören daher zu den beliebtesten Angeboten von Geschichte Für Alle e.V. Die Konfrontation mit vielleicht heute noch faszinierenden, jedenfalls aber als Denkmäler einer menschenverachtenden Ideologie geplanten Bauten muss auf den Rundgängen in zeitgemäßer Form gestaltet werden. Kein »Führer« ist hier gefragt, sondern das Gespräch, das genaue Hinsehen, der Anreiz zum eigenen Urteil.

Auch die Rundgänge auf dem Reichsparteitagsgelände haben ihre Geschichte. Interessant sind in diesem Zusammenhang die Führungskonzepte des Zweckverbands Reichsparteitag. Sie zeigen inhaltlich, formal und organisatorisch, wie bei »Volksgenossen« und ausländischem Publikum versucht wurde, sie auf den richtigen Weg im Sinne des nationalsozialistischen Staates zu führen. Heute gehören Rundgänge über das ehemalige Reichsparteitagsgelände zum selbstverständlichen Angebot für Besucher und Besucherinnen Nürnbergs. Bis dahin war es ein relativ langer Weg, der die Schwierigkeiten mit dem Erbe der NS-Zeit am lokalen Beispiel widerspiegelt.

Reichsparteitagstouristen mit einem KdF-Bus in Nürnberg, 1936.

»Alle überflüssigen Bemerkungen haben zu unterbleiben« – Reichsparteitagstourismus im »Dritten Reich«

Bereits die Baustelle Reichsparteitagsgelände war in den Jahren des Nationalsozialismus eine touristische Attraktion Nürnbergs, das durch die neue symbolische Rolle als Stadt der Reichsparteitage – so formulierte es das Amtliche Bayerische Reisebüro im Jahr 1935 – »in die vorderste Front der Fremdenverkehrsstädte eingerückt« sei.[229] Vor Ort in Nürnberg zeigte man sich vom Ausmaß des Reichsparteitagstourismus zunächst (positiv) überrascht und war ab 1935 bemüht, den Andrang in geregelte Bahnen zu lenken, um der Stadt Nürnberg und dem Zweckverband Reichsparteitag zusätzliche Einnahmen zu verschaffen. Ein sogenannter »Führungsbeschrieb« und eine »Dienstanweisung für die Führungspersonen« regelten Inhalt und Form der Führungen verbindlich.[230] Die fünf ab 1936 hauptamtlich angestellten Stadtführer hatten in Dienstmütze und »sauberer Zivilkleidung« die für den nationalsozialistischen Staat politisch wichtige Aufgabe, in- und ausländischen Besuchern die Reichsparteitagsbauten überzeugend zu präsentieren und sie damit »von der wiedergefundenen Kraft und dem neu erstarkten Lebenswillen des Deutschen Volkes« zu überzeugen.[231]

Plakat mit Führungsterminen »durch das Reichsparteitagsgelände«, um 1937.

Prospekt für Wehrmachtsurlauber, 1940er Jahre.

Dabei geriet die nationalsozialistische Selbstdarstellung in ein Dilemma: Die enormen Ausmaße der Planungen waren zwar ein wichtiges Argument für die Bedeutung und Größe des nationalsozialistischen Staates, aber die sich daraus logischerweise ergebende Frage nach den Baukosten war verpönt. Die »Dienstanweisung für Führungspersonen« enthielt hierzu nur den lapidaren Satz: »Jede Nennung von Kostenbeträgen unterbleibt.«[232] Die Führer wurden in einem Schreiben des Jahres 1936 nachdrücklich zur Einhaltung des von oben vorgegebenen Konzepts ermahnt: »Es ist notwendig, dass sie den Führungsteilnehmern alles, was und wie es im Führungsbeschrieb enthalten ist, zur Kenntnis bringen. Darüber hinaus aber haben alle überflüssigen Bemerkungen (...) über technische Wunderwerke im Parteigelände und dergl. zu unterbleiben.«[233] Eine sogenannte weltanschauliche Schulung im Sinne des Nationalsozialismus wurde für die ausschließlich männlichen Stadtführer in den Jahren ab 1933 zur Selbstverständlichkeit.

Die Stadt Nürnberg und der Zweckverband Reichsparteitag gaben sich mit ihrer Selbstdarstellung sichtlich Mühe: Es wurden nicht nur die hauptamtlichen Führer beschäftigt, sondern man ließ auch Broschüren in verschiedenen Sprachen sowie Plakate mit den Führungsterminen drucken. Eine »Modellhalle« mit Baumodellen des Gesamtgeländes und einzelnen Bauten wurde eingerichtet, ein spezieller Aussichtswagen angeschafft und die Stadtschmückung mit Hakenkreuzfahnen um die Woche nach dem Reichsparteitag verlängert. Neben den Führungen zu Fuß oder per Autobus wurde in einem Stadtführer von 1939 ein

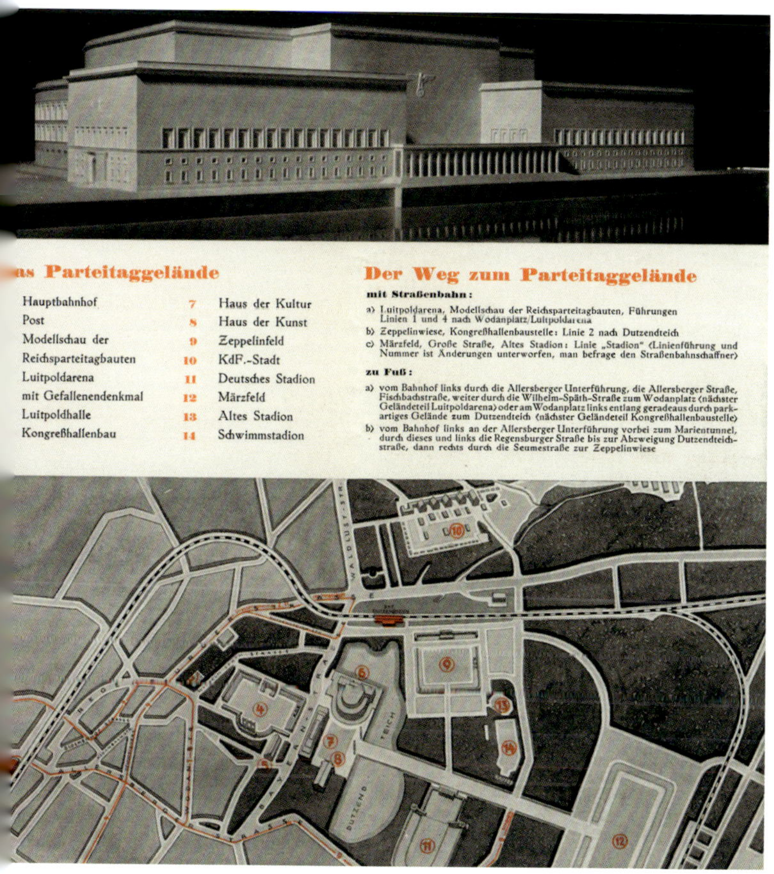

Nürnberg-Prospekt mit Hinweisen zum Besuch des Reichsparteitagsgeländes, um 1936.

»Panoramaweg für Autos« empfohlen.[234] Der Aufwand war dem Besucherinteresse durchaus angemessen. Mit 134.000 Besuchern war das Reichsparteitagsgelände 1938 die drittgrößte touristische Attraktion Nürnbergs[235] und wurde in der nationalsozialistischen Propaganda als gleichwertige und zeitgemäße Antwort auf das mittelalterliche Stadtbild Nürnbergs dargestellt.

Der Massenbetrieb brachte aber auch Probleme mit sich: Mehrfach wurden in internen Schreiben die Führer ermahnt, »alles zu vermeiden, was bei den Personen den Eindruck erwecken könnte, als ob sie nur formlos durch das Gelände geschleift würden.«[236] Der Reichsparteitag selbst stellte aber gerade durch den Massenandrang »für die Geschäftswelt Nürnbergs einen außerordentlichen Vorteil« dar. Mit diesem Argument hatte bereits 1933 Adolf Hitler zur raschen Umgestaltung der Luitpoldarena gedrängt. 1936 sollen 1,6 Millionen Mahlzeiten in den Nürnberger Gasthäusern verkauft worden sein[237] und 1938 versuchte der Oberbürgermeister die Andenkenflut durch den Hinweis einzudämmen, dass der Verkauf von Artikeln verboten sei, »die unter den Begriff ›nationaler Kitsch‹ fallen.«[238]

Besondere Mühe gab man sich bei Führungen mit prominenten Persönlichkeiten, die meist von Oberbürgermeister Liebel oder einem seiner Mitarbeiter betreut wurden, eine Aufgabe, um die dieser sich hinter den Kulissen mit dem Architekten des Geländes Albert Speer stritt.[239] Selbst während des Zweiten Weltkriegs fanden in eingeschränktem Umfang Führungen über das Reichsparteitagsgelände statt, die allerdings mit einem weiteren Widerspruch zwischen Propaganda und Wirklichkeit des Bauprojekts Reichsparteitagsgelände zurecht kommen mussten, da die eilig errichtete Zeppelintribüne bereits 1941 deutliche Bauschäden aufwies. Dies war auch bei Führungen nicht zu verheimlichen: »Die deutlich sichtbaren Schäden werden als Verfallserscheinungen angesehen und es sind auch bereits abfällige Bemerkungen darüber gemacht worden, besonders auch in Hinblick auf die vorhergehende Besichtigung des Kongressbaues, bei der auf die ungewöhnliche Dauerhaftigkeit der Bauweise des Reichsparteitagsgeländes aufmerksam gemacht wird.«[240]

Für Wehrmachtssoldaten auf Heimaturlaub waren die Reichsparteitagsbauten jedenfalls neben der (noch) vorhandenen Altstadt eine der wenigen Attraktionen, die nicht wegen des Krieges geschlossen waren und auch ohne Führer jederzeit besichtigt werden konnten.

Vom Tabu-Thema zum Image-Faktor – Informationsangebote nach 1945 auf dem ehemaligen Reichsparteitagsgelände

Nach 1945 war es mit Führungen über das ehemalige Reichsparteitagsgelände zunächst vorbei, obwohl das Gelände rund um den Dutzendteich auch nach 1945 ein beliebtes Ausflugsziel blieb. Ein betont distanzierter Umgang mit »dem Gelände«, das man lieber heute als morgen entsorgt oder ohne Erinnerung an die Vergangenheit weiter benutzt hätte, verhinderte eine

Besucher auf der Zeppelintribüne, 1960er Jahre.

offene Auseinandersetzung mit diesem Teil der Stadtgeschichte zum Beispiel bei Rundgängen.

Die Überlegung, dass es sich bei den Bauten des ehemaligen Reichsparteitagsgeländes um Sehenswürdigkeiten handele, spielte aber auch bei den Diskussionen der Nachkriegszeit um zukünftige Nutzungsmöglichkeiten des Areals eine – wenn auch untergeordnete – Rolle. So sagte etwa der Stadtbaureferent Heinz Schmeißner 1956: »Wir lassen die Kongresshalle als Kuriosum stehen und umpflanzen sie mit Grün, dann können wir dorthin Fremdenführungen veranstalten.«[241] Auch Leserbriefe in der Lokalpresse hoben den touristischen Wert des ehemaligen Reichsparteitagsgeländes hervor. So wurden die Zeppelintribüne mit der Akropolis verglichen und der Vorschlag gemacht, die Kongresshalle gegen Eintritt zur Besichtigung freizugeben: »Schließlich ist es ja die einzige Sehenswürdigkeit ihrer Art.«[242]

Erst Ende der 1970er und Anfang der 1980er Jahre wurde die Diskussion, wie man die Geschichte des ehemaligen Reichsparteitagsgeländes nach außen darstellen solle, für eine breite Öffentlichkeit wirksam. Vonseiten der Stadt Nürnberg wurde 1977 erstmals ein Faltprospekt »Nürnberg 1933–45« herausgebracht und so ein »geschichtsbewussterer Umgang mit dem früheren Reichsparteitagsgelände«[243] begonnen. Auch »antifaschistische Busrundfahrten« eines »Bürgerkomitees gegen Neonazismus« bezogen Anfang der achtziger Jahre das Reichsparteitagsgelände mit ein. Gleichzeitig organisierte das damalige Kunstpädagogische Zentrum (KPZ) der Stadt Nürnberg Führungen über das Gelände und brachte 1984 eine »Einführung zur Begehung des Reichsparteitagsgeländes« von Thomas Wunder heraus. Im Vorfeld des fünfzigsten Jahrestages der »Machtergreifung« wurde nach mehrjähriger Vorarbeit das Ausstellungsprojekt »Faszination und Gewalt« in der Zeppelintribüne begonnen, dessen Träger zehn Jahre lang das Pädagogische Institut der Stadt Nürnberg war.

Vor allem durch die Initiative des Vereins Geschichte Für Alle e.V. gehören auch Rundgänge über das ehemalige Reichsparteitagsgelände heute zum jederzeit nutzbaren und selbstverständlichen Angebot. Seit 1986 betreut der ursprünglich von Geschichtsstudenten und -studentinnen gegründete Verein Gruppen aller Art und Einzelpersonen. Im Jahr 2016 nahmen etwa rund 30.000 Besucher an Rundgängen von Geschichte Für Alle e.V. über das Gelände teil. Auch das Kunst- und Kulturpädagogische Zentrum der Museen in Nürnberg (KPZ), der Kreisjugendring Nürnberg, das Caritas-Pirckheimer-Haus (CPH) und das Nürnberger Menschenrechtszentrum sind auf dem Gelände unterwegs oder bieten im Studienforum des Dokumentationszen-

Eine Führung macht an der Großen Straße Halt an einer Station des Informationssystems, 2014.

Führung von Geschichte Für Alle e.V. beim Informationstag Zeppelinfeld, 2011.

trums Reichsparteitagsgelände pädagogische Programme an. Der mit Abstand größte Anbieter ist der Verein Geschichte Für Alle e.V., der auch eine Video-Bus-Tour und Fahrradtouren auf dem Gelände im Programm hat.

Es war Anfang der 1980er Jahre den gemeinsamen Bemühungen des Pädagogischen Instituts, des Vereins Geschichte Für Alle e.V. und engagierter Bürgerinnen und Bürger zu verdanken, dass das ehemalige Reichsparteitagsgelände nie zur Wallfahrtstätte der rechtsradikalen Szene verkommen ist, sondern ein Ort kritischer Auseinandersetzung mit dem Nationalsozialismus von bundesweiter Bedeutung wurde. 1989 stellte man schließlich als erste Orientierungshilfe für Spaziergänger vier Informationstürme an wichtigen Punkten des ehemaligen Reichsparteitagsgeländes auf.

Mit der Eröffnung des Dokumentationszentrums Reichsparteitagsgelände 2001 wurde das Informationsangebot auf dem ehemaligen Reichsparteitagsgelände auf eine neue Ebene gehoben. Die ganzjährig geöffnete Ausstellung zieht seitdem eine Vielzahl zusätzlicher Besucher an. Ein Spaziergang rund um den Dutzendteich und damit die Konfrontation mit den authentischen Bauten vor Ort hat jedoch noch immer eine eigene Qualität neben der virtuellen Präsentation des Themas in einer Ausstellung. Der manchmal zu Unrecht als sinnentleertes touristisches Ritual gering geschätzte Stadtrundgang bleibt damit ein wesentliches und wichtiges Element historisch-politischer Bildung auf dem ehemaligen Reichsparteitagsgelände.

Spätestens mit der Eröffnung des Dokumentationszentrums wurde zudem deutlich, dass die Auseinanderstzung mit dem ehemaligen Reichsparteitagsgelände, in der Nachkriegszeit lange ein Tabu-Thema, inzwischen zu einem Image-Faktor und zu einem Tourismussegment der Stadt Nürnberg geworden ist.

»Steintribüne. Betreten auf eigene Gefahr«, 2017.

oben rechts: Das geänderte Plakatmotiv der Ausstellung »Faszination und Gewalt« ab 1989 sollte auch das Scheitern der Nationalsozialisten visualisieren, Plakat 1992 (andere Plakatmotive S. 257).

Sprengung der Säulenreihe auf der Zeppelintribüne, 1967.

Verbergen, abreißen, weiternutzen

Der Umgang mit dem Reichsparteitagsgelände seit 1945

»Die ganze Umgebung leidet an dieser Repräsentation einer größenwahnsinnigen Diktatur. Es kann und darf nicht Aufgabe demokratischer Einrichtungen sein, auch nur eine DM für ihren weiteren Bestand auszugeben und es bleibt eine Sünde wider den Geist der neuen Stadt, an irgendeine Verwendbarkeit auch nur zu denken. Wir haben die Aufgabe, dieses Zeichen zu löschen und die Opfer zu bringen, die hierfür notwendig werden und damit ein Symbol zu setzen und einen Beweis zu erbringen für den Willen dieser Generation zur demutsvollen Wiedergutmachung. Gering ist dieses Opfer angesichts jener, die dem Terror widerstanden, der in diesem Bauwerk manifestiert wird, solange es steht.«[244]

Mit diesem Statement erhob einer Gruppe vor allem jüngerer Architekten aus Nürnberg die spektakuläre Forderung, die Kongresshalle abzureißen und stattdessen Bauten wie ein Museum für moderne Kunst und eine Pädagogische Hochschule zu errichten. Es gab immer, seit der Sprengung der Hakenkreuzskulptur auf der Zeppelintribüne 1945 durch die US-Army, ein Bedürfnis, die Bauten des Reichsparteitagsgeländes zu beseitigen und ein bewusstes Zeichen gegen die nationalsozialistische Ästhetik der Architektur des Reichsparteitagsgeländes zu setzen. Die Beseitigung der Relikte geschah aber auch aus völlig anderen Motiven: Man wollte mit den Bauten auch die Erinnerung an ihre nationalsozialistische Geschichte loswerden – so etwa bei der Sprengung der Märzfeldtürme beim Bau des Stadtteils Langwasser oder dem Rückbau der Luitpoldarena zum Luitpoldhain. Wie repräsentativ ist also das Statement zum Abriss der Kongresshalle in einer Denkschrift junger Architekten des Jahres 1963? Wenige Jahre zuvor gab ein Kommentar in der Nürnberger Zeitung eine ganz andere »Devise« aus, nämlich: »Das Beste aus dieser Sache herausholen, was herauszuholen geht!«[245] Mit der »Sache« war wiederum die ehemalige Kongresshalle gemeint, welche nicht zerstört, sondern nach Planungen des Nürnberger Hochbauamtes aus dem Jahr 1958 sogar mit einem Dach versehen, zumindest aber als Fußballstadion ausgebaut werden sollte.

Beide Konzepte markieren die Bandbreite des möglichen Umgangs mit dem Reichsparteitagsgelände – von einer weitgehenden Beseitigung bis zur vollständigen Kommerzialisierung der vorhandenen Bausubstanz. Und es gab (und gibt) eine kleine Gruppe von Menschen, die sich immer noch an der angeblich großen Zeit des Nationalsozialismus berauschen und deshalb die Bauten des Reichsparteitagsgeländes aufsuchen. Beispielsweise wurden im Jahr 1957 am 20. April, dem Geburtstag Hitlers, »an einer Rednertribüne des ehemaligen Reichsparteitagsgeländes« drei Hakenkreuzflaggen angebracht.[246] Glücklicherweise sind derartig eindeutig rechtsradikal einzuordnende Aktionen absolute Einzelfälle, aber das Reichsparteitagsgelände hatte immer auch das Potential, einen rufschädigenden Skandal für die Stadt Nürnberg auszulösen.

Umgang mit dem Gelände – ein Dauerproblem ohne einheitliche Lösung

Kein Zweifel: Nürnberg ist mit einem speziellen Phänomen konfrontiert. Die Erbmasse des »Dritten Reiches« konkretisierte sich in Nürnberg als Bauvolumen von enormen Ausmaßen, das die Handlungsfähigkeit kommunaler Politik zu überfordern drohte. Ein diskretes Sich-Hinweg-Stehlen aus der Vergangenheit, wie dies andere Städte in der Bundesrepublik von

In den 1950er Jahren arbeitete das städtische Hochbauamt intensiv an einem hochwertigen Ausbau der unvollendeten Kongresshalle, um die bis 1945 getätigten Investitionen von 82 Millionen Reichsmark zu retten. Sogar eine Überdachung des großen Innenraums mit eingebauten Zuschauerrängen für 22 Millionen DM schien möglich. Schematische Darstellung der Ausbaustufen, 1958.

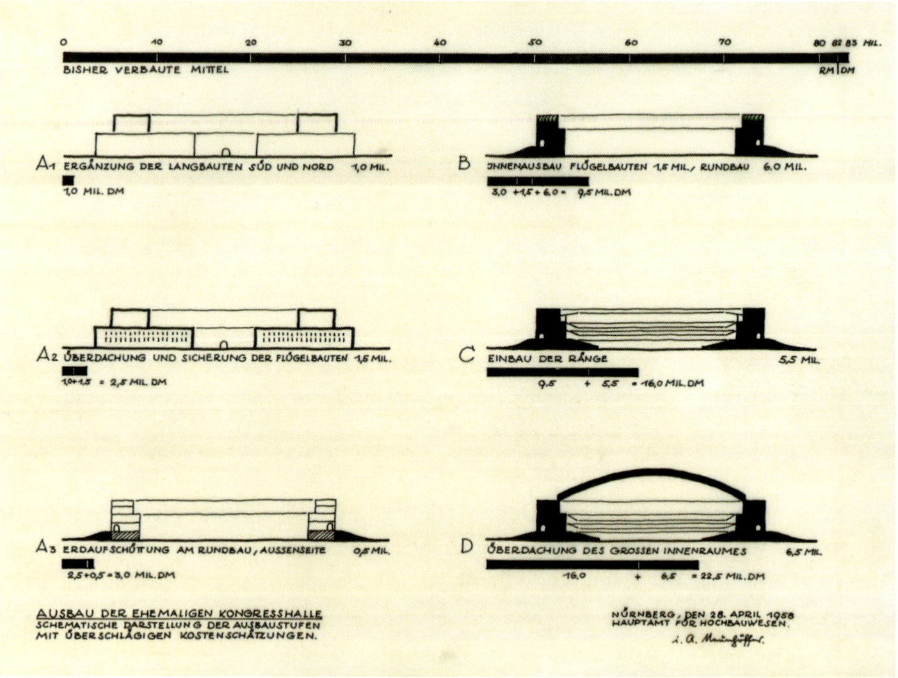

München bis Berlin in der Nachkriegszeit praktiziert haben, war wegen der vorhandenen Baumasse in Nürnberg kaum möglich.

So begann man in Nürnberg ohne einheitliche Linie mit dem Reichsparteitagsgelände pragmatisch und manchmal unsicher umzugehen. Die ehemalige »Stadt der Reichsparteitage« hat sich hier nicht immer offen den Problemen gestellt und stringent entschieden. Dies liegt aber nicht nur an den Nürnberger Politikern und Bürgern. In Nürnberg konnte nicht das geschehen, was die bundesdeutsche Gesellschaft insgesamt in den ersten Nachkriegsjahrzehnten versäumt hat. So ist Nürnberg ein interessanter Seismograph der Vergangenheitsbewältigung in Deutschland. Was in Nürnberg geschah, war häufig auch charakteristisch für andere Orte und Landschaften im deutschsprachigen Raum. Gerade deshalb muss es im überregionalen Vergleich als besondere Leistung anerkannt werden, wie sich Nürnberg, beginnend in den 1960er Jahren, seiner braunen Vergangenheit zu stellen begann.

Städteplanerische Probleme sind am Dutzendteich allerdings auch im 21. Jahrhundert noch vielfach ungelöst. Ein großangelegter Ideenwettbewerb des Jahres 2001 zum ehemaligen Reichsparteitagsgelände verschwand ohne praktische Konsequenz in den Schubladen. Und ob die Ideen von vielen Bürgern, Gruppierungen und Vereinen zur Entwicklung des Geländes am Dutzendteich im Rahmen eines integrierten Stadtentwicklungskonzepts (INSEK) aus dem Jahr 2015 Beachtung finden werden, muss sich erst noch zeigen.

In den 1960er Jahren dominierte die Kongresshalle das noch kaum begrünte westliche Ufer des Dutzendteichs (links). Die Nürnberger Fotografin Gertrud Gerardi visualisierte den Vorschlag, die Kongresshalle abzureißen, Fotomontage 1963 (rechts).

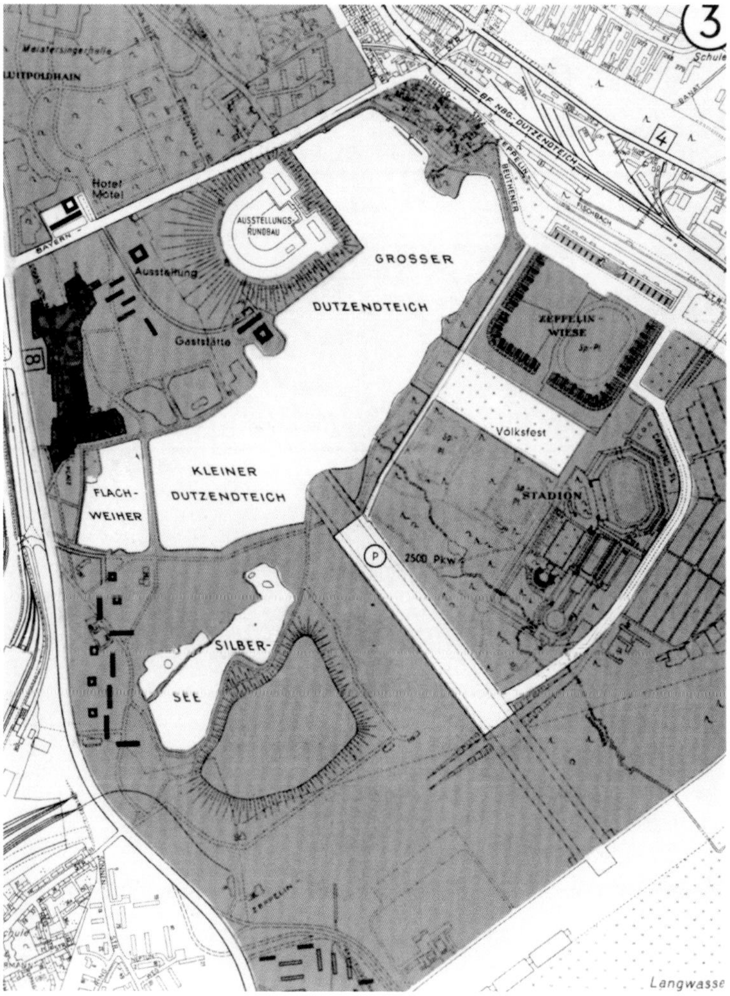

Plan der Denkschrift des Bundes Deutscher Architekten aus dem Jahr 1963, der eine weitgehende Beseitigung der Bauten des Reichsparteitagsgeländes vorsah.

Eine Bestandsaufnahme des Umgangs mit dem ehemaligen Reichsparteitagsgelände ist, neben der Erfolgsgeschichte des Projekts Dokumentationszentrum Reichsparteitagsgelände und deren offensiver Vermarktung in den letzten Jahren, immer auch eine Chronologie der Versäumnisse und der unausgegorenen Ideen gewesen. Unterschiedliche Möglichkeiten im Umgang mit den baulichen Überresten des Reichsparteitagsgeländes, von der Weiternutzung bis zur Totalbeseitigung, wurden und werden seit 1945 gleichzeitig und nebeneinander praktiziert. Teilweise ist dies miteinander vereinbar, teilweise widersprechen sich aber Nutzungen des Geländes so sehr, dass heftige Diskussionen in der Öffentlichkeit die Folge sind. In der Regel hat sich der Umgang mit dem Reichsparteitagsgelände aber nach und nach ganz pragmatisch entwickelt. Irgendetwas musste man mit dem Gelände und seinen Bauten ja anfangen können – und so ist eine bunte Mischung von geglückten und weniger geglückten Nutzungen entstanden.

Der Mainstream: Pragmatismus pur – das Gelände weiternutzen

1945 bestand das Reichsparteitagsgelände aus einer Ansammlung von fertiggestellten und halbfertigen Bauten und Aufmarscharenen sowie dem Gelände der ehemaligen Teilnehmerlager. Auf dem Areal lagerten Tonnen an Granit und große Mengen an sonstigem Baumaterial. Zunächst wurden das Gelände, seine Infrastruktur und die Bauten einfach weiter genutzt – ohne Konzept und ohne großes Nachfragen. Dies bedeutete bei der fertiggestellten Zeppelintribüne die Weiternutzung als Tribüne für Veranstaltungen aller Art, von Maifeiern des Deutschen Gewerkschaftsbundes bis zu Sudetendeutschen Heimattreffen und Massenversammlungen der Zeugen Jehovas. Vor allem findet hier aber seit 1947 das Norisringrennen statt, zunächst mit Motorrädern, später mit Rennwagen in unterschiedlichen Klassen.

Die Rennveranstalter nutzen die Zeppelintribüne, als »Steintribüne« ihres historischen Kontextes beraubt, über zwei Jahrzehnte lang ohne Bedenken als Werbeträger und Logo. Bis heute ist die Deutsche Tourenwagenmeisterschaft (DTM), ein Zusammenschluss der großen Automobilhersteller Mercedes, Audi und BMW, der einzige Nutzer des Zeppelinfelds, der die Zeppelintribüne unbedingt als Tribüne braucht und mit zehntausenden Zuschauern füllt.

Auch andere Teile des ehemaligen Reichsparteitagsgeländes wurden sehr intensiv in den ersten Nachkriegsjahren genutzt: Die Kongresshalle war als »Ausstellungsrundbau« Veranstaltungsort großer Messen. Kein anderer so großer Baukörper hatte in Nürnberg

Zeppelintribüne als »Steintribüne« umdekoriert, mit Schriftzug »ADAC« an der Stelle des Hakenkreuzes, 1947.
rechts: Plakat zum ersten Motorradrennen »im Stadiongelände«, 1947.

den Bombenkrieg derart heil überstanden, und so fanden die Deutsche Bauausstellung 1949 und die Jubiläumsschau »900 Jahre Nürnberg« in einem nicht fertiggestellten Repräsentationsgebäude des »Dritten Reiches« statt – der Beginn der NürnbergMesse. »Nürnbergs Zukunft liegt am Dutzendteich«[247] meinte der Messeorganisator Heiko Könicke und sollte Recht behalten. Nach dem Umzug ins neue Messegelände am Stadtpark kehrte die Messe 1974 auf das ehemalige Reichsparteitagsgelände zurück – allerdings nicht in die ehemalige Kongresshalle, sondern in das Areal südlich der Baustelle Deutsches Stadion. Damit ist eines der wichtigsten Unternehmen Nürnbergs auf dem Reichsparteitagsgelände angesiedelt – mit entsprechendem Bedarf an Infrastruktur und viel Verkehr, der bei manchen Gelegenheiten das gesamte Dutzendteichareal vereinnahmt.

Der Bau des Messegeländes verweist auf eine weitere wichtige Funktion des Reichsparteitagsgeländes: Die Planungen in nationalsozialistischer Zeit hatten ein großes Areal im Südosten Nürnbergs mit Verkehrswegen und sonstiger Infrastruktur überhaupt erst erschlossen. Dies bot Gelegenheit, in das zuvor naturnahe Erholungsgebiet mit Wiesen, Wald und Wasserflächen neue Nutzungen einzubringen. So konnte auf der für die Fahrzeuge der Wehrmacht gebauten und nach 1945 asphaltierten »Rasenstraße 2« zum Zeppelinfeld ab 1947 das Norisringrennen stattfinden, die Messe konnte die Große Straße als Parkplatz nutzen und vor allem bot das Areal der Teilnehmerlager mit dem Märzfeld genügend Raum, um eines der größten Stadterweiterungsprojekte der Bundesrepublik umzusetzen: Der Bau des Stadtteils Langwasser ist die wahrscheinlich produktivste Nachnutzung des Reichsparteitagsgeländes und bietet in unterschiedlichen Wohnquartieren mit teils sehr guter Architektur rund 40.000 Menschen Wohnraum. Auch beim Bau Langwassers wollte man sich ganz bewusst nicht von nationalsozialistischen Bauten stören lassen: Man bezog die schon vorhandenen Märzfeldtürme nicht etwa in das Neubauprogramm ein oder erhielt sie als bauliche Zeugen der Vergangenheit, sondern feierte ihre Sprengung 1966/67 als »Ende eines Wahns«.[248] Noch nutzbares Steinmaterial wurde zu Platten zersägt und als Baumaterial weiterverkauft.

Dem Bau Langwassers standen zunächst einfachere pragmatische Nutzungen im Weg: Das große Lagergelände im Südosten war die provisorische Unterkunft von Flüchtlingen, Vertriebenen und »Displaced Persons«. Die Große Straße, das Märzfeld und die SS-

Beim Sudetendeutschen Tag 1955 wurde die Zeppelintribüne in einer an den Nationalsozialismus erinnernden Ästhetik benutzt.

Kaserne wurden von der US-Armee als Rollfeld für Flugzeuge, Treibstoffdepot und Kaserne benutzt. So entzogen sich große Teile des Geländes zunächst städtischem Zugriff, aber der Stadt Nürnberg gelang es, diese Nutzungen nach und nach zurückzudrängen und so Raum für die Stadtentwicklung zu gewinnen.

Mit anderen Teilen des Reichsparteitagsgeländes wie der Luitpoldarena war zunächst nichts anzufangen. Sie verfiel nach und nach, bis man beim Bau der Meistersingerhalle die Gelegenheit nutzte, um die Bauten ganz zu beseitigen und mit dem Luitpoldhain wieder einen Park anzulegen. Die Baustelle des Deutschen Stadions diente als Schuttabladeplatz und öffentliche Müllhalde. Die Baugrube für den nördlichen Teil des Deutschen Stadions war voll Wasser gelaufen und bildet heute den Silbersee.

Alle diese pragmatischen Nutzungen sind entweder mehr oder weniger zufällig auf dem Reichsparteitagsgelände entstanden oder folgten, wie der Bau Langwassers, einer langfristigen Planung. Gemeinsam ist ihnen, dass – teils ganz bewusst – auf die nationalsozialistische Vergangenheit keinerlei Bezug genommen wird, im Gegenteil: Kunstbegriffe wie »Ausstellungsrundbau«[249] für die ehemalige Kongresshalle vermieden auch sprachlich eine Erinnerung an die unmittelbare Vergangenheit.

Bühne für Politik und Religion

In den beiden ersten Nachkriegsjahrzehnten schien das Reichsparteitagsgelände, hier vor allem das Zeppelinfeld, eine geeignete Bühne für politische und religiöse Veranstaltungen zu sein. Dies ging über die pragmatische Nutzung der Zeppelintribüne als Tribüne weit hinaus und war in unterschiedlicher Richtung symbolisch gedacht. Schon der große blaue Schriftzug »soldiers field« der US-Army auf dem Mittelteil der Tribüne war ein Symbol der Inbesitznahme und der Versuch, die architektonische Botschaft des Gebäudes ein Stück weit zu konterkarieren. Die Gewerkschaften wollten bei ihrer Maifeiern 1947 auf der Zeppelintribüne ebenfalls ihre Überzeugungen mit dem Symbol des »blühenden Hammers« (Wiederaufbau) vor der aufgehenden Sonne (neue Zeit) gegen den NS-Bau setzen.

Maifeier des Deutschen Gewerkschaftsbundes auf der Zeppelintribüne, 1947.

In wesentlich aufwändigerer und krass bedenkenloser Form präsentierte sich die Sudetendeutsche Landsmannschaft auf der Zeppelintribüne als eigentliches Kriegsopfer. Die von ihnen zum Sudetendeutschen Tag 1955 umdekorierte Zeppelintribüne, das Fahnenschwenken und der Einzug der Trommler samt Absingen eines Liedes des nationalsozialistischen Dichters Wilhelm Pleyer mit der Verszeile »Deutschland, Deutschland über alles, über alles sei geliebt«[250] – dies alles ähnelte in so fataler Weise der Szenerie der Reichsparteitage, dass man sich aus heutiger Sicht nur wundern kann über die Schmerzfreiheit der Veranstalter Mitte der 1950er Jahre.

In nicht unproblematischer Weise nutzten auch der evangelikale Prediger Billy Graham sowie die Zeugen Jehovas das Zeppelinfeld samt Tribüne. Die Kulisse der

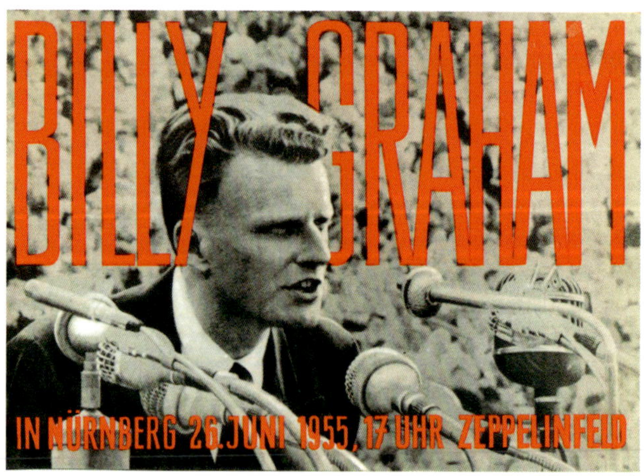

Prediger Billy Graham, bekannt als »Maschinengewehr Gottes«, trat bei einer Massenevangelisation auch auf dem Zeppelinfeld auf, Plakat 1955.

Massengottesdienste an diesem Ort inszenierte das christliche Kreuz gegen das Hakenkreuz und verfolgte vor allem beim Weltkongress der Zeugen Jehovas 1953 eine Botschaft vom Sieg des Glaubens über den Unglauben nach dem Motto »Triumphierendes Königreich«. Entsprechend war auch die Tribüne umdekoriert. Spätestens seit dem Scheitern des Plans der Kulturreferentin Karla Forbeck im Jahr 1990, das Zeppelinfeld in einen christlich aufgeladenen »Friedenshain« umzugestalten, herrscht die Haltung vor, dass das Zeppelinfeld nicht mehr für religiöse Heilbotschaften benutzt werden sollte. Die Zeugen Jehovas und andere religiöse Gruppen dürfen im historisch unproblematischeren Nürnberger Stadion ihren Glauben feiern, politische Veranstaltungen wie der Sudetendeutsche Tag 1955 sind heute auf dem Zeppelinfeld nicht mehr vorstellbar.[251]

Veranstaltung der Zeugen Jehovas auf dem Zeppelinfeld in den 1960er Jahren.

Nach dem Weltkongress 1953 kamen auch 1955 zum Kongress »Triumphierendes Königreich« über 50.000 Zeugen Jehovas nach Nürnberg.

Die Sprengung der Pfeilergalerie 1967 misslang gründlich: Zunächst stürzten nicht alle Pfeiler ein und die Steinmassen landeten nicht wie geplant hinter der Tribüne, sondern auf ihr. Dies richtete große Schäden an.

Planungsversuche und kommerzielle Interessen

Nach Jahren der spontanen Weiternutzung bis Anfang und Mitte der 1950er Jahre waren für verschiedene Teile des Reichsparteitagsgeländes Pläne gereift, das Ganze etwas systematischer anzugehen. Für die ehemalige Kongresshalle etwa stellte die Stadtverwaltung 1955 drei Nutzungsmöglichkeiten (Fußballstadion, Konzerträume, Massenquartier für Flüchtlinge) mit ihren Vor- und Nachteilen zusammen. Ein Flächennutzungsplan für das »Südostgelände«[252] des Jahres 1956 – der Begriff »Reichsparteitagsgelände« wurde gekünstelt vermieden – wies das Areal insgesamt als »Volkspark« und »Sportgelände« aus. Die 82 Millionen Reichsmark, die der unvollendete Bau der Kongresshalle gekostet hatte, sollten nicht verloren sein und die Kongresshalle durch weitere Investitionen einer wirklichen Nutzung zugeführt werden. Es war dieselbe Bauverwaltung, die ihren Bau aus der Zeit vor 1945 nun zehn Jahre später der lokalen Politik nutzbringend andiente, allerdings aus Kostengründen scheiterte – trotz positiver Beschlusslage für den Einbau eines Fußballstadions. Als die US-Army das städtische Stadion räumte und ihre Sportveranstaltungen ganz auf das Zeppelinfeld verlegte, hatten sich derart hochfliegende Pläne erledigt. Man folgte nun einem Plan B, baute einen Lastenaufzug in die Kongresshalle ein und gewann mit dem Versandhaus Quelle einen solventen Großmieter, der über 30 Jahre lang bis 2006 mehrere Stockwerke des Bautorsos als Lager für Sperrgut und weiße Ware nutzte. In dieser Zeit hat die Stadt Nürnberg mit dem Bau verdient und konnte Sanierungsmaßnahmen wie eine neue Dachdeckung finanzieren.

Auch andere Areale des Reichsparteitagsgeländes sollten nicht einfach kaum oder gar nicht genutzt liegen bleiben. Man plante nicht nur Nürnberg-Langwasser, sondern wollte auch das Gebiet der ehemaligen Baustelle Deutsches Stadion besser nutzen. Der als öffentliche Mülldeponie nachgenutzte Trümmerberg wurde als Aussichtshügel »Silberbuck« angeschüttet und bepflanzt. Die mit Wasser vollgelaufenen Baugrube des nördlichen Teils des Deutschen Stadions sollte als Freibad ausgebaut werden, was allerdings wegen des vergifteten Wassers scheiterte.

Ein spätes Beispiel für bedenkenlose Kommerzialisierungsabsichten ist der gescheiterte Plan des Jahres 1987, die Kongresshalle als Einkaufs- und Erlebniscenter auszubauen. Diese Planungen zeigen, dass es immer auch handfeste Geschäftsinteressen auf dem Gelände gab und gibt. Inzwischen ist hierfür allerdings kaum noch Raum. Denkmalschutz und das weitgehend verplante Gelände bieten für neue Projekte kaum noch eine Chance.

Kinder führen in den 1980er Jahren triviale Nutzung vor: Eine der beiden Flammenschalen der Zeppelintribüne wird als Ausstattungsstück des Stadionbades genutzt, die andere befindet sich im nicht mehr genutzten Saal unter der Zeppelintribüne.

Die Sprengung 1967 – letzter Fluchtversuch aus der Geschichte

Am 8. und 9. Juni 1967 wurden auf Anordnung von Oberbürgermeister Andreas Urschlechter die Pfeilergalerien auf der Zeppelintribüne gesprengt. Die Pfeilerreihen seien baufällig, die bauliche Sicherheit nicht mehr gegeben und Gefahr sei im Verzug – so die damalige Argumentation im Stadtrat. Man kann diese Sprengung als den letzten Fluchtversuch dieser Art aus der Geschichte werten. Sprengungen von NS-Bauten, etwa beim Bau des Stadtteils Langwasser, gehörten ja zum festen Konzept der Austilgung nationalsozialistischer Vergangenheit. Kein Ereignis nach 1945 ist aber derart umstritten wie dieser massive Eingriff in die Bausubstanz eines der bekanntesten und wichtigsten Gebäude des Geländes. Im Stadtrat und in den Leserbriefseiten der Zeitungen kam es zu einer heftigen Debatte, und in der Öffentlichkeit entstand der Eindruck, dass Probleme mit der Bausubstanz willkommener Anlass seien, auch unliebsame Relikte wie hakenkreuzähnliche Mäandermosaike an der Decke der Pfeilergalerien loszuwerden.

Es war 1967 das letzte Mal, dass man auf diese Weise sich einer historischen Belastung entledigen wollte. Damals stand man sich in einer seltsamen Konstellation gegenüber: Baureferent Heinz Schmeißner, selbst noch als junger Architekt intensiv beteiligt am Baugeschehen im Nationalsozialismus, wollte mit der Sprengung das Thema (und auch ein Stück seiner eigenen Vergangenheit) loswerden. Man fühlte sich offensichtlich unter Druck: die Sprengung sollte zeigen, dass Nürnberg mit diesen Bauten und ihrer Botschaft eigentlich nichts mehr zu tun hatte. Auf der anderen Seite sah die junge Generation der 1968er die Bauten ebenfalls kritisch, weniger als historisches Dokument, sondern eher als nerviges Relikt der Nazis – weg damit! Beide Seiten sprachen darüber nicht offen – Beseitigung der Bausubstanz war so der kleinste gemeinsame Nenner. Es ist bezeichnend, dass der Kulturreferent Hermann Glaser in der entscheidenden Sitzung des Bauausschusses zu Beginn wegen eines Schulneubaus anwesend war, dann die Sitzung aber verließ, auf der die Sprengung der Pfeilergalerien diskutiert wurde. Das Klima der Diskussion wurde dadurch verschärft, dass sich Ende der 1960er Jahre in Nürnberg eine erstarkende Neonazibewegung laut für den Erhalt der Pfeilergalerien zu Wort meldete. In dieser Situation wagte es auch die konservative Stadtseite nicht, sich für den Erhalt der Pfeilergalerien auszusprechen, obwohl sicherlich viele gegen die Sprengung waren. Es war so in jedem Fall einfacher, die Baufälligkeit der Pfeilergalerien in den Vordergrund zu stellen als eine inhaltliche Debatte über den Umgang mit den Bauten des Reichsparteitagsgeländes zu führen.

Weitere Aktionen dieser Art verhindert seit 1974 der Denkmalschutz und die sich entwickelnde Überzeugung, dass die Bauten des Reichsparteitagsgeländes ein wichtiger Lernort sein können. Man muss der bei manchen vorhandenen Sehnsucht nach Beseitigung der Bauten des Reichsparteitagsgeländes entgegenhalten, dass Auseinandersetzung mit Geschichte auch Orte braucht – und nicht nur Bücher, Bilder, Filme. Das Zeppelinfeld ist ein solcher Ort, wo Begegnung mit Geschichte im Raum in herausragender Weise möglich ist.

Ein Neuansatz – die 1960er Jahre und Hermann Glaser

Wichtig für den Umgang mit der nationalsozialistischen Geschichte – nicht nur in Nürnberg – war ein Neuansatz in den 1960er Jahren, der auch mit dem Namen des Nürnberger Kulturreferenten Hermann Glaser verbunden ist. Er legte 1961 mit »Das Dritte Reich. Anspruch und Wirklichkeit« eine kurzgefasste Analyse des Nationalsozialismus als Taschenbuch vor, das hohe Auflagen erreichte, und setzte ab 1965 mit dem Veranstaltungsformat »Nürnberger Gespräche« eine auch öffentlich geführte Debatte über den Nationalsozialismus und das deutsche Selbstverständnis in Gang. Der Historiker Fritz Stern, der Initiator des Frankfurter Auschwitzprozesses Fritz Bauer, Jean Amery und Ludwig Marcuse waren unter anderem Teilnehmer des ersten Nürnberger Gesprächs 1965 in der Meistersingerhalle.[253] Obwohl man sich unmittelbar neben dem Luitpoldhain und damit direkt am ehemaligen Reichsparteitagsgelände befand, spielte dieser räumliche Bezug keine Rolle. Es sollte noch zwanzig Jahre dauern, bis dieser Neuansatz der 1960er Jahre auch auf dem ehemaligen Reichsparteitagsgelände in Form der Ausstellung Faszination und Gewalt in der Zeppelintribüne ankam. Dies lag vor allem an der ambivalenten Haltung auch Hermann Glasers zu den Bauten des Reichsparteitagsgeländes. Er war der Meinung, »dass Architektur wenig geeignet ist, das Phänomen des Nationalsozialismus (…) zu erklären«[254] und stellte seinen Erkenntnisprozess später so dar: »Wir haben hier auf diesem Gelände gezögert, weil wir dachten, es solle von selbst zerfallen (…) Es ist aber deutlich geworden, dass sehr viele Besucher hier ohne Informationen dieses Gelände bestaunen und so entstand (…) verhältnismäßig spät die Absicht auch hier, und ich darf betonen: auch hier, einen Beitrag zur Erinnerungsarbeit zu leisten.«[255] Dass in den 1960er Jahren nicht nur die Nürnberger Gespräche stattfanden, sondern auch die Forderung erhoben wurde, die Kongresshalle abzureißen, und dass der Filmemacher Alexander Kluge seinen ersten Film »Brutalität in Stein« gegen die ideologische Botschaft der Reichsparteitagsbauten drehte – dies alles war kein Zufall, sondern Geist der Zeit in den 1960er Jahren, auch wenn dies erst spät zu Veränderungen in Bezug auf das Gelände führte.

Alexander Kluge (rechts) mit Peter Schamoni beim Dreh von »Brutalität in Stein«, 1960.

Plakat zum Open-Air-Festival mit Dylan, 1978.

Musik statt Massenaufmarsch – Bob Dylan 1978

Kaum ein Ereignis der Nachkriegszeit hat die Atmosphäre auf dem ehemaligen Reichsparteitagsgelände so verändert wie das Open-Air-Festival am 1. Juli 1978 mit Bob Dylan.

Eine ganz andere Art von Menschenmasse versammelte sich auf dem Zeppelinfeld, um beim ersten Konzert des Meisters in Deutschland dabei zu sein. Man stand nicht stramm, sondern lagerte locker auf Tribüne und Feld. Die Bühne stand auf der Zeppelinwiese gegenüber der Zeppelintribüne, so dass die Menschen der Rednerkanzel Hitlers sozusagen den Rücken zudrehten. Bob Dylan war sich bewusst, wo er spielte.

Mit einem neuen Objektiv (»Fischauge«) fotografierte Reinhard Kemmeter die auf der Zeppelintribüne lagernden Festivalbesucher, 1978.

Plan für das Festival »Rock im Park«, 2000: Zeppelintribüne und Kongresshalle erscheinen als unbezeichnete Steingebilde.

Auf dem Zeppelinfeld steht die größte Bühne von »Rock im Park«, die »Zeppelinstage«, 2016.

Die Plakate der Ton-Bildschau (links) und der Ausstellung Faszination und Gewalt ab 1985 nutzen Bilder der NS-Propaganda, versuchen aber auch, diese visuell zu brechen, Plakate 1985, 1987 und 1989.

Er trat nicht in seinem Bühnenoutfit, sondern in Straßenkleidung auf und sagte vor seinem Protestsong »Masters of War«, einer Anklage gegen die Kriegstreiber dieser Welt: »What a pleasure to sing it in this place.«

Vielen, die damals dabei waren, ist das Konzert als wichtiges Ereignis in Erinnerung geblieben. Das Open-Air-Konzert von 1978 half entscheidend mit, das Zeppelinfeld als Ort für große Musikkonzerte zu etablieren. The Who, Deep Purple, Tina Turner, Billy Joel, Santana, The Rolling Stones, Coldplay, AC/DC und viele andere klassische Bands der Rock- und Pop-Musik haben über die Jahre auf dem Zeppelinfeld gespielt. Seit 1977 ist »Rock im Park« eine feste Größe im Veranstaltungskalender auf dem ehemaligen Reichsparteitagsgelände.

Das Zeppelinfeld so zu füllen wie bei Rock im Park kann auch als Geste gegen den nationalsozialistischen Ungeist gesehen werden – auch wenn nicht jeder Künstler wirklich eine Haltung zum historischen Ort der Hauptbühne »Zeppelinstage« entwickelt. Viele Besucher der Konzerte nehmen das Gelände in erster Linie als Festivalgelände wahr. Auch dies ist eine positive Inbesitznahme des Geländes – weit entfernt von einem rückwärtsgewandten Nazikult.

Faszination und Gewalt – die Ausstellung in der Zeppelintribüne

Am 19. November 1984 eröffnete die »Ton- und Bildschau Faszination und Gewalt« in der Zeppelintribüne für genau zwei Wochen. In Eiseskälte sahen immerhin 8.000 Besucher die Schau, die zwar als erster Schritt der Auseinandersetzung vor Ort begrüßt, jedoch zugleich auch nahezu einhellig kritisiert wurde: Kalksteinmauern teilten den Raum in Segmente ab, um auch die Wirkung des »Goldenen Saals« zu brechen – ein als störend und überflüssig empfundenes Vorgehen. Die Ton- und Bildschau transportiere zu sehr die nationalsozialistische Propaganda und sei zu wenig auf den Ort bezogen. Deshalb wurde die Ausstellung komplett überarbeitet und stark reduziert im Sommer 1985 unter der Federführung des Pädagogischen Instituts wiedereröffnet. Seitdem stetig erweitert, um Kunstaktionen und wissenschaftliche Symposien ergänzt, war »Faszination und Gewalt« eine wichtige Etappe im Umgang mit dem Gelände und mit der Geschichte Nürnbergs im Nationalsozialismus. Die »politische Ästhetik des Nationalsozialismus« war Thema der Ausstellung, die unter dem Begriffspaar »Faszination und Gewalt« der faszinierenden Schauseite des Nationalsozialismus die Gewalt des

Einfache Holztafeln mit handgeschriebenem Text und Fotos als Kontrast zum Pomp der NS-Architektur im Saal der Zeppelintribüne, 1985.

Nebenraum zum Saal in der Zeppelintribüne zum Thema »Der Stürmer«, 1985.

NS-Regimes gegenüberstellen wollte. So kontrastierte man beispielsweise den »arischen« Körper in der Propagandafotografie und nationalsozialistischen Skulpturen mit Fotos von abgemagerten KZ-Häftlingen. Auch wenn man dies aus heutiger Sicht als ein zu simples Vorgehen kritisieren kann, hat die Ausstellung viel erreicht. Sie hat – mit sehr beschränktem Etat – das Thema Reichsparteitagsgelände in der Stadtgesellschaft etabliert und zu einem selbstverständlichen Teil von Stadtgeschichte und Stadtimage gemacht. Die im Winter nicht beheizbare und deshalb nur von März bis Oktober geöffnete Ausstellung schloss 2001, da nun mit dem Dokumentationszentrum Reichsparteitagsgelände eine wesentlich besser ausgestattete Einrichtung zur Verfügung stand.

Monument, Gedenken, Denkmal

Das Reichsparteitagsgelände ist ein Areal mit vielen Denkmälern und Gedenktafeln. Schon vor seinem Bau befand sich im Luitpoldhain das städtische Denkmal für die Toten des Ersten Weltkriegs. Dieses Denkmal wurde – trotz seiner Nutzung als Kulisse für den Totenkult von SA und SS während der Reichsparteitage – nach 1945 weiter als Mahnmal genutzt und dient seitdem unter veränderten Vorzeichen (und mit veränderter Inschrift) beim Volkstrauertag als Ort für das Gedenken an die Opfer der Kriege. Ein Gedenkstein für die Opfer des Faschismus am ehemaligen »Wodan-Platz«, der 1945 in »Platz der Opfer des Faschismus« umbenannt wurde, steht weitgehend unbeachtet an einer stark befahrenen Straßenkreuzung. Manchmal liegen dort Blumen.

Auffällig ist, an wen vor Ort lange nicht erinnert wurde: Es gibt zwar seit 2006 eine Station des Informationssystems am ehemaligen Bahnhof Märzfeld, auf der die Deportationen von nordbayerischen Juden von dort aus genannt sind. Zuvor stand der »Geisterbahnhof Nürnberg Märzfeld«[256] aber jahrzehntelang weitgehend funktionslos an der Peripherie und nichts erinnerte an die Judendeportation. Lange blieb auch die Geschichte des KZ-Außenlagers in der Nürnberger SS-Kaserne unbeachtet. Heute sind vor und im Gebäude Informationstafeln angebracht. Und immerhin wird durch ein Denkmal für den Ausländerfriedhof in Langwasser daran erinnert, dass es das Kriegsgefangenenlager hier vor 1945 gab, und dass dort tausende Gefangene gestorben sind. Die Geschichte der Lagergelände im

Gedenkstein am Platz der Opfer des Faschismus, 2017.

Veteranen bei der Enthüllung einer Gedenktafel an der Zeppelintribüne für bei der Befreiung Nürnbergs getötete US-Soldaten, 2011.

Zweiten Weltkrieg, mit Judendeportation, Kriegsgefangenen und später Displaced Persons muss zukünftig stärker Beachtung finden.

Eines ist jedoch klar: Das Reichsparteitagsgelände ist keine Gedenkstätte – hier geht es vorrangig um die Täter und Mitläufer und in geringerem Maß um die Opfer des NS-Regimes. Der »Nürnberger Kreuzweg« an der Lorenzkirche aus Steinplatten der Großen Straße mit seiner historisch vollständig falschen Inschrift stellt ein Beispiel dafür dar, wie eine in diesem Fall christlich aufgeladene künstlerische Denkmalsgestaltung Betroffenheit einfordert, die nicht eingefordert werden darf: Wenn kein Stein der Großen Straße von »Zwangsarbeitern« oder gar von »KZ-Häftlingen« hergestellt wurde, wie die Inschrift am Beginn des »Nürnberger Kreuzwegs« behauptet, warum liegen dann Steinplatten der Großen Straße neben der Lorenzkirche als Mahnmal für diese Opfer des Nationalsozialismus und als »Kreuzweg« auf dem Kopfsteinpflaster?

2011 kam noch eine weitere Gedenktafel am Mittelteil der Zeppelintribüne hinzu: Sie erinnert an die amerikanischen Soldaten, welche bei der Einnahme Nürnbergs starben. Zeppelintribüne und Zeppelinfeld waren bis in die 1990er Jahre ein Stück Amerika in Nürnberg und wecken bei ehemaligen Soldaten und ihren Familien positive Erinnerungen an das Deutsch-Amerikanische Volksfest, Sportveranstaltungen und Konzerte.

Monument, Gedenken, Denkmal: Seit 1974 stehen die erhaltenen Bauten des Reichsparteitagsgeländes selbst unter Denkmalschutz und sind damit offiziell in ihrem Denkmalscharakter anerkannt. Sie sind nicht als vermeintlich künstlerisch wertvolle Bauten schützenswert, sondern als bauliche Zeugnisse ihrer Zeit. Die Architektur Günter Domenigs für das Dokumentati-

1989 wurden erstmals vier Infotürme auf dem Gelände errichtet. Infoturm an der Großen Straße, 1990er Jahre.

Ein Informationssystem mit zunächst 21 Stationen wurde 2006 auf dem Gelände installiert, Tafeln auf der Zeppelintribüne 2013.

onszentrum zeigt aber, dass trotz des Denkmalsschutzes Umgangsformen sinnvoll sein können, die diese Gebäude teilweise zerstören und so ein Zeichen setzen.

»Urbane Parklandschaft« Reichsparteitagsgelände

Es gab immer wieder Pläne, das gesamte Reichsparteitagsgelände in einem großen Park aufgehen zu lassen. Die Planungen für den Volkspark Dutzendteich in den 1950er Jahren oder die gescheiterten Pläne für eine Gartenschau (1987) mit der Kongresshalle als »Ökopolis« gehören hierher. Bei der ehemaligen Luitpoldarena wurde dieses Konzept durch die Zurückverwandlung in einen Park verwirklicht. Teilweise wächst völlig ungeplant Gras über die Geschichte: Dies kann man an den Zuschauertribünen der Großen Straße beobachten.

Fatalerweise hat die Planung für das Reichsparteitagsgelände Nürnbergs größtes Naherholungsgebiet rund um das Seengebiet der Dutzendteiche so nachhaltig zerstört, dass die Bauten der nationalsozialistischen Zeit als Einfallsschneisen in stadtnahes Grün dienen können. So entstanden in Sichtweite des Dutzendteichufers Parkhäuser. Die Errichtung des Eisstadions »Arena« auf Sportplätzen neben dem Stadion, städtebaulich und architektonisch ein fragwürdiges Projekt, zog auch die Notwendigkeit von Parkplätzen und entsprechenden Verkehr zur Versorgung des Gebäudes nach sich. Grünflächen am Rande des Dutzendteichareals stehen daher zur Disposition und drohen bebaut zu werden. Der Grundgedanke einer »urbanen Parklandschaft«, die zu schützen ist und die keine weitere Bebauung verträgt, war ein Ergebnis des Diskussionsprozesses im Rahmen des integrierten Stadtentwicklungskonzepts (INSEK) im Jahr 2015. Es ist zu hoffen, dass Naturschutz eine hohe Priorität im Umgang mit dem Gelände am Dutzendteich behält.

Dokumentationszentrum Reichsparteitagsgelände – ein wichtiges Statement

Mit der Eröffnung des Dokumentationszentrums Reichsparteitagsgelände am 4. November 2001 wurde in zweifacher Hinsicht eine neue Ebene im Umgang mit dem ehemaligen Reichsparteitagsgelände erreicht. Zum einen besteht nun die lange von vielen geforderte Ausstellung zur Geschichte des Geländes. Mit den pädagogischen Programmen des Studienforums und den ohnedies seit Jahren mit wachsendem Erfolg veranstalteten Rundgängen von Geschichte Für Alle e.V. sowie den Angeboten anderer Bildungsträger wie dem Kunst- und Kulturpädagogischen Zentrum, dem Kreisjugendring und dem Menschenrechtszentrum ist so ein Angebot entstanden, das dem Thema Reichsparteitagsgelände angemessen ist. Zum anderen setzte Günter Domenig eine neue Form der Auseinandersetzung mit national-

Zeppelintribüne und die Rednerkanzel Hitlers sind beliebte Fotomotive für Touristen, 2015.

sozialistischer Architektur um, die mit ihrem schroffen Kontrast zur NS-Architektur über bisherige Konzepte im Umgang mit nationalsozialistischen Bauten hinauswies. Diese hier in Deutschland erstmals umgesetzte Gegenarchitektur formte den Bautorso Kongresshalle zu etwas Neuem um. Das Dokumentationszentrum mit dem auffälligen asymmetrischen Baukörper des Studienforums auf dem Dach und dem Pfahl aus Stahl und Glas quer durch die nationalsozialistische Bausubstanz ist heute eine der bekanntesten und meistfotografierten baulichen Sehenswürdigkeiten Nürnbergs.

Gleichzeitig bedeutet das Dokumentationszentrum aber auch neue Perspektiven im Umgang mit dem ehemaligen Reichsparteitagsgelände insgesamt: Ausgehend von Ausstellung und Studienforum konnte ein Konzept erarbeitet werden, wie Informationsangebote auf dem Gelände insgesamt aussehen sollen. Mit finanzieller Unterstützung der FIFA wurde anlässlich der Fußball-WM 2006 ein neues Informationssystem mit 21 Stationen im Gelände umgesetzt. Erweitert um einige Stationen in Langwasser ist das Infosystem heute ein wichtiges und niederschwelliges Angebot für die zahlreichen Besucher aus dem In- und Ausland. Für den wachsenden Tourismus, den es auf dem Gelände immer gab, ist das Dokumentationszentrum mit über 250.000 Besuchern im Jahr ein wichtiger Anlaufpunkt.

Visionen und begrenzte Möglichkeiten – städtebaulicher Wettbewerb und Leitlinien

Als Konsequenz aus dem erfolgreichen Architekturwettbewerb für das Dokumentationszentrum versuchte man auch das Gelände insgesamt anzugehen. Im Jahr 2001 legten 81 Architekten aus ganz Deutschland in einem städtebaulichen Ideenwettbewerb unterschiedliche Konzepte und Visionen für das ehemalige Reichsparteitagsgelände vor. Dennoch herrschte nach dem Wettbewerb und der Präsentation der Ergebnisse eine gewisse Ratlosigkeit vor: Zwar habe, so das Preisgericht, das Verfahren eines Ideenwettbewerbs »sehr wertvolle Entscheidungsgrundlagen geschaffen«[257],

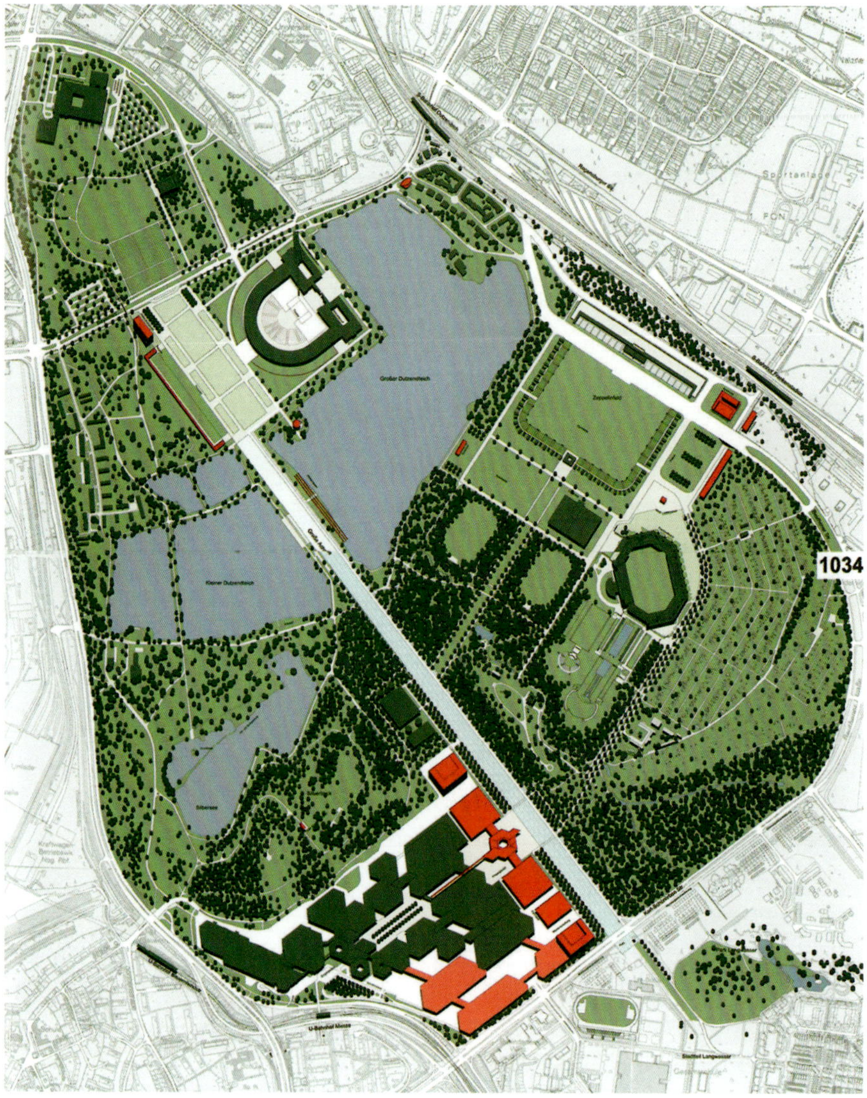

Die Architekten Erk Meinertz und Harms Wulf bekamen einen der beiden zweiten Preise beim Ideenwettbewerb für das ehemalige Reichsparteitagsgelände im Jahr 2001. Bepflanzungen und einige neue Bauten sollten die Struktur und die früheren Sichtachsen des Geländes besser herausstellen.

rechte Seite: Ebenfalls mit einem zweiten Preis ausgezeichnet wurden die Landschaftsgestalterin Martina Erbs und der Architekt Martin Stadler aus Frankfurt mit dem Konzept, die wichtigsten historischen Bauten durch teilweise störende, teilweise hervorhebende bauliche Eingriffe wieder stärker sichtbar und zuordenbar zu machen (Wettbewerbsbeitrag 2001).

trotzdem wurde jedoch angesichts der offensichtlich sehr komplexen Aufgabe und dementsprechend vielfältiger Lösungen kein erster Preis, sondern nur zwei zweite Preise vergeben.

Von einer Realisierung waren die zahlreichen Vorschläge des Wettbewerbs zum Teil noch weit entfernt – auch, weil mit dem Verkehrsleitsystem, dem Parkhausbau der Messe und den baulichen Notwendigkeiten für die Fußball-WM 2006 Realitäten geschaffen worden waren, die den Vorschlägen von Architektenseite zum Teil diametral zuwiderliefen. So zeichneten einige der Architektenteams eine Unterbrechung der Großen Straße auf das geduldige Papier, während zeitgleich entlang des Volksfestplatzes am Dutzendteichufer eine neue Verbindungsstraße erbaut wurde, die eben diese Große Straße als Parkplatz für die NürnbergMesse besser erschließen sollte. Es wurde vorgeschlagen, die Kongresshalle weiter aufzubrechen, neue Wege gegen die alte Geländestruktur zu schaffen, aber auch Sichtachsen der Planung Albert Speers wieder freizulegen. Lichtinstallationen sollten das gesamte ehemalige Reichsparteitagsgelände in einen »Lichtpark« verwandeln, Aussichtstürme, Unterführungen, »Geschichtspfade« (teilweise auf Glasstegen), Informationssäulen oder ein neues, über das Gelände gelegtes Raster, das aus der Straße der Menschenrechte abgeleitet worden

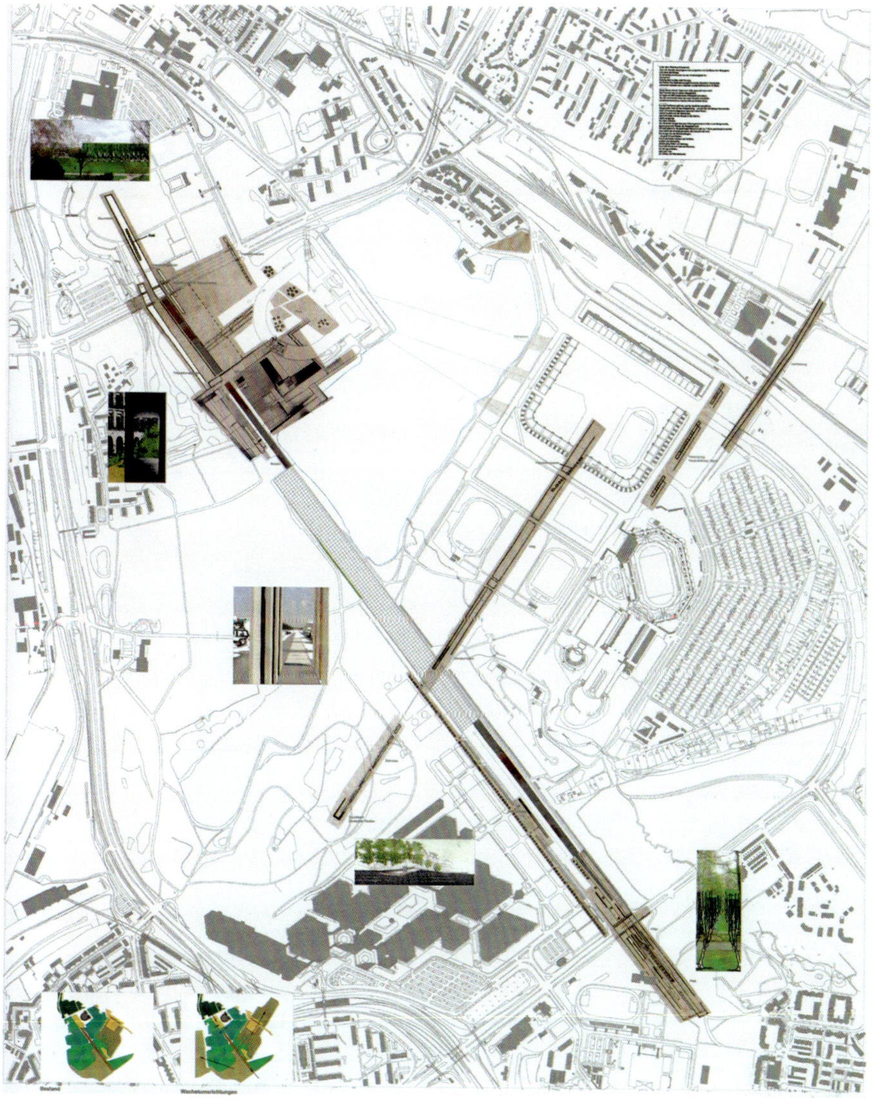

war, sollten das ehemalige Reichsparteitagsgelände neu erschließen sowie Besucher informieren. Dies alles war teilweise weitab von der Realität eines so intensiv und vielfältig genutzten Areals.

Dennoch herrschte dringender Handlungsbedarf: Einerseits äußerten sich Begehrlichkeiten, auch das letzte unverbaute Stück Ufer im Süden des Dutzendteichs wirtschaftlich zu nutzen, andererseits war mit der Bewerbung Nürnbergs als Austragungsort für die Fußball-WM 2006 ein Handlungsdruck entstanden, stärker ordnend einzugreifen und angesichts der großen öffentlichen Aufmerksamkeit Probleme wie die Information historisch interessierter Besucher im Gelände besser zu lösen. Ausufernde Freizeitnutzungen, wie wilde Autorennen vor der Zeppelintribüne, die schließlich auch ein Todesopfer forderten, machten auch kurzfristiges Handeln wie das Sperren der Straße vor der Zeppelintribüne für den Autoverkehr erforderlich.

Immerhin hat der städtebauliche Wettbewerb ein Ergebnis wohl gebracht: Eine einheitliche und endgültige städtebauliche Gesamtlösung für das ehemalige Reichsparteitagsgelände ist wahrscheinlich unmöglich und vielleicht auch gar nicht wünschenswert.

Nach dem Scheitern des städtebaulichen Wettbewerbs – keiner der Vorschläge wurde umgesetzt oder weiter ausgearbeitet – legte Oberbürgermeister Ulrich Maly Anfang Februar 2003 ein Papier vor, das die Diskussion wieder in Gang brachte. Angesprochen wurde die Ausweisung von Flächen, die städteplanerisch weiterer Bebauung entzogen bleiben sollten, eine temporäre Nutzung durch Kunst, auch als Reaktion auf die nationalsozialistische Architektur vor Ort, unter der Überschrift »Documenta für das Reichsparteitagsgelände« war angedacht. Auch Geschichte Für Alle e.V., der Verein BauLust und andere Gruppen und Einzelpersonen beteiligten sich mit eigenen Papieren an der Diskussion. Dies führte schließlich 2004 zu einem einmütigen Beschluss von sogenannten »Leitlinien«[258] im Umgang mit dem Gelände. Eine der wichtigsten Festlegungen war es, die noch vorhandenen historischen Bauten des Reichsparteitagsgeländes so zu erhalten,

Die Schäden an der Zeppelintribüne sind so massiv, dass ein totaler Verfall droht, wenn nicht baulich eingegriffen wird, Bauschäden 2009.

wie sie waren, und diese der nächsten Generation als bauliches Erbe zu übergeben. Größere Bauprojekte auf dem Gelände schließen die Leitlinien aus. Eine »Koordinierungsgruppe« mit Vertretern der beteiligten städtischen Dienststellen gibt Empfehlungen, was konkrete Projekte oder Veranstaltungen auf dem Gelände betrifft. Mit den Leitlinien und der Koordinierungsgruppe war auch eine neue Ebene im bewussten Umgang mit dem Gelände insgesamt erreicht.

Erhalt oder Verfall? Eine Debatte um das Zeppelinfeld mit Folgen

Der auch für Spaziergänger sichtbare, zunehmend sich verschlechternde Zustand der Bauten auf dem Zeppelinfeld führte zu umfangreichen Untersuchungen der Bausubstanz, über die das Hochbauamt 2009 einen Bericht vorlegte. Das Ergebnis war ernüchternd: Umfangreiche Instandsetzungsmaßnahmen seien erforderlich, wenn man nicht den unumkehrbaren Verfall der Zeppelintribüne und der übrigen Bauten auf dem Zeppelinfeld in Kauf nehmen wollte. Die Stadt stand also vor zwei Alternativen: Entweder baulich einzugreifen oder über kurz oder lang die Bauten abzuzäunen und verfallen zu lassen. Nicht leichter machte es die Entscheidung, als ein Betrag von 70 Millionen Euro als erste grobe Kostenschätzung für die gesamte Maßnahme im Raum stand. Es folgte eine intensive Debatte um Sinn und Unsinn des Erhalts, die auch überregional geführt wurde und bis heute keineswegs beendet ist. Die Stadt Nürnberg entschloss sich nach intensiver Diskussion zu versuchen, die Bauten zu erhalten. Dies entsprach auch den Leitlinien von 2004. Hierfür wurden auf verschiedenen Testflächen unterschiedliche bauliche Möglichkeiten erprobt und ein genauerer Kostenplan von 73 Millionen Euro ermittelt. Bund und Land sollen hier einen wesentlichen Beitrag zur Finanzierung leisten. Das Zeppelinfeld ist vor allem ein Ort der deutschen, weniger der Nürnberger Geschichte.

Es gab (und gibt) aber auch Gegner des Erhalts: Der Historiker Norbert Frei formulierte 2014 unter dem Titel »Einstürzende NS-Bauten« sein Unbehagen an der seiner Meinung nach zunehmend in Ritualen erstarrenden Gedenkkultur und bezog dies konkret auf das Nürnberger Zeppelinfeld. Frei plädierte dafür, das Areal dem Verfall preiszugeben – der Aufwand für den Erhalt sei zu groß und der Verfall schlicht angemessen: »An immer mehr Orten stellt sich die Frage, was der florierende Erinnerungstourismus noch mit historisch-kritischer Aufklärung, gar mit der Förderung eines reflektierten Geschichtsbewusstseins zu tun hat.«[259] Und weiter: »Vielleicht ist das ein guter Termin: Siebzig Jahre nach dem Ende des ›Dritten Reiches‹ wäre es an der Zeit, einmal inne zu halten und sich zu fragen, wo man eigentlich hinwill mit dieser infrastrukturell immer

Die Zeppelintribüne zählt zu den am meisten besuchten Orten Nürnbergs. Besucher auf der Tribüne, 2014.

weiter perfektionierten, gedanklich jedoch zusehends leerlaufenden Erinnerungspolitik, die keine Gegner mehr kennt, niemanden mehr berührt – und in Gefahr ist, bestenfalls noch gehobene Unterhaltung, medial gesprochen: Infotainment zu produzieren.«[260] Der Wortmeldung Norbert Freis schloss sich eine intensive, auch kontrovers geführte Diskussion in den Medien an.

Auch wenn man einräumt, dass Freis Kritik an manchen Formen der deutschen Erinnerungskultur durchaus richtig ist, so bleibt als ein wichtiger Einwand, dass die Zeppelintribüne schlicht das falsche Beispiel ist. Das Zeppelinfeld ist kein weiterer x-beliebiger Ort, der mit der Geschichte des Nationalsozialismus zu tun hat, sondern ein historisch wichtiger, einmaliger Bau der NS-Zeit. Der »kontrollierte Verfall«, als Alternative von den Gegnern des Erhalts ins Spiel gebracht, würde letztlich eine abgezäunte Ruinenlandschaft in bester städtebaulicher Lage erzeugen, die von Besuchern kaum als schlüssige Antwort der Stadt Nürnberg auf ihre nationalsozialistische Vergangenheit verstanden werden kann. An einer romantischen Ruinenszenerie ließe sich wenig und wahrscheinlich eher das Falsche lernen.

In Nürnberg nahm man die Kritik Freis auf, veranstaltete mehrere Diskussionsveranstaltungen mit ihm und anderen Fachleuten sowie 2015 die vielbeachtete Ausstellung »Das Gelände« zur Geschichte der Nachkriegsnutzungen samt dem Symposion »Erhalten! Wozu?«.[261] Unter anderem der Architekturhistoriker Winfried Nerdinger, der Denkmalpfleger Matthias Pfeil und weitere Fachleute sprachen sich auf dem Symposion für einen Erhalt aus. Es gab aber auch Gegenstimmen: »Geben Sie allen klugen Schülern der Bundesre-

BauLust e.V. stellte Möglichkeiten des Umgangs mit der Tribüne durch Modelle aus Legosteinen dar, hier: Überdachung des Mittelteils und Verfall der beiden Seiten, 2014.

Über 150.000 Menschen verfolgen jedes Jahr das Norisringrennen der Deutschen Tourenwagenmeisterschaft DTM, Blick zur Zeppelintribüne 2016.

publik eine Woche Nürnberg und einen Hammer« forderte der Leiter der Gedenkstätte Buchenwald Volkhard Knigge und dachte an so etwas wie eine freudvolle Teilzerstörung des Areals.[262] Ulrich Herbert, einer der führenden Zeithistoriker in Deutschland, zweifelte an dem Wert des historischen Lernorts Zeppelinfeld und sieht eher die touristische Attraktion: »Wenn die Stadt Nürnberg den Besuchern das geben will, soll sie das tun«.[263]

Die kontrovers geführte Debatte um die Zeppelintribüne hatte Folgen: Mit dem Plan der Instandsetzung des Areals soll auch das Zeppelinfeld besser erschlossen und für Besucher wieder zugänglich werden. Das bestehende Informationssystem soll aufgewertet und ergänzt, der Saal in der Zeppelintribüne (»Goldener Saal«) zukünftig zugänglich sein – was eine kluge Bespielung und Präsentation des Saals erfordert. Auch

Seit Ende der 1980er Jahre findet das Treffen der Freunde des VW-Käfer an der »Steintribüne« statt, Käfertreffen 2015.

Das Zeppelinfeld ist immer wieder eine reine Eventlocation: »Playboy-Bunnies« vor der Zeppelintribüne mit Eis-Werbung beim Norisring 2015.

für das Dokumentationszentrum sind Ausbaumaßnahmen geplant, um dem weit über den Anfangsannahmen liegenden Besucherandrang besser gerecht werden zu können. Dies alles wird die Szenerie auf dem Gelände verändern: Im besten Fall gelingt es durch ein verbessertes und differenzierteres Angebot, dem wachsenden Besucherinteresse und auch dem Tourismus auf dem Gelände gerecht zu werden und eben nicht plattes Infotainment zu produzieren.

Wachsender Druck – das Gelände und viele Interessen

Das ehemalige Reichsparteitagsgelände steht im 21. Jahrhundert unter wachsendem Druck: Es sind nicht nur mehr Besucher als jemals gedacht auf dem Gelände unterwegs, sondern auch andere Nutzer haben verstärkten Bedarf. Die NürnbergMesse meldet Umsatzrekorde und stößt, was Logistik, Parkraum und Ausstellungsfläche betrifft, an ihre Grenzen. Immer mehr Veranstaltungen finden auf dem Zeppelinfeld und anderen Teilen des Reichsparteitagsgeländes statt oder sind geplant. Zum Norisringrennen kamen große Konzerte, Rock im Park, kommerzielle und nichtkommerzielle Events wie der »Color-Run« oder auch das bundesweite Treffen der Schäferhundezüchter hinzu. Auch Freunde des VW-Käfer, die Fans des 1. FCN und der Nürnberg Ice-Tigers, Besucher des Frühlings- und Herbstvolksfestes und viele andere nutzen das ehemalige Reichsparteitagsgelände in ihrer Freizeit.

Inzwischen findet nahezu jedes Wochenende irgendeine größere oder kleinere Veranstaltung auf dem Gelände statt, was nicht nur eine erhebliche Belastung für die Anwohner bedeutet, sondern auch die alltägliche Nutzung des Geländes erschwert. Allein die beiden Großveranstaltungen Norisringrennen und Rock im

Park blockieren wesentliche Teile des Geländes mehr als zwei Wochen im Sommer – genau dann, wenn auch die meisten Besucher das Gelände sehen und das Zeppelinfeld begehen wollen. Der wachsende Verkehr der NürnbergMesse stört zunehmend die Erholungsfunktion, die das Areal am Dutzendteich vor allem haben sollte.

Insoweit wird es zukünftig eine Hauptaufgabe sein, diese Nutzungen aufeinander möglichst gut abzustimmen, Grenzen zu setzen und nicht jedes geplante Event auf dem Gelände auch zuzulassen. Denn bei allem Betrieb auf dem ehemaligen Reichsparteitagsgelände sollte beachtet werden, dass die intensive Nutzung nationalsozialistischer Bauten wie der Zeppelintribüne nur dann in Frage kommt, wenn auch eine ernsthafte Auseinandersetzung mit Geschichte möglich ist.

Bereits 1961 haben die Filmemacher Alexander Kluge und Peter Schamoni die ideologische Botschaft der Bauten des Reichsparteitagsgeländes in ihrem ersten, preisgekrönten Film »Brutalität in Stein« herausgearbeitet. Im Vorspann des Films heißt es: »Alle Bauten, die uns die Geschichte hinterlassen hat, zeugen vom Geist ihrer Erbauer auch dann noch, wenn sie längst nicht mehr ihren ursprünglichen Zwecken dienen. Die verlassenen Bauten der nationalsozialistischen Partei lassen als steinerne Zeugen die Erinnerung an jene Epoche lebendig werden, die in der furchtbarsten Katastrophe der deutschen Geschichte mündete.«[264]

Eine reine Eventlocation Reichsparteitagsgelände ist daher moralisch nicht zu vertreten. Erst die Auseinandersetzung mit dieser »Brutalität in Stein« ermöglicht die Alltagsnutzung des Geländes.

De Zeppelintribüne wird von den vielen Nutzern des Geländes auf sehr unterschiedliche Art in das eigene Leben einbezogen. Fotografien von Stefan Meyer, 2015.

Die ehemaligen Reichsparteitagsbauten sind heute Teil einer urbanen Parklandschaft am Dutzendteich, Luftbild von Herbert Liedel 2011.

Personenregister

Bildnachweis

Trotz intensiver Bemühungen ist es nicht bei allen Fotos zweifelsfrei gelungen, mögliche Rechteinhaber ausfindig zu machen. Wir bitten gegebenenfalls um Mitteilung an den Verlag.

Acker, Oliver (digitale-Luftbilder.de, Nürnberg) S. 89 o.
Baulust e.V. (Nürnberg) S. 265 u.
Bayerisches Hauptstaatsarchiv München S. 192 l. (Speer-Pläne 85), 192 r. (Speer-Pläne 151), 193 l. (Speer-Pläne 81-1), 249 (Sudetendeutsches Archiv, SdA 56414)
Bestand Uwe von Poblocki (Nürnberg) S. 19 o., 72, 85 r., 111, 112 o.l., 115 o., 115 u., 136, 172 o., 172 u.l, 172 u.m., 172 u.r., 173 u., 174 o., 174 u., 175 o., 175 u., 176 o., 176 u.l., 176 u.r., 177 o., 177 u.l., 177 u.r., 180 o., 180 u., 195 u., 200
Bundesamt für Migration und Flüchtlinge (BAMF) S. 234 u.
Bundesarchiv Koblenz S. 164 (Plak 003-022-013)
Courtesy of the Robert D. Farber University Archives & Special Collections Department, Brandeis University, USA S. 161 o.
Dierenbach, Christine (Presse- und Informationsamt der Stadt Nürnberg) S. 243 (DZ Ph-InfotagRPTG-19), 260 o.r.
Dokumentationszentrum Reichsparteitagsgelände S. 9, 10 (DZ Ph-nuern48), 11, 30 u.r. (DZ Ph-0577), 35 u.r. (DZ Ph-0280.14), 37 (DZ Ph-1181.25), 39 o.r., 39 u., 40 u., 41 o. (DZ Ph-0482.01), 42 o.r. (DZ Ph-0482.07), 43, 44, 45 (Stefan Meyer, Dauerausstellung 03, 12, 07, 15), 46 o. (DZ Ph-1102.00), 46 u.l., 46 u.r., 48 (DZ Ph-0006.02), 49 (DZ Ph-1181.55), 53 (DZ Architekturführer-Lagerplatz-3), 54 o.r. (DZ Architekturführer-Quelle-05), 59 (DZ Ph-0094.08), 62 o. (DZ Ph-0755.09), 63 u. (Stefan Meyer, RPTG-015), 66 u.r. (DZ Ph-0541.03), 69 u. (DZ Ph-1189.85), 80, 92 o.r. (DZ Ph-1243.42), 92 u.r. (DZ Ph-1050.16), 93 0. (DZ Ph-1050.11), 98 (DZ Ph-NKZ-Zeppelinfeld-Baseballteam), 100 o. (DZ Ph-nuern45), 103 o.r. (DZ Ph-nuern46), 103 o.r. (DZ Ph-nuern51), 106 0.l. (DZ Ph-NKZ-Zeppelintrinbüne_1960-1965-02), 106 u.l. (DZ Ph-NKZ-Zeppelintribüne ohne Pfeiler), 106 o.r. (DZ Ph-NKZ-Zeppelintribüne_1960-1965-16) , 107 o.r. (DZ Ph-1333.01), 107 o.l. (Stefan Meyer, RPTG-GoldenerSaal11), 107 u. (Stefan Meyer, RPTG-GoldenerSaal06), 117 l. (DZ Ph-nuern82), 122, 123 (DZ Ph-D0164-01), 126 (DZ Ph-W-U058a10), 207 o., 208 u. (DZ Ph-1181.24), S. 156 (DZ Ph-0475.01), 213 (DZ Ph-D0201.01), 219 o.l. (DZ Ph-401.06), 219 u.r. (DZ Ph-491.22), 220 o. (DZ Ph-0401.12), 243 (InfotagRPTG-19), 245, 246 o., 250 u., 251 u., 256 u. (Stefan Meyer, RPTG-RockImPark15), 258 r. (DZ Ph-1130.00), 260 o.l. (DZ Ph-0628.06), 266 u. (Stefan Meyer, RPTG-Kaefertreffen10), 268 o. (Stefan Meyer, RPTG-Alltag05), 268 m. (Stefan Meyer, RPTG-Alltag19), 268 u. (Stefan Meyer, RPTG_B2run-Volkslauf01)
Dollhopf, Helmut (Nürnberg) S. 56 u. (P4131093)
Foto Marburg Titelbild / S. 108 (Lala Aufsberg Nr. 710.954)
Geschichte Für Alle e.V. (Nürnberg) S. 8, 12, 14 o., 16 o., 16 u.l., 17 o., 18 o.l., 18 o.r., 19 u., 20, 21, 22o., 22 u., 24 o., 24 u.l., 24 u.r., 25 o., 26 o.r., 26 o.l., 27, 29, 31 o., 32, 33, 35 o., 35 u.l., 36 o.l., 38 u.r., 39 o.l., 44, 47, 51 u., 52, 55, 56 o., 57 o., 58 l., 60 o., 60 u., 61 o.l., 62, 63 o., 64, 65, 66 o., 66 u.l., 67 o., 67 u.l., 67 u.r., 68 o., 68.u., 74 u.r., 75 o., 76 o., 76 u., 77 o., 77 u.r., 78 o., 78 m., 78 u., 79 o.l., 79 o.r., 79 u.r., 80, 84 o., 84 u.l., 84 u.r., 85 o., 85 u.l., 86 o., 86 u., 88, 90 o., 90 u., 91 o., 91 u.l. 91 u.r., 92 l., 93 u., 94 o., 94 u., 95, 96, 99, 100 u.l., 100 u.r., 101 o., 101 u.l., 102 o., 103 u.r., 110 o., 110 u., 112 o.r., 112 u.l., 113 o.l., 113 o.r., 116 l., 116 r., 117 r., 120 o., 121, 124, 125 o., 125 u., 128 l., 128 r., 129 o., 129 u., 130, 131, 132, 133, 134 o., 134 u.l., 134 u.r., 135 o., 135 u., 137 l., 137 r., 138, 139, 140, 141 o., 141 u., 146 o., 146 u., 147 u., 148, 149, 151 o., 162 o., 162 u.i., 162 u.r., 163 o., 163 u., 165, 166, 167 o., 167 u., 168 o., 168 u., 169 o., 169 m., 169 u., 171 u., 173 o., 178, 179 o., 179 u., 181 o., 181 u., 182, 184 u., 185, 186 u., 187 o., 187 u., 188 u., 189 o., 189 u., 190, 194, 195 o., 196 r., 196 l., 197 l., 197 r., 198 o., 198 u., 199 o., 199 u., 201 l., 201 r., 203 o., 203 u., 204, 206 o., 206 u.l., 208 o., 211, 214 o., 214 u.l., 214 u.r., 215 o., 215 u., 216 o., 216 u., 217,

218 l., 218 r., 220 u.l., 220 u.m., 220 u.r., 222, 223, 226 o., 226 u., 227 o., 227 u., 228 l., 228 r., 229, 230, 231 l., 231 r., 232 o., 232 u., 233, 235, 236, 238 o., 238 u., 239 o., 239 u., 240 o.r., 241, 242 l., 247, 255 o., 256 o.

Geschichtsarchiv Langwasser S. 81 u.

Huntington Library, San Marino/USA S. 142, 143

Jäger, Hugo/Life Magazin S. 139

Kemmeter, Reinhard (Nürnberg) S. 255 u.

Kühlthau, Norbert (Nürnberg) S. 14 u., 15 u., 17 u., 31 u., 25 u., 28 u., 36 o.r., 40 o., 54 u.r., 74 o.r., 75 u.r., 83 u., 101 u.r., 242 r., 261, 265 o.

Lezmi, Fredric/laif S. 267 (Bildagentur laif Nr. 20315783)

Liedl, Herbert /H. u. H. Liedel, Edition Liedel (Nürnberg) S. 269

KZ-Gedenkstätte Flossenbürg S. 151 u.

KZ-Gedenkstätte Mauthausen S. 153

Marr, Daniel (Nürnberg) S. 85

National Archives, College Park, MD, USA 104, 105, 127

Niklas, Uwe (Nürnberg) S. 23 o.

NIOD, instituut voor oorlogs-, holocaust en genocidestudies, Amsterdam S. 73 (67105), S. 150 (67144)

Nürnberger Nachrichten (Presse- und Bildarchiv) S. 23 u., 38 o., 106 l.m., 244 u., 246 u.l., 246 u.r., 250 o., 253, 259 (Roland Fengler)

Philipp Holzmann Archiv / Hauptverband der Deutschen Bauindustrie, Berlin S. 70 f. (Mappe 317, Bild 2, DS 9.5.39 13a und 13b), 212 (Mappe 317, D.S. 15.5.1939 19)

Reproduktionen S. 160 (aus: Institut für Zeitgeschichte (Hg.): Widerstand als Hochverrat 1933-1945, München 1998, Microficeedition)

Schamoni-Film (München) S. 254

Schmidt, Alexander (Nürnberg) S. 6 u.l., 6 u.r., 16 u.r., 30 u.l., 34 u., 36 o.r., 38 u.l., 58 r., 114, 150 u., 152, 155 l., 155 r., 158, 159, 161 u., 170, 171 o., 178, 193 r., 199 u., 202 u., 221, 244 o., 258 u., 266 o.

Staatsarchiv München S. 118 (NSDAP Nr. 106)

Stadtarchiv Erlangen S. 28 m. (Rühl-Negative 2537), 154 (Rühl-Negative 2474), 219 r.o. (Rühl-Negative 2494), 219 r.m. (Rühl-Negative 2466)

Stadtarchiv Nürnberg (StadtAN) S. 7 (A 40 Nr. L-760-1), 15 o. (A 41 Nr. II-LR-297-F3-39), 30 o.(A 49 Nr. He-2376), 34 o. (A 41 Nr. Repro-26-3), 50 (A 38 Nr. I-K-96-II), 51 o. (A 76 Nr. RE-045-F1-21), 54 l. (A 39 Nr. DBA-134), 61 u.l. (A 28 Nr. 1953-0370), 97 (A 62 Nr. 13336), 120 u. (E 10/23 Bl. 1), 147 o. (A 62 Nr. LA-710997), 157 o., 188 o. (A 41 Nr. II-LR-297-F3-39), 205 (A 38 Nr. K-27-12), 206 u.r., (A 65 Nr. II RA 241 D), 210 (A 39 Nr. I-267-K), , 240 o.l. (C32/41), 248 l. (A 41 Nr. II-LR-759-F2-5a), 248 r. (A 28 Nr. 1947_0125), 252 (A 40 Nr. L-706-9), 257 o.l. (A 28 Nr. 1984-0279), 257 o.m. (A 28 Nr. 1987-0502), 257 o.r. (A 28 Nr. 1989-790)

Stadtplanungsamt Nürnberg S. 1, 74 o.l., 186 o., 262, 263, 264

Weidenhammer, Peter (München) S. 41 u. (DZ Ph-271.00), 42 o.l. (DZ Ph-270.00)

Windsheimer, Bernd (Nürnberg) S. 102 u., U4 u.

Wohnungsbaugesellschaft Nürnberg (wbg) S. 222, 223, 224, 225

Zentralarchiv Diakonie Neuendettelsau S. 166, 179 u. (Bildarchiv ZbIV19)

Anmerkungen

1 Tagebucheintrag Joseph Goebbels', zitiert nach: Elke Fröhlich (Hg.): Die Tagebücher von Joseph Goebbels. Sämtliche Fragmente, Band 2, München/New York/London/Paris 1987, S. 463.

2 Bericht an die Exil-SPD 1934, zitiert nach: Deutschland-Bericht der SOPADE 1 (1934), Nachdruck 6. Auflage Frankfurt am Main 1982, S. 296.

3 Bericht an die Exil-SPD 1936, zitiert nach: Deutschland-Bericht der SOPADE 3 (1936), Nachdruck 6. Auflage Frankfurt am Main 1982, S. 1110.

4 Mitteilungsblatt der NSDAP Ortsgruppe Gostenhof Nr. 10 (1935), S. 19.

5 Der Parteitag der Ehre vom 8. bis 14. September 1936. Offizieller Bericht über den Verlauf des Reichsparteitags mit sämtlichen Kongreßreden, München 1936, S. 32.

6 Hitlers Richtlinien zum Parteitag in Weimar 1926, zitiert nach: Albrecht Tyrell (Hg.): Führer befiehl... . Selbstzeugnisse aus der Kampfzeit der NSDAP, Bindlach 1991, S. 152.

7 Hanns Kerrl (Hg.): Reichstagung in Nürnberg 1938. Der Reichsparteitag Großdeutschland, Berlin 1939, S. 42.

8 Peter Reichel: Der schöne Schein des Dritten Reiches. Faszination und Gewalt des Faschismus, München/Wien 1991.

9 Stadtarchiv Nürnberg E 1/2214, Nr. 2, S. 5.

10 Hermann Luppe: Mein Leben (Quellen zur Geschichte und Kultur der Stadt Nürnberg 10); Nürnberg 1977, S. 272.

11 ebd.

12 Zitiert nach Siegfried Zelnhefer: Bauen als Vorgriff auf den Sieg, in: Centrum Industriekultur (Hg.): Kulissen der Gewalt. Das Reichsparteitagsgelände in Nürnberg, München 1992, S. 35f.

13 Adolf Hitler auf dem Reichsparteitag 1936, zitiert nach: Der Parteitag der Ehre. Offizieller Bericht über den Verlauf des Reichsparteitags mit sämtlichen Kongressreden, München 1936, S. 246f.

14 Kurt Kerrl (Hg.): Reichtagung Nürnberg 1938, Berlin 1939, S. 348.

15 Siegfried Zelnhefer: Rituale und Bekenntnisse. Die Reichsparteitage der NSDAP, in:
Centrum Industriekultur (Hg.): Kulissen der Gewalt. Das Reichsparteitagsgelände in Nürnberg, München 1992, S. 94.

16 Albert Speer: Spandauer Tagebücher, Frankfurt am Main/Berlin/Wien 1975, S. 403.

17 Erfahrungsbericht vom 3.10.1938, in: SAN C 7/961, zitiert nach Wolfgang Mayer: »Parteitag Großdeutschland«. Organisation, Verlauf und Funktion des zehnten und letzten Reichsparteitags der NSDAP 1938 in Nürnberg, Erlangen-Nürnberg 1992, S. 91f. (unveröffentlichte Zulassungsarbeit Universität Erlangen-Nürnberg 1992).

18 Claude Ollier: Bildstörung, Frankfurt am Main 1991, S. 45f.

19 Deutschland erwacht. Werden, Kampf und Sieg der NSDAP, Hamburg 1933, S. 148.

20 Klaus Kirchner: Flugblatt-Propaganda im 2. Weltkrieg Europa, Band 4: Flugblätter aus England G-1942, Erlangen 1974 (Flugblatt G 17).

21 Adolf Hitler zum Reichsparteitag 1927, zitiert nach: Albrecht Tyrell: III. Reichsparteitag 19. bis 21. August 1927. Nürnberg, eine Symphonie des Kampfwillens, Göttingen 1976, S. 9 (Publikation zur Filmedition des IWF G 122).

22 SOPADE-Bericht, zitiert nach: Siegfried Zelnhefer: Die Reichsparteitage der NSDAP, Nürnberg 1991, S. 223.

23 Das Orgelwerk für die Kongresshalle der Reichsparteitage Nürnberg der Stadt der Reichsparteitage, o.O., o. J. [1937, Broschüre der Firma Walker].

24 Rudolf Hess beim Parteikongreß 1938, zitiert nach: Hanns Kerrl (Hg.): Reichstagung in Nürnberg 1938. Der Parteitag Großdeutschland, Berlin 1939, S. 42.

25 Parteisprecher Adolf Wagner beim Reichsparteitag 1938, zitiert nach: Hanns Kerrl (Hg.):
Reichstagung in Nürnberg 1938. Der Parteitag Großdeutschland, Berlin 1939, S. 51.

26 Der Parteitag der Ehre vom 8. bis 14. September 1936. Offizieller Bericht mit sämtlichen Kongreßreden, München 1936, S. 155.

27 Der Parteitag der Freiheit vom 10. bis 16. September 1935. Offizieller Bericht über den Verlauf des Reichsparteitags mit sämtlichen Kongreßreden, München 1936, S. 55.

28 Zitiert nach Max Domarus (Hg.): Hitler. Reden und Proklamationen 1932-1945, München 1965, Band 1, S. 527.

29 Adolf Hitler in seiner Kulturrede auf dem Reichsparteitag 1935, in: Deutsche Bauzeitung 18. September 1935, S. 747f., Zitat S. 748.

30 Wilhelm Lotz: Das Reichsparteitagsgelände in Nürnberg (1938), zitiert nach: Anna Teut: Architektur im Dritten Reich 1933-1945, Berlin/Frankfurt am Main/Wien 1967, S. 194.

31 Alle Zitate aus dem »Erläuterungsbericht« von Günther Domenig zu seinem Entwurf des Dokumentationszentrums, November 1999.

32 ebd.

33 Der Parteitag der Freiheit vom 10.-16. September 1935. Offizieller Bericht über den Verlauf des Reichsparteitags mit sämtlichen Kongreßreden, München 1935, S. 46.

34 Der Parteitag der Freiheit vom 10.-16. September 1935. Offizieller Bericht über den Verlauf des Reichsparteitags mit sämtlichen Kongreßreden, München 1935, S. 43.

35 »Niederschrift über die Vorlage des Professors Ruff zur Kongresshalle Nürnberg vor dem Führer in der Reichskanzlei«, Stadtarchiv Nürnberg C 32/340, abgedruckt in:
Jost Dülffer/Jochen Thies/Josef Henke: Hitlers Städte. Baupolitik im Dritten Reich, Köln/Wien 1978, S. 223-228.

36 Vergleiche Enno Dressler: Die Kongresshalle auf dem ehemaligen Reichsparteitagsgelände in Nürnberg, Würzburg 1988, S. 21 und Jochen Thies: Architekt der Weltherrschaft. Die »Endziele Hitlers«, Düsseldorf 1980, S. 89.

37 Zur Finanzierung des Reichsparteitagsgeländes ausführlich Yasmin Doosry: »Wohlan, lasst uns eine Stadt und einen Turm bauen...« Studien zum Reichsparteitagsgelände in Nürnberg, Tübingen/Berlin 2002, S. 59-106, Zahl der Gesamtbilanz des Zweckverbands Reichsparteitagsgelände S. 86.

38 Führer. Die Bauten auf dem Reichsparteitagsgelände in der Stadt der Reichsparteitage Nürnberg, o.J., S. 8.

39 Deutsche Bauausstellung Nürnberg 1949. Amtlicher Katalog, Nürnberg 1949, S. 20.

40 Hauptamt für Hochbauwesen: Vorschläge über Verwendungsmöglichkeiten der ehemaligen Kongresshalle, Nürnberg 1955, S. 3.

41 Nürnberger Nachrichten vom 12. März 1987, zitiert nach Hilmar Fütterer: Problem der Vergangenheitsbewältigung. Die Kongresshalle auf dem ehemaligen Reichsparteitagsgelände, Nürnberg 1989, 5. 69 [unveröffentlichte Magisterarbeit Universität Erlangen-Nürnberg].

42 Bund Deutscher Architekten (BDA) (Hg.): Nürnberg-schöneres Nürnberg. 1. Denkschrift des Bundes Deutscher Architekten BDA zur Stadtentwicklung, Nürnberg 1963.

43 Siegfried Kett: Künftiger Umgang mit dem Großbauwerk Kongresshalle, S. 12.
[unveröffentlichtes Konzeptpapier o.J. (1993)].

44 Hermann Glaser: Rumpelkammern im deutschen Koloseum, in: Rheinischer Merkur vom 16. Juni 1989, S. 15.

45 Ausstellungszeitung Deutsche Bauausstellung Nürnberg 1949.

46 Nürnberger Nachrichten vom 13. März 1987.

47 Ausstellungszeitung Deutsche Bauausstellung Nürnberg 1949, 4. August 1949.

48 Führer. Die Bauten auf dem Reichsparteitagsgelände in der Stadt der Reichsparteitage Nürnberg, Nürnberg o.J.

49 Die Granitlieferungen für die Große Straße, vollständig von konventionellen Steinbruchbetrieben, sind im Stadtarchiv Nürnberg, C 32 Nr. 977 dokumentiert. Zwangsarbeiter gab es in Deutschland erst während des Zweiten Weltkrieges und damit nach Vollendung der Großen Straße. Gleiches gilt für die Granitsteinbrüche bei Konzentrationslagern: Das erste KZ mit Granitsteinbruch wurde in Flossenbürg ab Mai 1938 errichtet, als das Bauprojekt Große Straße schon nahezu vollendet war. Der Text der Inschrift neben der Lorenzkirche lautet: »Und auch Steine leben. Sie sind Gebeine der Mutter Erde. Missbrauch von Steinen ist wie Missbrauch am Menschen. Die vierzehn Steinplatten stammen von der Großen Straße des nationalsozialistischen Reichsparteitagsgeländes. Sie sind Stück für Stück von Zwangsarbeitern und Gefangenen in Konzentrationslagern bearbeitet. Jeder Stein ist ein Fingerabdruck eines mißbrauchten und geschundenen Menschen. Karl Prantl 1991 Nürnberger Kreuzweg«.

50 Text der Urkunde in Hanns Kerrl (Hg.): Reichstagung in Nürnberg 1937, Berlin 1938, S. 141

51 Elke Fröhlich (Hg.): Die Tagebücher von Joseph Goebbels. Sämtliche Fragmente, Band 3, München/New York/London/Paris 1987, S. 260 und 263f.

52 Hermann Luppe: Mein Leben, Nürnberg 1977, S. 260.

53 Hajo Bernett: Albert Speers Deutsches Stadion war eine gigantische Fehlkonstruktion, in: Bernd Ogan/Wolfgang W. Weiß (Hg.): Faszination und Gewalt. Zur politischen Ästhetik des Nationalsozialismus, Nürnberg 1992, S. 205-209.

54 Ders.: Zur Grundsteinlegung vor 50 Jahren: Das »Deutsche Stadion« in Nürnberg – ein Phantom nationalsozialistischen Größenwahns, in: Zeitschrift für Sozial- und Zeitgeschichte des Sports 1 (1987), Heft 3, S. 29.
55 Albert Speer: Erinnerungen, Berlin 1969, S. 84.
56 Deutsche Bauzeitung. Kunstdruckteil, Oktober 1937, S. 208.
57 Stadtarchiv Nürnberg C 32/1128.
58 ebd.
59 ebd.
61 Toni Siegert: Das Konzentrationslager Flossenbürg. Ein Lager für sogenannte Asoziale und Kriminelle, in: Martin Broszat/ Elke Fröhlich (Hg.): Bayern in der NS-Zeit. Band 2, München 1979, S. 442. Es handelt sich um das Dokument des Nürnberger Prozesses 2309-PS.
60 StadtAN C 32/1128; Yasmin Doosry: »Wohlan, lasst uns eine Stadt und einen Turm bauen...«. Studien zum Reichsparteitagsgelände in Nürnberg, Tübingen/Berlin 2002, S. 324f.
63 Stadtarchiv Nürnberg, Stadtchronik 6.6.1951.
64 Quick Nr. 35/1951.
65 Zitiert nach Karin Förster: Staatsaufträge an Bildhauer für das Reichsparteitagsgelände in Nürnberg, in: Magdalena Bushart u.a. (Hg.) Entmachtung der Kunst. Architektur, Bildhauerei und ihre Institutionalisierung 1920 bis 1960, Berlin 1985, S. 169.
66 Peter Reichel: Der schöne Schein des Dritten Reiches, München/Wien 1991, S. 368.
67 Thomas Wunder: Das Reichsparteitagsgelände in Nürnberg. Eine Einführung zur Begehung des ehemaligen Reichsparteitagsgeländes, Nürnberg 1984, S. 69.
68 Fränkische Tagespost vom 28. November 1964.
69 Zitiert nach Geschichte Für Alle e.V. (Hg.): Nürnberg-Langwasser. Geschichte eines Stadtteils, Nürnberg 1995, S. 176.
70 Münchner Merkur vom 24. April 1966.
71 Stadt Nürnberg/Hochbauamt (Hg.): Das Frankenstadion, Nürnberg 1991, S. 4.
72 Führer. Die Bauten auf dem Reichsparteitagsgelände in Nürnberg, Nürnberg o.J. [nach 1936].
73 Der Kongreß zu Nürnberg vom 4. bis 10. September 1934. Offizieller Bericht über den Verlauf des Reichsparteitags mit sämtlichen Reden, München 1934, S. 166.
74 Der Parteitag der Freiheit vom 10. bis 16. September 1935. Offizieller Bericht über den Verlauf des Reichsparteitages mit sämtlichen Kongreßreden, München 1935, S. 183.
75 Die HJ auf dem Reichsparteitag Nürnberg 1938. Sonderausgabe der Zeitschrift Unsere Fahne, S. 23.
76 Zitiert nach Heinz Boberach: Jugend unter Hitler, Düsseldorf 1982, S. 26.
77 Der Parteitag der Freiheit vom 10. bis 16. September 1935. Offizieller Bericht über den Verlauf des Reichsparteitages mit sämtlichen Kongreßreden, München 1935, S. 180.
78 Wilhelm Lotz: Die Bauten des Zeppelinfeldes in Nürnberg, in: Zentralblatt der Bauverwaltung 59 (1939), S. 927-936, Zitate S. 928.
79 Wilhelm Lotz: Das Reichsparteitagsgelände in Nürnberg, zitiert nach: Anna Teut: Architektur im Dritten Reich, Frankfurt am Main/Berlin 1967, S. 192.
80 Rede Hitlers beim Appell der Politischen Leiter auf dem Zeppelinfeld, zitiert nach: Hans Jochen Gamm: Der braune Kult. Das Dritte Reich und seine Ersatzreligion, Hamburg 1962, S. 196.
81 Wilhelm Lotz: Die Bauten des Zeppelinfeldes in Nürnberg, in: Zentralblatt der Bauverwaltung 59 (1939), S. 934.
82 Ernst Klee: »Evangelische Diakonie und Nationalsozialismus gehören zusammen.« Wie unsere Schwestern den »Reichsparteitag der Ehre« erlebten, in: Bernd Ogan/Wolfgang W. Weiß (Hg.): Faszination und Gewalt. Zur politischen Ästhetik des Nationalsozialismus, Nürnberg 1992, S. 123.
83 Siegfried Krakauer: Das Ornament der Masse, Frankfurt am Main 1977.
84 Der Parteitag der Ehre vom 8. bis 14. September 1936. Offizieller Bericht über den Verlauf des Reichsparteitags mit sämtlichen Kongreßreden, München 1935, S. 71.
85 Der Parteitag der Freiheit vom 10. bis 16. September 1935. Offizieller Bericht mit sämtlichen Kongreßreden, München 1935, S. 71.
86 ebd., S. 75.
87 ebd.
88 ebd.
89 Interner Bericht über die Veranstaltungen des Jahres 1938, zitiert nach: Siegfried Zelnhefer: Die Reichsparteitage der NSDAP, Nürnberg 1991, S. 265.
90 Merian Nürnberg, 19. Jg. (1966), Heft 8, S. 16.
91 Wilhelm Lotz: Die Bauten des Zeppelinfeldes in Nürnberg, in: Zentralblatt der Bauverwaltung 59. Jg. (1939), S. 934.
92 Der Parteitag der Ehre vom 8. bis 14. September 1936. Offizieller Bericht über den Verlauf des Reichsparteitags mit sämtlichen Kongreßreden, München 1936, S. 70.
93 Zitiert nach: Eckart Dietzfelbinger: Der Umgang der Stadt Nürnberg mit dem früheren Reichsparteitagsgelände, Nürnberg 1990, S. 21.
94 Nürnberger Nachrichten vom 17. Mai 1967, zitiert nach: Eckart Dietzfelbinger: Der Umgang der Stadt Nürnberg mit dem früheren Reichsparteitagsgelände, Nürnberg 1990, S. 21.
95 Joseph Goebbels: Kampf um Berlin. Der Anfang, München ^{8}1935, S. 225.
96 Völkischer Beobachter, 7.7.1926.
97 StadtAN C 7 Nr. 871: Erklärung und Anfrage der Fraktion der Sozialdemokratischen Partei am 13.8.1929 (zit. nach Siegfried Zelnhefer: Die Reichsparteitage der NSDAP in Nürnberg (Schriftenreihe des Dokumentationszentrums Reichparteitagsgelände 2), Nürnberg 2002, S. 54).
98 Völkischer Beobachter, 2.9.1933.
99 Völkischer Beobachter, 16.9.1935.
100 Deutsches Rundfunkarchiv Nr. C 1279: Rede von Joseph Goebbels bei der Sondertagung der Gau- und Kreispropagandaleiter anlässlich des Reichsparteitags am 16.9.1935 im Nürnberger Apollo-Theater (zit. nach Helmut Heiber (Hg.): Goebbels. Reden. 1932-1945, Bd. 1, Bindlach 1991, S. 249, Hervorhebung im Original).
101 Hanns Kerrl (Hg.): Reichstagung in Nürnberg 1937. Der Parteitag der Arbeit, Berlin [1938], Vorwort unpag.
102 Elke Fröhlich (Hg.): Die Tagebücher von Joseph Goebbels. Teil I. Bd. 4, München 2000, S. 299 (7.9.1937).
103 Hanns Kerrl (Hg.): Reichstagung in Nürnberg 1938. Der Parteitag Großdeutschland, Berlin [1939], S. 61.
104 Völkischer Beobachter, 28.8.1939.
105 Hermann Luppe: Mein Leben (Quellen zur Geschichte und Kultur der Stadt Nürnberg 10), Nürnberg 1977, S. 285.
106 Vgl. Willy Liebel: Der »Zweckverband Reichsparteitag Nürnberg«. Körperschaft öffentlichen Rechts, in: Deutsches Recht 5 (1935) Heft 17/18, S. 448-452.
107 Vgl. Siegfried Zelnhefer: Willy Liebel, Oberbürgermeister der »Stadt der Reichsparteitage Nürnberg«. Eine biografische Skizze, in: Jahrbuch für fränkische Landesforschung 60 (2000), S. 50-63. Sehr umfangreich Matthias Klaus Braun: Hitlers liebster Bürgermeister: Willy Liebel (1897-1945), Nürnberg 2012.
108 Universitätsarchiv Augsburg LBA Lauingen Nr. 117: Schlusszeugnis Julius Streichers, 7.7.1903.
109 Internationaler Militärgerichtshof (Hg.): Der Prozess gegen die Hauptkriegsverbrecher vor dem Internationalen Militärgerichtshof. Bd. XII: Verhandlungsniederschriften 18. April 1946–2. Mai 1946, Nürnberg 1947, S. 341.
110 Elke Fröhlich (Hg.): Die Tagebücher von Joseph Goebbels. Teil I. Bd. 4, München 2000, S. 398 (9.11.1937).
111 Zit. nach [Benno Martin]: Wie Streicher gestürzt wurde, in: Neuer Kurier 19.11.-3.12.1949, hier: 3.12.1949.
112 Der Deutsche, 17.1.1935 (zit. nach Herbert Heinzelmann: Die Heilige Messe des Reichsparteitags. Zur Zeichensprache von Leni Riefenstahls »Triumph des Willens«, in: Bernd Ogan/ Wolfgang W. Weiß (Hg.): Faszination und Gewalt. Zur politischen Ästhetik des Nationalsozialismus, Nürnberg 1992, S. 163–168, Zit. S. 163).
113 Leni Riefenstahl: Memoiren. 1902-1945, Frankfurt a. Main/Berlin 1990, S. 210.
114 Leni Riefenstahl: Hinter den Kulissen des Reichsparteitag-Films, München 1935, S. 28.
115 Leni Riefenstahl: Memoiren. 1902-1945, Frankfurt a. Main/Berlin 1990, S. 209-210.
116 Walter Benjamin: Das Kunstwerk im Zeitalter seiner technischen Reproduzierbarkeit, in: Illuminationen. Ausgewählte Schriften, Frankfurt a. Main 1977, S. 167 (Hervorhebung im Original).
117 Adolf Hitler auf dem Reichsparteitag 1934, zitiert nach: Völkischer Beobachter 10. September 1934.
118 Gertrud Scholtz-Klink beim Reichsparteitag 1937, zitiert nach: Norbert Westenrieder: »Deutsche Frauen und Mädchen!«. Vom Alltagsleben 1933-1934, Düsseldorf 1984, S. 55.
119 Der Parteitag der Ehre vom 8. bis 14. September 1936. Offizieller Bericht über den Verlauf des Reichsparteitages mit sämtlichen Kongreßreden, München 1936, S. 166.
120 Der Parteitag der Ehre vom 8. bis 14. September 1936. Offizieller Bericht über den Verlauf des Reichsparteitages mit sämtlichen Kongreßreden, München 1936, S. 167.
121 So Norbert Westenrieder: »Deutsche Frauen und Mädchen!«. Vom Alltagsleben 1933-1934, Düsseldorf 1984, S. 53.
122 Reichsjugendführung (Hg.): Reichsparteitag 1938. Drittes BdM-Treffen in Bamberg. Sonderausgabe Unsere Fahne, o.O., 1938, S. 6.
123 Silke Wenk: Die weibliche Aktskulptur auf der Führertribüne, in: Bernd Ogan/Wolfgang W. Weiß (Hg.): Faszination und Gewalt. Zur politischen Ästhetik des Nationalsozialismus, Nürnberg 1992, S. 213.
124 So werden sie noch genannt bei Rolf Nederling: Die Reichsparteitage der NSDAP 1923-1939, Leoni am Starnberger See 1985, S. 125. Es handelt sich um ein Bilderbuch für Ewiggestrige aus dem rechtsradikalen Druffel-Verlag.
125 Hanns Kerrl (Hg.): Reichstagung in Nürnberg 1938. Der Parteitag Großdeutschland, Berlin 1939, S. 192.
126 Zitiert nach Ernst Klee: »Evangelische Diakonie und Nationalsozialismus gehören zusammen.« Wie unsere Schwestern den Reichsparteitag der Ehre« erlebten, in: Bernd Ogan/Wolfgang W. Weiß (Hg.): Faszination und Gewalt. Zur politischen Ästhetik des Nationalsozialismus, Nürnberg 1992, S. 124.
127 Reichsgesetzblatt 1935/I, S. 1145-1147.
128 Ebd., S. 1146.
129 Ebd., S. 1146-1147.
130 Der Stürmer 42/1935.
131 Bernhard Lösener: Als Rassereferent im Reichsministerium des Innern (Dokumentation), in: VfZ 9 (1961), S. 264-313, hier: S. 277-278.
132 Berliner Allgemeine. Zeitung der Juden für Deutschland, 8.6.1951 (zit. nach: Reinhard M. Strecker (Hg.): Dr. Hans Globke. Aktenauszüge. Dokumente, Hamburg 1961, S. 126).
133 Wilhelm Stuckart/Hans Globke: Kommentare zur deutschen Rassengesetzgebung, München/Berlin 1936, S. 112.
134 Ebd., S. 9.
135 Bernhard Lösener: Als Rassereferent im Reichsministerium des Innern (Dokumentation), in: VfZ 9 (1961), S. 264-313, hier: S. 275.
136 Lothar Gruchmann: »Blutschutzgesetz« und Justiz. Zu Entstehung und Auswirkung des Nürnberger Gesetzes vom 15. September 1935, in: VfZ 31 (1983), S. 418-442, hier: S. 423.
137 Reichsgesetzblatt 1943/I, S. 372.
138 Reichsgesetzblatt 1935/I, S. 1335.
139 Erlass des Reichsinnenministers vom 3.1.1936, zitiert nach Hans-Christian Jasch: Staatssekretär Wilhelm Stuckart und die Judenpolitik. Der Mythos von der sauberen Verwaltung, München 2012, S. 208.
140 Ingeborg Hecht: Als unsichtbare Mauern wuchsen. Eine deutsche Familie unter den Nürnberger Rassegesetzen, Hamburg 1984, S. 156.
141 Der Ausdruck stammt von Peter Reichel: Der schöne Schein des Dritten Reiches. Faszination und Gewalt des Faschismus, München/Wien 1991.
142 Albrecht W. Thöne: Das Licht der Arier. Licht-, Feuer- und Dunkelsymbolik des Nationalsozialismus, München 1979.
143 Albert Speer: Erinnerungen, Berlin 1969, S. 71.
144 Hanns Kerrl (Hg.): Reichstagung Nürnberg 1936. Der Parteitag der Ehre, Berlin 1937, S. 200.
145 Wilhelm Schwemmer (Hg.): Schrags Führer durch Nürnberg, die Stadt der Reichsparteitage, Nürnberg 1939, S. 13.
146 Nevile Henderson: Fehlschlag einer Mission, Zürich 1940, S. 80.
147 Albert Speer: Erinnerungen, Berlin 1969, S. 71f.
148 Licht und Lampe, Jg. 1931, S. 151.
149 Wolfgang Schivelbusch: Licht, Schein und Wahn. Auftritte elektrischer Beleuchtung im 20. Jahrhundert, Berlin 1992, S. 89.
150 Hanns Kerrl (Hg.): Reichstagung Nürnberg 1936. Der Parteitag der Ehre, Berlin 1937, S. 200.

151 Wolfgang Schivelbusch: Licht, Schein und Wahn. Auftritte elektrischer Beleuchtung im 20. Jahrhundert, Berlin 1992, S. 91.

152 Anweisung eines »Aufmarschleiters« für den »Aufmarsch des Politischen Leiter Korps auf dem Zeppelinfeld«, zitiert nach: Siegfried Zelnhefer: Die Reichsparteitage der NSDAP, Nürnberg 1991, S. 180.

153 Das Merkblatt ist abgedruckt bei Martin Loiperdinger: Der Reichsparteitagsfilm Triumph des Willens, Opladen 1987, S. 112f.

154 Wilhelm Lotz: Das Reichsparteitagsgelände in Nürnberg, zitiert nach: Anna Teut: Architektur im Dritten Reich 1933-1945, Frankfurt am Main/Wien 1967, S. 194.

155 Zu den Granitlieferungen aus Konzentrationslagern für das Reichsparteitagsgelände siehe Paul B. Jaskot: The Architecture of Oppression. The SS, Forced Labor and the Nazi Monumental Building Economy, London/New York 2000, S. 47-79.

156 Zur Zwangsarbeit für das Reichsparteitagsgelände siehe Erika Sanden: Das Kriegsgefangenenlager Nürnberg-Langwasser 1939-1945. Ergebnisse einer Spurensuche, Nürnberg 1993, S. 30; Reinhard Otto: Wehrmacht, Gestapo und sowjetische Kriegsgefangene im deutschen Reichsgebiet 1941/42, München 1998, S. 114-120.

157 Zur Geschichte der Nürnberger KZ-Außenlager vgl. Alexander Schmidt: Eine unauffällige Geschichte. KZ-Außenlager in der Region Nürnberg, in: Dachauer Hefte 15 (1999), S. 153-173.

158 Maximilian Meyer: Der Auszug der Juden aus der Stadt der Reichsparteitage, in: Amtsblatt der Stadt Nürnberg Nr. 24 vom 28. März 1940, S. 149f.

159 Vgl. Gerhard Jochem/Ulrike Kettner (Bearb.): Gedenkbuch für die Nürnberger Opfer der Shoa, Nürnberg 1998, S. 441ff; diess. (Bearb.): Gedenkbuch für die jüdischen Opfer der Shoa. Ergänzungsband, Nürnberg 2002, S. 175ff.

160 Unter http://www.statistik-des-holocaust.de/list_ger_bay_411129.html sind die Organisationsanweisung zur ersten Deportation sowie weitere Quellen zu finden. Vgl. auch Ekkehard Hübschmann: Die Deportation von Juden aus Franken nach Riga, in: Frankenland Heft 5 (Oktober 2004), S. 344-369.

161 Soweit Martin im Prozess gegen ihn und andere wegen der Deportationen, vgl. Stadtarchiv Nürnberg F 5 Nr. 468, Spruch der Berufungskammer München im Fall Benno Martin 1948 und Urteil der I. Großen Strafkammer des Landgerichts Nürnberg-Fürth gegen Dr. Theodor Grafenberger vom 10. Mai 1949. Letztlich kam es zu keiner rechtskräftigen Verurteilung Benno Martins oder einer seiner Mittäter wegen der Deportationen.

162 Vgl. Herbert Schott: Filmaufnahmen von Deportationen aus Nürnberg 1941/42, in: MVGN 98 (2011), S. 311-335.

163 Stadtarchiv Nürnberg (Hg.): Schicksal jüdischer Mitbürger in Nürnberg 1933-1945, Nürnberg 1985, S. 49f.

164 Stadtarchiv Nürnberg (Hg.): Schicksal jüdischer Mitbürger in Nürnberg, Nürnberg 1985. S. 50.

165 Staatsarchiv Nürnberg, Staatsanwaltschaft Nürnberg-Fürth 3070/V, S. 212. Vgl. auch Herbert Schott: Filmaufnahmen der Judendeportationen aus Nürnberg, in: MVGN 98 (2011), S. 311-335, besonders S. 329f. Die Akten Nr. 3070/I-XVIII dokumentieren das Verfahren gegen Benno Martin u.a. wegen der Deportationen.

166 Nürnberger Nachrichten 4. Juni 1951.

167 Urteilsbegründung des Volksgerichtshofs S. 16, in: Institut für Zeitgeschichte (Hg.): Widerstand als Hochverrat 1933-1945. Die Verfahren gegen deutsche Reichsangehörige vor dem Reichsgericht, Mikrofice-Edition, München/East Grindsted/Paris 1994

168 Urteilsbegründung des Volksgerichtshofs S. 18, in: Institut für Zeitgeschichte (Hg.): Widerstand als Hochverrat 1933-1945. Die Verfahren gegen deutsche Reichsangehörige vor dem Reichsgericht, Mikrofice-Edition, München/East Grindsted/Paris 1994.

169 Das Zitat stammt aus einem Bericht an die Leitung der SPD im Exil: Deutschland-Berichte der Sozialdemokratischen Partei Deutschlands (Sopade) 1934-1940, 5. Jg. 1938, Frankfurt am Main 1982, S. 1328. Grundlegend zum Thema ist Holger Wilhelm Erdmann: Der Reichsparteitag der Nationalsozialistischen Deutschen Arbeiterpartei 1937 als Rundfunkereignis, Diplomarbeit Universität Erlangen-Nürnberg 1995.

170 Elke Fröhlich (hg.): Die Tagebücher von Joseph Goebbels. Sämtliche Fragmente, München u.a. 1987, S. 515.

171 ebd.

172 Eugen Kurt Fischer: Dramaturgie des Rundfunks, Heidelberg/Berlin/Magdeburg 1942, S. 172, zitiert nach Erdmann, Reichsparteitag als Rundfunkereignis, S. 16.

173 ders., S. 171, zitiert nach Erdmann, Reichsparteitag als Rundfunkereignis, S. 48.

174 https://www.dhm.de/lemo/zeitzeugen/josepha-von-koskull-reichsparteitag-der-nsdap-1938.html (Internetauftritt des Deutschen Historischen Museums, abgerufen am 3.10.2016)

175 Peter Paul Kubitz: Der Traum vom Sehen. Zeitalter der Televisionen, Dresden 1997, S. 18.

176 Rudolf Herz: Hoffmann & Hitler. Fotografie als Medium des Führermythos, München 1994.

177 Vgl. die umfangreiche Analyse von Rudolf Herz: Hoffmann & Hitler. Fotografie als Medium des Führermythos, München 1994, S. 222-239, zum Parteitag 1934 S. 226-233.

178 Helmut Beer: Nürnberger Bilder. Fotografien von Lala Aufsberg 1927-1961, Nurnberg 1998.

179 Helmut Beer: Wieder Leben. Nürnberg vor 50 Jahren. Fotografie von Ferdinand Vitzethum, Nürnberg 1997.

180 Pausala: Festtage im lieben alten Nürnberg, Nürnberg ohne Jahr [um 1935], S. 25f.

181 Franz Bauer: Sonne über Nürnberg. Eine unterhaltsame Chronik für jung und alt, Langensalza/Berlin/Leipzig 1938.

182 Anna Liebel-Monniger: Gertrud wächst ins Dritte Reich. Eine Geschichte um den Reichsparteitag, Langensalza/Berlin/Leipzig 1942.

183 Zu den Reichsparteitagspostkarten vergleiche Helmut Beer: Grüße aus Nürnberg 3, Nürnberg 1994, S. 214-229.

184 Die HJ auf dem Reichsparteitag 1938. Sonderausgabe der Zeitschrift Unsere Fahne, S. 25.

185 Hermann Luppe: Mein Leben (Quellen zur Geschichte und Kultur der Stadt Nürnberg 10), Nürnberg 1977, S. 202.

186 A. Gut: Das Forum der Bewegung. Ein Rundgang durch das Gelände der Reichsparteitage in Nürnberg, in: Deutsche Bauzeitung 72. Jg. (1938), Nr. 36, B 989.

187 Yasmin Doosry: »Wohlauf, laßt uns eine Stadt und einen Turm bauen...« Studien zum Reichsparteitagsgelände in Nürnberg, Tübingen/Berlin 2002 S. 169.

188 So die Fränkische Tageszeitung vom 7. August 1936, zitiert nach Doosry, S. 351. Doosry hat S. 351-378 schlüssig die Rolle der wesentlichen Entscheidungsträger (Stadt Nürnberg, Speer, Hitler) herausgearbeitet.

189 Interview mit Albert Speer am 16. Januar 1978 in München, in: Deutscher Werkbund und Werkbund-Archiv (Hg.): Die zwanziger Jahre des Deutschen Werkbunds, Gießen 1982, S. 305f.

190 Adolf Hitler am 9. Januar 1939, zitiert nach: Angela Schönberger: Die neue Reichskanzlei von Albert Speer. Zum Zusammenhang von nationalsozialistischer Ideologie und Architektur, Berlin 1981, S. 181.

191 Die Manipulation des Menschen. Albert Speer im Gespräch, in: Wolfgang Pehnt: Die Erfindung der Geschichte. Aufsätze und Gespräche zur Architektur unseres Jahrhunderts, München 1989, S. 130.

192 A. Gut: Das Forum der Bewegung. Ein Rundgang durch das Gelände der Reichsparteitage in Nürnberg, in: Deutsche Bauzeitung 72. Jg. (1938), Nr. 36, B 989.

193 Karl Scheffler: Die fetten und die mageren Jahre. Ein Arbeits- und Lebensbericht, Leipzig/München 1946, S. 420f.

194 Gerdy Troost: Das Bauen im Neuen Reich, Bayreuth 1938, S. 24.

195 Zitiert nach: Sibylle Kußmaul/Alexander Schmidt: Riemenschneider und das flache Dach – zum 100. Geburtstag des Nürnberger Kunsthistorikers Dr. Justus Bier, in: MVGN 86 (1999), S. 195.

196 So Julius Streicher in seiner Gedächtnisrede beim Tod Ludwig Ruffs, in: Fränkischer Kurier 20. August 1934, S. 9, zitiert nach Thomas Heyden: Ludwig Ruff (1878-1934): »Des Führers zweiter Baumeister«, in: Bauen in Nürnberg 1933-1945. Architektur und Bauformen im Nationalsozialismus, Nürnberg 1995, S. 180.

197 Alexander Schmidt; Bernd Windsheimer: SS-Kaserne – Merrell-Barracks – Bundesamt. Eine Gebäudegeschichte. Bundesamt für die Anerkennung ausländischer Flüchtlinge (Hg.), Nürnberg 2000, S. 15 (Telegramm Himmlers vom 24.9.1937 und Vermerk Liebels vom 27.9.1937). Der hier abgedruckte Text über Franz Ruff ist eine geringfügig überarbeitete Fassung von: Alexander Schmidt: Franz Ruff, in: Geschichte Für Alle e.V. (Hg.): Architektur Nürnberg. Bauten und Biografien, Nürnberg 2002, S. 98-101.

198 Albert Speer: Erinnerungen, Frankfurt am Main/Berlin/Wien 1982, S. 27.

199 Susanne Willems: Der entsiedelte Jude. Albert Speers Wohnungsmarktpolitik für den Berliner Hauptstadtbau, Berlin 2000, S. 105 ff.

200 Heinz Höhne: Hitler: »Bestellen Sie ihm, ich hab' ihn lieb!«, in: Der Spiegel Nr. 37 (1981), S. 120.

201 Fränkischer Kurier vom 30. Januar 1938, S. 17.

202 Hermann Luppe: Mein Leben, S. 296.

203 Die Luitpoldarena in Nürnberg, in: Deutsche Bauzeitung vom 20. Juni 1934, S. 484.

204 Protestschreiben gegen Julius Schulte-Frohlinde, zitiert nach: Werner Durth: Deutsche Architekten. Biographische Verflechtungen 1900-1970, München 1992, S. 370.

205 Vgl. Werner Durth: Deutsche Architekten. Biographische Verflechtungen 1900-1970, München 1992.

206 Vgl. hierzu auch die ausführliche Darstellung der Lagergeschichte Langwassers von Bernd Windsheimer in: Geschichte Für Alle e.V. (Hg.): Langwasser. Geschichte eines Stadtteils, Nürnberg 1995, S. 41-112.

207 Zu Langwasser und seiner Vorgeschichte vergleiche: Geschichte Für Alle e.V. (Hg.): Langwasser. Geschichte eines Stadtteils, Nürnberg 1995.

208 Hanns Kerrl (Hg.): Reichstagung Nürnberg 1934, Berlin 1934, S. 357.

209 Hanns Kerrl (Hg.): Reichstagung in Nürnberg 1938. Der Parteitag Großdeutschland, Berlin 1939, S. 336.

210 Wilhelm Schwemmer: Schrags Führer durch Nürnberg, die Stadt der Reichsparteitage, Nürnberg 1939, S. 130.

211 Ernst von Salomon: Der Fragebogen, Reinbek bei Hamburg 1985, S. 664.

212 Ebd., S. 666.

213 Czeslaw Milosz: Valka – oder Unzeitgemäßes, in: Caritas Heft 9/10, Freiburg 1955, S. 260f.

214 Wettbewerbsausschreibung der Wohnungsbaugesellschaft der Stadt Nürnberg (WBG), Nürnberg 1955, S. 14.

215 Hans Koellmann: Städtebaulicher Ideenwettbewerb für das Gebiet Nürnberg-Langwasser, Sonderdruck aus: Baukunst und Werkform, Heft 12/1956.

216 Dies ist der Initiative Siegfried Ketts, der finanziellen Unterstützung des Verein zur Förderung innovativer Kulturarbeit und dem historischen Know-How von Geschichte Für Alle e.V. zu verdanken.

217 Bericht der Reichsbahndirektion nach dem Reichsparteitag 1937, zitiert nach: Siegfried Zelnhefer. Die Reichsparteitage der NSDAP, Nürnberg 1991, S. 133.

218 Bericht der Reichsbahndirektion 1938, zitiert nach: Siegfried Zelnhefer. Die Reichsparteitage der NSDAP, Nürnberg 1991, S. 135.

219 Winfried Nerdinger (Hg.): Bauen im Nationalsozialismus. Bayern 1933-1945, München 1993, S. 90.

220 Die Bauzeitung 1934, S. 386, zitiert nach: Winfried Nerdinger (Hg.): Bauen im Nationalsozialismus. Bayern 1933-1945, Munchen 1993, S. 91.

221 Stadt Nürnberg (Hg.): Rechenschaftsbericht 1938/39, Nürnberg 1939, S. 55.

222 Wilhelm Schwemmer: Schrags Führer durch Nürnberg, die Stadt der Reichsparteitage, Nürnberg 1939, S. 119.

223 Zitiert nach: Karlheinz Schmeer. Die Regie des öffentlichen Lebens im Dritten Reich, München 1956, S. 53

224 Wilhelm Schwemmer: Schrags Führer durch Nürnberg, die Stadt der Reichsparteitage, Nürnberg 1939, S. 120.

225 Alexander Schmidt/Bernd Windsheimer: SS-Kaserne – Merrell-Barracks – Bundesamt. Eine Gebäudegeschichte. Bundesamt für die Anerkennung ausländischer Flüchtlinge (Hg.), Nürnberg 2000, S. 10.

226 Nürnberger Beobachter vom 3. Juni 1939.

227 Winfried Nerdinger (Hg.): Bauen im Nationalsozialismus. Bayern 1933-1945, München 1993, S. 476.

228 Nürnberger Nachrichten vom 8. Juli 1993, zitiert nach: Alexander Schmidt; Bernd Windsheimer: SS-Kaserne – Merrell-Barracks – Bundesamt. Eine Gebäudegeschichte. Bundesamt für die Anerkennung ausländischer Flüchtlinge (Hg.), Nürnberg 2000, S. 46.

229 StadtAN C 32 Nr. 337.

230 Verschiedene Führungskonzepte in StadtAN C 32 Nr. 336-339c. Die letztgültige Version aus dem Jahr 1938 ist faksimiliert abgedruckt bei Jost Dülffer/Jochen Thies/Josef Henke: Hitlers Städte. Baupolitik im Dritten Reich, Köln

Wien 1978, S. 232-239. Zur Dienstanweisung vgl. StadtAN C 32 Nr. 339a.
231 Siehe Konzept der Musterführung bei Jost Dülffer/Jochen Thies/Josef Henke: Hitlers Städte. Baupolitik im Dritten Reich, Köln/Wien 1978, S. 239.
232 StadtAN C 32 Nr. 339a.
233 StadtAN C 32 Nr. 339a.
234 Wilhelm Schwemmer: Schrags Führer durch Nürnberg, die Stadt der Reichsparteitage, Nürnberg 1939, S. 121.
235 Siegfried Zelnhefer: Bauen als Vorgriff auf den Sieg, in: Centrum Industriekultur (Hg.): Kulissen der Gewalt. Das Reichsparteitagsgelände in Nürnberg, München 1992, S. 47.
236 StadtAN C 32 Nr. 339b.
237 Vergleiche bei Jost Dülffer/Jochen Thies/Josef Henke: Hitlers Städte. Baupolitik im Dritten Reich, Köln/Wien 1978, S. 214 und Siegfried Zelnhefer: Die Reichsparteitage der NSDAP, Nürnberg 1991, S. 158.
238 StadtAN C 32 Nr. 339c.
239 StadtAN C 32 Nr. 338.
240 StadtAN C 32 Nr. 337.
241 Der Spiegel 30. Mai 1956, S. 47.
242 Nürnberger Nachrichten 23. Mai 1962 und 6. Juli 1967.
243 Eckart Dietzfelbinger: Der Umgang der Stadt Nürnberg mit dem früheren Reichsparteitagsgelände, Nürnberg 1990, S. 25-35, Zitat S. 28.
244 Bund Deutscher Architekten (BDA) (Hg.): Nürnberg – Schöneres Nürnberg. 1. Denkschrift des Bundes deutscher Architekten BDA zur Stadtentwicklung, Nürnberg 1963, S. 17. Vgl. zum Reichsparteitagsgelände nach 1945 Eckart Dietzfelbinger: Der Umgang der Stadt Nürnberg mit dem früheren Reichsparteitagsgelände, Nürnberg 1990; Alexander Schmidt (Hg.): Das Gelände. Dokumentation. Perspektiven. Diskussion, Nürnberg 2015.
245 Nürnberger Zeitung 2. Juli 1955.
246 Frankfurter Rundschau 9. Mai 1957. Es war dies einer von mehreren Vorfällen in diesem Jahr.
247 Nürnberger Zeitung 14. September 1949.
248 So die Nürnberger Nachrichten 26. April 1966.
249 Der Ausdruck findet sich zum Beispiel in: Deutsche Bauausstellung Nürnberg 1949. Amtlicher Katalog, Nürnberg 1949, S. 16.
250 Vgl. Alexander Schmidt (Hg.): Das Gelände. Dokumentation, Perspektiven, Diskussion, Nürnberg 2015, S. 45 (Ablauf der Kundgebung des Sudetendeutschen Tages 1955).
251 Vgl. Alexander Schmidt (Hg.): Das Gelände. Dokumentation, Perspektiven, Diskussion, Nürnberg 2015 S. 104-111 (zu Religion) und S. 42-49 (zu Politik auf dem Gelände).
252 Der Plan ist abgebildet in der Zeitschrift Architekt und Ingenieur, 9. Jg. 1958, S. III/62.
253 Siehe zu den Nürnberger Gesprächen Hermann Glaser: »Ach!« Leben und Wirken eines Kulturbürgers, Essen 2011, S. 1567-166.
254 Doris Katheter/Matthias Weiß (Hg.): Jenseits der Faszination? Die Ausstellung zum Nationalsozialismus in der Nürnberger Zeppelintribüne 1984-2001, Würzburg 2013, S. 62.
255 Ebd., S. 23.
256 Schwäbische Landeszeitung 14. Mai 1955.
257 Stadt Nürnberg – Stadtplanungsamt (Hg.): Städtebaulicher Ideenwettbewerb für das ehemalige Reichsparteitagsgelände. Dokumentation, Nürnberg 2001, S. 3.
258 Auf https://museen.nuernberg.de/dokuzentrum/themen/das-gelaende/kuenftiger-umgang-mit-dem-reichsparteitagsgelaende/ sind die Leitlinien und weitere wichtige Papiere zur Diskussion um die Zeppelintribüne zu finden.
259 Norbert Frei: Einstürzende Neubauten, in: Die Zeit Nr. 48 (20. November 2014), S. 18.
260 Frei, Einstürzende Neubauten, S. 18. Vgl. hierzu auch Aleida Assmann: Das neue Unbehagen an der Erinnerungskultur. Eine Intervention, München 2013 – Dana Giesecke/Harald Welzer: Das Menschenmögliche. Zur Renovierung der deutschen Erinnerungskultur, Hamburg 2012.
261 Alexander Schmidt (Hg.): Das Gelände. Dokumentation, Perspektiven, Diskussion, Nürnberg 2015 – Julia Lehner (Hg.): Erhalten! Wozu? Perspektiven für Zeppelintribüne, Zeppelinfeld und das ehemalige Reichsparteitagsgelände, Nürnberg 2017.
262 Volkhard Knigge: Zeugniswerte, Bildungswerte und Geld – Plädoyer für eine geschichtsbewusste Nachnutzung des Reichsparteitagsgeländes, in: ebd. S. 97-105, Zitat S. 105.
263 Ulrich Herbert: Erhalten? Wozu?, in: ebd. S. 243-248, Zitat S. 248.
264 Vgl. zu »Brutalität in Stein« Alexander Schmidt (Hg.): Das Gelände. Dokumentation, Perspektiven, Diskussion, Nürnberg 2015 S. 80-85, Zitat S. 82.

Weiterlesen, weiterforschen –

eine Orientierungshilfe zu Quellen und Literatur

An Quellen, Literatur und sonstigem Material wie Bildern, Tonträgern und Filmaufnahmen über Reichsparteitage, Reichsparteitagsgelände und Nürnberg im Nationalsozialismus herrscht kein Mangel.

Um eine Orientierung zu erleichtern, sind grundlegende und einführende Werke unterstrichen und manche Titel in eckigen Klammern kommentiert.

Umfangreiche *Aktenbestände* finden sich im Stadtarchiv Nürnberg (StadtAN). Besonders ist der Zweckverband Reichsparteitagsgelände (C 32) zu nennen, aber auch Teile der Hauptregistratur (C 7) oder die Stadtchronik (F 2) enthalten wichtige Informationen. Über weitere Aktenbestände zu Reichsparteitagen und Reichsparteitagsgelände (zum Beispiel im Bayerischen Hauptstaatsarchiv München und im Bundesarchiv Berlin) informiert das vom Institut für Zeitgeschichte herausgegebene »Inventar archivalischer Quellen des NS-Staates« (München/London/New York/Paris 1991 (Band 1) und 1995 (Band 2)). Siegfried Zelnhefer bietet ein umfangreiches Quellen- und Literaturverzeichnis in der unten genannten Dissertation über die Reichsparteitage aus dem Jahr 1991.

Tonaufnahmen bietet das Deutsche Rundfunkarchiv in Frankfurt am Main.

Gemälde, Grafiken und Fotografien finden sich unter anderem im Stadtarchiv Nürnberg (Bild-, Film- und Tonarchiv) sowie in der Propagandaliteratur nach 1933, die zu wissenschaftlichen Zwecken in vielen Bibliotheken zugänglich ist.

Filme aus der NS-Zeit sind unter anderem im Bundesarchiv, Filmarchiv (Berlin) und im Institut für den Wissenschaftlichen Film (Göttingen) vorhanden.

Die Literaturliste ist thematisch gegliedert, um einen schnellen Einstieg zu erleichtern. Sie kann trotz ihres Umfangs natürlich keinen Anspruch auf Vollständigkeit erheben.

Abkürzungen:

MVGN	Mitteilungen des Vereins für Geschichte der Stadt Nürnberg
StadtAN	Stadtarchiv Nürnberg
StaatsAN	Staatsarchiv Nürnberg
VfZ	Vierteljahreshefte für Zeitgeschichte

Reichsparteitagsgelände und NS-Architektur:

Adam, Peter: Kunst im Dritten Reich, Hamburg 1992.
[S. 238-244 zum Reichsparteitagsgelände, allerdings mit kleinen sachlichen Fehlern]

Arndt, Karl: Baustelle Reichsparteitagsgelände 1938/39, Göttingen 1973.
[Begleitheft zur gleichnamigen Filmedition G 142 des Instituts für den Wissenschaftlichen Film]

Backes, Klaus: Hitler und die bildenden Künste. Kulturverständnis und Kunstpolitik im Dritten Reich, Köln 1988.
[Auf den Seiten 159-165 bietet Backes eine kurze Übersicht über das Reichsparteitagsgelände.]

Bartetzko, Dieter: Illusionen in Stein. Stimmungsarchitektur im deutschen Faschismus. Ihre Vorgeschichte in Theater- und Film-Bauten, Reinbek bei Hamburg 1985.

Bartetzko, Dieter: Zwischen Zucht und Ekstase. Zur Theatralik von NS-Architektur, Berlin 1985.

Bauernfeind, Martina: Vom Gefechtsschießlatz zum »Stadtteil im Grünen«. Die Entwicklung des Stadtteils Langwasser, in: MVGN 84 (1997), S. 225-243.

Beer, Helmut: Die »Fränkische Ausstellung für Architektur und Kunsthandwerk 1941«, in: Beer, Helmut / Heyden, Thomas / Koch, Christian / Liedtke, Gerd-Dieter / Nerdinger, Winfried / Schmidt, Alexander: Bauen in Nürnberg 1933-1945. Architektur und Bauformen im Nationalsozialismus, Nürnberg 1995, S. 152-161.

Beer, Helmut / Heyden, Thomas / Koch, Christian / Liedtke, Gerd Dieter / Nerdinger, Winfried / Schmidt, Alexander: Bauen in Nürnberg 1933-1945. Architektur und Bauformen im Nationalsozialismus, Nürnberg 1995 (Ausstellungskatalog des Stadtarchivs Nürnberg).
[Der Band enthält einen Gesamtüberblick zum Bauen in Nürnberg 1933-1945 mit ausführlichem Bildteil ohne spezielle Berücksichtigung des Reichsparteitagsgeländes. Wichtig sind auch die Biographien der beteiligten Architekten.]

Behrenbeck, Sabine: Festarchitektur im Dritten Reich, in: Bazon Brock / Achim Preiß (Hg.): Kunst auf Befehl. Dreiunddreißig bis fünfundvierzig, München 1990, S. 201-252.

Benz, Wolfgang / Distel, Barbara (Hg.): Der Ort des Terrors, Bd. 4, Flossenbürg, Mauthausen, Ravensbrück, München 2006.

Bernett, Hajo: Albert Speers »Deutsches Stadion« war eine gigantische Fehlkonstruktion, in: Bernd Ogan / Wolfgang W. Weiß (Hg.): Faszination und Gewalt. Zur politischen Ästhetik des Nationalsozialismus, Nürnberg 1992, S. 205-209.

Bernett, Hajo: Zur Grundsteinlegung vor 50 Jahren. Das Deutsche Stadion in Nürnberg – ein Phantom nationalsozialistischen Größenwahns, in: Sozial- und Zeitgeschichte des Sports 1 (1987) Heft 3, S. 14-39.

Bildungszentrum der Stadt Nürnberg / Geschichte Für Alle e.V.: Die Kongresshalle auf dem ehemaligen Reichsparteitagsgelände in Nürnberg, Nürnberg 1995. [Faltblatt]

Bodenschatz, Harald: Schwieriges Erbe – in Nürnberg und Rom, in: Merkur, 69. Jg. , Heft April 2015, S. 69-78.

Braun, Matthias Klaus: Hitlers liebster Bürgermeister: Willy Liebel (1897-1945) (Nürnberger Werkstücke zur Stadt- und Landesgeschichte 71), Nürnberg 2012.
[Liebel war Geschäftsführer des Zweckverbands Reichsparteitag]

Brechtken, Magnus: Albert Speer. Eine deutsche Karriere, München 2017.

Brenner, Hildegard: Die Kunstpolitik im Nationalsozialismus, Reinbek bei Hamburg 1963.
[S. 118-130 zum Bauen im Nationalsozialismus]

Brülls, Holger: Eine feste Burg? Kirchenbau und Kirchenpolitik in der NS-Zeit: Die Reformationsgedächtniskirche in Nürnberg, in: Bazon Brock / Armin Preiß (Hg.): Kunst auf Befehl. Dreiunddreißig bis fünfundvierzig, München 1990, S. 161-186.

Bundesamt für die Anerkennung ausländischer Flüchtlinge (Hg.): SS-Kaserne – Merrell-Barracks – Bundesamt. Ein Gebäude – viele Namen. Eine Gebäudegeschichte, Nürnberg 2. Auflage 2000.
[Recherche und Text stammen von Alexander Schmidt und Bernd Windsheimer, Geschichte Für Alle e.V. – Institut für Regionalgeschichte]

Burbulla, Julia: Total Experience. The Individual in Artistic Space at Nazi Party Rallies (1933-1938), in: G. Ulrich Großmann / Krutisch, Petra (Hg.): The Challange of the Objekt / Die Herausforderung des Objekts. 33. Internationaler Kunsthistoriker-Kongress, Nürnberg 2013, S. 1097-1100.

Centrum Industriekultur (Hg.): Kulissen der Gewalt. Das Reichsparteitagsgelände in Nürnberg, München 1992.
[Gute Überblicksdarstellung mit Einzelbeiträgen zur Geschichte des Reichsparteitagsgeländes]

Dehlinger, Armand: Architektur der Superlative, o.O., o. J.
[unveröffentlichtes Manuskript zur Baugeschichte des Reichsparteitagsgeländes im Institut für Zeitgeschichte]

Dietzfelbinger, Eckart: Aus Stein gebauter Größenwahn. Baugeschichte der Kongresshalle 1935-1945, in: Hans-Christian Täubrich (Hg.): Die Kongresshalle in Nürnberg. Architektur und Geschichte, Petersberg 2014, S. 25-47.

Dietzfelbinger, Eckart: Bauen für die Ewigkeit. Das Reichsparteitagsgelände in Nürnberg, in: Siegfried Zelnhefer: Die Reichsparteitage der NSDAP in Nürnberg, Nürnberg 2002, S. 261-269.

Dietzfelbinger, Eckart; Liedtke, Gerhard: Nürnberg – Ort der Massen. Das Reichsparteitagsgelände. Vorgeschichte und schwieriges Erbe, Berlin 2004.
[Neben der Dissertation von Zelnhefer und dem vorliegenden Band die dritte Gesamtdarstellung zum Reichsparteitagsgelände]

Donath, Matthias: Nürnberg 1933-1945. »Stadt der Reichsparteitage«. Ein Architekturführer, Petersberg 2010.

Doosry, Yasmin: Die sakrale Dimension des Reichsparteitagsgeländes in Nürnberg, in: Richard Faber (Hg.): Politische Religion – religiöse Politik, Würzburg 1997, S. 205-223.

Doosry, Yasmin: Formale und inhaltliche Aspekte der Antikenrezeption in der Architektur des Nürnberger Reichsparteitagsgeländes, in: Hephaistos I (1979), S. 109-122.

Doosry, Jasmin: »Wohlauf, lasst uns eine Stadt und einen Turm bauen...« Studien zum Reichsparteitagsgelände in Nürnberg, Tübingen / Berlin 2002.
[Sehr umfangreiche Dissertation mit einer detaillierten Darstellung der Bauprojekte Luitpoldarena, Luitpoldhalle und Deutsches Stadion]

Dressler, Enno: Die Kongresshalle auf dem ehemaligen Reichsparteitagsgelände in Nürnberg, Würzburg 1988.
[unveröffentlichte Magisterarbeit Universität Würzburg]

Dülffer, Jost / Thies, Jochen / Henke, Josef: Hitlers Städte. Baupolitik im Dritten Reich. Eine Dokumentation, Köln / Wien 1978.
[S. 209-250 zu Nürnberg mit faksimiliertem Dokumententeil]

Durth, Werner: Deutsche Architekten. Biografische Verflechtungen 1900-1970, München 1992.
[Durth stellt die Architektengeneration vor, die wesentlich das Baugeschehen im Nationalsozialismus geprägt hat.]

Durth, Werner: Nürnberg, in: Werner Durth / Nils Gutschow: Träume in Trümmern. Planungen zum Wiederaufbau zentraler Städte im Westen Deutschlands 1940-1950, Braunschweig / Wiesbaden 1988, S. 975-1017.

Förster, Karin: Das Deutsche Stadion in Nürnberg, Göttingen 1979.
[unveröffentlichte Magisterarbeit Universität Göttingen]

Förster, Karin: Staatsaufträge für das Reichsparteitagsgelände in Nürnberg, in: Magdalena Bushardt (u.a. Hg.): Entmachtung der Kunst. Architektur, Bildhauerei und Institutionalisierung 1920-1960, Berlin 1985, S. 156-182.

Fuhrmeister, Christian: Beton, Klinker, Granit. Eine Materialikonographie, Berlin 2001.
[S. 259-275 zur Verwendung von Naturstein im Nationalsozialismus mit zahlreichen Bezügen zum Reichsparteitagsgelände.]

Geschichte Für Alle e.V. (Hg.): Architektur Nürnberg. Bauten und Biografien, Nürnberg 2002.
[Das Buch bietet Beiträge zum Bauen im Nationalsozialismus und zu den Architekten Walter Brugmann, Ludwig Ruff und Franz Ruff, die mit dem Reichsparteitagsgelände zu tun hatten.]

Geschichte Für Alle e.V. (Hg.): Langwasser. Geschichte eines Stadtteils, Nürnberg 1995.
[S. 39-72 zum Märzfeld und zum Lagergelände des Reichsparteitagsgeländes]

Heller, Hartmut: Der Nürnberger Dutzendteich. Reichsstädtische, bayerische und deutsche Vergangenheit, Nürnberg 1983.

Heyden, Thomas: »Mit Doppel-F«: Ludwig und Franz Ruff, in: Akademie der Bildenden Künste in Nürnberg (Hg.): Geartete Kunst – Die Nürnberger Akademie im Nationalsozialismus, Nürnberg 2012, S. 184-200.

Hinkel, Hermann: Zur Funktion des Bildes im Deutschen Faschismus. Bildbeispiele, Analysen, didaktische Vorschläge, Gießen 1974.
[Auf den Seiten 25f, 30, 35, 51 und 73 Bildbeispiele von den Reichsparteitagen]

Jaskot, Paul B.: Heinrich Himmler and the Nuremberg party rally grounds. The interest of the SS in the German building economy, in: Art, culture, and media under the Third Reich, Chicago 2002, S. 230-256.

Jaskot, Paul B.: The Architecture of Oppression. The SS, Forced Labor and the Nazi Monumental Building Economy, London / New York 2000.
[Jaskot arbeitet erstmals deutlich die Rolle der Granitproduktion in Konzentrationslagern für das Reichsparteitagsgelände heraus]

Käs, Rudolf: Gebaute Gewalt. Bildteil, in: Centrum Industriekultur (Hg.): Kulissen der Gewalt. Das Reichsparteitagsgelände in Nürnberg, München 1992, S. 49-88.
[Der kommentierte Bildteil informiert knapp über die Bauten des Reichsparteitagsgeländes.]

Kießling, Regine / Kraut, Giesela / Wanzitzek, Ulrich: Großbauten des Staates und der Partei, in: Kunst im Dritten Reich. Dokumente der Unterwerfung, Frankfurt am Main 1981, S. 106-147.

Koch, Christian: Bauen in Nürnberg 1933-1945, in: Beer, Helmut / Heyden, Thomas / Koch, Christian / Liedtke, Gerd Dieter / Nerdinger, Winfried / Schmidt, Alexander: Bauen in Nürnberg 1933-1945. Architektur und Bauformen des Nationalsozialismus, Nürnberg 1995, S. 14-34.
[Sehr guter Überblick zum Baugeschehen in Nürnberg 1933-1945]

Konienczny, Alfred: Das Konzentrationslager Groß-Rosen, in: Dachauer Hefte 5 (1989), S. 15-27.
[Aus dem Konzentrationslager Groß-Rosen wurde Granit für das Reichsparteitagsgelände geliefert.]

Kopleck, Maik (Hg.): PastFinder Nürnberg, Hong Kong 2007.

Kußmaul, Sibylle / Schmidt, Alexander: Riemenschneider und das flache Dach. Zum 100. Geburtstag des Nürnberger Kunsthistorikers Dr. Justus Bier, in: MVGN 86 (1999), S. 191-200.
[Bier gehörte zu den wichtigsten Architekturkritikern der zwanziger Jahre in Nürnberg und hat auch über frühe Bauten von Ludwig Ruff und das Städtische Stadion am Dutzendteich geschrieben.]

Liedtke, Gerd Dieter: Bauen gegen den Bedarf, in: Beer, Helmut / Heyden, Thomas / Koch, Christian / Liedtke, Gerd Dieter / Nerdinger, Winfried / Schmidt, Alexander: Bauen in Nürnberg 1933-1945. Architektur und Bauformen des Nationalsozialismus, Nürnberg 1995, S. 152-161.

Liedtke, Gerd Dieter: NS-Stadtplanung, in: Beer, Helmut / Heyden, Thomas / Koch, Christian / Liedtke, Gerd Dieter / Nerdinger, Winfried / Schmidt, Alexander: Bauen in Nürnberg 1933-1945. Architektur und Bauformen des Nationalsozialismus, Nürnberg 1995, S. 114-129.

Liedtke, Gerd Dieter: Parteitagsbauten und Wohnungsnot. Bauen gegen den Bedarf, in: Centrum Industriekultur (Hg.): Kulissen der Gewalt. Das Reichsparteitagsgelände in Nürnberg, München 1992, S. 98-109.

Lösel, Michael: Zeit der Verblendung. Das Steinmetzhandwerk im »Dritten Reich«, in: Centrum Industriekultur (Hg.): Leute vom Fach. Nürnberger Handwerk im Industriezeitalter, Nürnberg 1988, S. 299-305.

Mulvin, Lydia: Nuremberg and the Ruins of Baalbek, otherwise Hellopolis in Coeslosyria. Oberlapping Historical Processes?, in: G. Ulrich Großmann / Petra Krutisch (Hg.): The Challange of th Objekt / Die Herausforderung des Objekts. 33. Internationaler Kunsthistoriker-Kongress Nürnberg 2012. Congress Prodeedings – Part 3, Nürnberg 2013, S. 1101-1104.

Museen der Stadt Nürnberg / Dokumentationszentrum Reichsparteitagsgelände (Hg.): Das ehemalige Reichsparteitagsgelände. Übersichtsplan, Nürnberg o.J.

Museen der Stadt Nürnberg / Dokumentationszentrum Reichsparteitagsgelände (Hg.): Faszination und Gewalt. Dokumentationszentrum Reichsparteitagsgelände. Die Ausstellung, Nürnberg 2015.

Museen der Stadt Nürnberg (Hg.): Faszination und Gewalt. Das Reichsparteitagsgelände in Nürnberg – The Nazi Party Rally Grounds in Nuremberg. Faszination and Terror, Nürnberg 1996.
[Zweisprachige Begleitbroschüre zur ehemaligen Ausstellung in der Zeppelintribüne]

Neary, Bob: Stalag Luft III. A collection of German Prison Camp Sketches. With a Descriptive Text Based on Personal Experiences, o.O., o.J.
[Unveröffentlichtes Manuskript, Archiv Geschichte Für Alle e.V. – Institut für Regionalgeschichte. Neary beschreibt auch das Lager Nürnberg Langwasser und liefert einige Zeichnungen des Lagers.]

Nerdinger Winfried (Hg.). Bauen im Nationalsozialismus. Bayern 1933-1945, München 1993 (=Ausstellungskatalog des Architekturmuseums der TU München und des Stadtmuseums München).
[Das grundlegende Standardwerk mit einer Bestandsaufnahme des Bauens im Nationalsozialismus in allen Bereichen bietet auf den Seiten 43-46, 66f, 90-92, 290, 350f, 305, 407, 503f und 535 Informationen zum Reichsparteitagsgelände und seiner Infrastruktur.]

Nerdinger, Winfried: Bauen im Nationalsozialismus, in: Beer, Helmut / Heyden, Thomas / Koch, Christian / Liedtke, Gerd Dieter / Nerdinger, Winfried / Schmidt, Alexander: Bauen in Nürnberg 1933-1945. Architektur und Bauformen des Nationalsozialismus, Nürnberg 1995, S. 10-13.

Ogan, Bernd / Weiß, Wolfgang W.: Steine für die Ewigkeit. Das ehemalige Reichsparteitagsgelände, in: Nürnberg zu Fuß. 20 Stadtteilrundgänge durch Geschichte und Gegenwart, Hamburg 1988, S. 190-203.

Petsch, Joachim: Architektur als Weltanschauung. Die Staats- und Parteiarchitektur im Nationalsozialismus, in: Bernd Ogan / Wolfgang W. Weiß (Hg.): Faszination und Gewalt. Zur politischen Ästhetik des Nationalsozialismus, Nürnberg 1992, 197-204.

Petsch, Joachim: Baukunst und Stadtplanung im Dritten Reich. Herleitung, Bestandsaufnahme, Entwicklung, Nachfolge, München / Wien 1976.

Radlmeier, Steffen / Zelnhefer, Siegfried: Tatort Nürnberg. Auf den Spuren des Nationalsozialismus, Cadolzburg 2014.
[informative Übersicht zu den historischen wichtigen Orten – auch in der Nürnberger Innenstadt]

Reither, Ingmar: »Worte aus Stein« und die Sprache der Dichter. Das Reichsparteitagsgelände als poetische Landschaft, Nürnberg 2000.

Reinwald, Thomas: Als auf dem Norisring noch Motorräder fuhren. Motorradstraßenrennen von 1938 bis 1967, Erlangen 1992.
[S. 10-19 zur Nutzung des Reichsparteitagsgeländes als Motorradrennstrecke 1938 und 1939]

Rusinek, Bernd A.: »Die deutscheste aller deutschen Städte«. Nürnberg als eine Hauptstadt des Nationalsozialismus, in: Hauptstadt. Zentren, Residenzen, Metropolen in der deutschen Geschichte, Köln 1989, S. 92-98 (=Ausstellungskatalog der Kunsthalle Bonn).

Sanden, Erika: Das Kriegsgefangenenlager Langwasser als Forschungsprojekt. Nürnberg 1986 (= Beiträge zur politischen Bildung 5).

Sanden, Erika: Das Kriegsgefangenenlager Langwasser 1939-1945, Nürnberg 1993 (= Beiträge zur politischen Bildung Nr. 3/1993).

Schmidt, Alexander: Bauen im Nationalsozialismus, in: Geschichte Für Alle e.V. (Hg.): Architektur Nürnberg. Bauten und Biografien, Nürnberg 2002, S. 94-97.

Schmidt, Alexander: Die baulichen Zeugnisse der NS-Zeit. Das ehemalige Reichsparteitagsgelände – ein unbequemes Denkmal, in: Stadt Nürnberg / Baureferat (Hg.): Unbequeme Denkmäler. Kurzführer zum Tag des offenen Denkmals 2013, Nürnberg 2013, S. 18-28.

Schmidt, Alexander: Fläche, Achse, toter Raum – das Reichsparteitagsgelände in Nürnberg, in: Martz, Jochen / Wolschke-Bulmahn, Joachim (Hg.): Zwischen Jägerzaun und Größenwahn. Freiraumgestaltung in Deutschland 1933-1945, Hannover 2012, S. 65-68.

Schmidt, Alexander: Franz Ruff, in: Geschichte Für Alle e.V. (Hg.): Architektur Nürnberg. Bauten und Biografien, Nürnberg 2002, S.98-101.
[Franz Ruff hat von seinem Vater Ludwig Ruff das Bauprojekt Kongresshalle übernommen und die SS-Kaserne auf dem Reichsparteitagsgelände entworfen.]

Schmidt, Alexander: Ludwig Ruff, in: Geschichte Für Alle e.V. (Hg.): Architektur Nürnberg. Bauten und Biografien, Nürnberg 2002, S.54-57.
[Ludwig Ruff ist der Architekt der Kongresshalle.]

Schmidt, Alexander: Maschinen, Bier und wilde Tiere. Die Dutzendteichlandschaft bis 1933, in: Hans-Christian Täubrich (Hg.): Die Kongresshalle in Nürnberg. Architektur und Geschichte, Petersberg 2014, S. 15-23.

Schmidt, Alexander: Saubere Altstadt. »Entschandelung« und Zerstörung der Nürnberger Altstadt im Nationalsozialismus, in: Beer, Helmut / Heyden, Thomas / Koch, Christian / Liedtke, Gerd Dieter / Nerdinger, Winfried / Schmidt, Alexander: Bauen in Nürnberg 1933-1945. Architektur und Bauformen im Nationalsozialismus, Nürnberg 1995, S. 130-151 (= Ausstellungskatalog des Stadtarchivs Nürnberg).

Schmidt, Alexander: Walter Brugmann, in: Geschichte Für Alle e.V. (Hg.): Architektur Nürnberg. Bauten und Biografien, Nürnberg 2002, S.90-93.
[Brugmann war ab 1928 Hochbaureferent und nach 1933 zuständig für die Bauleitung des Reichsparteitagsgeländes.]

Schmidt, Alexander: Zeppelintribüne. Das bröckelnde Gedächtnis der Orte – Zeppelinfeld und »Steintribüne«, in: Stadt Nürnberg / Baureferat (Hg.): Unbequeme Denkmäler. Kurzführer zum Tag des offenen Denkmals 2013, Nürnberg 2013, S. 29-39.

Schmidt Alexander / Urban, Markus: Reichsparteitagsgelände Nürnberg. Kurzführer, Nürnberg 2006. [auch in englisch, französisch, spanisch]

Schmidt, Matthias: Albert Speer. Das Ende eines Mythos. Aufdeckung einer Geschichtsfälschung, München 1983.

Schönberger, Angela: Die Staatsbauten des Tausendjährigen Reiches als vorprogrammierte Ruinen? Zu Albert Speers Ruinenwerttheorie, in: Idea 6 (1987), S. 97-107.

Scobie, Alex: Hitlers State Architekture. The Impact of Classical Antiquity, Pennsylvania University Press 1990. [Scobie behandelt detailliert den Einfluß antiker Architektur auf das nationalsozialistische Bauen – auch am Beispiel des Reichsparteitagsgeländes.]

Siegert, Toni: Das Konzentrationslager Flossenbürg. Ein Lager für sogenannte Asoziale und Kriminelle, in: Martin Broszat / Elke Fröhlich (Hg.): Bayern in der NS-Zeit, Band 2: Herrschaft und Gesellschaft im Konflikt, München 1979, S. 429-492.

Speer, Albert: Architektur-Arbeiten 1933-1942, Berlin 1978.

Speer, Albert: Erinnerungen, Frankfurt am Main / Berlin / Wien 1976.

Stadt Nürnberg / Presse und Informationsamt (Hg.): Nürnberg 1933-1945, 15. Auflage Nürnberg 1995. [Das zwanzigseitige Heft war jahrelang kostenlos für Nürnberg-Besucher und sonstige Interessierte erhältlich und informierte vor allem über das Reichsparteitagsgelände.]

Stadt Nürnberg / Stadtarchiv / Stadtplanungsamt (Hg.): Rund um den Dutzendteich. Eine Ausstellungsdokumentation, Nürnberg o.J. [2001].

Täubrich, Hans-Christian (Hg.): Die Kongresshalle in Nürnberg. Architektur und Geschichte, Petersberg 2014.

Täubrich, Hans-Christian: Auf Jahrtausende. Die ersten achtzig Jahre der Kongresshalle, in: Hans-Christian Täubrich (Hg.): Die Kongresshalle in Nürnberg. Architektur und Geschichte, Petersberg 2014, S. 8-14.

Teut, Anna: Architektur im Dritten Reich, Berlin / Frankfurt am Main / Wien 1978. [Teut bietet eine Quellensammlung zum Bauen im Nationalsozialismus, das damals noch kaum erforscht war. Zum Reichsparteitagsgelände ist S. 190-195 ein Zeitschriftenbeitrag von Wilhelm Lotz aus dem Jahr 1938 abgedruckt.]

Thies, Jochen: Architekt der Weltherrschaft. Die Endziele Hitlers, Königsstein/Taunus 1980. [wichtiges Buch zur Rolle der Architektur in Hitlers Denken]

Thies, Jochen: Hitler – »Architekt der Weltherrschaft«, in: Ogan, Bernd / Weiß, Wolfgang W. (Hg.): Faszination und Gewalt. Zur politischen Ästhetik des Nationalsozialismus, Nürnberg 1992, S. 177-196.

Weimer, Silvia: »Fiat ars, pereat mundus…«? Über das Reichsparteitagsgelände in Nürnberg, in: Nicola Hille / Monika E. Müller (Hg.): Zeiten – Sprünge. Aspekte von Raum und Zeit in der Kunst vom Mittelalter bis zur Gegenwart, Regensburg 2007, S. 283-298.

Windsheimer, Bernd: Langwasser – kleine Geschichte eines jungen Stadtteils, in: Geschichte Für Alle e.V. (Hg.): Langwasser. heimisch werden in Nürnbergs jüngstem Stadtteil, Nürnberg 2001, S. 6-20.

Windsheimer, Bernd: Quellensammlung zum Kriegsgefangenenlager Nürnberg-Langwasser, Nürnberg 1999. [unveröffentlichtes Manuskript, Geschichte Für Alle e.V. – Institut für Regionalgeschichte]

Windsheimer, Bernd: Rassismus hinter Stacheldraht. Das Kriegsgefangenenlager Nürnberg-Langwasser, in: Geschichte Für Alle e.V. (Hg.): Nürnberg-Langwasser. Geschichte eines Stadtteils, Nürnberg 1995, S. 59-68.

Zelnhefer, Siegfried: Bauen als Vorgriff auf den Sieg. Zur Geschichte des Reichsparteitagsgeländes, in: Centrum Industriekultur (Hg.): Kulissen der Gewalt. Das Reichsparteitagsgelände in Nürnberg, München 1992, S. 31-48. [Kurze und gute Darstellung der Baugeschichte des Reichsparteitagsgeländes]

Zelnhefer, Siegfried: Bürgerliche Errungenschaften 1906-1930. Bildteil, in: : Centrum Industriekultur (Hg.): Kulissen der Gewalt. Das Reichsparteitagsgelände in Nürnberg, München 1992, S. 19-30. [Der kommentierte Bildteil informiert über das Gelände rund um den Dutzendteich vor 1933.]

Reichsparteitage und NS-Kult

Beck, Antonie: Wahrnehmung wider Willen: Die Reichsparteitage in der italienischen Presse, in: Friedrich Kießling / Gregor Schöllgen (Hg.): Bilder für die Welt. Die Reichsparteitage der NSDAP im Spiegel ausländischer Presse, Köln 2006, S. 155-180.

Beer, Helmut (Hg.): Nürnberger Bilder 1927-1961. Fotografien von Lala Aufsberg, Nürnberg 1998 (= Nürnberger Fotobücher 2). [Lala Aufsberg gehörte zu den besten Fotografen in Nürnberg, vor allem der Vorkriegszeit. Sie hat auch beim Reichsparteitag 1937 fotografiert, eine Auswahl ihrer eindrucksvollen Fotos ist in dem Band abgedruckt.]

Beer, Helmut: Warum Nürnberg sich so gut als »Stadt der Reichsparteitage« eignete, in: Bernd Kammerer / Anja Prölß-Kammerer (Hg.): recht extrem.de. Auseinandersetzungen mit Nationalsozialismus und Rechtsextremismus – Konzepte und Projekte der politischen und historischen Bildung, Nürnberg 2002, S. 63-87.

Beer, Helmut (Hg.): Wieder Leben. Nürnberg vor 50 Jahren. Fotografien von Ferdinand Vitzethum, Nürnberg 1997 (= Nürnberger Fotobücher 1). [Der Fürther Amateurfotograf Vitzethum hat anspruchsvolle Fotos des Lebens im Nürnberger Wiederaufbau gestaltet. Der Band enthält auch Fotos von Zuschauern der Reichsparteitage 1935 und 1936.]

Behrenbeck, Sabine: Der Kult um die toten Helden. Nationalsozialistische Mythen, Riten und Symbole, Vierow bei Greifswald 1996.

Bernecker, Kirstin: Massenlieder beim »Reichsparteitag der Ehre« (8. – 12. September 1936), Nürnberg 1997. [unveröffentlichte Zulassungsarbeit der Universität Erlangen-Nürnberg]

Burdon, Hamilton T.: Die programmierte Nation. Die Nürnberger Reichsparteitage, Gütersloh 1967. [Chronologisch werden die einzelnen Reichsparteitage beschrieben – weitgehend ohne theoretischen Anspruch.]

Caron, Jean-Christoph: Von der Wallfahrt nach Nürnberg zum lokalen Reliquienkult. Die Rückkehr der Haagener SA vom Reichsparteitag 1933, in: Werner Freitag (Hg.): Das Dritte Reich im Fest. Führermythos, Feierlaune und Verweigerung in Westfalen 1933-1945, Bielefeld 1997, S. 221-228.

Clemens, Detlev: Politisches Stimmungsbarometer oder »laute Verdrehung der Wahrheit«? Die Nürnberger Reichsparteitage der NSDAP im britischen Urteil, in: Friedrich Kießling / Gregor Schöllgen (Hg.): Bilder für die Welt. Die Reichsparteitage der NSDAP im Spiegel ausländischer Presse, Köln 2006, S. 25-48.

Culbert, David / Loiperdinger, Martin: Leni Riefenstahl's ›Tag der Freiheit‹: the 1935 Nazi Party Rally Film, in: Historical journal of film, radio and television 12 (1992), S. 3-38.

Diehl, Paula: Reichsparteitag. Der Massenkörper als visuelles Versprechen der »Volksgemeinschaft«, in: Gerhard Paul (Hg.): Das Jahrhundert der Bilder. Band I: 1900-1949, Göttingen 2009, S. 470-479.

Erdmann, Holger Wilhelm: Der Reichsparteitag der Nationalsozialistischen Deutschen Arbeiterpartei 1937 als Rundfunkereignis, Nürnberg 1995. [unveröffentlichte Diplomarbeit Universität Erlangen-Nürnberg]

Filmmuseum Potsdam (Hg.): Leni Riefenstahl, Berlin 1999. [Ausstellungskatalog zum Lebenswerk der Regisseurin von »Triumph des Willens«]

Fryksén, Arne: Hitlers Reden zur Kultur. Kunstpolitische Taktik oder Ideologie?, in: Göran Rystad (Hg.): Probleme deutscher Zeitgeschichte, Stockholm 1971, S. 235-226.

Kießling, Friedrich: Zur Einführung: Nationalsozialistische Außendarstellung und der fremde Blick. Die internationale Dimension der Reichsparteitage, in: Friedrich Kießling / Gregor Schöllgen (Hg.): Bilder für die Welt. Die Reichsparteitage der NSDAP im Spiegel ausländischer Presse, Köln 2006, S. 1-24.

Fuchs, Marga: »Ihr habt euer Leben dem Führer geweiht!«. Aspekte des Nationalsozialismus in Bamberg, Bamberg 1989 (Darstellungen und Quellen zur Geschichte Bambergs Heft 2). [Heft mit Materialien zum Bund deutscher Mädel in Bamberg bei den Reichsparteitagen]

Gamm, Jochen: Der braune Kult. Das Dritte Reich und seine Ersatzreligion, Hamburg 1962. [Gamm stellt den Kult des Dritten Reiches als »völkische Ersatzreligion« dar und verwendet als Quelle vor allem nationalsozialistisches Liedgut. Im Kapitel »Die Fahne« werden auf den Seiten 51-53 der Einmarsch zum Parteikongreß und die Fahnenaufmärsche unter dem Lichtdom, im Kapitel »Der braune Blutkult« S. 141f das Blutfahnenritual der Reichsparteitage dargestellt. Im Quellenteil zitiert Gamm S. 195-197 Hitlers nächtliche Rede auf dem Zeppelinfeld 1936.]

Greif, Thomas: Frankens braune Wallfahrt: Der Hesselberg im Dritten Reich (Mittelfränkische Studien 18), Ansbach 2007.

Heinzelmann, Herbert: Die Heilige Messe der Reichsparteitage. Zur Zeichensprache von Leni Riefenstahls »Triumph des Willens«, in: Bernd Ogan / Wolfgang W. Weiß (Hg.): Faszination und Gewalt. Zur politischen Ästhetik des Nationalsozialismus, Nürnberg 1992, S. 163-168.

Henke, Josef: Die Reichsparteitage der NSDAP in Nürnberg 1933-1938. Planung, Organisation, Propaganda, in: Heinz Boberach / Hans Booms (Hg.): Aus der Arbeit des Bundesarchivs, Boppard 1978, S. 398-446.

Herz, Rudolf: Hoffmann & Hitler. Fotografie als Medium des Führer-Mythos. Ausstellungskatalog Stadtmuseum München, München 1994. [Das für Propagandafotografie grundlegende Buch bietet S. 222-241 eine Analyse von Hoffmanns Parteitagsfotografie mit zahlreichen Abbildungen. Im Kapitel NS-Aufbaupropaganda spielt auch das Reichsparteitagsgelände eine Rolle.]

Herzog, Markwart / Leis, Mario (Hg.): Kunst und Ästhetik im Werk Leni Riefenstahls, München 2011.

Hesse, Günter: Die Parteitage der NSDAP 1933-1938. Thematik, Darstellung in Presse und Film, Hannover 1972. [unveröffentlichte Staatsexamensarbeit]

Höfler, Carolin / Karch, Matthias (Hg.): Marschordnungen. Das Reichsparteitagsgelände in Nürnberg, Berlin 2016.

Hüttenberger, Peter: Die Gauleiter. Studie zum Wandel des Machtgefüges in der NSDAP (Schriftenreihe der Vierteljahrshefte für Zeitgeschichte 19), Stuttgart 1969.

Karow, Yvonne: Deutsches Opfer. Kultische Selbstauslöschung auf den Reichsparteitagen der NSDAP, Berlin 1997. [Der Band versucht eine Neuinterpretation der Reichsparteitage aus religionswissenschaftlicher Sicht. Vgl. hierzu die Rezension dieses insgesamt wenig erhellenden Ansatzes von Alexander Schmidt, in: MVGN 84 (1997), S. 285-287. Im Anhang des Bandes wird detailliert der Ablauf des Reichsparteitages 1938 dokumentiert.]

Kastler, Martin: »Mit Prostituierten und ohne Diplomaten«. Die Rezeption der Nürnberger Reichsparteitage in den tschechoslowakischen Medien, in: Friedrich Kießling / Gregor Schöllgen (Hg.): Bilder für die Welt. Die Reichsparteitage der NSDAP im Spiegel ausländischer Presse, Köln 2006, S. 91-118.

Kießling, Friedrich: Kritik und Gegeninszenierung. Die Reichsparteitage in der veröffentlichten Meinung Österreichs 1923-1937, in: Friedrich Kießling / Gregor Schöllgen (Hg.): Bilder für die Welt. Die Reichsparteitage der NSDAP im Spiegel ausländischer Presse, Köln 2006, S. 119-144.

Kießling, Friedrich / Schöllgen, Gregor (Hg.): Bilder für die Welt. Die Reichsparteitage der NSDAP im Spiegel ausländischer Presse, Köln 2006.

Klee, Ernst: »Evangelische Diakonie und Nationalsozialismus gehören zusammen.« Wie unsere Schwestern den »Reichsparteitag der Ehre« erlebten, in: Bernd Ogan / Wolfgang W. Weiß (Hg.): Faszination und Gewalt. Zur politischen Ästhetik des Nationalsozialismus, Nürnberg 1992, S. 117-126.

Leis, Mario: Leni Riefenstahl, Reinbek bei Hamburg 2009.

Loiperdinger, Martin: Rituale der Mobilmachung. Der Reichsparteitagsfilm »Triumph des Willens« von Leni Riefenstahl, Opladen 1987. [Der beste Beitrag zum Reichsparteitagsfilm]

Loiperdinger, Martin: »Triumph des Willens«. Führerkult und geistige Mobilmachung, in: Bernd Ogan / Wolfgang W. Weiß (Hg.): Faszination und Gewalt. Zur politischen Ästhetik des Nationalsozialismus, Nürnberg 1992, S. 159-162.

Lütgert, Willy: »Der Marsch zum Führer«. Filmbericht der Hitler-Jugend über ihren Sternmarsch zum X. Reichsparteitag der NSDAP 1938, Göttingen 1971. [Begleitheft zur gleichnamigen Filmedition G 134 des Instituts für den wissenschaftlichen Film in Göttingen]

Mayer, Wolfgang: »Parteitag Großdeutschland«. Organisation, Verlauf und Funktion des zehnten und letzten Reichsparteitags der NSDAP 1938 in Nürnberg, Erlangen-Nürnberg 1992.
[unveröffentlichte Zulassungsarbeit zum Staatsexamen Universität Erlangen-Nürnberg]

Mosse, George L.: Die Nationalisierung der Massen. Politische Symbolik und Massenbewegungen in Deutschland von den Befreiungskriegen bis zum Dritten Reich, Frankfurt am Main / Berlin / Wien 1976.

Müller-Rytlewski, Marlene: Alltagsmühsal und Parteitagsherrlichkeit. Aus Erlebnisberichten der »Alten Garde«, in: Bernd Ogan / Wolfgang W. Weiß (Hg.): Faszination und Gewalt. Zur politischen Ästhetik des Nationalsozialismus, Nürnberg 1992, S. 105-116.

Museen der Stadt Nürnberg (Hg.): Die Reichsparteitage der NSDAP in Nürnberg, Nürnberg 2002.
[Die neu aufgelegte Dissertation Zelnhefers aus dem Jahr 1991 wurde neu bebildert und um einen Text zur Baugeschichte des Reichsparteitagsgeländes ergänzt. Sie dient seitdem als Katalog für das Dokumentationszentrum Reichsparteitagsgelände.]

Nowotny, Peter: Leni Riefenstahls »Triumph des Willens«, Münster 1981 (= Arbeitshefte zur Medientheorie und Medienpraxis 3).

Ogan, Bernd: Architektur als Weltanschauung. Eine Beitrag über die Ästhetisierung von Politik, in: Centrum Industriekultur (Hg.): Kulissen der Gewalt. Das Reichsparteitagsgelände in Nürnberg, München 1992, S. 123-140.

Ogan, Bernd / Weiß, Wolfgang W. (Hg.): Faszination und Gewalt. Nürnberg und der Nationalsozialismus. Eine Ausstellung, Nürnberg 1990.
[Katalog zur Ausstellung, die sich von 1985 bis 2001 in der Zeppelintribüne befand.]

Ogan, Bernd / Weiß, Wolfgang W. (Hg.): Faszination und Gewalt. Zur politischen Ästhetik des Nationalsozialismus, Nürnberg 1992.
[Der Band versammelt Beiträge von Symposien, die das Pädagogische Institut der Stadt Nürnberg in den achtziger Jahren veranstaltet hat, als es für die Ausstellung Faszination und Gewalt zuständig war.]

Paul, Gerhard: Aufstand der Bilder. Die NS-Propaganda vor 1933, Bonn 1992.
[S. 199-204 zu den frühen Reichsparteitagen]

Raem, Heinz-Albert: Die kirchenpolitischen Auseinandersetzungen auf dem Reichsparteitag der Arbeit vom 6. bis 13. September 1937, in: Gabriel Adrianyi (Hg.): Festgabe für Bernhard Stasiewski zum 75. Geburtstag, Leverkusen 1980, S. 170-187.

Rawlings, John / Passmore, Michael: Die Postgeschichte der Nürnberger Reichsparteitage / The Postal History of the Nuremberg Rallies (German Translation by Günter Deckert), Weinheim 1993.
[Publikation aus dem rechtsextremen Umfeld (Günter Deckert war Vorsitzender der NPD), die neben einer insgesamt fragwürdigen Darstellung der Geschichte der Reichsparteitage zahlreiche Fehler bei Ortsbezeichnungen aufweist, die auf mangelnde Ortskenntnis des als Übersetzer überforderten Deckert herrühren.]

Reichel, Peter: Der schöne Schein des Dritten Reiches. Faszination und Gewalt des Faschismus, München / Wien 1991.
[Auf den Seiten 116-138 behandelt Reichel die Reichsparteitage als »Selbstinszenierung eines Bewegungsregimes«. Dieses Kapitel ist gekürzt abgedruckt in Bernd Ogan / Wolfgang W. Weiß (Hg.): Faszination und Gewalt. Zur politischen Ästhetik des Nationalsozialismus, Nürnberg 1992, S. 137-150.]

Reimers, Karl Friedrich: Die Reichsparteitage als Instrument totaler Propaganda. Appell, Feier, Kult, Magie, in: Zeitschrift für Volkskunde 75 (1979), S. 216-228.

Riefenstahl, Leni: Memoiren, München 1987.
[Eine zu ihrer Zeit im Nationalsozialismus nicht besonders glaubwürdige Darstellung der Regisseurin des Reichsparteitagsfilms »Triumph des Willens« von 1934]

Ritter, Bernd: Die Parteitage der NSDAP. Geschichte, Organisation, Teilnehmergruppen, Hannover 1972.
[unveröffentlichte Zulassungsarbeit]

Roos, Daniel: Julius Streicher und »Der Stürmer« 1923-1945, Paderborn 2014.

Schäfer, Claus W.: »Vom großen Jahrmarkt der Braunhemden«. Die Berichterstattung von französischen Printmedien über die Reichsparteitage 1923-1938, in: Friedrich Kießling / Gregor Schöllgen (Hg.): Bilder für die Welt. Die Reichsparteitage der NSDAP im Spiegel ausländischer Presse, Köln 2006, S. 49-74.

Schivelbusch, Wolfgang: Licht, Schein und Wahn. Auftritte der elektrischen Beleuchtung im 20. Jahrhundert, Berlin 1992.
[Auf den Seiten 40f und 81 bis 93 thematisiert Schivelbusch die Beleuchtung der Zeppelintribüne und den Lichtdom]

Schmidt, Alexander: In Marsch gesetzte Volksgemeinschaft. Zur Intention und Wirkung der Nürnberger Reichsparteitage / A Mobilized Community of People – Intention and Effect oft the Nuremberg Nazi Party Rallies, in: Carolin Höfler / Matthias Karch (Hg.): Marschordnungen. Das Reichsparteitagsgelände in Nürnberg, Berlin 2016, S. 10-27.

Schmidt, Alexander: Nürnberg – die »deutscheste aller deutschen Städte«? Das Bild des spätmittelalterlichen Nürnberg in der nationalsozialistischen Propaganda, in: Maike Steinkamp / Bruno Reudenbach (Hg.): Mittelalterbilder im Nationalsozialismus, Berlin 2013, S. 137-152.

Schoeps-Potthoff, Martina: Die veranstaltete Masse. Nürnberger Reichsparteitage der NSDAP, in: Helge Pross / Eugen Buss (Hg.): Soziologie der Masse, Heidelberg 1985, S, 148-170.

Seidel, M.: Reichsparteitag der NSDAP, 1.-3. September 1933 Nürnberg. »Parteitag des Sieges«, Göttingen 1969.
[Publikation zur Filmedition des Instituts für den wissenschaftlichen Film Göttingen G 117/1969]

Seiderer, Georg: Nürnberg – die »Stadt der Reichsparteitage«. Selbstinszenierung einer Großstadt im »Dritten Reich« (1933–1939), in: Fritz Mayrhofer / Ferdinand Oppl (Hg.): Stadt und Nationalsozialismus, Linz 2008, S. 311–340.

Spormann-Lorenz, U.: »Festliches Nürnberg«. Aufnahmen vom VIII. und IX. Reichsparteitag der NSDAP 1936 und 1937 , Göttingen 1976.
[Publikation zur Filmedition des Instituts für den wissenschaftlichen Film Göttingen G 132/1976]

Stadelmann, Matthias: Geprobte Mobilmachung, Possenreißerei und Rattegekreisch. Der sowjetische Blick auf die Nürnberger Parteitage, in: Friedrich Kießling / Gregor Schöllgen (Hg.); Bilder für die Welt. Die Reichsparteitage der NSDAP im Spiegel ausländischer Presse, Köln 2006, S. 181-212.

Strauss, Helmut K. H.: Richard Wagners Oper »Die Meistersinger von Nürnberg« im Rahmen der Reichsparteitage der NSDAP, in: MVGN 96 (2009), S. 267-291.

Stutterheim, Kerstin D.: Der Sieg des Glaubens – der Film vom Reichsparteitag 1933, in: Kerstin D. Stutterheim (Hg.): Okkulte Weltvorstellungen im Hintergrund dokumentarischer Filme des Dritten Reiches, Berlin 2000, S. 166-187.

Taschen, Angelika (Hg.): Leni Riefenstahl. Fünf Leben, Köln 2000.
[Da der Band auch in der »Kurzbiografie« vollständig die Sichtweise Leni Riefenstahls über ihre Rolle im Dritten Reich ohne jede wissenschaftliche Kritik übernimmt, ist er allenfalls als Bildband und zu Recherchezwecken brauchbar. Positiv hervorzuheben ist die Filmografie und das Literaturverzeichnis. Empfehlenswerter ist der vom Filmmuseum Potsdam herausgegebene Ausstellungskatalog]

Taschka, Sylvia: »The World's Greatest Political Show« – Die Reichsparteitage der NSDAP im Blick amerikanischer Auslandskorrespondenten, in: Friedrich Kießling / Gregor Schöllgen (Hg.): Bilder für die Welt. Die Reichsparteitage der NSDAP im Spiegel ausländischer Presse, Köln 2006, S. 75-90.

Taschka, Sylvia / Schmidt, Alexander: Mutterfrau und »Helferin im Kampfe des Mannes«, Frauen auf den Nürnberger Reichsparteitagen, in: Nadja Bennewitz / Gaby Franger (Hg.): Am Anfang war Sigena. Ein Nürnberger Frauengeschichtsbuch, Cadolzburg 1999, S. 211-222

Thamer, Hans Ulrich: Faszination und Manipulation. Die Nürnberger Reichsparteitage der NSDAP, in: Uwe Schulz (Hg.): Das Fest. Eine Kulturgeschichte von der Antike bis zur Gegenwart, München 1988, S. 352-368.
[knappe und sehr gute Einführung zur Geschichte der Reichsparteitage. Noch immer lesenswert]

Thamer, Hans Ulrich: Von der »Ästhetisierung der Politik«. Die Nürnberger Reichsparteitage der NSDAP, in: Bernd Ogan / Wolfgang W. Weiß (Hg.). Faszination und Gewalt. Zur politischen Ästhetik des Nationalsozialismus, Nürnberg 1992, S. 95-104.

Theweleit, Klaus: Männerphantasien 1 und 2, Basel / Frankfurt am Main 1986.
[Theweleits umfangreiches literarisches Werk bietet eine Interpretation des NS-Kultes und des NS-Terrors. Quellengrundlage sind vor allem Romane über die Freikorps und andere rechtsradikale republikfeindliche Kampfverbände nach 1918. S. 548-552 interpretiert er den »Appell der politischen Leiter« auf dem Reichsparteitag 1937.]

Trimborn, Jürgen: Riefenstahl. Eine deutsche Karriere, Berlin 2002.

Turner, Henry A. (Hg.): Hitler aus nächster Nähe. Aufzeichnungen einer Vertrauten 1929-1932, Frankfurt am Main / Berlin / Wien 1978.
[Seite 7 bis 49 ist ein Bericht eines Sympathisanten der Nationalsozialisten über den Reichsparteitag 1929 abgedruckt.]

Tyrell, Albrecht: III. Reichsparteitag der NSDAP 19.-21. August 1927. Nürnberg, eine Symphonie des Kriegswillens, Göttingen 1976.
[Publikation zur Filmedition des Instituts für den wissenschaftlichen Film Göttingen G 122]

Tyrell, Albrecht: IV. Reichsparteitag der NSDAP 1929, Göttingen 1976.
[Publikation zur Filmedition des Instituts für den wissenschaftlichen Film Göttingen G 140]

Urban, Markus: Die Konsensfabrik. Funktion und Wahrnehmung der NS-Reichsparteitage 1933-1941, Göttingen 2007.
[wichtige Grundlagenarbeit zur Geschichte der Reichsparteitage und ihrer Rezeption]

Vondung, Klaus: Magie und Manipulation. Ideologischer Kult und politische Religion des Nationalsozialismus, Göttingen 1971.

Wenk, Silke: Die weibliche Aktskulptur über der Führertribüne, in: Bernd Ogan / Wolfgang W. Weiß (Hg.): Faszination und Gewalt. Zur politischen Ästhetik des Nationalsozialismus, Nürnberg 1992, S. 211-216.

Wigand, Achim: Die Reichsparteitage des NSDAP im Festdiskurs der Moderne, Erlangen-Nürnberg 1999.
[unveröffentlichte Magisterarbeit Universität Erlangen-Nürnberg]

Winkler, Lutz: »Die Meistersinger von Nürnberg.« Eine Exilzeitung berichtet über die Nürnberger Parteitage, in: Bernd Ogan / Wolfgang W. Weiß (Hg.): Faszination und Gewalt. Zur politischen Ästhetik des Nationalsozialismus, Nürnberg 1992, S. 127-134.

Wolbert, Klaus: Die figurative NS-Plastik, in: Bernd Ogan / Wolfgang W. Weiß (Hg.): Faszination und Gewalt. Zur politischen Ästhetik des Nationalsozialismus, Nürnberg 1992, S. 217-222.

Wunder, Thomas: Das Reichsparteitagsgelände in Nürnberg. Entstehung, Kennzeichen, Wirkung. Eine Einführung zur Begehung des Reichsparteitagsgeländes, Nürnberg 1984.
[Verdienstvolle erste Publikation zum Reichsparteitagsgelände, herausgegeben vom Kunstpädagogischen Zentrum (KPZ) im Germanischen Nationalmuseum]

Wykes, Alan: The Nuremberg Rallies, New York 1970.

Zelnhefer, Siegfried: Die Reichsparteitage der NSDAP, in: Bernd Ogan / Wolfgang W. Weiß (Hg.): Faszination und Gewalt. Zur politischen Ästhetik des Nationalsozialismus, Nürnberg 1992, S. 79-94.

Zelnhefer, Siegfried: Die Reichsparteitage der NSDAP. Ihre Bedeutung und die Auswirkungen auf die Stadt Nürnberg, in: Siedlungsforschung 21 (2003), S. 173-194.

Zelnhefer, Siegfried: Die Reichsparteitage der NSDAP in Nürnberg (Schriftenreihe des Dokumentationszentrums Reichparteitagsgelände 2), Nürnberg 2002.

Zelnhefer, Siegfried: Die Reichsparteitage der NSDAP. Geschichte, Struktur und Bedeutung der größten Propagandafeste im nationalsozialistischen Feierjahr, Nürnberg 1991 (= Nürnberger Werkstücke zur Stadt- und Landesgeschichte Band 46).
[Die gut lesbare und mehrfach aufgelegte Dissertation ist das wichtigste Standardwerk zum Thema Reichsparteitage]

Zelnhefer, Siegfried: Inszenierte Volksgemeinschaft. Bildteil, in: Centrum Industriekultur (Hg.); Kulissen der Gewalt. Das Reichsparteitagsgelände in Nürnberg, München 1992, S. 99-122.

Zelnhefer, Siegfried. »Parteitag der Ehre«. Der Reichsparteitag der NSDAP 1936 in Nürnberg. Vorgeschichte, Vorbereitung, Verlauf, Erlangen-Nürnberg 1981.
[unveröffentlichte Zulassungsarbeit Universität Erlangen-Nürnberg]

Zelnhefer, Siegfried: Rituale und Bekenntnisse. Die Reichsparteitage der NSDAP, in: Centrum Industriekultur (Hg.): Kulissen der Gewalt. Das Reichsparteitagsgelände in Nürnberg, München 1992, S. 89-98.

Nürnberger Gesetze

Adam, Uwe Dietrich: Zur Entstehung und Auswirkung des Reichsbürgergesetzes, in: Aus Politik und Zeitgeschichte B 48/85, S. 14-27.

Brechtken, Magnus / Jasch, Hans-Christian / Kreutzmüller, Christoph / Weise, Niels (Hg.): Die Nürnberger Gesetze – 80 Jahre danach, Göttingen 2017.

Essner, Cornelia: Die »Nürnberger Gesetze« oder Die Verwaltung des Rassenwahns 1933-1945, Paderborn 2002. [Die Habilitationsschrift an der TU Berlin geht auch ausführlich auf das Geschehen beim »Reichsparteitag der Freiheit« ein und bietet erstmals eine kritische Analyse des in diesem Zusammenhang oft zitierten Zeitzeugenberichts von Bernhard Lösener.]

Friedrich, Jörg: Freispruch für die Nazi-Justiz. Die Urteile gegen NS-Richter seit 1948. Eine Dokumentation, Reinbek bei Hamburg 1983. [S. 269-301 wird der Nürnberger »Rasseschandeprozeß« gegen Leo Katzenberger im März 1942 und seine juristische Aufarbeitung anch 1945 dokumentiert.]

Frommer, Hartmut: Die Nürnberger Rassegesetze. Hitler bahnt mit Scheinlegalität seinen Weg zu höchstem Unrecht, in: Andrea M. Kluxen / Julia Krieger (Hg.): Geschichte und Kultur der Juden in Nürnberg. Franconia Judaica Band 8, Würzburg 2014, S. 315-346.

Frommer, Hartmut / Westner, Kathrin: »Ein Justizkollegium weit schlimmer wie eine Diebesbande«. Die Vernichtung von Leo Katzenberger durch das Sondergericht Nürnberg, in: MVGN 84 (1997), S. 149-224.

Gruchmann, Lothar: »Blutschutzgesetz« und Justiz. Zur Entstehung und Anwendung des Nürnberger Gesetzes vom 15. September 1935, in: Aus Politik und Zeitgeschichte B 48/85, S. 28-38.

Gruchmann, Lothar: Das »Blutschutzgesetz« vom 15. September 1935. Entstehung, Anwendung und rechtsgeschichtliche Bedeutung, in: Manfred Treml / Josef Kirmeier / Evamaria Brockhoff (Hg.): Geschichte und Kultur der Juden in Bayern. Aufsätze, München 1988, S. 469-478.

Hecht, Ingeborg: Als unsichtbare Mauern wuchsen. Eine deutsche Familie unter den Nürnberger Rassegesetzen, Hamburg 1984.

Hecht, Ingeborg: Von der Heilsamkeit des Erinnerns. Opfer der Nürnberger Gesetze begegnen sich, Hamburg 1991.

Jahn, Carlo: »Stiefel und Stempel«. Die Nürnberger Gesetze und der Weg in den Holocaust, in: Nürnberg heute. Sonderheft: Erinnerung ist nicht teilbar. Trauer – Dankbarkeit – Selbstverpflichtung, Nürnberg 1995, S. 26-29.

Jasch, Hans-Christian: Staatssekretär Wilhelm Stuckart und die Judenpolitik – Der Mythos von der sauberen Verwaltung, München 2012.

Kohl, Christiane: Der Jude und das Mädchen. Eine verbotene Freundschaft in Nazideutschland, Hamburg 1997. [Auf dem gut recherchierten Buch der Journalistin über den Justizmord an dem Vorsitzenden der Nürnberger Israelitischen Kultusgemeinde Leo Katzenberger im Rahmen eines »Rasseschandeprozesses« beruht der Film »Leo und Claire« von Josef Vilsmaier aus dem Jahr 2002.]

Kramer, Helmut: Im Namen des Volkes. Die Nürnberger Justiz von 1933 bis heute, in: Bernd Ogan / Wolfgang W. Weiß (Hg.): Faszination und Gewalt. Zur politischen Ästhetik des Nationalsozialismus, Nürnberg 1992, S. 61-70. [Gute, kurze Information zum Nürnberger Sondergericht, dem Nürnberger Juristenprozeß und zu den Versäumnissen der bundesdeutschen Justiz]

Kulka, Otto Dov: Die Nürnberger Rassegesetze und die deutsche Bevölkerung im Lichter geheimer NS-Lage und Stimmungsberichte, in: VfZ 4 (1984), S. 582-624.

Longerich, Peter: »Davon haben wir nichts gewusst!« Die deutschen und die Judenverfolgung 1933-1945, München 2006. [S. 75-100 zu den Nürnberger Gesetzen]

Longerich, Peter: Politik der Vernichtung. Eine Gesamtdarstellung der Judenverfolgung, München / Zürich 1998. [S. 102-115 zu den Nürnberger Gesetzen]

Lösener, Bernhard: Als Rassereferent im Reichsministerium des Inneren, in: VfZ 9 (1961), S. 262-313. [Obwohl auch als Rechtfertigungsversuch eines Beteiligten zu sehen, ist der Aufsatz eine wichtige Quelle zur Entstehung der Nürnberger Gesetze.]

Neliba, Günter: Wilhelm Frick. Eine politische Biografie, Paderborn / München / Wien / Zürich 1992. [S. 198-209 zu den Nürnberger Gesetzen]

Radlmaier, Steffen (Hg.): Das Nürnberg-Lesebuch, Nürnberg 1994. [S. 178-209 literarische Zeugnisse zum kriegzerstörten Nürnberg und zum Nürnberger Prozeß]

Reif, Adalbert (Hg.): Albert Speer. Kontroversen um ein deutsches Phänomen, München 1978

Stadt Nürnberg (Hg.): Das NS-Staatsverbrechen. Zur Enttabuisierung der zwölf Nürnberger Nachfolgeprozesse. Zwangsarbeit in Nürnberg 1939-1945, Nürnberg o.J. [Zeitung zu einem Projekt der Geschichtswerkstatt des Bildungszentrums mit wichtigen Recherchen zur Zwangsarbeit in Nürnberg von Gabi Müller-Ballin]

Strecker, Richard M. (Hg.): Dr. Hans Globke. Aktenauszüge, Dokumente, Hamburg 1961. [Dokumentation zur Tätigkeit Hans Globkes, der einen Kommentar zu den Nürnberger Gesetzen mitverfaßt hatte und nach 1945 enger Mitarbeiter Konrad Adenauers im Bundeskanzleramt war. Auf S. 117-123 geht es um den Prozeß gegen Leo Katzenberger in Nürnberg 1942.]

Triebswetter, Jutta: Unrecht im Namen des Volkes. 50 Jahre Nürnberger Gesetze, in: Nürnberg heute 39 (1985), S. 2-6.

Reichsparteitagsgelände nach 1945 und Umgang mit der NS- Vergangenheit in Nürnberg

Ausstellungskatalog Deutsche Bauausstellung Nürnberg 1949, Nürnberg 1949.

Ausstellungszeitung Deutsche Bauausstellung Nürnberg 1949, Nürnberg 1949.

Bächer, Max: Spurensuche, in: Beyer, Andreas / Lampugnani, Vittorio / Schweikhart, Gunter (Hg.): Hülle und Fülle. Festschrift für Tilmann Buddensieg, Alfter 1993, S.13-29. [Artikel über die Reste des Deutschen Stadions und des Baumodells für das Deutsche Stadion bei Oberklausen im Hirschbachtal]

BauLust. Initiative für Architektur und Öffentlichkeit e.V. (Hg.): Positionen 2014. Zum Umgang mit der Zeppelintribüne und dem Reichsparteitagsgelände, Nürnberg 2014.

Baulust e.V. (Hg.): Positionen. Zum Umgang mit dem ehemaligen Reichsparteitagsgelände, Nürnberg 2004.

Beer, Helmut (Hg.): Wieder Leben. Nürnberg vor 50 Jahren. Fotografien von Ferdinand Vitzethum. Nürnberger Fotobücher Band 1, Nürnberg 1997. [Mit einigen eindrucksvollen Aufnahmen von der Nutzung des Reichsparteitagsgeländes nach 1945 sowie Fotos von den Reichsparteitagen selbst]

Bencker, Nikolaus: Rundgang durch die Kongresshalle, in: Stadt Nürnberg / Baureferat (Hg.): Unbequeme Denkmäler. Kurzführer zum Tag des offenen Denkmals 2013, Nürnberg 2013, S. 14-17.

Büsch, Jessica: Integration der Lager VALKA, Flüchtlingssiedlung in Nürnberg, dargestellt an Beispielen. Ein Beitrag für den Schülerwettbewerb »Deutsche Geschichte« um den Preis des Bundespräsidenten zum Thema »Unser Ort – Heimat für Fremde«, Nürnberg 1989. [Beitrag zum Lagergelände in Langwasser und seiner Bewohner, vorhanden in der Stadtbibliothek Nürnberg]

Bobach, Ulrike: Pädagogische Arbeit mit Jugendlichen auf dem ehemaligen Reichsparteitagsgelände am Beispiel von Rundgängen und der Arbeit des Dokuzentrums. Eine Auseinandersetzung mit der nationalsozialistischen Stadtgeschichte Nürnbergs, Diplomarbeit Georg-Simon-Ohm Fachhochschule Nürnberg 2004.

Bund Deutscher Architekten (BDA) (Hg.): Nürnberg – schöneres Nürnberg. 1. Denkschrift des Bundes Deutscher Architekten BDA zur Stadtentwicklung, Nürnberg 1963. [Die Denkschrift schlägt unter anderem die Beseitigung eines Teils der Großen Straße, einen Teilabriss der Kongresshalle sowie verschiedenen Neubauten auf dem Reichsparteitagsgelände vor – ein sehr früher Beleg für eine architektonische Auseinandersetzung mit dem Reichsparteitagsgelände.]

Dietzfelbinger, Eckart: Der Umgang der Stadt Nürnberg mit dem früheren Reichsparteitagsgelände, Nürnberg 1990 (= Beiträger zur politischen Bildung Nr. 9/1990). [Immer noch lesenwerte Zusammenfassung zur Nachkriegsgeschichte des Reichsparteitagsgeländes]

Dietzfelbinger, Eckart: Erblast aus Stein. Der Umgang mit dem ehemaligen Reichsparteitagsgelände, in: Nürnberg heute, Sonderheft: Erinnerung ist nicht teilbar. Trauer – Dankbarkeit – Selbstverpflichtung, Nürnberg 1995, S. 60-65.

Dietzfelbinger, Eckart: Erblast aus Stein – Das ehemalige Reichsparteitagsgelände in Nürnberg, in: Gerd Zimmermann / Christiane Wolf (Hg.): Vergegenständlichte Erinnerung. Über Relikte der NS-Architektur, Weimar 1999, S. 21-29.

Dietzfelbinger, Eckart: »Faszination und Gewalt«. Vom Umgang mit dem ehemaligen Reichsparteitagsgelände, in: Gedenkstättenrundbrief Nr. 89 6/1999, S. 6-17.

Dietzfelbinger, Eckart: »Faszination und Gewalt«. Vom Umgang mit dem ehemaligen Reichsparteitagsgelände in Nürnberg, in: Bayerische Landeszentrale für politische Bildungsarbeit (Hg.): Spuren des Nationalsozialismus. Gedenkstättenarbeit in Bayern, München 2000, S. 163-175.

Dietzfelbinger, Eckart: Kunst auf dem ehemaligen Reichsparteitagsgelände, in: Kunsthalle Nürnberg (Hg.): Das Gelände, Nürnberg 2008, S. 66-79.

Dietzfelbinger, Eckart: Reichsparteitagsgelände Nürnberg. Restaurieren – Nutzen – Vermitteln, in: Durth, Werner: Architektur und Städtebau der 30er/40er Jahre. Ergebnisse der Fachtagung in München, 26.-28. November 1993, des Deutschen Nationalkomitees für Denkmalschutz, Bonn 1994, S. 64-73.

Dietzfelbinger, Eckart: Zur Kultur der Erinnerung: Das NS-Reichsparteitagsgelände in Nürnberg, in: Jim G. Tobias / Peter Zinke (Hg.): Jahrbuch des Nürnberger Instituts für NS-Forschung und jüdische Geschichte des 20. Jahrhunderts, Nürnberg 2004, S. 31-54.

Dietzfelbinger, Eckart / Glaser, Uli: Das Reichsparteitagsgelände und der Justizpalast in Nürnberg. Eine kleine Geschichte des Umgangs mit der Hinterlassenschaft der Nazis, in: Bernd Wagner (Hg.): Jahrbuch für Kulturpolitik 2009, Essen 2009, S. 309-318.

Fischer, Bernhard: Sanierung der Großen Straße in Nürnberg, in: Bautechnik Heft 7, 72. Jg.(1996), S. 443-446.

Fleischmann, Claus: Multifunktionaler Monolith. Heutige Nutzungen der Kongresshalle, in: Hans-Christian Täubrich (Hg.): Die Kongresshalle in Nürnberg. Architektur und Geschichte, Petersberg 2014, S. 165-176.

Friedensdorf, Jugendsiedlung Friedensdorf, Nürnberg 1949.

Führer durch die Deutsche Bauausstellung Nürnberg 1949, Nürnberg 1949.

Fütterer, Hilmar: Problem der Vergangenheitsbewältigung. Die Kongresshalle auf dem ehemaligen Reichsparteitagsgelände in Nürnberg, Erlangen-Nürnberg 1989. [unveröffentlichte Magisterarbeit Universität Erlangen-Nürnberg]

Geschichte Für Alle e.V. (Hg.): Nürnberg-Langwasser. Geschichte eines Stadtteils, Nürnberg 1995. [S. 73ff Beiträge von Bernd Windsheimer zur Geschichte der Lager und der Entstehung Langwassers ab 1945 auf dem Märzfeld und dem Lagerareal des Reichsparteitagsgeländes]

Glaser, Hermann: Nürnberg – Eine Stadt wie jede andere? Die Last, als Symbol des Nationalsozialismus zu gelten, in: Bernd Ogan / Wolfgang W. Weiß (Hg.): Faszination und Gewalt. Zur politischen Ästhetik des Nationalsozialismus, Nürnberg 1992, S. 39f.

Glaser, Hermann: Nürnberg, die mißbrauchte Stadt?, in: Nürnberg heute, Sondernummer 1979, S. 34-39.

Gregor, Neil: Haunted City. Nuremberg and the Nazi Past, New Haven/London/Yale 2008.

Gregor, Neil: »Is he still alive or long since dead?« Loss, absence and rememberance in Nuremberg, 1945-1956, in: German history 21 (2003), S. 183-203.

Gregor, Neil: Zwischen Gedächtnislücken und Bewältigungsdiskurs: Die Erinnerung an Nationalsozialismus und Zweiten Weltkrieg in Nürnberg nach 1945, in: MVGN 92(2005), S. 327-342.

Grzesiek, Walter: Tennis an Hitlers Tribüne, in: Presse- und Informationsamt der Stadt Nürnberg (Hg.): Nürnberg. Die Stadt, Nürnberg 1995, S. 92-95. [Reportage über einen Rundgang auf dem ehemaligen Reichsparteitagsgelände von Geschichte Für Alle e.V.]

Hauptamt für Hochbauwesen (Hg.): Vorschläge über Verwendungsmöglichkeiten der ehemaligen Kongresshalle, Nürnberg 1955.

Heigl, Peter: Die US-Armee in Nürnberg auf Hitlers »Reichsparteitagsgelände«, Nürnberg 2005.

Jaskot, Paul B.: The Reich Party Ralley Grounds revisited: The Nazi Past in postwar Nuremberg, in: Gavriel Rosenfeld / Paul B. Jascot (ed.), Beyond Berlin: Twelve German Cities Confront the Nazi Past, Ann Arbor 2008, S. 143-162.

Jochem, Gerhard: Der Luftkrieg im Urteil der Zeitzeugen heute, in: Michael Diefenbacher / Wiltrud Fischer-Pache (Hg.): Der Luftkrieg gegen Nürnberg. Der Angriff am 2. Januar 1945 und die zerstörte Stadt, Nürnberg 2004, S. 491-515

Käs, Rudolf: Auftrag des Gewissens. Vom Umgang mit der Vergangenheit, in: Nürnberg heute, Sonderheft: Erinnerung ist nicht teilbar. Trauer – Dankbarkeit – Selbstverpflichtung, Nürnberg 1995, S. 30-33.

Käs, Rudolf: Schwieriges Erbe nach 1945. Bildteil, in: Centrum Industriekultur (Hg.): Kulissen der Gewalt. Das Reichsparteitagsgelände in Nürnberg, München 1992, S. 141-162.

Katheder, Doris / Weiß, Matthias (Hrsg.): Jenseits der Faszination? Die Ausstellung zum Nationalsozialismus in der Nürnberger Zeppelintribüne 1984-2001, Würzburg 2013.

Klugmann, Norbert: Gigantische Zeugen eines Wahns. Ein Bericht, in: Zeitmagazin Nr. 12 (1988), S. 14-26.

König, Frank: Die Gestaltung der Vergangenheit. Zeithistorische Orte und geschcihtspolitik im vereinten Deutschland, Marburg 2007.
[S. 117-160 zum Reichsparteitagsgelände nach 1945]

Kunsthalle Nürnberg (Hg.): Das Gelände, Nürnberg 2008.

Leitgeber, Andreas: Besser ankommen. Das dynamische Verkehrsleitsystem Messe/Stadion/ARENA, in: Nürnberg heute 76 (2004), S. 10-13.
[Das Verkehrsleitsystem betrifft vor allem das ehemalige Reichsparteitagsgelände]

Liedtke, Gerd Dieter: Das Erbe Albert Speers. Zwischen Bann und Faszination. Nürnbergs Verhältnis zum Reichsparteitagsgelände, Nürnberg 1987.
[unveröffentlichtes Manuskript einer Radiosendung des Bayerischen Rundfunks am 5.12.1987]

Linkenheil, Rolf: Ein Abfallhaufen der Geschichte? Nürnberg und das Erbe des Nationalsozialismus, in: Bayerland Heft 2 (1990), S. 24-29.

Lübbeke, Wolfram: Denkmäler des Übertreffens. Das Reichsparteitagsgelände in Nürnberg als Denkmal und Gedenkstätte, in: Jahrbuch der bayerischen Denkmalpflege Band 41 für das Jahr 1987 (erschienen 1991), S. 210-222.

Macdonald, Sharon: Difficult Heritage. Negotiating the nazi past in Nuremberg and beyond, Abingdon 2009.

Mittig, Hans Ernst: NS-Architektur für uns, Nürnberg 1991 (= Beiträge zur politischen Bildung 10).
[Wichtiger Beitrag zur Auseinandersetzung mit NS-Architektur am Beispiel des ehemaligen Reichsparteitagsgeländes, auch in: Bernd Ogan / Wolfgang W. Weiß (Hg.): Faszination und Gewalt. Zur politischen Ästhetik des Nationalsozialismus, Nürnberg 1992, S. 245-266 und in: Werner Durth / Winfried Nerdinger (Hg.): Architektur und Städtebau der 30er/40er Jahre, o.O., o.J., S. 125-149.]

Oberth, Matthias: »Ich bemühe mich, das Stigma von Nürnberg zu nehmen!« Interview mit Arno Hamburger, in: Nürnberg heute, Sonderheft: Erinnerung ist nicht teilbar. Trauer – Dankbarkeit – Selbstverpflichtung, Nürnberg 1995, S. 34-36.

Ranft, Ferdinand: Opfer seiner Geschichte, in: Merian Nürnberg 34 Jg. (1981) Heft 6: Nürnberg, S. 34-36.

Reichel, Peter: Politik mit der Erinnerung. Gedächtnisorte im Streit um die nationalsozialistische Vergangenheit München 1995, S. 35-42.

Reither, Ingmar: Das ehemalige Reichsparteitagsgelände als Exkursionsziel. Methodische Ansätze einer schulklassenspezifischen Vermittlungstätigkeit, Erlangen-Nürnberg 1995.
[Die unveröffentlichte Zulassungsarbeit (Universität Erlangen-Nürnberg) analysiert auch den Rundgang über das ehemalige Reichsparteitagsgelände von Geschichte Für Alle e.V.]

Reinwald, Thomas: Als auf dem Norisring noch Motorräder fuhren, Erlangen 1995.

Schmidt, Alexander: Das bröckelnde Gedächtnis der Orte. Umbau, Erhalt oder Verfall von NS-Bauten in Flossenbürg und Nürnberg, in: Hammermann, Gabriele / Riedel, Dirk (Hg.): Sanierung, Rekonstruktion, Neugestaltung. Zum Umgang mit historischen Bauten in Gedenkstätten, Göttingen 2014, S. 118-133.

Schmidt, Alexander (Hg.): Das Gelände. Dokumentation. Perspektiven. Diskussion. 1945-2015. Ausstellungskatalog des Dokumentationszentrums Reichsparteitagsgelände, Petersberg 2015.
[aktuelle Übersicht zum Umgang mit dem Reichsparteitagsgelände nach 1945]

Schmidt, Alexander: Der »Caprifischer« vom Silbersee – Probleme einer Nachkriegsdeponie, in: Abfallwirtschaft und Reinigungsbetrieb Nürnberg (ASN): Die Nürnberger Abfallwirtschaft und Straßenreinigung 1899-1999. Ein Jahrhundert Geschichte, Nürnberg 1999, S. 32f.

Schmidt, Alexander: »Ein Felsklotz, der in der Gegend steht.« Die Kongresshalle nach 1945, in: Hans-Christian Täubrich (Hg.): Die Kongresshalle in Nürnberg. Architektur und Geschichte, Petersberg 2014, S. 91-111.

Schmidt, Alexander: »Schattenort« Nürnberg? Von der Last der Vergangenheit zur touristischen Vermarktung, in: Eisenhuth, Stefanie / Sabrow, Martin (Hg.): Schattenorte. Stadtimages und Vergangenheitslasten, Göttingen 2017, S. 98-116.

Schmidt, Alexander: Täterorte, Memoriale, postmoderne Umwertungen. Aneignungen von nationalsozialistischer Architektur in Deutschland, in: G. Ulrich Großmann / Petra Krutisch (Hg.): The Challange of the Objekt / Die Herausforderung des Objekts. 33. Internationaler Kunsthistoriker-Kongress, Nürnberg 2013, S. 1141-1145.

Schmidt, Alexander: Weder braun noch schwarz. Tourismus auf dem ehemaligen Reichsparteitagsgelände, in: Quak, Hans-Dieter/Steinecke, Albrecht (Hrsg.): Dark Tourism. Faszination des Schreckens, Paderborn 2012, S. 171-191.

Schürgers, Norbert: Faszination und Gewalt. Von der Schwierigkeit, die NS-Vergangenheit zu dokumentieren, in: Nürnberg heute 54 (1993), S. 34-40.

Sembach, Klaus Jürgen: Einführung in ein verwüstetes Gelände, in: Centrum Industriekultur (Hg.). Kulissen der Gewalt. Das Reichsparteitagsgelände in Nürnberg, München 1992, S. 7-12.
[Sembach schlagt eine architektonisch-künstlerische Auseinandersetzung mit dem Reichsparteitagsgelände als »bewohntes Denkmal« vor.]

Siegler, Bernd: »Laßt Nürnberg mit eueren Hetzparolen in Ruhe!«, in: Nürnberg heute, Sonderheft: Erinnerung ist nicht teilbar. Trauer – Dankbarkeit – Selbstverpflichtung, Nürnberg 1995, S. 37-43.
[Überblick zur Auseinandersetzung mit neonazistischen Tendenzen in Nürnberg ab 1945]

Stadt Nürnberg (Hg.): Städtebaulicher Ideenwettbewerb für das ehemalige Reichsparteitagsgelände. Dokumentation, Nürnberg 2001.

Stadt Nürnberg, Baureferat (Hrsg.): Unbequeme Denkmäler. Kurzführer zum Tag des offenen Denkmals, Nürnberg 2013.

Stadt Nürnberg / Hochbauamt (Hg.): Das Franken-Stadion, Nürnberg 1991.
[Broschüre zur Neueröffnung nach dem Stadionumbau]

Stadt Nürnberg. Presse- und Informationsamt (Hg.): Lernort Zeppelinfeld. Projekt zum Erhalt eines nationalen Erbes, Nürnberg 2013.

Steinbach, Peter: Gedenkstätten zu Denkstätten. Thesen zu zeitgeschichtlichen Ausstellungen, in: Bernd Ogan / Wolfgang W. Weiß (Hg.): Faszination und Gewalt. Zur politischen Ästhetik des Nationalsozialismus, Nürnberg 1992, S. 295-297.
[Überlegungen im Zusammenhang mit der Ausstellung Faszination und Gewalt, die bis 2001 in der Zeppelintribüne bestand.]

Studt, André / Schweneker, Claudia (Hrsg.): SchattenOrt: Theater auf dem Nürnberger Reichsparteitagsgelände. Ein Monument des NS-Größenwahns als Lernort und Bildungsmedium, Bielefeld 2013.

Täubrich, Hans-Christian (Hrsg.): Die Kongresshalle Nürnberg. Architektur und Geschichte, Petersberg 2014.

Tobias, Jim G. / Zinke, Peter: Nakam. Jüdische Rache an NS-Tätern, Hamburg 2000.
[u.a. zu einem Anschlag auf das Internierungslager in Langwasser]

Wachter, Clemens: »… der harten Wirklichkeit unserer Tage entsprechend durchgeführt.« Die Deutsche Bauausstellung 1949, in: Diefenbacher, Michael / Henkel, Matthias (Hrsg.): Wiederaufbau in Nürnberg, Nürnberg 2009, S. 84-101

Wagner, David: Auf dem Reichsparteitagsgelände, Nürnberg, in: Stephan Porombka / Hilmar Schmundt (Hg.): Böse Orte. Stätten nationalsozialistischer Selbstdarstellung – heute, Berlin 2005, S. 116-128.

Weiß, Wolfgang W.: Chronologie der Versäumnisse. Der Umgang mit dem Reichsparteitagsgelände nach 1945, in: Centrum Industriekultur (Hg.): Kulissen der Gewalt. Das Reichsparteitagsgelände in Nürnberg, München 1992, S. 163-175.

Weiß, Wolfgang W.: »Ruinenwerte.« Das Nürnberger Reichsparteitagsgelände nach 1945, in: Bernd Ogan / Wolfgang W. Weiß (Hg.): Faszination und Gewalt. Zur politischen Ästhetik des Nationalsozialismus, Nürnberg 1992, S. 225-240.

Windsheimer, Bernd: Der Neuanfang. Absonderung und Entnazifizierung von Nationalsozialisten. Das Internierungslager Nürnberg-Langwasser, in: Geschichte Für Alle e.V. (Hg.): Nürnberg-Langwasser – Geschichte eines Stadtteils, Nürnberg 1995, S. 73-78.

Windsheimer, Bernd: »Geht er auf die Kanzel, geht er ins Gefängnis …« Die Entnazifizierungsverfahren gegen [die Pfarrer] Kern und Langenfass, in: Geschichte Für Alle e.V. (Hg.): 100 Jahre Dreieinigkeitskirche. Nürnberg-Gostenhof 1903-2003, Nürnberg 2003, S. 94-99.

Windsheimer, Bernd: Keine Heimat mehr. Vom Valka-Lager zum Bundessammellager, in: Geschichte Für Alle e.V. (Hg.): Nürnberg-Langwasser. Geschichte eines Stadtteils, Nürnberg 1995, S. 83-94.

Wollenberg, Jörg: Vergangenheit bewältigt?, in: Nürnberg zu Fuß. 20 Stadtteilrundgänge durch Geschichte und Gegenwart, Hamburg 1988, S. 274f.

Zelnhefer, Siegfried: Erinnerungsarbeit am Ort der Täter. Zur Zukunft des ehemaligen Reichsparteitagsgeländes, in: Nürnberg heute 74 (2003), S. 10-17.

Zelnhefer, Siegfried: Stadtrundgang für Fortgeschrittene Der Verein Geschichte Für Alle, in: Nürnberg heute 51 (1991), S. 58-61.
[u.a. zu Rundgängen auf dem ehemaligen Reichsparteitagsgelände]

Zelnhefer, Siegfried: Geschichte ist nicht teilbar. Im Jahr 2005 erinnern Gedenktage an den Terror der Naziherrschaft, Verfolgung, Krieg und die Hoffnung auf eine bessere Welt, in: Nürnberg heute 77 (2004), S. 4-9.

Dokumentationszentrum und Bildungsarbeit

Christmeier, Martina: Besucher am authentischen Ort. Eine empirische Studie im Dokumentationzentrum Reichsparteitagsgelände, Idstein 2009.

Christmeier, Martina / Metzger, Pascal: Nationalsozialismus ausstellen: Zum Umgang mit NS-Objekten im Dokumentationszentrum Reichsparteitagsgelände Nürnberg, in: S. 191-208.

Dietzfelbinger, Eckart: Erläuterungen des Konzeptes für das Dokumentationszentrum am Reichsparteitagsgelände und das geplante Lern- und Studienforum, in: Kreisjugendring Nürnberg-Stadt u.a. (Hg.): Pädagogik wider das Vergessen. Das alleine reicht nicht! Dokumentation der Fachtagung zum Thema pädagogische Arbeit mit Kindern und Jugendlichen anhand des Reichsparteitagsgeländes, Nürnberg 1999, S. 78-82.

Dokumentationszentrum Reichsparteitagsgelände Nürnberg, in: Wettbewerbe aktuell 3/1999, S. 43-46.
[Vorstellung der ersten drei Preise für das Dokumentationszentrum]

Grillmeyer, Siegfried / Ackermann, Zeno (Hg.) Erinnern für die Zukunft. Die nationalsozialistische Vergangenheit als Lernfeld der politischen Jugendbildung, Schwalbach/Taunus 2002.

Kammerer, Bernd / Prölß-Kammerer, Anja (Hg.): recht extrem.de. Auseinandersetzung mit Nationalsozialismus und Rechtsextremismus. Konzepte und Projekte der politischen und historischen Bildung, Nürnberg 2002.

Müller-Rieger, Monika / Schmidt, Alexander (Hg.): Kulturgeschichte und Erinnerungskultur. Ausstellungen von und mit Hans-Christian Täubrich, Nürnberg 2014.

Museen der Stadt Nürnberg (Hg.): Dokumentationszentrum Reichsparteitagsgelände. Begleitheft, Nürnberg 2001.
[Kleines Heft mit Übersicht zu den Reichsparteitagen, zum Reichsparteitagsgelände und zur Geschichte Nürnbergs im Nationalsozialismus]

Museen der Stadt Nürnberg (Hg.): Dokumentationszentrum Reichsparteitagsgelände Nürnberg. Denkschrift zur Auseinandersetzung mit dem steinernen Erbe der nationalsozialistischen Gewaltherrschaft, Nürnberg 1996. [Erstes Konzept des Dokumentationszentrums mit einem leuchtturmähnlichen Bau als Bekenntnis zur Aufklärung und ihren humanen Werten]

Museen der Stadt Nürnberg (Hg.): Faszination und Gewalt. Dokumentationszentrum Reichsparteitagsgelände Nürnberg, Nürnberg 2006.

Museen der Stadt Nürnberg (Hg.): Projekt eines Dokumentationszentrums zur NS-Geschichte. Reichsparteitagsgelände Nürnberg: Kulissen der Gewalt, Nürnberg 1997. [Erste Broschüre mit dem Dokumentationszentrum als Pavillon vor der Kongresshalle, wurde so nicht verwirklicht]

Museen der Stadt Nürnberg (Hg.): Projekt eines Dokumentationszentrums zur NS-Geschichte. Reichsparteitagsgelände Nürnberg: Ausstellungsobjekte, Nürnberg 1997. [Zweite Broschüre mit Baumodell des Pavillons und »Kommunikationsbereich« für Besucher mit Internetzugang. Beides nicht verwirklicht]

Museen der Stadt Nürnberg (Hg.): Projekt eines Dokumentationszentrums zur NS-Geschichte. Reichsparteitagsgelände Nürnberg, Nürnberg 1997. [Dritte Broschüre mit dem »Gutachten zur künftigen musealen Nutzung« von Gregor Schöllgen]

Oschmann, Julia: »...und raus bist Du!« . Ein Projekttag zu Gruppendruck und Gruppenzwang für Hauptschüler/-innen der 9. Klasse, in: Bernd Kammerer / Anja Prölß-Kammerer, (Hg.): recht extrem.de. Auseinandersetzung mit Nationalsozialismus und Rechtsextremismus – Konzepte und Projekte der politischen und historischen Bildung, Nürnberg 2002, S. 217-235. [siehe auch den unten verzeichneten Aufsatz von Christina Zitzmann]

Prölß-Kammerer, Anja: Die pädagogische Arbeit rund um das Dokumentationszentrum auf dem ehemaligen Reichsparteitagsgelände in Nürnberg. Voraussetzungen, Konzepte und Praxis, in: Bernd Kammerer, / Anja Prölß-Kammerer, (Hg.): recht extrem.de. Auseinandersetzung mit Nationalsozialismus und Rechtsextremismus – Konzepte und Projekte der politischen und historischen Bildung, Nürnberg 2002, S. 88-109.

Prölß-Kammerer, Anja: Die Konzeption »Pädagogik rund um das Dokumentationszentrum«, in: Kreisjugendring Nürnberg-Stadt (Hg.): Pädagogik wider das Vergessen – die Ausstellung »Faszination und Gewalt« als Lernort für Kinder und Jugendliche? Eine Fachtagung zum Thema pädagogische Arbeit mit Kindern und Jugendlichen rund um das Dokumentationszentrum Reichsparteitagsgelände. Dokumentation, Nürnberg 2000, S.40-50.

Schmidt, Alexander: Antifaschistische Stadtrundfahrt. Strategie gegen Rechtsradikalismus?, in: Geschichte quer. Zeitschrift der bayerischen Geschichtswerkstätten, Heft 2 (Dezember 1992-Sommer 1993), S. 9f.

Schmidt, Alexander: Ein »Speer im Speer«. Die Architektur des Dokumentationszentrums Reichsparteitagsgelände, in: Hans-Christian Täubrich (Hg.): Die Kongresshalle in Nürnberg. Architektur und Geschichte, Petersberg 2014, S. 113-125.

Schmidt, Alexander: Jugendliche auf dem ehemaligen Reichsparteitagsgelände 1999, in: Kreisjugendring Nürnberg-Stadt u.a. (Hg.): Pädagogik wider das Vergessen. Das alleine reicht nicht! Dokumentation der Fachtagung zum Thema pädagogische Arbeit mit Kindern und Jugendlichen anhand des Reichsparteitagsgeländes, Nürnberg 1999, S. 8f.

Schmidt, Alexander: Mit Jugendlichen im Jüdischen Museum Franken und am Reichsparteitagsgelände. Ein Praxisbericht, in: Kreisjugendring Nürnberg-Stadt (Hg.): Pädagogik wider das Vergessen – die Ausstellung »Faszination und Gewalt« als Lernort für Kinder und Jugendliche? Eine Fachtagung zum Thema pädagogische Arbeit mit Kindern und Jugendlichen rund um das Dokumentationszentrum Reichsparteitagsgelände. Dokumentation, Nürnberg 2000, S. 31-35.

Schmidt, Alexander: Reichsparteitagsgelände revisited. Zum Umgang mit monumentaler NS-Architektur am Beispiel Nürnberg, in: Geschichte quer. Zeitschrift der bayerischen Geschichtswerkstätten 2 (1993), S. 11f. [zur Arbeit von Geschichte Für Alle e.V. auf dem ehemaligen Reichsparteitagsgelände]

Schmidt, Alexander: »Sind Sie der Führer?« Nationalsozialismus als Thema von Stadtrundgängen (zum Beispiel in Nürnberg), in: Siegfried Grillmeyer / Zeno Ackermann (Hg.): Erinnern für die Zukunft. Die nationalsozialistische Vergangenheit als Lernfeld der politischen Jugendbildung, Schwalbach/Taunus 2002, S. 99-111.

Schmidt, Alexander: Zur pädagogischen Arbeit mit Kindern und Jugendlichen auf dem ehemaligen Reichsparteitagsgelände, in: Kreisjugendring Nürnberg-Stadt u.a. (Hg.): Pädagogik wider das Vergessen. Das alleine reicht nicht! Dokumentation der Fachtagung zum Thema pädagogische Arbeit mit Kindern und Jugendlichen anhand des Reichsparteitagsgeländes, Nürnberg 1999, S. 30-35.

Schöllgen, Gregor: Gutachten zur künftigen musealen Nutzung, in: Museen der Stadt Nürnberg (Hg.): Projekt eines Dokumentationszentrums zur NS-Geschichte. Reichsparteitagsgelände Nürnberg, Nürnberg 1997, o.S. (S. 19-34).

Täubrich, Hans-Christian: Das Dokumentationszentrum Reichsparteitagsgelände. Landmarke und Lernort, in: Hans-Christian Täubrich (Hg.): Die Kongresshalle in Nürnberg. Architektur und Geschichte, Petersberg 2014, S. 133-143.

Schuster, Martina: Das Studienforum am Dokumentationszentrum Reichsparteitagsgelände in Nürnberg, in: Siegfried Grillmeyer / Zeno Ackermann (Hg.): Erinnern für die Zukunft. Die nationalsozialistische Vergangenheit als Lernfeld der politischen Jugendbildung, Schwalbach/Taunus 2002, S. 60-69.

Sonnenberger, Franz: Eine Stadt stellt sich ihrer Vergangenheit. Dokumentationszentrum Reichsparteitagsgelände Nürnberg, in: Burkhard Asmuss / Hans-Martin Hinz (Hg): Historische Stätten aus der Zeit des Nationalsozialismus. Orte des Erinnerns, des Gedenkens und der kulturellen Weiterbildung? Zum Umgang mit Gedenkorten von nationaler Bedeutung in der Bundesrepublik Deutschland. Symposium am 23. und 24. November 1998 im Deutschen Historischen Museum, S. 45-59.

Sonnenberger, Franz: Faszination und Gewalt. Dokumentationszentrum Reichsparteitagsgelände, in: Gedenkstättenrundbrief Nr. 104 11/2001, S. 15-23.

Sonnenberger, Franz: Faszination und Gewalt. Leitlinien für die Konzeption der neuen Dauerausstellung des Dokumentationszentrums Reichsparteitagsgelände, in: Museen der Stadt Nürnberg (Hg.): Die Zukunft der Vergangenheit. Wie soll die Geschichte des Nationalsozialismus in Museen und Gedenkstätten im 21. Jahrhundert vermittelt werden. Internationales Symposion Nürnberg 1999, Nürnberg 2000, S. 87-100.

Täubrich, Hans-Christian: Die Ausstellung im Dokumentationszentrum Reichsparteitagsgelände in Nürnberg, in: Kreisjugendring Nürnberg-Stadt (Hg.): Pädagogik wider das Vergessen. Die Ausstellung »Faszination und Gewalt« als Lernort für Kinder und Jugendliche? Eine Fachtagung zum Thema pädagogische Arbeit mit Kindern und Jugendlichen rund um das Dokumentationszentrum Reichsparteitagsgelände. Dokumentation, Nürnberg 2000, S.36-39.

Täubrich, Hans-Christian: Nürnberg 2000. Das Dokumentationszentrum Reichsparteitagsgelände, in: Museumskunde Band 64 1/99, S. 23-28.

Zitzmann, Christina: »Und raus bist Du!« Das Konzept eines Projekttages für Hauptschüler der 9. Jahrgangsstufe zum Thema Gruppe und Individuum, in: Siegfried Grillmeyer / Zeno Ackermann (Hg.): Erinnern für die Zukunft. Die nationalsozialistische Vergangenheit als Lernfeld der politischen Jugendbildung, Schwalbach/Taunus 2002, S. 112-122.

GESCHICHTE FÜR ALLE e.V.

Institut für Regionalgeschichte

Weitere Informationen (auch zu Rundgängen):

www.geschichte-fuer-alle.de

Geschichte Für Alle e.V. –
Institut für Regionalgeschichte
Wiesentalstr. 32, 90419 Nürnberg
Tel 0911 – 30736 0
Fax 0911 – 30736 16
Mail info@geschichte-fuer-alle.de

Stationen der Geländebegehung

1 Gefallenendenkmal
2 Tribünenanlage (nicht erhalten)
3 Luitpoldhalle (nur Stufen erhalten)
4 Fassade der Kongresshalle
5 Dokumentationszentrum Reichsparteitagsgeländ
6 Innenhof der Kongresshalle
7 Arkadengang der Kongresshalle
8 Platz vor der Kongresshalle (heute Volksfestplat
9 Große Straße
10 Deutsches Stadion (heute Silbersee und Silberbuc
11 Märzfeld (heute der Nordwesten Langwassers)
12 Städtisches Stadion (heute Max-Morlock-Stadion
13 Zeppelinfeld
14 Zeppelintribüne

Bauten im Umfeld

15 Bahnhof Dutzendteich
16 Bahnhof Märzfeld
17 Kraft-durch-Freude(KdF)-Stadt
18 Umspannwerk
19 Arbeiterlager der Deutschen Arbeitsfront (DAF)
20 Wasserturm
21 SS-Kaserne (heute Bundesamt für Migration und Flüchtlinge)

Lagerareal

22 Hitler-Jugend(HJ)- und Reichsarbeitsdienst (RAD)-Lager (heute Südwesten Langwassers)
23 SA-Lager (heute Südosten Langwassers)
24 SS-Lager (heute Gewerbegebiet Fischbach)